Paragesellschaften

Paragesellschaften

Imaginationen – Inszenierungen – Interaktionen
in den Gegenwartskulturen

Herausgegeben von
Teresa Hiergeist, Agnes Bidmon, Simone Broders
und Katharina Gerund

DE GRUYTER

Gefördert durch

 Deutsche Forschungsgemeinschaft

ISBN 978-3-11-126327-4
e-ISBN (PDF) 978-3-11-070748-9
e-ISBN (EPUB) 978-3-11-070759-5
DOI https://doi.org/10.1515/9783110707489

Dieses Werk ist lizenziert unter einer Creative Commons Namensnennung - Nicht-kommerziell - Keine Bearbeitung 4.0 International Lizenz. Weitere Informationen finden Sie unter https://creativecommons.org/licenses/by-nc-nd/4.0/.

Library of Congress Control Number: 2021940882

Bibliografische Information der Deutschen Nationalbibliothek
Die Deutsche Nationalbibliothek verzeichnet diese Publikation in der Deutschen Nationalbibliografie; detaillierte bibliografische Daten sind im Internet über http://dnb.dnb.de abrufbar.

© 2023 bei den Autoren, Zusammenstellung © 2023 Teresa Hiergeist, Agnes Bidmon, Simone Broders und Katharina Gerund, publiziert von Walter de Gruyter GmbH, Berlin/Boston
Dieser Band ist text- und seitenidentisch mit der 2021 erschienenen gebundenen Ausgabe.
Dieses Buch ist als Open-Access-Publikation verfügbar über www.degruyter.com.

Coverabbildung: flyingrussian/iStock/Getty Images Plus
Satz: Integra Software Services Pvt. Ltd.
Druck und Bindung: CPI books GmbH, Leck

www.degruyter.com

Inhaltsverzeichnis

Teresa Hiergeist, Agnes Bidmon, Simone Broders
und Katharina Gerund
‚Paragesellschaften'. Diskursive Verhandlungen sozialer Kohäsion —— 1

Robert Lukenda
Verdrängt, vernachlässigt und vergessen? Die *classes populaires* als neue/alte ‚Paragesellschaft'? —— 25

Teresa Hiergeist
Gesprengte Ordnungen. Verhandlungen anarchistischer Gewalt in der französischen und spanischen Gegenwartsliteratur —— 59

Paul Strohmaier
Fusion und Differenz. Zur Archäologie des Sozialen in Virginie Despentes' *Vernon Subutex* —— 73

Katharina Gerund
Militärische ‚Para(llel)gesellschaft(en)'? Die Soldatenfrau als Vermittlerin und Grenzgängerin in der amerikanischen Populärkultur des 21. Jahrhunderts —— 101

Stephanie Schwerter
Zwischen *peace line* und *green line*: Belfast und Beirut im zeitgenössischen Film —— 117

Benjamin Loy
(An)Ästhetiken des Konsums. Inszenierungen von Warenwelt und (Super-)Marktgesellschaft bei Diamela Eltit und Annie Ernaux —— 131

Simona Oberto
Roberto Savianos *La paranza dei bambini*. Die ‚Paragesellschaft' der Kinder zwischen *Pinocchio* und *Principe* —— 161

Eva Oppermann
Von Außenseitern zu Helden: Die Darstellung phantastischer ‚Paragesellschaften' am Beispiel von Marion Zimmer Bradleys Priesterinnen in Avalon und J.K. Rowlings Zauberern in England —— 187

Simone Broders
„Utopia Gone Mad": Feministische ‚Paragesellschaften' in Naomi Aldermans *The Power* (2016) —— 199

Claudia Hachenberger
Parallel, divers, nachhaltig, anders: Wie *Tales from the Town of Widows* (2007) dazu beiträgt, Gesellschaft neu zu denken —— 219

Lars Koch und Julia Prager
Neben, entlang, ent-gegen: Fluchtbewegungen, Stillsetzungen und Fortgänge pandemischer Versammlungsdynamiken von Theater und Protest —— 235

Alexander Fischer
Was kennzeichnet Aussteiger*innen? Ein (erneuter) Definitionsversuch —— 255

Tom Moylan
Plädoyer für den Utopismus in dystopischen Zeiten —— 273

Teresa Hiergeist, Agnes Bidmon, Simone Broders und Katharina Gerund

‚Paragesellschaften'. Diskursive Verhandlungen sozialer Kohäsion
Einleitung

1 Zum wissenschaftlichen Interesse an ‚Paragesellschaften'

In den politischen und medialen Debatten seit den 1990er Jahren werden unter dem Schlagwort ‚Parallelgesellschaften' Fragen gesellschaftlicher Homogenität und Heterogenität kontrovers diskutiert.[1] Diese kreisen im europäischen Kontext vorwiegend um Phänomene wie Migration (besonders deutlich beispielsweise in Bezug auf die ‚Flüchtlingskrise' 2014/15 oder die Proteste in französischen *banlieues* 2005 und 2019) oder um die verstärkte Präsenz separatistischer Bewegungen (wie etwa der *Brexiteers* seit 2016 oder der katalanischen Unabhängigkeitsbefürworter seit 2017). In diesen Diskussionen sind ‚Parallelgesellschaften' meist als Gefahr und Bedrohung für den gesellschaftlichen Zusammenhalt konzeptualisiert, sie fungieren als Indizien für den Eindruck eines Krisenmoments, für eine Sehnsucht nach kultureller Homogenität und sozialer Normativität, die sich in Reaktion auf gesellschaftliche Ausdifferenzierungsprozesse in Folge von Globalisierung, Neoliberalismus, Migration und Pluralisierung ausprägt (vgl. Hill 2015, 110; Yildiz und Hill 2015, 9). Die zunehmende lebensweltliche Komplexität wird von ‚besorgten Bürgern' oder ‚Wutbürgern' bisweilen als Bedrohung oder Entregelung wahrgenommen und lässt Rufe nach Kontrolle, kultureller Stabilität und sozialer Geschlossenheit laut werden.[2]

Die Gesellschaftswissenschaften haben diese Konjunktur des Begriffs ‚Parallelgesellschaften' in den letzten Jahren vielfach aufgegriffen; in der Soziologie (vgl. etwa: Nowak 2006; Fuhse 2014; Bukow et al. 2007; Yildiz und Hill 2015; Hill 2016) wie in der Ethnologie (vgl. etwa: Kaschuba 2007; Schiffauer 2008; Hess und Moser 2009), in den Politik- (vgl. etwa: Bein 2020; Gmeiner und Micus

---

1 Vgl. Bukow 2015, 106. Der Begriff taucht in Deutschland erstmals in den 1990er Jahren im Rahmen einer Migrationsstudie auf, die vor „einer sich entwickelnden Parallelgesellschaft von Minderheiten" warnt (vgl. Heitmeyer et al. 1997, 192).
2 Vgl. Erol 2018, 55. Interessante Verhandlungen dieses Phänomens liefert auch Geiselberg 2017.

Open Access. © 2021 Teresa Hiergeist et al., publiziert von De Gruyter. Dieses Werk ist lizenziert unter einer Creative Commons Namensnennung - Nicht-kommerziell - Keine Bearbeitung 4.0 International Lizenz.
https://doi.org/10.1515/9783110707489-001

2017; Meyer 2002; Halm und Sauer 2006; Cano Paños 2015) wie den Religionswissenschaften (vgl. etwa: Nagel 2013; Ceylan 2010) sind etliche Untersuchungen durchgeführt worden, deren Intention meist darin bestand, die empirische Haltbarkeit des Konzepts zu widerlegen und es als polemische und polemisierende Diskursstruktur zu enttarnen. Angesichts dieser Diagnose, wonach es sich bei ‚Parallelgesellschaften' weniger um eine objektive Realität handelt als um eine realitätsstiftende Zuschreibung, eine machtvolle kulturelle Narration, die in der Verhandlung von sozialer Kohäsion besteht, und angesichts der Tatsache, dass sich diese Imagination von Gesellschaftlichkeit in textuellen und audiovisuellen Ausdrucksstrategien und Formaten materialisiert, ist eine Untersuchung des Phänomens aus literatur- und kulturwissenschaftlicher Perspektive geradezu unerlässlich.

Dieses Desiderats hat sich im Zeitraum von 2018–2021 das von der Deutschen Forschungsgemeinschaft geförderte interdisziplinäre wissenschaftliche Netzwerk ‚Paragesellschaften. Parallele und alternative Sozialformationen in den Gegenwartskulturen' angenommen, das kulturwissenschaftlich arbeitende ForscherInnen aus Romanistik, Germanistik, Anglistik, Amerikanistik, Medienwissenschaften, Philosophie und Kunstgeschichte zu vier kulturvergleichenden Workshops und Konferenzen zusammengebracht hat. Die gemeinsame Arbeit verfolgte dabei zwei grundlegende Ziele: erstens, die ideologischen Aspekte der Debatten über ‚Mehrheits-' und ‚Parallelgesellschaften' aufzudecken, ihre entdifferenzierenden Mechanismen zu dekonstruieren und für ambivalente Effekte, aber auch die kulturelle Dimension solcher Diskussionen zu sensibilisieren; und zweitens, den Beitrag faktualer und fiktionaler Texte sowie audiovisueller Erzeugnisse zur Aushandlung gesellschaftlicher Kohäsionsvorstellungen auszuloten und die inszenatorischen Konstanten eines alternativen Zugangs zu diesen Vorstellungen unter dem Konzept der ‚Paragesellschaft' zu erarbeiten. In Dialog mit und in Ergänzung zu den gesellschaftswissenschaftlichen Erkenntnissen ging es darum, Diskurse um ‚parallele' und alternative Sozialität als Reflexions- und Experimentierräume der Gegenwartsgesellschaften zu denken.

2 Zum Begriff der ‚Paragesellschaft'

Das Kunstwort ‚Paragesellschaft', das „Gesellschaften in der Gesellschaft"[3] bezeichnet, die als Räume zur Verhandlung von Sozialität und sozialem Zusam-

---

[3] Diese Beschreibung ist insofern unpräzise, als von einer funktional ausdifferenzierten Gesellschaft mit separaten Institutionen bei ‚Parallelgesellschaften' im seltensten Fall die Rede sein

menhalt fungieren können, sucht bewusst die Nähe zum politisch und medial hochpräsenten Konzept ‚Parallelgesellschaft' und grenzt sich doch in mehrerlei Hinsicht von ihm ab. Das Etikett ‚Parallelgesellschaft' wird in den aktuellen Debatten zumeist pejorativ, im Sinne eines unerwünschten Abweichens von einem ‚mehrheitsgesellschaftlichen' Konsens, gebraucht (vgl. Kaschuba 2007). Ihre Mitglieder erscheinen aus hegemonialer Sicht oft als Bedrohung bewährter Traditionen, Privilegien oder Herrschaftsansprüche und werden auf stigmatisierende und exkludierende Weise alterisiert (Bukow 2015, 109). Dies drängt diejenigen, die sich der ‚Mehrheitsgesellschaft' zugehörig fühlen, vermehrt zu schützenden Gegenmaßnahmen (vgl. Hill 2016, 45), und diejenigen, die als ‚Parallelgesellschaft' bezeichnet werden, in Rechtfertigungs- und Abwehrhaltungen (vgl. Nagel 2013, 34). Die Rede von den ‚Parallelgesellschaften' tendiert folglich dazu, bestimmte Identitäten zu delegitimieren, Spaltungen zu konstruieren und zu verschärfen sowie Kämpfe um die Validität der eigenen Wirklichkeitsversion zu befeuern (vgl. Nowak 2016, 10; Stichweh 2016, 47), da sie an eine statische und essenzialisierende Auffassung von Gesellschaft gekoppelt ist.

Der Begriff ‚Paragesellschaften' betont hingegen eine interaktionistische Konzeptualisierung des Zusammenlebens. Er legt beim Sprechen über Formen ‚paralleler' Sozialität den Fokus darauf, dass diese Produkte eines Wechselverhältnisses diverser politischer, wirtschaftlicher, sozialer und kultureller Positionierungen darstellen, in komplexe Austauschprozesse eingebunden sind und prozessualen Charakter besitzen. Diese Annäherung ist in mehrerlei Hinsicht produktiv: Sie durchbricht die binären und hierarchisierenden Zuschreibungen des ‚Parallelgesellschaftsdiskurses', indem sie darauf aufmerksam macht, dass gesellschaftliche Einheit oder Spaltung ein Gemeinschaftsprodukt aller Äußerungen zu diesem Thema ist, und dass gerade auch jene, die auf die beschriebenen alterisierenden Diskursstrategien rekurrieren, sie nicht nur beobachtend kommentieren, sondern aktiv evozieren und mitgestalten.[4] Damit intendiert das Konzept nicht nur, einen weniger evaluativen Duktus im Sprechen über Gesellschaften in der Gesellschaft und damit eine größere wissenschaftliche

---

kann. Es handelt sich vielmehr um Gruppierungen, die zur Autonomisierung ihrer Teilbereiche und zu alternativen Formen der Institutionalisierung *tendieren*.

4 Das Sprechen über ‚Parallelgesellschaften' wäre mithin mit Jean-Luc Nancy als Akt zu verstehen, der ermöglicht, dass sich trotz einer faktischen und unhintergehbaren Pluralität der Eindruck von Einheit ereignet (vgl. Nancy 1988, 27). Die Einheit gründet eben nicht auf den Eigenschaften und Eigenheiten der Subjekte, sondern setzt jenseits davon an. Sie ist das Ergebnis der Zusammenführung des Singulären, ein auf den Schultern der Heterogenität intersubjektiv und interaktional hergestelltes Konstrukt (vgl. Esposito 2004, 11).

Operabilität zu erreichen als sein Pendant ‚Parallelgesellschaft',[5] sondern betont zudem die Konstruktivität und Wandelbarkeit der sozialen Wirklichkeit.[6] Die Wahl des griechischen Präfixes ‚para' statt des Adjektivs ‚parallel' spiegelt ebendiesen interaktiven Charakter wider, zumal es sowohl eine raumzeitliche Unmittelbarkeit (‚bei'/‚während') als auch ein relationales Verhältnis zwischen zwei Subjekten (‚wider'/‚in Vergleich mit') impliziert.

Aus der Interaktionalität und damit einhergehenden wertmäßigen Entladung wiederum resultiert, dass als ‚Paragesellschaften' nicht nur Phänomene untersucht werden können, auf die politische und mediale Debatten in skandalisierender Weise Bezug nehmen, sondern auch solche, die sich in ihrem Abgrenzungscharakter strukturanalog verhalten, ohne gleichermaßen als einheitsgefährdend wahrgenommen und stigmatisiert zu werden wie etwa *gated communities*, Militärbasen, Kommunen oder AussteigerInnen. Die Erweiterung des Untersuchungsspektrums um diese Dimension mag zusätzlich zur Sichtbarmachung und Infragestellung binärer Abgrenzungsgestus sowie ihrer Verflechtung mit hegemonialen Diskursen beitragen. In diesem Zuschnitt positioniert sich der Begriff ‚Paragesellschaften' in der Nähe von Jean Baudrillards Auffassung der *société parallèle*, die als Alteritätsfigur der Herstellung eines Homogenitätseindrucks und dem Anstoßen eines Integrationsprozesses dient (vgl. Baudrillard 1999, 133), oder von Michel Foucaults Konzept der *hétérotopie*, die als statussichernder oder utopischer Gegenraum (vgl. Foucault 1990, 39) bzw. – wie Rainer Warning formuliert – als „Raum der Ausgrenzung und Provokation der ausgrenzenden Macht zugleich" zu begreifen ist (Warning 2009, 14), und steht auch in konzeptueller Nähe zu Denkfiguren wie Michel Serres' *parasite*, der in seiner interaktiven Verflochtenheit Subjekt-Objekt-Verhältnisse transzendiert und Aushandlungsprozesse anstößt, mithin das Gleichgewicht der Gemeinschaft zu stören, längerfristig aber auch zu vereinfachen oder zu konsolidieren vermag (vgl. Serres 1981).

---

5 Das geometrische Bild der Parallele suggeriert die Unmöglichkeit eines Schnittpunkts zwischen der ‚Mehrheitsgesellschaft' und der von ihr abweichenden Gruppierung und mithin das komplette Fehlen kommunikativen und interaktiven Austauschs. Da in Realität die Verflechtungen stets vielfältig sind, ist es als Metapher unpassend und drängt in Richtung einer Emotionalisierung, Ideologisierung und Polemisierung. Dass die Art und Weise, über gesellschaftliche Gruppierungen zu sprechen, alles andere als belanglos ist und sich in alltagskulturelle Lebensbereiche hineinzieht und in dieser Materialisierung zur Realität wird, beschreibt auch Bulk 2020, 260–262.
6 Für eine ausführlichere Darlegung der essenzialisierenden und interaktionistischen Sichtweise auf ‚parasoziale' Phänomene vgl. Hiergeist 2017, 11–14.

3 ‚Paragesellschaften' als Teil des sozialen Imaginären

Gruppierungen, die von den hegemonialen oder institutionalisierten Werten, Normen und Identitätsentwürfen abweichen, die „zwar innerhalb der territorialen, aber außerhalb der politischen, ökonomischen, sozialen, religiösen und/oder kulturellen Ordnung eines Gemeinwesens verortet sind" (Nagel 2013, 11), stellen ein Charakteristikum spätmoderner westlicher Gesellschaften dar. Wo Identitäten, wie Zygmunt Baumann in *Liquid Modernity* formuliert, durch zunehmende Individualisierung, Mobilität und Arbeitsplatzunsicherheit fluide und instabil erscheinen (vgl. Bauman 2000, 168–176), Kollektive, wie Michel Serres' Zeitdiagnose nahelegt, höchstens noch als Konnektive bezeichnet werden können (vgl. Serres 2014, 11), wo das Partikulare, wie es Andreas Reckwitz in *Gesellschaft der Singularitäten* proklamiert, in der Identitätskonstruktion leitend geworden ist (vgl. Reckwitz 2017, 57–64), steht gleichsam jeder Einzelne in irgendeiner Form in Distanz zur ‚Mehrheitsgesellschaft'. Diese Pluralisierung und Fragmentierung sozialer Verbindlichkeiten vollzieht sich simultan mit der vielfach konstatierten Auflösung politischer oder religiöser Identifikationsangebote: Liberalistische, säkularisierte Demokratien entbehren traditionell einender Orientierungspunkte wie eines absolutistischen Herrschers oder einer transzendenten Autorität wie Gott (vgl. Lefort 1986, 32; Heitmeyer 1997, 39), und im Kontext enger globaler Vernetzung erzeugt die Bezugnahme auf den Nationalstaat als Projektionsfläche Reibungen.[7] Bezieht man überdies mit ein, dass die zunehmenden ökonomischen Ungleichheiten die Rede von einer gesellschaftlichen Mitte nur noch bedingt erlaubt (vgl. Stiglitz 2015), sollte deutlich werden, dass eine homogene Mehrheit, von der sich eine dissidente Gruppierung absetzen könnte, *de facto* nicht existiert. Der Begriff ‚Mehrheitsgesellschaft' besitzt keine reale Entsprechung, stellt vielmehr eine kompensatorische Diskursstruktur zur Aufrechterhaltung der Illusion gesellschaftlicher Einheit – um in Rainer Forsts Terminologie zu sprechen – ein ‚Rechtfertigungsnarrativ'[8] dar.[9] Vor diesem Hintergrund leuchtet ein, inwiefern das Individuum heute bisweilen als

---

7 Saskia Sassen betont, dass der Nationalstaat zwar in den heutigen westlichen Gesellschaften gerade wegen der Globalisierung als Referenzidee an Wichtigkeit gewinnt, fasst dies allerdings als Kompensationsgestus zur strukturellen Entnationalisierung auf (vgl. Sassen 2008, 7–9).
8 Als ‚Rechtfertigungsnarrative' bezeichnet Rainer Forst Sinnstrukturen, die Gesellschaften zur Fundierung einer normativen Ordnung und Zementierung etablierter Hierarchien hervorbringen (vgl. Forst 2013, 13–15).
9 Zur Faszination, die der Selbstentwurf als ‚Mehrheitsgesellschaft' auf gegenwärtige westliche Gesellschaften ausübt vgl. auch: Arbeitsgruppe ‚Zentrum und Peripherie in soziologischen Differenzierungstheorien' 2011, 11–12.

eines erscheint, das uneinholbar vom Aufgehen in der Gemeinschaft entfernt ist und das Unbehagen seiner identitären Prekarität diskursiv zu verdrängen sucht, und es erschließt sich, inwiefern Manifestationen ‚paralleler' und alternativer Sozialität, die das Abweichende und Disjunkte geradezu ausstellen, von diesem Standpunkt aus als Herausforderung für die narrative Konstruktion gesellschaftlicher Einheit wahrgenommen werden können.

Destabilisierend für das Selbstkonzept der Gegenwartsgesellschaften ist weniger die Heterogenität an sich, sondern eine Abweichung, für die sich kein gemeinsamer idealler Überbau, keine ‚Wir-Semantik' finden lässt.[10] Wenn also in politischen und medialen Debatten manche ‚paragesellschaftlichen' Gruppierungen (wie etwa Migrierte oder Protestierende) häufig problematisierend thematisiert werden, während andere (wie etwa Kommunenmitglieder oder AussteigerInnen) unbeachtet bleiben, so mag man zunächst annehmen, dass die Reichweite und Qualität der Distanzierung von der ‚Mehrheitsgesellschaft' hierfür entscheidend sein könnte. Demnach wären Gruppierungen, die dezidiert divergente Normen pflegen oder sich ggf. nicht nur wertmäßig, sondern auch territorial oder institutionell durch die Verdopplung der gesellschaftlichen Funktionssysteme abgrenzen, prädestiniert dafür, als GefährderInnen oder ZerstörerInnen sozialer Kohäsion alterisiert zu werden.[11] Doch Sozialkonstrukte wie *gated communities* widerlegen diese Annahme: Obwohl diese Gruppierungen in einem klar abgegrenzten, umzäunten Gebiet leben, teilweise umfassende Regelwerke zum Zusammenleben sowie eigene Sicherheitskräfte besitzen und den Kontakt mit der Restgesellschaft bisweilen systematisch vermeiden, erhitzen sich über sie im dominanten Diskurs kaum einmal die Gemüter, sondern sie genießen weitgehend Akzeptanz. Migrantenquartiere hingegen werden häufig als ‚Parallelgesellschaften' stigmatisiert, obschon der Grad der territorialen Abgrenzung und der Ausbildung alternativer Institutionen meist deutlich geringer ausgeprägt ist.[12] Dies weitet zugleich den Blick auf die intersektionale Organisation der genannten Konzepte. Das Sprechen von einer ‚Mehrheitsgesellschaft' und einer ‚Parallelgesellschaft' ist demnach dia-

---

10 Peter Fuchs' Argumentation zufolge befeuert die wachsende Autonomisierung der Gesellschaften seit der Moderne kompensatorisch die Imagination perspektivengebundener Erzählungen, welche die Vorstellung einer intersubjektiv geteilten Identität zementieren (vgl. Fuchs 1992, 93).

11 Dieser Gedanke, der bisweilen in politischen Diskursen, medialen Debatten, aber auch in den Wissenschaften formuliert wird, birgt, da er eine Kausalität zwischen der Divergenz und ihrer Stigmatisierung herstellt, nicht nur die Gefahr, kulturelle und soziale Ungleichheiten als selbstgewählt zu denken, sondern auch, die Alterisierung zumindest ansatzweise zu legitimieren.

12 Hinzu kommt, dass die Abgrenzung – im Gegensatz zur *gated community* – nicht als vollends selbstgewählt aufgefasst werden kann, da Migrierte aufgrund struktureller Benachteiligungen nicht selten zur Ansiedelung in preiswerteren Wohnvierteln gezwungen sind (vgl. Bukow 2017, 26–27).

logisch aufeinander bezogen, beide sind Teil eines Rechtfertigungsnarrativs, das der Idee der gesellschaftlichen Einheit zur Konkretisierung verhilft, oder allgemeiner formuliert: Wie über ‚parallele' und alternative Sozialität gesprochen wird, ist zuvorderst ein diskursives Phänomen, das bestimmte kulturelle Funktionen verfolgt und spezifische Handlungsmöglichkeiten eröffnet. Es ist folglich mit Vorstellungen von Gesellschaftlichkeit, wie sie imaginationstheoretische Ansätze wie Benedict Anderson in *Imagined Communities*, Charles Taylor in *Modern Social Imaginaries* oder Oliver Marchart in *Die politische Differenz* denken, aufs Engste verflochten.

4 Zur Historizität der ‚Paragesellschaft'

Als Ausdrucksform der Imagination unterliegt die Narrativierung ‚paralleler' und alternativer Sozialität kulturellen wie epochalen Wandlungen und interagiert mit einer spezifischen politischen, wirtschaftlichen, sozialen und kulturellen Herausforderungslage. Die Genese des Diskurses ist, so haben die Forschungen zur historischen Dimension des Diskurses gezeigt,[13] an mindestens drei normative Voraussetzungen gekoppelt: eine besondere Auffassung von gesellschaftlicher Einheit, eine bestimmte Vorstellung vom Gemeinwesen und die Wahrnehmung einer gesellschaftlichen Ausdifferenzierung.

Die Auffassung von gesellschaftlicher Kohäsion erwächst erstens dem Substrat eines liberal-demokratischen Systems, ruht auf der Überzeugung, das Plurale müsse integriert, d. h. wertmäßig überdacht werden.[14] Selbst wenn ein(e) Sprecher(in) davon ausgeht, dass gesellschaftliche Einheit aus der Maximierung von Homogenität resultiere, ist dies als entdifferenzierender Versuch der Reduktion einer vorhandenen Heterogenität zu verstehen.[15] Es ist anzunehmen, dass ‚Paragesellschaften' in einem absolutistischen oder diktatorialen Kontext gar nicht zur Verhandlung kämen und medial nicht sichtbar würden, so dass die aktuellen Debatten um sie als Reflex einer demokratischen Ordnung oder als genuiner Teil demokratischer Selbstreflexivität verstanden werden können. Außerdem bildet das Konzept des Nationalstaats eine Vorbedingung des Interesses an ‚Paragesellschaf-

---

13 Vgl. hierzu die Beiträge der beiden Sammelbände: Biersack et al. 2019; Loy et al. 2020.
14 Laut Patrick Savidan ist die Auffassung von gesellschaftlicher Einheit als gelungener Integration des Pluralen ein Signum moderner Demokratien (vgl. Savidan 2008, 179–181).
15 Aus diesem Grund erklärt sich, dass alterisierende Narrationen im Extremfall mit totalitären Strukturen kokettieren, weil in diesen das Phantasma der absoluten Einheit greifbar erscheint. Inwiefern es sich dabei um eine konkrete Affinität zu einem solchen Regierungssystem oder eine rhetorische Strategie handelt, bleibt im Einzelfall zu entscheiden.

ten'.¹⁶ Sein Einfluss ist zu einem gewissen Grad notwendig zur Legitimation der Rede von einer ‚Mehrheitsgesellschaft', die als Identitätsstiftung fungiert, welche die mit der Abschaffung des Absolutismus und mit dem Rückgang des Einflusses des Christentums leer gewordene Mitte füllt.¹⁷ Die Nationalstaatsidee muss zwar zirkulieren, muss allerdings auch zumindest partiell oder von Teilen der Gesellschaft in Hinblick auf ihre Tragfähigkeit in Zweifel gezogen sein, damit eine gesellschaftliche Spaltung wahrgenommen werden und das Interesse bündeln kann.

Was die Vorstellung vom Gemeinwesen betrifft, so wird ‚Paragesellschaftlichkeit' erst dann als Thema gesellschaftlicher Debatten relevant, wenn der Staat nicht als natürlicher, sondern kontraktueller Zusammenschluss (etwa im Sinne Thomas Hobbes' oder Jean-Jacques Rousseaus) wahrgenommen wird.¹⁸ Zum einen erwächst hieraus nämlich eine spezifische Notwendigkeit der Legitimation politischen Handelns, welche Rechtfertigungsnarrative wie die binäre Opposition von ‚Mehrheits-' und ‚Parallelgesellschaft' auf den Plan ruft; zum anderen implizieren diese Auffassungen, dass Gesellschaft nicht als objektivierte Institution, sondern als performatives Konstrukt gedacht wird, das verändert und an die Bedürfnisse der BürgerInnen angepasst werden darf (vgl. Fischer 2020, 60) und in diesem Sinn Diskussionen um den Zusammenhalt erst notwendig macht. Hinzu kommt als historische Voraussetzung die zivilgesellschaftliche Vorstellung, dass das Gemeinwesen einer beständigen Kontrolle des Staats durch die BürgerInnen bedarf, die impliziert, dass die Identifikation mit den führenden Eliten nicht komplett ist, sondern stets auch eine skeptische Distanz beinhaltet (vgl. Münch 2010, 23). Erst diese Verpflichtung des Einzelnen zur Partizipation und zum Mitreden über die Verfassung des Staats und der gesellschaftlichen Kohäsion vermag die Tragweite der Debatten um ‚Paragesellschaftlichkeit' zu erklären.

An der dritten Vorbedingung der diskursiven Konjunktur der ‚Paragesellschaftlichkeit', der Wahrnehmung der gesellschaftlichen Ausdifferenzierung, haben unterschiedliche Entwicklungen Anteil: der Übergang von einer stratifikatorischen zu einer funktional ausdifferenzierten Gesellschaft, wie sie Nik-

---

16 Zur engen Verflechtung des Nationalstaatsgedankens mit der Idee der Volkssouveränität vgl. Beaud 1994, 119–130.
17 Zur Schwierigkeit, Gesellschaft in der Moderne als symbolische Ordnung zu denken und zu der daraus resultierenden Kontingenzkrise vgl. Lüdemann 2004, 123. In heutigen Diskussionen variiert kontextuell, ob den identitären Referenzwert einer solchen ‚Mehrheitsgesellschaft' ein einzelner Nationalstaat oder supranationale Organisationsformen wie die Europäische Union darstellt.
18 Zur Verbindung von Kontraktualismus und der Pluralisierung moderner Gesellschaften vgl. Kablitz 2020.

las Luhmann in *Die Gesellschaft der Gesellschaft* beschreibt (vgl. Luhmann 1997, 743–752), das mediale Sichtbarwerden der Arbeiterklasse und die Herausbildung einer intellektuellen Öffentlichkeit, die Partikularinteressen verstärkt in Erscheinung treten lassen,[19] das Erstarken lokaler Machtdynamiken im Zuge des Aufbaus supranationaler Organisationsformen, wie sie Albrecht Koschorke in *Der fiktive Staat* feststellt,[20] die Verdichtung von Neoliberalismus und Migration, die im Kontext der rezenteren Globalisierungswelle eine Verdichtung erfahren und einen Rückzug in traditionelle nationalstaatliche Legitimationsmuster befördern,[21] sowie schließlich die Aufwertung des Singulären im Übergang von der industriellen Ökonomie zum Kulturkapitalismus, wie sie Andreas Reckwitz in *Gesellschaft der Singularitäten* skizziert.[22]

Etliche der genannten Voraussetzungen der Verhandlung ‚paralleler' und alternativer Sozialität zirkulieren spätestens mit dem ausgehenden 19. Jahrhundert im Kontext der bürgerlichen Moderne in den westlichen Gesellschaften – etwa demokratische, nationalstaatliche, vertragstheoretische, zivilgesellschaftliche Strukturen sowie die funktionale Ausdifferenzierung der Gesellschaft –, so dass es nicht verwundert, dass sich die Genese des ‚Parallelgesellschaftsdiskurses' in diesem Zeitraum ansetzen lässt, in dem sich eine deutliche Zunahme des Sprechens über Homogenität und Pluralität, Zentrum und Peripherie, soziale Offenheit und Normativität zu manifestieren beginnt (vgl. hierzu genauer Loy et al. 2020, 12–13). In besonderer Weise akzentuiert sich diese Anlage allerdings in der Spätmoderne seit den 1990er Jahren – angestoßen durch die scheinbar beschleunigte Zirkulation von Lebensentwürfen infolge der Dominanz des neoliberalen Paradigmas, der Globalisierung, der gestiegenen Mobilität der Bevölkerung und der Digitalisierung – und löst, wie Pierre Rosanvallon in *Das unauffindbare Volk* proklamiert, zyklische Bewegungen der Aus- und Entdifferenzierung aus (vgl. Rosanvallon 1998, 23), was als Erklärungsmodell für die Konjunktur des Sprechens über ‚parallele' und alternative Sozialität d. h. die Sorge um die gesellschaftliche Kohäsion innerhalb der letzten 30 Jahre fungieren kann.

---

19 Zum Zusammenhang von gesellschaftlicher Pluralisierung und bürgerlicher Intelligenz vgl. Koselleck 1959, 41; oder auch Hiergeist 2019, 233.
20 Demnach geht die Einrichtung von supranationalen Organisationsformen mit Phänomenen der Desintegration und ‚Parastaatlichkeit' einher (vgl. Koschorke et al. 2007, 384).
21 Zum Zusammenhang von Globalisierung und Nationalstaatlichkeit vgl. Sassen 2007, 4.
22 Laut Reckwitz führt die digitale Revolution ebenso wie die postromantische Authentizitätsrevolution zu einer Abwertung des Allgemeinen und einer Aufwertung des Individuellen (vgl. Reckwitz 2017).

5 Narrationen der ‚Paragesellschaft'

Narrativierungen ‚paralleler' oder alternativer Sozialität intendieren eine Bestandsaufnahme der Tragfähigkeit der Bindungen innerhalb einer Gesellschaft und suchen sich deren kohäsiver Fähigkeiten zu versichern. Diese Versicherung vollzieht sich meist entlang von vier Grundtypen:

1. **Alterisierung**: Ein(e) Akteur(in) warnt vor dem Verlust der Einheit (und Sicherheit) und ruft implizit durch Skandalisierung, Spektakularisierung und Verstörung[23] zur Rückbesinnung auf gemeinsame Werte auf. Eine ‚paragesellschaftliche' Gruppe wird unter diesen Vorzeichen als ‚anders' wahrgenommen und/oder tritt als Bedrohung auf, weshalb es ihren Einfluss zum Wohl der Gemeinschaft einzudämmen gilt. Ihre Mitglieder werden als AntagonistInnen konstruiert, die sich intentional vom ‚mehrheitsgesellschaftlichen' Konsens mit dem Ziel distanzieren, die vermeintlich bestehende Kohäsion porös werden zu lassen und die Gesellschaft zu unterminieren. Dies ist der kulturelle Ort, an dem das Etikett ‚Parallelgesellschaft' besonders häufig auftaucht, zumal es ein beklagenswertes Fehlen oder gar Vermeiden von Berührungspunkten suggeriert und damit erlaubt, die Mitglieder der ‚parasozialen' Gruppierung als Sündenböcke zu stilisieren, deren Austreibung die ersehnte Einigung (wieder)herzustellen in der Lage ist. Gesellschaftliche Kohäsion wird in diesem Kontext als größtmögliche Homogenität konzeptualisiert.
2. **Normalisierung**: Ein(e) Akteur(in) warnt vor dem Verlust der Einheit (und Sicherheit), indem er/sie darauf hinweist, dass nicht alle in einer Gesellschaft vorkommenden Gruppierungen politisch repräsentiert und medial sichtbar sind. Er/sie proklamiert, dass Kohäsion nur über die Integration der marginalisierten Gruppe ins Selbstbild erreicht werden kann und unterstreicht – mit banalisierendem und dedramatisierendem Gestus – die Kompatibilität der Werte, Normen und Verhaltensweisen ihrer Mitglieder mit denen der ‚Mehrheitsgesellschaft'. Gesellschaftliche Kohäsion ergibt sich, laut diesem Narrativ, aus der integrativen Organisation von Vielheit.
3. **Idealisierung**: Ein(e) Akteur(in) stellt die Entwicklungspotenziale einer Gesellschaft zur Debatte oder möchte Transformationen zur Optimierung der Bedingungen des sozialen Zusammenlebens anstoßen. In diesem Zusammenhang präsentiert er/sie eine ‚parasoziale' Gruppierung, die er/sie für ihren Mut bewundert, sich in ihren Werten, Normen und Verhaltensweisen vom ‚Mainstream' abzugrenzen, und die er/sie als realisierte Utopie oder Avantgarde einer kommenden besseren Gesellschaft idealisiert. Die Begünstigung einer

---

23 Zum Zusammenhang von ‚Paragesellschaft' und Paranoia vgl. Strohmaier 2019, 112–114.

admirativen Rezeptionshaltung und die gezielte Affizierung soll die Adressierten zur Nachahmung motivieren. Sozialer Zusammenhalt ist aus dieser Perspektive als gemeinsame Fortentwicklung konzeptualisiert.
4. **Ausblendung:** Ein ‚parasoziales' Phänomen, das *de facto* vorhanden ist, bleibt im politischen, medialen oder literarischen Diskurs weitgehend unthematisiert, taucht höchstens als Kuriosum auf. Diese Indifferenz ihm gegenüber kann entweder ein Hinweis darauf sein, dass seine Abweichungen nicht als signifikant erachtet werden, oder darauf, dass die Gruppierung nicht über ausreichend aversives oder identifikatorisches Potenzial besitzt, um als Stifter gesellschaftlicher Kohärenz zu fungieren.

Welcher dieser Typen zur Beschreibung einer ‚Parasgesellschaft' gewählt wird, variiert je nach SprecherInnenstandpunkt. Es lassen sich zwar für die westlichen Gegenwartsgesellschaften gewisse Tendenzen ausmachen – so werden etwa migrantische Gruppierungen, Sekten, Gangs, die Mafia oder terroristische Gruppierungen häufig mit dem alterisierenden Narrativ belegt; auf das normalisierende Narrativ stößt man in den vergangenen Jahren wiederholt in Zusammenhang mit Migrierten oder Protestbewegungen (wie den *gilet jaunes* in Frankreich oder den *indignados* in Spanien); dem idealisierenden Narrativ begegnet man vorrangig im Kontext von Kommunen, Ökodörfern oder Aussteigerexistenzen und als exemplarisch für die weitgehende Ausblendung kann der diskursive Umgang mit *gated communities*[24] und bisweilen auch mit militärischen Gemeinschaften gelten. Allerdings kann bereits die doppelte Nennung mancher Phänomene in dieser Aufzählung als Indiz dafür gelten, dass die Interpretation einer ‚Parasgesellschaft' einer perspektivisch gebundenen Realitätsversion zur Validität verhilft.[25] So unterschiedlich diese Typen auch sein mögen, sie kreisen doch um dieselbe kulturelle Funktion: In allen vier Fällen präsentiert sich die Rede von ‚paralleler' und alternativer Sozialität als Generator des Eindrucks von Einheit und als diskursives Instrument zur Zementierung oder Anpassung bestehender Herrschaftsstrukturen und Machtverteilungen. Die ‚Parasgesellschaft' erweist sich folglich als Diskursfigur, die Eindrücke von Einheit und Pluralität, von Kontrollierbarkeit und Komplexität, von Sicherheit und Bedrohung herstellt und damit Aufschluss über den jeweiligen hegemonialen Selbstentwurf als Gesellschaft gibt.

---

24 In ihrer filmischen Darstellung beispielsweise wird *gated communities* zwar eine gewisse Kritik zuteil, allerdings wird diese nicht zum gesellschaftlichen Skandalon stilisiert, sondern bleibt auf sonderbare Weise gleichgültig (vgl. von Tschilschke 2021, 106–107).
25 Gerade diese Offenheit kann als Ansatzpunkt für eine Kritik dominanter Diskursmuster fungieren. Vgl. hierzu etwa: Oberto 2019; Strohmaier 2017; Béreiziat-Lang 2019.

6 Ästhetik der ‚Paragesellschaften'

Denkt man ‚Paragesellschaftlichkeit' als Produkt des sozialen Imaginären, das die kulturelle Funktion einer Versicherung der gesellschaftlichen Einheit vor dem Hintergrund der Zunahme lebensweltlicher Komplexität besitzt, so liegt es nahe, auch die mit ihr verbundenen Inszenierungsstrategien genauer in den Blick zu nehmen, da sich aufgrund ihrer engen Verflechtung mit den rekonstruierten Narrativen auch an ihnen Gesellschaftsauffassungen kristallisieren. Die hier präsentierten Konstituenten einer Ästhetik der ‚Paragesellschaften' lassen sich in politischen und medialen Debatten, in Essays und Pamphleten ebenso wiederfinden wie in Romanen und Filmen. Da diese aufgrund ihrer aktuellen Zentralstellung in verschiedenen kulturellen Artefakten verhandelt werden und ihre Narrative in fiktionalen und faktualen Kontexten, in textuellen wie audiovisuellen Produktionen gleichermaßen funktionieren, hat das wissenschaftliche Netzwerk keine heuristischen Grenzen gezogen und ist mit Albrecht Koschorke von der Annahme ausgegangen, dass, „[w]o immer sozial Bedeutsames verhandelt wird, [...] das Erzählen im Spiel [ist]. Es stellt keinen Funktionscode unter anderen dar, sondern eine Weise der Repräsentation und Mitteilung über alle kulturellen Grenzen hinweg" (Koschorke 2012, 19). Vor diesem Hintergrund wurden sämtliche kulturellen Manifestationen von ‚Paragesellschaftlichkeit' zum Untersuchungsgegenstand erklärt.

Nichtsdestotrotz hat sich im Laufe der Beschäftigung mit Imaginationen ‚paralleler' und alternativer Sozialität herauskristallisiert, dass Fiktionen bei der Narrativierung von ‚Paragesellschaften' über ein besonderes Potenzial verfügen: Sie sind nicht nur, weil sie mimetisch auf die Realität Bezug nehmen, dazu prädestiniert, als „Beobachter dritter Ordnung" zu fungieren, bestehende Haltungen in sich aufzunehmen, sie auszustellen, zu reflektieren, zu affirmieren oder zu kritisieren und damit die Funktion der gesellschaftlichen Selbstvergewisserung zu übernehmen, sondern zusätzlich zur Imagination alternativer Sozialitäten und ihrer Veranschaulichung in Form von Utopien oder Dystopien in der Lage, wodurch sie gesellschaftlichen Debatten um Kohäsion in verschiedene Richtungen signifikanten Vorschub zu leisten vermögen. Die nachfolgende systematische Beschreibung der Darstellungsweisen, die sich in der Zusammenschau der Analysen der NetzwerkteilnehmerInnen als charakteristisch für Inszenierung von ‚Paragesellschaften' erwiesen haben, erfolgt überwiegend anhand von Fiktionen; sie lassen sich jedoch auch in faktualen Kontexten identifizieren und untersuchen.

Fiktionen ‚parasozialer' Phänomene drehen sich oftmals um Figuren, die sich als Grenzgänger bezeichnen lassen, sei es, dass sie als periphere Gestalten die kohäsiven Potenziale der Gesellschaft erproben,[26] oder dass sie als liminale Wesen (wie AvantgardistInnen oder *trickster*) in der Lage sind, soziale Kategorisierungen zu überschreiten und auf diese Weise eine vorher inexistente Einheit zwischen unterschiedlichen semantischen Bereichen herzustellen. Je nach der Konzeptualisierung dieser Grenzen können diese Figuren an die drei Hauptnarrative des ‚Parasozialen' angeschlossen werden: Alterisierend wirkt es sich aus, wenn eine Figur peripher gestaltet ist, zusätzlich in ihren transgressiven Fähigkeiten aggressiv und unkontrollierbar wirkt und auf diese Weise quasi monströs erscheint. Normalisierend kann eine Handlung sein, die eine zunächst dezidiert periphere Figur zunehmend ins Zentrum rückt, indem sie schrittweise Gemeinsamkeiten mit ihr aufdeckt oder indem sie sie zur Entwicklung zentrumsnaher Eigenschaften und mithin zur Ausbildung einer positiven Transgressivität anstößt. In das idealisierende Narrativ fügen sich Fiktionen, welche die periphere Positionierung und die Dynamik der Figur als Vorteil bewerten, indem sie ihr das utopische Potenzial zuschreiben, eine gesellschaftliche Weiterentwicklung und hierüber langfristig gesellschaftliche Einigung zu erzielen. Insofern sind Grenzfiguren dazu prädestiniert, auf bestehende soziale Grenzen aufmerksam zu machen, sie zu affirmieren oder in Frage zu stellen, ihre Überschreitbarkeit und damit die Möglichkeiten der Produktion von Einheit in der Heterogenität zu verhandeln.

Fiktionen zu ‚paralleler' und alternativer Sozialität stehen vor der grundlegenden Entscheidung, ob sie ihre ProtagonistInnen im Inner- oder Außerhalb der fokussierten Gruppierung platzieren möchten. Entweder erfolgt die Vermittlung aus der Perspektive eines *insiders* oder aus der eines *outsiders*, welcher sich zeitweise oder dauerhaft in die ‚Paragesellschaft' hineinbegibt (vgl. Illi 2017, 169–196). Beide Positionierungen können jeweils alterisierend, normalisierend oder idealisierend gestaltet sein und mögen dazu führen, dass man als Rezipierende(r) die ‚Paragesellschaft' als Bedrohung wahrnimmt, von der es sich um der Wahrung der Einheit willen zu distanzieren gilt, Gemeinsamkeiten mit ihr entdeckt, die eine Integration zulassen, oder zu einer gemeinsamen Entwicklung einlädt. Die Funktion beider Modellierungen besteht in der narrativen Authentifizierung des gezeichneten Bilds der ‚Paragesellschaft', in der Betonung, dass dieses ideologischer Wertzuschreibungen entbehrt, wobei die interne ihre Glaubwürdigkeit aus dem besonderen Näheverhältnis, die externe aus dem Zeugenstatus schöpft. Dem zugrunde liegen zwei unterschiedliche Vorstellungen von ‚Wahrheit', die sich im einen Fall aus

---

[26] Solche ‚Parafiguren' können, laut Vittoria Borsò, „ein Licht auf die substantielle Leere des Systems [werfen] und zeigen die Mechanismen und Praktiken, die die gesellschaftliche Ordnung bilden und sicherstellen" (Borsò 2020, 157).

dem Hineinversetzen in ein Mitglied der ‚parasozialen' Gruppierung, im anderen in der exakten Beobachtung dieser ergeben, und auf eine eher phänomenologische oder empirische Form des Erkenntnisgewinns schließen lassen. In diesen Akzentuierungen deutet sich als zentrales Thema der diskursiven Verhandlung von ‚Paragesellschaftlichkeit' der Kampf um die Validitäten unterschiedlicher gesellschaftlicher Wirklichkeitsversionen an. Dieser kann wiederum durch die Modellierung der jeweiligen *outsider-* oder *insider-*Hauptfigur als partiell unglaubwürdig ausgestellt, reflexiv beleuchtet oder kritisiert werden.[27]

Analog zu diesen Figureneigenschaften und -positionierungen finden sich häufig Transgressions-, Transformations- und Initiationsplots, welche für eine ausgeprägte Dynamik auf der Handlungsebene sorgen und die Möglichkeiten und Modalitäten der sozialen Kohäsionsbildung ausloten. Grenzüberschreitungen können dem alterisierenden Narrativ entsprechend als Übergriffe, gemäß der Normalisierung als Akt der Integration oder im idealisierenden Kontext als Gestus einer heilsbringenden Einigung erscheinen. Veränderungen mögen sich in Form einer marginalisierenden Ausgrenzung figuraler RepräsentantInnen der ‚Paragesellschaft', in Form ihrer Einfügens in das gesellschaftliche Ganze oder in Form eines Impulses zur Entwicklung der Gemeinschaft in diese Richtung gestaltet sein. Das Eintreten in das neue soziale Milieu kann schockierend, erleichternd oder im positiven Sinne überraschend verlaufen. Gemein ist all diesen Handlungsverläufen, dass das Gelingen oder Scheitern der Grenzüberschreitung, der Veränderung und der Kontaktnahme mit den figuralen Repräsentationen der ‚Paragesellschaft' mit dem Erfolg oder Fehlschlagen der sozialen Kohäsion im Allgemeinen gleichgesetzt wird[28] und dadurch eine symbolische Dimension sowie eine größere Tragweite annimmt.

Auf der Ebene der Chronotopie lässt sich, wie Figuren- und Plotgestaltung nahelegen, eine Tendenz zur Darstellung und Markierung von Grenzen und gedoppelten Räumen ausmachen.[29] Starr gezogene Grenzen und undurchlässige Räume korrelieren hierbei mit dem Hang des alterisierenden Narrationsmusters zu binären Oppositionen;[30] sich öffnende Grenzen und sich mischende, überlappende oder auch heterotope Räume tauchen häufig zusammen mit dem normalisierenden Typus auf, da sie das geeignete Umfeld für eine Integration des

---

[27] Der Eindruck von Unglaubwürdigkeit einer Figur kann durch die Unvereinbarkeit ihrer Bewertungen mit gesellschaftlichen Standards, ihre Marginalität im diegetischen Hierarchiesystem oder ihre erhöhte Emotionalität generiert werden (vgl. Hiergeist 2014, 284).
[28] Hierauf verweist etwa Katharina Gerund bei der medialen Inszenierung der Angehörigen amerikanischer Militärfamilien (vgl. Gerund 2021, 68).
[29] Hierauf verweist etwa Loy 2017, 138–139.
[30] Dies wird etwa deutlich in Bidmon 2017, 76.

zunächst vermeintlich Spaltenden bilden; einander durchdringende, dynamische Räume wiederum charakterisieren die Idealisierung, da sie die Realisierbarkeit einer baldigen Transformation unterstreichen. In zeitlicher Hinsicht lehnen sich die Fiktionen an die gesellschaftliche Aktualität an, sie sind meist in der Gegenwart verortet, nehmen auf bekannte Persönlichkeiten, kürzliche Ereignisse oder im Weltwissen verankerte Orte Bezug, wodurch die Markung zwischen Fakt und Fiktion verwischt und sich die Relevanz der gezeigten Handlung potenziert. Hiermit zusammen hängt die grundlegende Intention des Gros der Texte und Filme, zu politischen und medialen Debatten produktiv beizutragen und in ihnen Position zu beziehen. Neben dieser aktualisierenden Tendenz siedeln sich Fiktionen zu Phänomenen ‚paralleler' und alternativer Sozialität präferenziell auch in der Zukunft an, sei es in Form eines endzeitlichen Szenarios vom Zerfall der Gesellschaft oder in Form einer Utopie. Gerade das alterisierende Narrativ tendiert dazu, den derzeitigen Einfluss der ‚Paragesellschaft' als Ausgangspunkt einer gesellschaftlichen Dekadenz zu verstehen, deren Schrecklichkeit den Lesenden mittels eines dystopischen Inszenierungsmusters vor Augen geführt wird; das idealisierende Narrativ motiviert zur Transformation der Gesellschaft und betont die dadurch in Aussicht stehende Einheit durch das Skizzieren einer idealen Zukunft.

Die genannten Elemente erheben keinerlei Anspruch auf Vollständigkeit und sind lediglich als Orientierung zu verstehen, die eine differenzierte Auseinandersetzung mit faktualen und fiktionalen Inszenierungen von ‚Paragesellschaften' anstoßen soll. Die angegebenen Tendenzen bedeuten dementsprechend nicht, dass sich diese textuell und filmisch auch so realisieren müssen. Zudem erstreckt sich ein fließender Übergang zahlreicher möglicher Ausgestaltungen und Kombinationsmöglichkeiten zwischen ihnen. Dass die literarischen und filmischen Gestaltungen von ‚Paragesellschaften' eine Systematik erkennen lassen, ist zum einen darauf zurückführbar, dass bestimmte Darstellungsweisen mit einzelnen Narrativen eine besonders produktive Symbiose eingehen, zum anderen aber auch darauf, dass manche Strukturen aufgrund der langen Dauer der großen kulturellen Relevanz der narrativen Verhandlung sozialer Kohäsion über ‚Paragesellschaften' seit der Moderne bereits Modellcharakter angenommen und sich zu Traditionen verfestigt haben. Ebendies mag den Anstoß für tiefergehende künftige Studien zu den situationalen, sozialen, kulturellen und historischen Variationen der Darstellungen der ‚Paragesellschaftlichkeit' geben.

7 Die Beiträge des vorliegenden Bands

Im Rahmen und Umfeld des wissenschaftlichen Netzwerks ‚Paragesellschaften. Parallele und alternative Sozialformationen in den Gegenwartsliteraturen' sind folgende Publikationen entstanden:
- der Sammelband *Parallel- und Alternativgesellschaften in den Gegenwartsliteraturen* (Würzburg: Königshausen & Neumann, 2017), der aus interdisziplinärer Sicht die Möglichkeiten zum Zusammendenken von pejorativen und idealisierenden Narrationen zu ‚Paragesellschaften' ausgelotet und ein interaktionistisches Konzept lanciert hat;
- der Sammelband *Parallelgesellschaften. Instrumentalisierungen und Inszenierungen in Politik, Kultur und Literatur* (München: Akademische Verlagsgemeinschaft, 2019), der die Tragfähigkeit und Übertragbarkeit des Begriffs ‚Parallelgesellschaften' auf historische Kontexte aus romanistischer Perspektive in den Fokus genommen hat;
- der Sammelband *Imaginationen des Sozialen. Narrative Verhandlungen zwischen Integration und Divergenz (1750–1945)* (Heidelberg: Winter, 2020), der die Herausbildung einer modernen Gesellschaftauffassung verfolgt hat, die bis heute prägend geblieben ist und die Voraussetzung der Konjunktur eines Sprechens über ‚Paragesellschaften' bildet;
- der Sammelband *Glücksversprechen der Gegenwart. Kulturelle Inszenierungen und Instrumentalisierungen alternativer Lebensentwürfe* (Bielefeld: transcript, 2021), bei dem sich verschiedene Disziplinen der Analyse der Rhetorik gesellschaftlicher Alternativen gewidmet haben.

Der vorliegende Sammelband bildet den vorläufigen Abschluss der Netzwerktätigkeit. Er möchte die Ergebnisse der gemeinsamen Diskussionen bündeln und konkrete Beispiele dafür liefern, wie das Konzept der ‚Paragesellschaft' für die Analyse politischer, ökonomischer, sozialer, ethnischer und kultureller Diskurse um das soziale Miteinander in unterschiedlichen kulturellen Artefakten produktiv gemacht werden kann.

Robert Lukenda setzt sich in „Verdrängt, vernachlässigt und vergessen? Die *classes populaires* als neue/alte ‚Paragesellschaft'? Annäherungen an ein französisches Diskursphänomen" mit dem Narrativ der Nichtrepräsentation auseinander, das in der französischen Gegenwartsgesellschaft hochfrequent ist. Gerade die Zugehörigkeit zur sozialen Peripherie sowie ihre wiederholte literarische Ausstellung und Modellierung in Rekurrenz auf Repräsentationstraditionen des 19. Jahrhunderts erweist sich dabei als Möglichkeit der Sichtbarwerdung und Identitätskonstruktion.

Die Imagination von Gesellschaft angesichts des Alterisierten steht in Teresa Hiergeists Beitrag „Gesprengte Ordnungen. Verhandlungen anarchistischer Gewalt in der französischen und spanischen Gegenwartsliteratur" im Zentrum. Im Zuge des *mnemonic turn* seit den frühen 2000ern gelangt verstärkt auch die anarchistische Vergangenheit der beiden romanischen Länder in den Blick und avanciert zum Gegenstand der Fiktion. Kulturvergleichend wird herausgearbeitet, wie dabei gerade das gewaltsame und terroristische Vorgehen anarchistischer ExtremistInnen zur Herausforderung der aktuellen narrativen Gesellschaftskonstruktion wird.

Paul Strohmaier befasst sich in „Fusion und Differenz. Zur Archäologie des Sozialen in Virginie Despentes' *Vernon Subutex*" mit dem Panorama der französischen Gegenwartsgesellschaft, das die Romantrilogie entwirft, sowie der Formen, Bewertungen und Funktionen der teils utopisch anmutenden ‚parasozialen' Gemeinschaften wie dem *culte Subutex* in ihr. Die musikalischen Zusammenkünfte um den Protagonisten Vernon scheitern als gemeinschaftsstiftende Utopie des polarisierten Postindustrialismus – ein Schicksal, das dieses Werk dem Verfasser zufolge nicht teilt.

In ihrem Beitrag „Militärische ‚Para(llel)gesellschaft(en)'? Die Soldatenfrau als Vermittlerin und Grenzgängerin in der amerikanischen Populärkultur des 21. Jahrhunderts" widmet sich Katharina Gerund am Beispiel der Autobiographie *I Love a Man in Uniform* (2009) von Lily Burana sowie der US-Serie *The Unit* (2006–2009) populärkulturellen Inszenierungen des amerikanischen Militärs. In diesen kommt den Soldatenfrauen als liminalen Figuren zwischen dem zivilgesellschaftlichen Außerhalb und dem militärkulturellen Innerhalb eine Mittlerfunktion hinsichtlich der Plausibilisierung von Kriegseinsätzen im Rahmen des *Global War on Terror* zu.

Anhand filmischer Repräsentationen von Belfast und Beirut untersucht Stephanie Schwerter in „Zwischen *peace line* und *green line*" die Konflikte in Nordirland und im Libanon als ‚Parallelgesellschaften' im Ausnahmezustand, indem sie die Städte als Kristallisationspunkte einer diskursiven Spaltung denkt, die sich an deren territorialen, sozialen und mentalen Trennlinien verdichtet. Vor dem Hintergrund der Gegenüberstellung der beiden ethno-religiösen Konflikte und Stadtgeschichten werden die Inszenierungen in *Nothing Personal, Resurrection Man, Im Schatten der Stadt* und *Feuerring* verglichen.

Benjamin Loy profiliert in „(An)Ästhetiken des Konsums. Inszenierungen von Warenwelt und (Super-)Marktgesellschaft bei Diamela Eltit und Annie Ernaux" den Supermarkt als ‚parallelgesellschaftlichen' Chronotopos, auf den aktuelle Romane verstärkt rekurrieren. Anhand von *Mano de obra* und *Regarde les lumières mon amour* erarbeitet er das Potenzial dieser Konsumstätte, die Werte der neoliberalen Kapitalgesellschaft auszustellen und zu kritisieren, wobei paradoxe Schockeffekte, die aus der Dominanz des Wettbewerbsgedankens resultieren, ebenso in den Fokus rücken wie Inszenierungen sozialer Exklusion.

Simona Oberto interpretiert in „Roberto Savianos *La paranza dei bambini*. Die ‚Paragesellschaft' der Kinder zwischen *Pinocchio* und *Principe*" den genannten Roman, der gleichsam eine ‚Paragesellschaft' innerhalb einer ‚Paragesellschaft' zeigt, als Gründungsnarrativ der kampanischen Camorra. Mithilfe eines dichten intertextuellen Verweisnetzes, das von Macchiavellis Staatstheorie über populäre Mafia-Filme bis hin zum italienischen Kunstmärchen reicht, wird die ambivalente Konstitution der Gruppenidentität eines „Clans der Kinder" zwischen Selbstmodellierung und Fremdsteuerung aufgezeigt.

Eva Oppermann befasst sich in ihrem Aufsatz „Von Außenseitern zu Helden. Die Darstellung phantastischer ‚Paragesellschaften' am Beispiel von Marion Zimmer Bradleys Priesterinnen in *Avalon* und J.K. Rowlings Zauberern in England" mit dem diskursiven Potenzial der heterotopen *Fantasy*, Konflikte zwischen gesellschaftlichen Gruppierungen zu reflektieren, invisibilisierte Individuen zu emanzipieren und zur Bewusstmachung von Marginalisierungsprozessen und Vorurteilen beizutragen.

Dass sich auch die Kategorie *gender* für die Rekurrenz auf ‚paragesellschaftliche' Narrative eignet, zeigt Simone Broders' Beitrag „‚Utopia Gone Mad': Feministische ‚Paragesellschaften' in Naomi Aldermans *The Power* (2016)". Der Roman entwirft allerlei ‚Paragesellschaften', die sich als ambivalente Versuche der Ermächtigung und letztlich als zum Scheitern verurteilte Experimente erweisen. Es geht dabei, so die Argumentation, um die Disqualifikation aller Modelle feministischer ‚Paragesellschaften', die Entlarvung von *gender* als willkürlicher Kategorie sowie die Verhandlung utopischer wie dystopischer Potenziale von Frauengesellschaften.

Claudia Hachenberger konstruiert in „Parallel, divers, nachhaltig, anders: Wie *Tales from the Town of Widows* (2007) dazu beiträgt, Gesellschaft neu zu denken" James Cañóns gleichgeschlechtliche Utopie als kritische Stellungnahme zu den patriarchalischen Strukturen, welche die kolumbianische Gesellschaft aktuell prägen, und interpretiert sie vor dem Hintergrund der politisch und ökonomisch motivierten Morde seit den 1980er Jahren und dem wachsenden Unsicherheitseindruck, der in dem südamerikanischen Land seither den Alltag bestimmt.

Das Phänomen der ‚Paragesellschaftlichkeit' und ihre relationalen Bewegungsdynamiken beleuchten Lars Koch und Julia Prager in ihrem Beitrag „Neben, entlang, ent-gegen: Fluchtbewegungen, Stillsetzungen und Fortgänge pandemischer Versammlungsdynamiken von Theater und Protest". Ausgehend davon, dass im medialen Diskurs der unmittelbaren Gegenwart verschiedenartige Bezeichnungspraktiken existieren, um in mehr oder weniger diffamierender Weise die jeweils

Versammelten zu kollektivieren und ‚paragesellschaftlich' zu rahmen, machen sie mediale, politische, körperliche wie affektive Dynamiken der Aushandlungen des Gesellschaftlichen sichtbar.

Alexander Fischer setzt sich in „Was kennzeichnet Aussteiger*innen? Ein (erneuter) Definitionsversuch" aus philosophischer Perspektive mit dem Ausstieg aus der Gesellschaft, d. h. mit der individuellen Dimension ‚parasozialen' Verhaltens, auseinander und betont dabei gerade die politisch-moralische Dimension als Beweggrund für die Ausprägung eines abweichenden Verhaltens und die Hinwendung zu einem alternativen Lebensentwurf.

Den Band beschließt Tom Moylans programmatischer Text „Plädoyer für den Utopismus in dystopischen Zeiten", der dazu aufruft, sich angesichts einer durch ökologische, ökonomische und politische Krisen geprägten globalen Lage für eine engagierte Perspektive zu entscheiden. Dabei sei es in erster Linie Aufgabe aller Intellektuellen, in einer breiten Öffentlichkeit ein Bewusstsein dafür zu schaffen, wie der Utopismus Entwürfe alternativer Formen des Zusammenlebens anstoßen könne.

Bibliographie

Arbeitsgruppe ‚Zentrum und Peripherie in soziologischen Differenzierungstheorien'. *Mythos Mitte. Wirkmächtigkeit, Potenzial und Grenzen der Unterscheidung ‚Zentrum/Peripherie'*. Wiesbaden: VS, 2011.
Baudrillard, Jean. „Société dissociée, société parallèle". *L'échange impossible*. Paris: Galilée, 1999.
Baumann, Zygmunt. *Liquid Modernity*. Cambridge: Polity Press, 2000.
Beaud, Olivier. *La puissance de l'État*. Paris: PUF, 1994.
Bein, Simon. „Anomie durch Identitätsgefährdung? Chancen und Risiken der Leitkulturkontroverse in Deutschland". *Demokratie und Anomie* (2020): 227–254.
Béreiziat-Lang, Stephanie. „L'alphabet convient aux peuples policés. Schrift und Anti-Moderne bei Boualem Sansal und Michel Houellebecq". *Parallelgesellschaften. Instrumentalisierungen und Inszenierungen in Politik, Kultur und Literatur*. Hg. Martin Biersack, Teresa Hiergeist und Benjamin Loy. München: Akademische Verlagsgemeinschaft, 2019. 147–162.
Bidmon, Agnes. „Sex, Drugs, Abschiebung. ‚Arabische Jungs' in der deutschsprachigen Gegenwartsliteratur". *Parallel- und Alternativgesellschaften in den Gegenwartsliteraturen*. Hg. Teresa Hiergeist. Würzburg: Königshausen & Neumann, 2017. 51–80.
Biersack, Martin, Teresa Hiergeist und Benjamin Loy (Hg.). *Parallelgesellschaften: Instrumentalisierungen und Inszenierungen in Politik, Kultur und Literatur*. München: Akademische Verlagsgemeinschaft, 2019.

Borsò, Vittoria. „Relationale Intensitäten im Schatten emergenter Narrativer des Sozialen. Zur Archäologie von Parallelgesellschaften im französischen Realismus". *Imaginationen des Sozialen. Narrative Verhandlungen zwischen Integration und Divergenz (1750–1945)*. Hg. Benjamin Loy, Simona Oberto und Paul Strohmaier. Heidelberg: Winter, 2020. 155–178.

Bukow, Wolf-Dietrich, Claudia Nikodem, Erika Schulze und Erol Yildiz (Hg.). *Was heißt hier Parallelgesellschaft? Zum Umgang mit Differenzen*. Wiesbaden: VS, 2007.

Bukow, Wolf-Dietrich. „Mobilität und Diversität als Herausforderungen für eine *inclusive city*". *Nach der Migration. Postmigrantische Perspektiven jenseits der Parallelgesellschaft*. Hg. Erol Yildiz und Marc Hill. Bielefeld: transcript, 2015. 105–124.

Bukow, Wolf-Dietrich. „Die Konstruktion von ‚Parallelgesellschaften' in einer globalisierten Stadtgesellschaft". *Parallel- und Alternativgesellschaften in den Gegenwartsliteraturen*. Hg. Teresa Hiergeist. Würzburg: Königshausen & Neumann, 2017. 25–50.

Bulk, Julia. „Alltagsobjekte als Zeichen. Der deutsche Werkbund und die ‚wurzelechte deutsche Kultur'". *Imaginationen des Sozialen. Narrative Verhandlungen zwischen Integration und Divergenz (1750–1945)*. Hg. Benjamin Loy, Simona Oberto und Paul Strohmaier. Heidelberg: Winter, 2020. 237–256.

Cano Paños, Miguel Angel. „Las sociedades paralelas en Europa como foco de radicalización islamista. Una visión desde las teorías ecológicas, el estructural-funcionalismo y el factor oportunidad". *Crimen, oportunidad y vida diaria*. Hg. Fernando Miró Llinares, José Ramón Agustina Sanllehí, José E. Medina Sarmiento und Lucía Summers. Madrid: Dykinson, 2015. 239–280.

Ceylan, Rauf. „Muslime in Deutschland. Die Diskussion um ‚Parallelgesellschaften'". *Die Rolle der Religion im Integrationsprozess. Die deutsche Islamdebatte*. Hg. Bülent Ucar. Frankfurt a.M.: Lang, 2010. 335–348.

Esposito, Roberto. *Communitas. Ursprung und Wege der Gemeinschaft*. Berlin: Diaphanes, 2004.

Fischer, Alexander. „Das Unbehagen an der Gesellschaft. Rousseaus begriffliche Erzählung misslungener Gesellschaftlichkeit im Zweiten Discours". *Imaginationen des Sozialen. Narrative Verhandlungen zwischen Integration und Divergenz (1750–1945)*. Hg. Benjamin Loy, Simona Oberto und Paul Strohmaier. Heidelberg: Winter, 2020. 57–82.

Forst, Rainer. „Zum Begriff eines Rechtfertigungsnarrativs". *Rechtfertigungsnarrative. Zur Begründung normativer Ordnungen durch Erzählungen*. Hg. Andreas Fahrmeir. Frankfurt a.M.: Campus, 2013. 11–28.

Foucault, Michel. „Andere Räume". *Aisthesis. Wahrnehmung heute oder Perspektiven einer anderen Ästhetik*. Leipzig: Reclam, 1990. 34–46.

Fuchs, Peter. *Die Erreichbarkeit der Gesellschaft. Zur Konstruktion und Imagination gesellschaftlicher Einheit*. Frankfurt a.M.: Suhrkamp 1992.

Fuhse, Jan. „Parallelgesellschaften, ethnische Gemeinschaften oder migrantische Milieus?". *Die Form des Milieus. Zum Verhältnis von gesellschaftlicher Differenzierung und Formen der Vergemeinschaftung*. Hg. Peter Isenböck, Linda Nell und Joachim Renn. Weinheim: Beltz, Juventa, 2014. 189–204.

Geiselberg, Heinrich (Hg.). *Die große Regression. Eine internationale Debatte über die geistige Situation der Zeit*. Berlin: Suhrkamp, 2017.

Gerund, Katharina: „Behind every good soldier is a family. Militärfamilien in der US-amerikanischen (Populär-)Kultur des 21. Jahrhunderts". *Glücksversprechen der Gegenwart. Kulturelle Inszenierungen und Instrumentalisierungen alternativer Lebensentwürfe*. Hg. Teresa Hiergeist und Mathis Lessau. Bielefeld: transcript, 2021. 49–68.

Gmeiner, Jens und Matthias Micus. „Parallelgesellschaften und Religion: Katalysatoren oder Hemmnisse der Integration?". *Indes* 6.1 (2017): 134–147.
Halm, Dirk und Martina Sauer. „Parallelgesellschaft und ethnische Schichtung". *Aus Politik und Zeitgeschichte* 1–2 (2006): 18–24.
Heitmeyer, Wilhelm. „Gibt es eine Radikalisierung des Integrationsproblems?". *Was hält die Gesellschaft zusammen?*. Hg. Ders. Frankfurt a.M.: Suhrkamp, 1997. 23–65.
Heitmeyer, Wilhelm, Joachim Müller und Helmut Schröder. *Verlockender Fundamentalismus. Türkische Jugendliche in Deutschland*. Frankfurt a.M.: Suhrkamp, 1997.
Hess, Sabine und Johannes Moser. „Jenseits der Integration. Kulturwissenschaftliche Betrachtungen einer Debatte". *No integration?! Kulturwissenschaftliche Beiträge zur Integrationsdebatte in Europa*. Hg. Dies. Bielefeld: transcript, 2009. 11–26.
Hiergeist, Teresa. *Erlesene Erlebnisse. Formen der Partizipation an narrativen Texten*. Bielefeld: transcript, 2014.
Hiergeist, Teresa (Hg.). *Parallel- und Alternativgesellschaften in den Gegenwartsliteraturen*. Würzburg: Königshausen & Neumann, 2017.
Hiergeist, Teresa. „Selbst, anders, neu. Reflexionen zu den kulturellen und ästhetischen Bedeutungen von ,Parallel- und Alternativgesellschaften'". *Parallel- und Alternativgesellschaften in den Gegenwartsliteraturen*. Hg. Dies. Würzburg: Königshausen & Neumann, 2017. 7–24.
Hiergeist, Teresa. „Explosive Utopien. Gesellschaftliche Einheit und anarchistischer Terrorismus im sozialen Imaginären der Jahrhundertwende". *Imaginationen des Sozialen. Narrative Verhandlungen zwischen Integration und Divergenz (1750–1945)*. Hg. Benjamin Loy, Simona Oberto und Paul Strohmaier. Heidelberg: Winter, 2020. 7–24.
Hiergeist, Teresa und Mathis Lessau (Hg.). *Glücksversprechen der Gegenwart. Kulturelle Inszenierungen und Instrumentalisierungen alternativer Lebensentwürfe*. Bielefeld: transcript, 2021.
Hill, Marc. *Nach der Parallelgesellschaft. Neue Perspektiven auf Stadt und Migration*. Bielefeld: transcript, 2016.
Illi, Manuel. „*Outside in – inside out*. Sekten und religiöse Sondergemeinschaften in der Gegenwartsliteratur". *Parallel- und Alternativgesellschaften in den Gegenwartsliteraturen*. Hg. Teresa Hiergeist. Würzburg: Königshausen & Neumann, 2017. 169–196.
Kablitz, Andreas. „Die Erfindung der Schuld der Gesellschaft – Von LaRochefoucauld zu Rousseau. Anmerkungen zur Anthropologie des *Ancien Régime*". *Imaginationen des Sozialen. Narrative Verhandlungen zwischen Integration und Divergenz (1750–1945)*. Hg. Benjamin Loy, Simona Oberto und Paul Strohmaier. Heidelberg: Winter, 2020. 21–56.
Kaschuba, Wolfgang. „Ethnische Parallelgesellschaften? Zur kulturellen Konstruktion des Fremden in der europäischen Migration". *Zeitschrift für Volkskunde* 103.1 (2007): 65–86.
Koschorke, Albrecht, Susanne Lüdemann, Thomas Frank und Ethel Matala de Mazza. *Der fiktive Staat. Konstruktionen des politischen Körpers in der Geschichte Europas*. Frankfurt a.M.: Fischer, 2007.
Koschorke, Albrecht. *Wahrheit und Erfindung. Grundzüge einer allgemeinen Erzähltheorie*. Frankfurt a.M.: Fischer, 2012.
Koselleck, Reinhart. *Kritik und Krise. Ein Beitrag zur Pathogenese der bürgerlichen Welt*. Freiburg/München: Alber, 1959.
Lefort, Claude. *The Political Forms of Modern Society. Bureaucracy, Democracy, Totalitarianism*. Massachusetts: MIT, 1986.

Loy, Benjamin. „Fragile Parallelitäten. Neoliberalismus, Poststaatlichkeit und Gewalt im mexikanischen Gegenwartskino". *Parallel- und Alternativgesellschaften in den Gegenwartsliteraturen*. Hg. Teresa Hiergeist. Würzburg: Königshausen & Neumann, 2017. 109–144.
Loy, Benjamin, Simona Oberto und Paul Strohmaier (Hg.). *Imaginationen des Sozialen. Narrative Verhandlungen zwischen Integration und Divergenz (1750–1945)*. Heidelberg: Winter, 2020.
Loy, Benjamin, Simona Oberto und Paul Strohmaier. „Imaginationen und Erzählungen von Gesellschaft. Einleitende Überlegungen zur Genealogie und Konjunktur von sozialen Strukturnarrativen". *Imaginationen des Sozialen. Narrative Verhandlungen zwischen Integration und Divergenz (1715–1945)*. Hg. Dies. Heidelberg: Winter, 2020. 7–19.
Lüdemann, Susanne. *Metaphern der Gesellschaft. Studien zum soziologischen und politischen Imaginären*. München: Fink, 2004.
Luhmann, Niklas. *Die Gesellschaft der Gesellschaft* (Bd. 2). Frankfurt a.M.: Suhrkamp, 1997.
Meyer, Thomas. „Parallelgesellschaft und Demokratie". *Der demokratische Nationalstaat in den Zeiten der Globalisierung. Politische Leitideen für das 21. Jahrhundert*. Hg. Herfried Münkler, Marcus Llanque und Clemens K. Stepina. Berlin: Akademie, 2002. 193–230.
Münch, Richard. *Das Regime des Pluralismus. Zivilgesellschaft im Kontext der Globalisierung*. Frankfurt a.M.: Campus, 2010.
Nagel, Alexander-Kenneth (Hg.). *Diesseits der Parallelgesellschaft. Neuere Studien zu religiösen Migrantengemeinden in Deutschland*. Bielefeld: transcript, 2013.
Nancy, Jean-Luc. *Die undarstellbare Gesellschaft*. Stuttgart: Schwarz, 1988.
Nowak, Jürgen. *Leitkultur und Parallelgesellschaft. Argumente wider einen deutschen Mythos*. Frankfurt a.M.: Brandes & Apsel, 2006.
Oberto, Simona: „Von der ‚Parallelgesellschaft' zur Utopie in Houellebecqs *Soumission* (2015)". *Parallelgesellschaften. Instrumentalisierungen und Inszenierungen in Politik, Kultur und Literatur*. Hg. Martin Biersack, Teresa Hiergeist und Benjamin Loy. München: Akademische Verlagsgemeinschaft, 2019. 249–272.
Reckwitz, Andreas. *Die Gesellschaft der Singularitäten. Zum Strukturwandel der Moderne*. Frankfurt a.M., 2017.
Rosanvallon, Pierre. *Le peuple introuvable*. Paris: Gallimard 1998.
Sassen, Saskia. *A Sociology of Globalization*. New York: Norton & Company, 2007.
Sassen, Saskia. *Territory, Atuhority, Rights. From Medieval to Global Assemblages*. Princeton: University Press, 2008.
Savidan, Patrick. „Democratie participative et conflit". *Revue de métaphysique et de morale* 58.2 (2008): 179–181.
Schiffauer, Werner. *Parallelgesellschaften. Wie viel Wertekonsens braucht unsere Gesellschaft? Für eine kluge Politik der Differenz*. Bielefeld: transcript, 2008.
Serres, Michel. *Der Parasit*. Frankfurt a.M.: Suhrkamp, 1981.
Serres, Michel. *Times of Crisis. What the Financial Crisis Revealed and How to Reinvent Our Lives and Future*. New York: Bloomsbury, 2014.
Stichweh, Rudolf. *Inklusion und Exklusion. Studien zur Gesellschaftstheorie*. Bielefeld: transcript, 2016.
Stiglitz, Joseph. *Reich und Arm. Die wachsende Ungleichheit in unserer Gesellschaft*. München: Siedler, 2015.

Strohmaier, Paul. „Exklusion und Utopie. Zur Ambivalenz paralleler Sozialität im Werk Boualem Sansals". *Parallel- und Alternativgesellschaften in den Gegenwartsliteraturen.* Hg. Teresa Hiergeist. Würzburg: Königshausen & Neumann, 2017. 273–296.

Strohmaier, Paul. „Die Gesellschaft und ihr Double: Balzacs *Histoire des Treize*". *Parallelgesellschaften. Instrumentalisierungen und Inszenierungen in Politik, Kultur und Literatur.* Hg. Martin Biersack, Teresa Hiergeist und Benjamin Loy. München: Akademische Verlagsgemeinschaft, 2019. 99–114.

von Tschilschke, Christian. „*The Unhappy Few*. Soziale Segregation in medialen Inszenierungen von Gated Communities in Lateinamerika. Lukas Valenta Rinners Film *Los decentes* (2016)". *Glücksversprechen der Gegenwart. Kulturelle Inszenierungen und Instrumentalisierungen alternativer Lebensentwürfe.* Hg. Teresa Hiergeist und Mathis Lessau. Bielefeld: transcript, 2021. 91–108.

Warning, Rainer. *Heterotopien als Räume ästhetischer Erfahrung.* München: Fink, 2009.

Yildiz, Erol. „Postmigrantische Lebenspraxen jenseits der Parallelgesellschaft". *Soziale Arbeit in der Migrationsgesellschaft.* Hg. Beate Blank, Süleyman Gögercin, Karin Sauer und Barbara Schramkowski. Wiesbaden: Springer VS, 2018. 53–64.

Yildiz, Erol und Marc Hill (Hg.). *Nach der Migration. Postmigrantische Perspektiven jenseits der Parallelgesellschaft.* Bielefeld: transcript, 2015.

Yildiz, Erol und Marc Hill. „Einleitung". *Nach der Migration. Postmigrantische Perspektiven jenseits der Parallelgesellschaft.* Hg. Dies. Bielefeld: transcript, 2015. 9–18.

Robert Lukenda
Verdrängt, vernachlässigt und vergessen? Die *classes populaires* als neue/alte ‚Paragesellschaft'?
Annäherungen an ein französisches Diskursphänomen unter Berücksichtigung von Literatur und Sozialwissenschaften

1 Ein Gespenst geht um in Frankreich …

Seit geraumer Zeit schon geistert eine soziale Erscheinung durch Frankreich: die sogenannten Gelbwesten, deren Proteste die Öffentlichkeit, Politik, Medien und Wissenschaften zunächst in ungläubiges Staunen versetzten. Was steckt hinter diesem Phänomen, das vor allem 2018–2019 regelmäßig auf den Plätzen, Kreuzungen und Kreisverkehren des Landes zu beobachten war? Wer sind die Demonstrierenden? Und welche Ziele verfolgen sie? Fragen, die, so banal sie klingen, keineswegs einfach zu beantworten sind, zumal wir es mit einer Erscheinung zu tun haben, um deren Deutung in den politischen, wissenschaftlichen und intellektuellen Milieus derzeit noch heftig gerungen wird.

Im Folgenden geht es jedoch nicht um eine soziologische Betrachtung der *gilets jaunes*, sondern vielmehr darum, die dahinterstehenden sozialen und diskursiven Entwicklungen in den Blick zu nehmen. Eines scheint allerdings klar: Trotz der einheitlichen gelben Westen handelt es sich bei den *gilets jaunes* um eine diffuse, sozial heterogene Masse, die sich kaum mehr in die traditionellen Kategorien und Begrifflichkeiten von Klasse oder soziale ‚Unterschicht' fügt. Vielmehr demonstrieren überwiegend Bevölkerungsteile, die man den *nouvelles classes populaires* bzw. *classes populaires contemporaines* zurechnet und die in der öffentlichen Wahrnehmung allein schon deshalb als ‚unsichtbar' gelten, da sie keine ‚natürlichen' Repräsentanten wie Parteien, Gewerkschaften oder Führungspersönlichkeiten (mehr) haben bzw. diese ablehnen. Beim Begriff *classes populaires* handelt es sich um einen Terminus, der das gemeinhin als überholt geltende Konzept einer homogenen *classe ouvrière* aus der französischen Soziologie der Nachkriegszeit ersetzt hat, welches sich im Kern auf das Milieu der weißen Industriearbeiter bezog. Mit den schwer zu übersetzenden Begriffen der ‚neuen/zeitgenössischen' *classes populaires* versucht man in der Soziologie, der aktuellen Heterogenität und Diversität der unteren sozialen Schichten Rechnung zu tragen und verstärkt die Situation von Frauen, Migrantinnen und Migranten und sowie von Angestellten in den Blick zu nehmen (vgl. Siblot et al. 2015), die trotz unterschiedlicher Existenzbedingungen eines gemeinsam haben: eine zunehmende Prekarisierung ihrer Lebens- und Erwerbsumstände, daraus resultierende ökonomische und soziale Probleme sowie Tendenzen der Distanzierung vom politischen System – das Gefühl, von der Politik im Stich gelassen zu werden. In ihrer Mehrheit handelt es sich um Bewohner der sogenannten *France périphérique* (Guilluy 2014), die abseits der dynamischen Metropolen in den vom Strukturwandel gezeichneten ehemaligen Industrierevieren und den verkehrstechnisch schlecht angebundenen ländlichen Räumen leben, in denen es kaum Arbeitsplätze und Perspektiven gibt, in denen der Weg zur Arbeit lang und die Bildungs- und Kulturangebote begrenzt sind. Mit ihren Signalwesten und Protestaktionen fordern diese Milieus jene öffentliche Sichtbarkeit und Aufmerksamkeit ein, die man ihnen (nicht nur nach eigener Ansicht) in der Politik und den Medien in den vergangenen Jahrzehnten verweigert hat. Aber auch international geht zunehmend die Angst vor diesen Schichten um, die in der öffentlichen Meinung vielfach mit der zeitgenössischen Konjunktur populistischer und nationalistischer Bewegungen assoziiert werden. Zugespitzt formuliert: Westliche Demokratien haben nicht nur ein Problem mit den ‚Rändern', mit Entfremdungs- und Radikalisierungstendenzen von Minderheiten, sondern zunehmend auch mit einer breiteren Masse, deren Einstellungen immer unzugänglicher erscheinen. Man denke etwa an das *Brexit*-Referendum oder die US-Wahlen von 2016 und 2020, bei denen sich die Analysten im Vorfeld recht sicher waren, wenn es darum ging, das Wahlverhalten der Bevölkerungsmehrheit zu prognostizieren, um hinterher allerdings festzustellen: die *classes populaires* – das ‚unbekannte' Wesen.[1]

Aber welche Faktoren stehen hinter dem Phänomen der Unsichtbarkeit dieser sozialen Schichten? Wenn wir uns im Folgenden der spezifischen Repräsentationsproblematik widmen, die das Volk im Allgemeinen und die *classes populaires* im Besonderen betrifft, so geht es im Wesentlichen darum, einen in Frankreich überaus virulenten Diskurs der, wie es heißt, Verschleierung sozialer Wirklichkeiten zu beschreiben, an dem Politik, Medien, Wissenschaften und Kultur partizipieren. Ziel ist es, einen Zusammenhang zwischen politischer Heimatlosigkeit, kultureller Marginalisierung und ästhetischer (vor allem literarischer) Repräsentation zu be-

---

[1] Die Debatten um die Sichtbarkeit der *classes populaires*, die im Zuge der zurückliegenden Wahlen, etwa in Frankreich und den USA, geführt wurden, wären eine eigene Untersuchung wert. Ein Kernvorwurf zielt dabei auf eine angebliche Lebensferne von Medien und Wissenschaften ab. Beklagt wird eine Theorielastigkeit der Soziologie, die Methoden wie die Feldforschung als überholt ansieht. Zu dieser Debatte im Nachgang der Trump-Wahl von 2016 vgl. Schenz (2017).

schreiben, der insbesondere aus den *classes populaires* eine ‚Gesellschaft in der Gesellschaft' macht, die um politische und kulturelle Anerkennung und Sichtbarkeit ringt und die als politischer und wissenschaftlicher Reflexionsgegenstand erst seit Kurzem (wieder)entdeckt wird. Im Zuge von Phänomenen wie dem Aufstieg des *Rassemblement national*[2] sowie der Zunahme gesellschaftlicher Spannungen und Proteste seit den 2000er Jahren wird in Frankreich zunehmend wieder die Frage laut, wie die *classes populaires* in den politischen, medialen, wissenschaftlichen und kulturellen Diskursen dargestellt werden. Ziel dieses Interesses ist, zum einen Erklärungen für die Entfremdung großer Teile der Bevölkerung vom politischen System zu suchen. Zum anderen wird aber auch der Versuch unternommen, eine soziale Frage zu stellen, die letztlich – allen gesellschaftlichen Singularisierungstendenzen (vgl. Reckwitz 2017) zum Trotz – unter den sozioökonomischen Vorzeichen der zeitgenössischen *Abstiegsgesellschaft* (Nachtwey 2016) und einer sich vertiefenden ökonomischen Kluft (vgl. Piketty 2013) immer größere Teile der *classes populaires* jenseits ethnischer, religiöser oder sozialer Zuordnungen in einer Art *condition commune* vereint (vgl. Siblot et al. 2015). Auffällig scheint in dieser Hinsicht, dass in der Debatte um soziale Ungleichheiten – in einer Zeit, in der die Komplexität und Intersektionalität (vgl. Winkler und Degele 2009) des Phänomens *Diskriminierung* in den Fokus rückt und die politische, mediale und kulturelle Präsenz sogenannter *minorités visibles* heftig diskutiert wird – im französischen Kontext die Themen der (verdrängten) Klassenungerechtigkeiten und der sozialen Herkunft soziologisch und literarisch ein stärkere Gewichtung erfahren (vgl. hierzu Lukenda unveröffentlicht).

Die Suche nach neuen Begrifflichkeiten, mit denen sich im französischen Kontext (und vielleicht auch darüber hinaus) ein ambivalenter sozialer und diskursiver Status einer heterogenen Gruppe beschreiben lässt, die einerseits zwar demographisch einen erheblichen Teil der Gesamtbevölkerung (nach einigen Schätzungen sogar die Mehrheit) bildet, die andererseits in den großen Medien und öffentlichen Debatten aber nur am Rande vorkommt (vgl. Garcia 2020), scheint angesichts der politisch und gesellschaftlich angespannten Situation in Frankreich überaus virulent. Dies liegt nicht zuletzt daran, dass sich längst das Gefühl einer „représentation biaisée" (Beaud et al. 2006, 8) der Gesellschaft verfestigt hat. Dabei wird zum einen auf eine wachsende Kluft zwischen der Lebenswirklichkeit der Franzosen und ihrer Präsenz in den politischen, medi-

---

2 Ehemals *Front national*. Im Folgenden *FN/RN* abgekürzt.

alen und wissenschaftlichen Diskursen hingewiesen; zum anderen wird das Fehlen zeitgemäßer Beschreibungskategorien des Sozialen beklagt, was dem Eindruck einer Unlesbarkeit der Gesellschaft Vorschub leistet und die *nouvelles classes populaires* zu einer weithin ‚unbekannten' Größe macht – eine Größe, die sich kaum mehr in der Kategorie der ‚Parallelgesellschaftlichkeit' (vgl. Heitmeyer 1998) und – im französischen Fall – mit dem Diskurs zum *communautarisme* fassen lässt. Grund hierfür ist, dass zentrale Vorstellungen und Mechanismen der Ausgrenzung, die sich mit den Prozessen der Entstehung von ‚Parallelgesellschaften' verbinden, hier scheinbar nicht mehr greifen:

1. das Denken in den binären Kategorien von ‚Mehrheitsgesellschaft' vs. ‚Minderheit': auf der einen Seite die als sozial und kulturell homogen wahrgenommene Mehrheit, die ausgrenzt; auf der anderen eine Minderheit, die marginalisiert wird oder die sich selbst abschottet;
2. die Tragweite der sozialen Frage: Wenn es um die soziale Frage der Gegenwart geht, so fokussierte man sich in Politik, Wissenschaft und Medien lange Zeit auf spezifische Themen wie die Einwanderung und begrenzte Bereiche wie die Banlieue. Die Krise des Staates als „Integrationsmaschine", wie sie Wilhelm Heitmeyer (1998) mit Blick auf die Städte proklamiert hat, wird jedoch zunehmend als Problem begriffen, das territorial, sozial und kulturell immer weiter in die Gesellschaft ausgreift – mit fatalen Folgen für den gesellschaftlichen Zusammenhalt.

Der Blick auf die Literatur offenbart hier zwei gegenläufige Beobachtungen: Einerseits scheint – so ein Vorwurf, der mittlerweile oft zu hören ist – der ‚hegemoniale' literarische Diskurs an der erwähnten verzerrten Wiedergabe der sozialen Lage, wie sie in großen Teilen der Politik und den Medien vorherrscht, zu partizipieren (vgl. Louis 2017). Andererseits zeichnen sich innerhalb des literarischen Feldes seit geraumer Zeit verstärkte Anstrengungen ab, der Repräsentationsproblematik der *classes populaires* entgegenzuwirken und die kulturelle und diskursive Präsenz der unteren Schichten zu stärken. Neben zentralen Protagonisten, Feldern und Thesen des skizzierten Unsichtbarkeitsdiskurses sollen daher einige dieser Bemühungen – es handelt sich um Autorinnen und Autoren sowie um Werke und Projekte, die sich in besonderer Weise der beschriebenen Herausforderung annehmen – in einer Art Panorama vorgestellt werden.

2 Die Repräsentation der *classes populaires* – ein mediales, politisches und ästhetisches Problem

2.1 Die Problematik der Sicht-/Unsichtbarkeit der *classes populaires*

„Les peuples ne sont-ils pas l'objet de tous les documentaires, de tous les tourismes, de tous les marchés commerciaux, de toutes les télé-réalités possibles et imaginables?", konstatiert Didi-Huberman (2012, 11). Und dennoch, so der Philosoph weiter, entpuppt sich diese (Omni)Präsenz der *peuples* im Zeitalter von Demokratie und Massenmedien, in der die mediale Sichtbarkeit gemeinhin den Regeln der *Société du spectacle* (vgl. Debord 1967) folgt, letztlich als Scheinpräsenz. Die *peuples* hätten keinen Platz als *Subjekte* im politischen, kulturellen und medialen Diskurs, sondern seien permanent der Gefahr ausgesetzt, zu exponierten *Objekten* degradiert zu werden.[3] Wie die Schriftstellerin Annie Ernaux schreibt, finden Arbeiterinnen und Arbeiter heutzutage in den Medien zumeist nur als Opfer des ökonomischen Wandels Beachtung, wenn Fabrikschließungen anstehen und Arbeitskämpfe stattfinden, also bevor sie und ihre Existenz „sont rayés d'un trait pour que d'autres, les actionnaires, s'enrichissent" (Ernaux 2000, 89).[4] In dieser Hinsicht bestehe ein ursächlicher Zusammenhang zwischen einer politischen und ästhetischen *mal-représentation*, die letztlich eine existentielle Bedrohung für diese Schichten darstelle: „[...] les peuples sont *exposés* en ce qu'ils sont justement menacés dans leur représentation – politique, esthétique –, voire, comme cela arrive trop souvent, dans leur existence même" (Didi-Huberman 2012, 11 [Herv. i. O.]).

Für Didi-Hubermans Beobachtung, wonach sich das ‚einfache' Volk von den politischen, kulturellen und medialen Repräsentationsmechanismen moderner – demokratischer und massenmedialer – Gesellschaften in einen ambivalenten Status des Dazwischen gedrängt sieht, der das Ergebnis politischer, sozialer und ästhetischer Dynamiken der Integration und Exklusion ist,[5] lassen

---

3 Zu den unterschiedlichen moralisch-ethischen, sozialen (erkennen im Sinne von anerkennen) und insbesondere medialen Implikationen von Sichtbarkeit vgl. Heinich (2012).
4 Die politische Repräsentation der Arbeiterschaft und die öffentliche Sichtbarkeit ihrer Berufs- und Lebenswelt nehmen hingegen stetig ab (vgl. Mouterde 2016).
5 Diese Perspektive liegt bereits dem sozialen Figurationsbegriff von Norbert Elias zugrunde. Elias (2006) versteht Gemeinschaften wie den modernen Nationalstaat als Mechanismus einer

sich vielerlei Gründe anführen. Sie hängen zum einen mit dem paradoxen Charakter zusammen, der jeglicher Form der medialen Repräsentation inhärent ist und einen ambivalenten ontologischen Status des Repräsentierten begründet.[6] Zum anderen lassen sie sich (neben den angesprochenen Gesetzmäßigkeiten der ‚Gesellschaft des Spektakels') im Kern auf Mechanismen der politischen, demokratischen Repräsentation zurückführen, deren vermeintliche Defekte, wie schon Bourdieu argumentiert hat, immer schon in besonderem Maße die unteren Schichten getroffen haben, die stärke als andere auf politische Vertretung angewiesen sind.[7] Dabei handelt es sich um strukturelle Problematiken, die historisch betrachtet gerade in Frankreich besonders ausgeprägt waren und die bis heute den Umgang mit sozialen Ungleichheiten und innergesellschaftlichen Abgrenzungstendenzen prägen. Sie sollen daher auch zunächst in ihrer historischen Dimension dargestellt werden.

2.2 Die Abwesenheit der *classes populaires* – ein historisches und strukturelles Problem moderner demokratischer Gesellschaften

Wie der Historiker Pierre Rosanvallon (1998) gezeigt hat, ist die Unlesbarkeit moderner Gesellschaften eine strukturelle Begleiterscheinung demokratischer Systeme, die im Kern auf eine komplexe Problematik der Repräsentation zurückführt. Seit der Französischen Revolution besteht diese in der doppelten Herausforderung, den Willen des Volkes in politisches Handeln zu übersetzen und zugleich die Frage nach der Physiognomie und Identität des neuen Souveräns zu beantworten.[8] Nationen

---

verstärkten Integration und dynamischen Interdependenzbildung unterschiedlicher sozialer Schichten und Gruppen, der Macht- und „Integrationskonflikte" produziert.
6 Wie Corinne Enaudeau am Beispiel der mimetischen Situation des Theaters erläutert, ist Repräsentation immer schon ein paradoxer Mechanismus, der die Sichtbarkeit des Abwesenden garantiert, seine Unsichtbarkeit jedoch umso deutlicher hervortreten lässt und somit eine Gefahr für seine ‚ontologische Sicherheit' darstellen kann: „[...] la représentation ne présente que soi, se présente représentant la chose, l'éclipse et la supplante, en redouble l'absence" (Enaudeau 1998, 24).
7 „On pourrait, pour simplifier, dire que les dominants existent toujours, tandis que les dominés n'existent que s'ils se mobilisent ou se dotent d'instruments de représentation" (Bourdieu 2001, 261).
8 Rosanvallon (2014, 15) zufolge handelt es sich um die zwei Grundbedeutungen des Verbs *représenter* – einer prozeduralen und einer figurativen: „exercer un mandat et restituer une image".

sind ihrem Wesen nach zunächst ideelle Größen, „vorgestellte Gemeinschaften" (Anderson 1983), die neben der politischen Organisation auch der sinnlichen Erfahrung bedürfen (vgl. Rosanvallon 1998, 12). Die Tatsache, dass moderne Gesellschaften Gemeinschaften von Individuen sind, erschwert nicht nur ihre politische, sondern auch ihre ästhetische Figuration. Während und unmittelbar nach der Revolution tritt das Volk denn auch in der Kunst zumeist als kontur- und gesichtslose Masse in Erscheinung (vgl. Rosanvallon 1998, 27–31).

Wie Rosanvallon in seiner Untersuchung zur Geschichte der demokratischen Repräsentation in Frankreich (*Le peuple introuvable*, 1998) nachweist, wird das angesprochene Problem der politischen und ästhetischen Figuration jedoch durch einen Grundkonflikt verschärft, der aus zwei divergierenden Perspektiven auf die moderne Gesellschaft resultiert: Aus einer politisch-juristischen Perspektive ist das Volk eine Gemeinschaft der Gleichen, eine Einheit bestehend aus Bürgern mit gleichen Rechten. Aus einem soziologischen Blickwinkel betrachtet präsentiert sich die Gesellschaft hingegen als Masse höchst ungleicher Individuen. Während die Repräsentation gesellschaftlicher und politischer Interessen im *Ancien Régime* noch auf der Grundlage von Ständen und Korporationen erfolgte, denen man *qua* Geburt angehörte, abstrahiert die moderne, demokratische Repräsentation von sozialen Gegebenheiten. Im Wahlprozess wird jeder zu einer Zahl, einer Stimme in einem arithmetischen System, das über politische Mehr- oder Minderheiten entscheidet. Die Universalitäts- und Gleichheitsgrundsätze der politischen Repräsentation führen letztlich dazu, dass die realen Unterschiede zwischen den Menschen negiert werden und, wie es auch im Titel von Rosanvallons Studie heißt, das Volk in seiner materiellen, lebensweltlichen Dimension zu einer ‚unauffindbaren' Größe wird (Rosanvallon 1998, 73).

Der Primat republikanischer Gleichheitsprinzipien bedingt Rosanvallon (1998, 87) zufolge eine bis heute spürbare, fundamentale Schwierigkeit innerhalb der französischen Demokratie, staatsbürgerliches Universalitätsdenken und soziale Vielfalt miteinander zu vereinbaren. Bis in die Gegenwart hatten und haben es nicht nur sprachliche und kulturelle Minderheiten, z. B. Bretonen und Basken, schwer, sich in Frankreich einen auch nur bescheidenen Autonomiestatus zu erkämpfen. Und bis heute erregt der Versuch religiöser Minderheiten, sich Sonderrechte zu erstreiten, z. B. wenn es um das Tragen von Kopftüchern in Schulen geht, den Verdacht des *communautarisme* und wird als Angriff auf die republikanischen Gleichheitsgrundsätze (in diesem Fall auf das Prinzip der Laizität) betrachtet. Der historisch begründete Vorrang der *volonté générale* gegenüber jeglichen Einzelinteressen erschwert(e) letztlich auch die soziale Integration der unteren Gesellschaftsschichten, allen voran der *classe ouvrière*, wenn man daran denkt, dass spezifische Organe der Interessenvertretung der Arbeiterschaft wie Gewerkschaften in Frankreich vergleichsweise spät (erst 1884) zugelassen wurden.

Es scheint also geradezu paradox, dass die republikanische Idee einer Gemeinschaft politisch und rechtlich gleicher *citoyens* – ein Gedanke, der die politische und soziale Integration unterprivilegierter Gruppen eigentlich fördern soll – einen versteckten Mechanismus der *Ausgrenzung* beinhaltet.[9] Hier zeigt sich jene Dynamik der „Integrations- und Desintegrationsschübe", die Elias (2006, 350) als strukturellen Bestandteil der Nationenbildung im 19. Jahrhundert betrachtete. Um noch einmal auf das Beispiel der Arbeiterbewegung zurückzukommen: Die *ouvriers* wurden im Laufe des 19. Jahrhunderts politisch gesehen verhältnismäßig schnell integriert, indem sie etwa im Vergleich zu Deutschland recht früh das Wahlrecht erhielten, zugleich jedoch sozial marginalisiert, weil man ihre spezifischen Interessen – z. B. das Recht auf eine besondere soziale Förderung sowie Forderungen nach politischer Repräsentation durch Vertreter, die aus ihren eigenen Reihen stammen sollten – mit dem Argument vom Tisch wischte, diese Wünsche verstießen gegen die allgemeinen Gleichheitsgrundsätze (vgl. Rosanvallon 1998, Kap. II). Die Ausblendung ihrer ‚realen' Lebensbedingungen und Bedürfnisse machte aus der *classe ouvrière* bis weit in das 20. Jahrhundert hinein eine, „population à part" (Juillard 1997, 2382), in der eine eigene Mentalität und Identität entstehen konnten, die sich kulturell stets in Opposition zur bürgerlichen Gesellschaft begriff. Bis heute resultiert aus dieser ambivalenten gesellschaftlichen Position der unteren Schichten, in der sich Mechanismen der politischen Integration und – wie man seit Bourdieus Studien zum französischen Schulwesen oder zur Kultur als sozialer Selektionsmaschinen weiß (vgl. Bourdieu 1964, 1979) – der gesellschaftlichen und kulturellen Exklusion die Waage halten, ein hohes Maß an gesellschaftlicher Konfliktualität, ein Arbeiter-Gestus, soziale Forderungen nicht über den parlamentarischen ‚Dienstweg', sondern über Streiks und Straßenproteste zu erkämpfen.

---

9 Es handelt sich hierbei z. B. auch um narrative Mechanismen, die in zahlreichen Diskursen der Repräsentation wirksam sind, z. B. im Bereich der revolutionären Historiographie des 19. Jahrhunderts, die, wenn man an Michelet denkt, von einem integrativen Gestus getragen war, letztlich jedoch, wie Éric Vuillard in seiner Erzählung vom Sturm auf die Bastille (*14 juillet*, 2016a) zeigt, das ‚einfache' Volk in die Rolle des passiven Zuschauers drängt. Die ästhetische Konturlosigkeit des Volkes – die Tatsache, dass es in den Quellen zur Französischen Revolution abwesend ist oder zumeist als anonyme, gesichtslose Masse präsentiert wird – bedingt eine Delegitimierung und Marginalisierung des *peuple* als politische Kraft. Auf die ästhetischen Verfahren der Integration und Ausgrenzung der Massen in der Literatur des 19. Jahrhunderts und ihre Nachwirkungen in der Gegenwart wird weiter unten noch einzugehen sein.

2.3 Die Repräsentation der *classes populaires* in der Literatur: historische und zeitgenössische Entwicklungen

Mit Beginn der Moderne hat sich auch die Literatur jener neuen Unlesbarkeit der individualisierten Gesellschaft, jener Repräsentations- und Figurationsproblematik des Volkes angenommen und versucht, einen soziologischen, bisweilen auch sozial engagierten Beitrag zur Darstellung postrevolutionärer Wirklichkeiten zu leisten. Es ist hier nicht der Ort, die Geschichte der Repräsentation des Volkes in der Literatur der Moderne – von Hugo (*Les Misérables*) und Stendhal (*Le Rouge et le Noir*) über den Sozial- und Sittenroman (Balzac, George Sand) bis hin zum Naturalismus der Goncourts und Zolas – *en détail* zu präsentieren. Im Großen und Ganzen vollzog die Literatur jedoch eine Entwicklung, die für die moderne Gesellschaft charakteristisch ist: Der Integration der breiten Masse in Politik, Wissenschaft und Erziehung sowie ihrer verstärkten medialen Präsenz entsprach mit Einschränkung der Einbruch des ‚einfachen' Volkes in die Literatur (vgl. Wolf 1990).[10] Wenn sich insbesondere der Roman einer sozialwissenschaftlichen und -fortschrittlichen Agenda verpflichtet sah – man denke etwa an den Zolaschen Naturalismus –, so ging es hierbei um die Einlösung republikanisch-demokratischer Grundsätze: Wie die Geschichtsschreibung, allen voran bei Michelet, avancierte auch die Literatur (neben ihrer Rolle als Spiegel der Gesellschaft) zum Medium einer imaginären Demokratie, einer „figuration démocratique" (Wolf 1990, 8), in der sich das Volk inhaltlich wiederfinden sollte. Im Rahmen dieser Repräsentationsbemühungen, in denen sich demokratische und sozial-progressive (wie natürlich auch weiterhin dezidiert hierarchische und reaktionäre) Gesellschaftsauffassungen manifestierten, fiel also der Literatur eine Vorreiterrolle innerhalb der sozialen und politischen Emanzipationsbestrebungen der *classes populaires* zu. Wie Eugène Sue schrieb, haben sich gerade die Arbeiter, die lange vom Wahlrecht ausgeschlossen waren, mangels politischer Repräsentation in Zeitschriften und Chansons eine Art „représentation poétique" (zit. nach Rosanvallon 1998, 285) konstruiert, um auf ihre Lage aufmerksam zu machen. Hier zeigt sich die politische und existentielle Relevanz einer selbstbestimmten narrativen Darstellung, in der die *classes populaires* aktiv das Wort ergriffen (vgl. Rosanvallon 1998, Kap. VIII). Diese Form der narrativen Selbst-Repräsentation und -ermächtigung war eine zentrale Voraussetzung

---

[10] Zu den Verflechtungen zwischen Roman und demokratischem System vgl. insbes. Wolf (2003).

für die Konstruktion eines Klassenbewusstseins, auf dessen Grundlage sie Forderungen nach politischer Teilhabe und sozialer Integration gelten machen konnten. Das Bestreben nach einer aktiveren kulturellen wie politischen Rolle manifestierte sich auch an anderer Stelle, so z. B. in der von Henry Poulaille konzipierten *littérature prolétarienne* des frühen 20. Jahrhunderts, in der die Arbeiter – in Abgrenzung zum naturalistisch konnotierten *roman populiste*, der ihre Lebensbedingungen aus der Perspektive und Feder zumeist bürgerlicher Literaten beschrieb – selbst als Autoren in Erscheinung traten.

Auf die Tatsache, dass im Rahmen der sozialrealistischen und sozialemanzipatorischen Repräsentationsbemühungen der *classes populaires* auch poetologische und ästhetische Gesichtspunkte eine zentrale Rolle spielen, ist schon des Öfteren hingewiesen worden. So hat bereits Erich Auerbach (1959, 480) von einer neuen Ernsthaftigkeit gesprochen, mit der die Lebenswelt des ‚einfachen' Volkes im realistischen Roman dargestellt wird. Wie Jacques Rancière (z. B. 2014) in seinen Untersuchungen zur ‚Politik der Fiktion' argumentiert, wurde die ernste Darstellung ‚einfacher' sozialer Verhältnisse durch eine Umwälzung jener klassisch-aristotelischen Regelpoetik im realistischen Roman des frühen 19. Jahrhunderts befördert, in der sich eine klare soziale Hierarchie manifestierte: Auf der einen Seite stand die vermeintlich bedeutungsvolle Welt der höheren Schichten, für die ein hohes sprachliches Register und die erhabene Gattung der Tragödie reserviert waren; auf der anderen Seite die ‚minderwertigere' des *peuple*, der ein einfacherer Stil und die Komödie entsprachen. Die Infragestellung dieser Tradition führte in der Literatur nun dazu, dass, wie Rancière (2014, 32) schreibt, Figuren wie Madame Bovary oder Julien Sorel ihren angestammten Platz im sozialen Gefüge verlassen und sich Handlungsoptionen, einen Horizont aus Gefühlen und Leidenschaften erschließen konnten, die bis dato einer gesellschaftlichen Elite vorbehalten waren.[11]

Die „promotion symbolique des classes populaires" (Wolf 1990, 7) erfolgte dabei nicht nur auf der Ebene der *histoire*, sondern zugleich über den *discours*, allen voran über Sprache und Stil. Die Sprache des Volkes, die im Laufe des 19. Jahrhunderts sukzessive Eingang in die Literatur fand, avancierte hier nicht nur zum integrativen Bestandteil einer sozialrealistischen Ästhetik, sondern erwies sich in der Folge als ein subversives Element poetologischer und sozialer Hierarchien – andeutungsweise im Zolaschen *L'Assomoir*, in dem der Argot des ‚einfachen' Volkes mit der elaborierteren Form des *discours indirect libre* kombiniert

---

[11] Freilich endeten diese *transfuges de classe* oft tragisch, so dass von einer grundlegenden Umwälzung der sozialen Ordnung hier nicht die Rede sein kann.

wird (vgl. hierzu Grignon und Passeron 1989, 220–221); in einem umfassenden Sinne bei Céline und dessen „Umkehrung der Hierarchie zwischen Mündlichkeit und Schriftlichkeit" (Mecke 2008, 274),[12] die nicht nur den Bruch mit grundlegenden literarischen Traditionen, sondern auch mit sozialen Repräsentationshierarchien, die „auf ästhetischen Urteilen" (Mecke 2008, 278) basieren, markiert.

Mit dem sogenannten *retour au réel*, der die französische Literatur nach der von Selbstbezüglichkeit geprägten strukturalistischen Periode der 1960–70er Jahre wieder stärker an soziale Themen herangeführt hat (vgl. Viart und Vercier 2008), sind auch die Fragen nach der Darstellbarkeit der sozialen Welt und der *classes populaires* wieder zurück. An vorderster Stelle denkt man hier an Autorinnen wie Annie Ernaux, deren Werk von der Problematik der literarischen Repräsentationswürdigkeit des *monde ordinaire* geprägt ist. In Texten wie *La place* verknüpft sie das Nachdenken über die *condition sociale* und die Existenz ihres Vaters mit einer Reflexion über geeignete formale und sprachliche Möglichkeiten ihrer Repräsentation. In dieser Hinsicht ist *La place* das Ergebnis eines Versuchs, formal (durch das Unterlaufen von Gattungskonventionen des Romans und der Wahl einer dokumentarischen, fragmentarischen Form) und ästhetisch (durch die Entscheidung für eine schmucklose, deskriptive *écriture plate*) Zeugnis von einem Leben abzulegen, das von harter Arbeit und den Zwängen einfacher sozialer Verhältnisse geprägt ist, dem folglich nichts ‚Romaneskes' anhaftet (Ernaux 1984, 24). Ziel dieser formalen und ästhetischen (in Ernaux' Lesart freilich ‚antiästhetischen') Entscheidungen ist es, einen erzählerischen Ausweg aus einer langen Tradition der Poetik ‚einfacher' sozialer Verhältnisse zu finden, mit der man, wie Claude Grignon und Jean-Claude Passeron (1989) gezeigt haben, die unteren Schichten in Frankreich zumeist repräsentiert hat und die sich zwischen zwei Polen bewegt: einer populistisch-emphatischen Linie auf der einen und einer miserabilistischen auf der anderen.[13] Für Ernaux (2003, 81) geht es hier auch darum, poetologische und zugleich soziale Hierarchien zu unterlaufen, „en écrivant de manière identique sur des ‚objets' considérés comme indignes de la littérature, par exemple les supermarchés, le RER, l'avortement, et sur d'autres, plus

---

[12] „Die Figur der Handlung [in *Voyage au bout de la nuit*] befleißigt sich der Tugenden des schriftlichen, elaborierten Diskurses der Literalität, während sich Erzähler und Autor den Prinzipien der Oralität verpflichtet zu haben scheinen" (Mecke 2008, 274).
[13] In der miserabilistischen Tradition werden Aspekte wie Inferiorität und Dominanz der *classes populaires* betont, in der populistischen hingegen weitgehend ausgeblendet. Vgl. diesbezüglich auch Ernaux' Überlegungen zum *patois* und *français populaire* in *La place*: für jemanden wie Marcel Proust ein ‚pittoreskes', ‚ästhetisches' Element, für ihren Vater ein Zeichen von ‚Inferiorität' (Ernaux 1984, 62). Dass Ernaux keineswegs der ‚Illusion' sprachlicher Wirklichkeitstransparenz erliegt, zeigt sich an anderen Stellen. Vgl. hierzu die unten erwähnte Reflexion in Ernaux (2014, 21–22).

‚nobles', comme les mécanismes de mémoire, la sensation du temps, etc., et en les associant".

2.4 Neue Repräsentationsbemühungen: die Stimmen von ‚unten' sichtbar machen

Die Frage nach ‚alternativen' Modi der Repräsentation, mit denen die Sichtbarkeit der *classes populaires* gestärkt werden soll, scheint derzeit eine wichtige Inspirationsquelle der französischen Gegenwartsliteratur zu sein, die in vielen Facetten noch nicht hinreichend erforscht ist. Im Vordergrund dieser Bemühungen, in denen die Literatur in symbiotische Beziehungen mit anderen Diskursen, Wissenskulturen und Medien der Repräsentation tritt und die hier nur ansatzweise wiedergegeben werden können, stehen dabei unter anderem folgende Anliegen und Überlegungen:
- Die Reaffirmation eines soziologischen und sinnstiftenden Potentials der Literatur: Welchen Beitrag kann sie über ihr sozialdiagnostisches Potential hinaus leisten, um die zeitgenössische gesellschaftliche Krise nicht nur sichtbar zu machen, sondern einen erzählerischen und sinnstiftenden Beitrag zu ihrer Überwindung leisten?
- Das Bemühen um eine Demokratisierung von Literatur und der sozialen Debatte: Wie kann man insbesondere jene *paroles* sichtbar machen, die in den dominierenden politischen, medialen und literarischen Diskursen kaum präsent sind? Welche neuen Möglichkeiten des emanzipatorischen Schreibens bieten sich heutzutage, in einer Zeit, in der, wie Nelly Wolf (1990, 7) schreibt, „les discours mettant en scène les classes populaires se sont usés, et ont perdu de leur valeur symbolique [...]"?

Ohne sie hier breit diskutieren zu können, lässt sich aus diesen eng miteinander verknüpften Fragen ableiten, dass die Literatur sich auf soziologisches und soziales Terrain begibt, dass sie, wie das Beispiel Ernaux zeigt, literarische und sozialengagierte Fragen verknüpft[14] und dabei die kritische Auseinandersetzung mit anderen Diskursen und Methoden der Konstruktion und Darstellung dessen

---

[14] Wenngleich die Literatur sich hier auf ihre sozial-engagierte Tradition, wie sie etwa Sartre geprägt hat, besinnt, so liegt diesem Engagement doch eine Auffassung des Literarischen zugrunde, die weniger von ideologischer oder philosophischer Verpflichtung, sondern mehr von Autonomie geprägt ist, wovon der ausgeprägte Wille zur formalen und sprachlichen Innovation zeugt, wie er sich in den Texten von Ernaux manifestiert.

sucht, was man die Realität oder das Reale nennt. Schaut man sich Vuillards Erzählung *14 juillet* an, so begreift sich die Literatur als Korrektiv historiographischer Diskurse, das den Stimmen und Erfahrungen jener Menschen nachspürt, die kaum schriftliche Aufzeichnungen hinterlassen haben und deren historische Rolle während der Französischen Revolution, so Vuillard, in den bekannten Quellen daher marginalisiert oder verfälscht wird (Vuillard 2016b).

Autoren wie François Bon haben, um ein weiteres Beispiel zu nennen, immer wieder den Kontakt zu den Rändern der Gesellschaft gesucht. Die Idee, wie man einer Überlegung Foucaults folgend (Foucault 1977) marginalisierten Individuen eine Stimme gibt und diese hörbar macht, hat Bon in zahlreichen Schreibkursen in sozialen Brennpunkten umgesetzt. Diese therapeutische Schreibarbeit, die der Autor im Anschluss literarisch verarbeitet hat, zielt auf die Erweiterung der Ausdrucksmöglichkeiten von Marginalisierten ab und wird von der Idee getragen, dass die Fähigkeit, sprachlich als Subjekt aufzutreten (ohne dabei die mit der eigenen Sprache verknüpfte Identität und Erfahrung verleugnen und ablegen zu müssen), eine zentrale Voraussetzung für soziale Teilhabe bildet. In Erzählungen wie *Prison* (1997), die Textfragmente aus der Feder von Häftlingen enthält, hat Bon die Stimmen randständiger Individuen in einen kulturellen, literarischen Kontext integriert, der diesen für gewöhnlich versperrt bleibt, in dem die Legitimität dieser divergierenden *parole* angezweifelt wird.[15]

Das Bestreben, die Stimmen der ‚Unsichtbaren' zu einem integralen Bestandteil des sozialen, soziologischen (und auch kulturellen Diskurses) zu machen, wird hier und heutzutage als komplexe Herausforderung begriffen, die gleichermaßen soziologischer wie literarischer Zugriffe bedarf. Zentrale Impulse hierfür gingen auch von der Soziologie aus, nicht zuletzt von Bourdieus Interviewstudie zum sozialen Elend der Gegenwart (*La misère du monde*, 1993). Während Bourdieus Untersuchung die ‚Betroffenen' jedoch als Objekte in einem soziologischen Unterfangen sichtbar werden ließ,[16] geht es mittlerweile verstärkt darum, die *classes populaires* in einer aktiveren Rolle als Literatur- bzw. als Textproduzenten zu stärken. Ziel dieser Bemühungen ist, die eingangs beklagte ‚verzerrte' Repräsentation von Gesellschaft und ihrer ‚Problembereiche' zu korrigieren, unter Berücksichtigung eines sozialen Erfahrungsschatzes der ‚Unsichtbaren', der in den

---

15 So heißt es in *Prison*, in dem Bon Texte aus seinen Schreibkursen mit Gefängnisinsassen reflektiert: „De la phrase: *Le rejet est venu très tôt pour moi*, et cette manière de repousser tout au bout ce qui relève du sujet et aurait dû, dans la tradition de la langue française, initier la phrase et non pas la conclure" (Bon 1997, 17).
16 Zur Problematik der Bourdieuschen Vorgehensweise, insbesondere zu den sprachlichen Eingriffen in die Interviewaussagen vgl. Bourdieu (2015, 1416–1424).

politischen, medialen wie wissenschaftlichen, ‚Expertendiskursen' kaum Beachtung findet (vgl. hierzu Rosanvallon 2014).

Wenn Autorinnen und Autoren wie Leslie Kaplan oder François Bon in den zurückliegenden Jahrzehnten für den Aufschwung einer modernen Fabrik- oder Arbeiterliteratur gesorgt haben,[17] so lässt sich, durchaus in vager Anlehnung an die Tradition der *littérature prolétarienne*, eine Konjunktur sogenannter *écritures du travail* konstatieren, in denen mehr oder weniger ‚anonyme' Arbeiterinnen und Arbeiter sowie Angestellte ihre Arbeitswelt darstellen, die durch den ökonomischen Wandel, durch Faktoren wie den Rückgang der großen Industriebetriebe an medialer Sichtbarkeit eingebüßt hat. Gerade dieses Feld, das andernorts bereits analysiert wurde (Grenouillet 2015), verweist auf ein grundlegendes Problem: die Tatsache, dass Bourdieus *La misère* oder auch Bons Texte, wie Grenouillet (2018, 168) schreibt, zwar die symbolische Legitimität des *peuple* stärken, mit ihren innovativen und durchaus experimentellen Ansätzen, „en raison de l'élitisme culturel du lectorat visé", aber kaum jenes *peuple* erreichen, geschweige denn adressieren, das sie in ihren Werken repräsentieren. Mit kollektiven Erzählprojekten wie *Raconter la vie*, das von 2013–2017 im Internet Erzählungen der ‚unsichtbaren' Franzosen aus dem sozialen Alltag und in Buchform einige ausgewählte Texte von z. T. bekannten Persönlichkeiten aus Literatur und Wissenschaft veröffentlichte,[18] sollte nun gerade diese Kluft in der Repräsentation gesellschaftlicher Wirklichkeit, die sich zwischen einer Elite und der Masse, zwischen der Literatur und dem Leben aufgetan hatte, geschlossen werden. Während Bon mit den oben erwähnten Texten die ‚Ränder' der Gesellschaft zu Wort kommen lässt, zielt *Raconter la vie* im Wesentlichen auf die breite, lesende und schreibende Bevölkerung. Wenngleich der Vorwurf des *Storytelling* im Raum stand und eine Naivität im Umgang mit den sprachlichen Instrumenten der Repräsentation sozialer Wirklichkeit beklagt wurde (vgl. Zenetti 2014) – so erweckt der Slogan des „roman vrai de la société d'aujourd'hui"[19] den Eindruck,

---

17 Leslie Kaplan, *L'excès-L'usine* (1982); François Bon, *Sortie d'usine* (1982) und *Daewoo* (2004).
18 Die Internetseite des Projekts (*raconterlavie.fr*) ist nicht mehr verfügbar. Grundlegende Informationen zum Projekt, das mittlerweile unter Trägerschaft einer Gewerkschaft weitergeführt wird, sowie alle seit 2013 veröffentlichten Erzählungen, es dürften schätzungsweise weit über 1000 sein, sind unter www.raconterletravail.fr [25. Mai 2020] einsehbar. In der Buchreihe von *Raconter la vie* bei Verlag Seuil sind 26 Texte erschienen. Diese mediale Differenzierung zwischen Buch und digitalem Format dürfte das Bestreben einer hierarchiefreien Repräsentation sozialer Zustände unterlaufen. Zu dieser Kritik vgl. Zenetti (2014).
19 *raconterlavie.fr* (Stand 2016).

dass sich die soziale Wirklichkeit unmittelbar und authentisch in den Erzählungen abbildet –, so ging es letztlich doch darum, eine Erfahrungs- und Lebenswelt der Massen in den Blick zu nehmen, die, wie Ernaux es am Beispiel des *hypermarché* in ihrem Einkaufstagebuch *Regarde les lumières mon amour* zeigt, in der Literatur zumeist abwesend ist (Ernaux 2014, 10). Bezeichnenderweise erschien Ernaux' ethnologische Supermarktstudie in der Buchreihe von *Raconter la vie*. Das von Pierre Rosanvallon (!) initiierte Projekt verfolgte eine Reihe gesellschaftlich-engagierter Ziele. In der aktuellen Krise ging es darum, Bedürfnisse nach neuen hermeneutischen und sinnstiftenden Instrumenten zu bedienen. Durch die Zusammenführung von ‚Experten' aus Literatur, Wissenschaft und Journalismus sowie zahlreicher ‚Laien' sollte ein vielstimmiges Porträt der zeitgenössischen Gesellschaft entstehen, das deren aktuellen Zustand sichtbar macht und gleichzeitig den sozialen Zusammenhalt festigt – eine narrative Antwort auf gesellschaftliche Desintegrationstendenzen (vgl. Lukenda 2017). Wie es der Titel des Begleitmanifests von Rosanvallon (*Le parlement des invisibles*, 2014) nahe legt, verstand sich das im Projekt konstituierte ‚Parlament', in dem die ‚Unsichtbaren' zu Wort kommen, als eine Art Gegengewicht zur allgemeinen Frustration darüber, in der Politik kein Gehör zu finden.[20] Ernaux' Bestreben, aus dem ‚Leben aller' zu berichten (Ernaux 2014, 12), erweist sich jedoch nur auf den ersten Blick als unproblematisch, was nicht nur mit der Beschaffenheit der außerliterarischen Welt, sondern auch mit ästhetischen Problemen und ihren Konsequenzen zu tun hat. Die brisante Frage, welche Kriterien bei der literarischen Repräsentation der außersprachlichen Wirklichkeit zu berücksichtigen sind, ob beispielsweise die Hautfarbe ein relevantes Kriterium darstellt, wird im Text reflektiert: So kommt Ernaux (2014, 21–22) an einer Stelle auf das Problem zu sprechen, welches Bild der Wirklichkeit des Supermarktes sich jeweils durch die Wahl von „une femme" oder „une femme noire" ergibt. Dabei, so Ernaux, gelte es sowohl das Rezeptionsverhalten einer in Frankreich mehrheitlich ‚weißen' Leserschaft als auch damit einhergehende möglicherweise falsche ethnische Zuschreibungen zu beachten. Die Darstellung sozialer Wirklichkeit dürfe jedoch, so Ernaux weiter, bei aller Benennungsproblematik nicht gesellschaftspolitischen Kriterien und Diskursen, etwa einem Plädoyer für ethnische Diversität, folgen, sondern müsse in erster Linie der außersprachlichen Wirklichkeit Rechnung tragen, wie sie sich der Beobachterin bietet: „Non pas faire un manifeste en faveur de

---

[20] Didi-Huberman (2012, 13) verweist dabei auf die expressive Seite der Sichtbarkeit, in der ein Individuum oder eine Gruppe nicht nur Objekt ist, sondern das Recht hat, öffentlich die Stimme zu erheben.

la diversité ethnique, seulement donner à ceux qui hantent le même espace que moi l'existence et la visibilité auxquelles ils ont droit. Donc j'écrirai „une femme noire", „un homme asiatique", „des ados arabes", quand bon me semblera" (Ernaux 2014, 22).[21]

Raconter la vie ist sicher eines der aufsehenerregendsten und größten Projekte zur Schaffung neuer Repräsentationsformen des Sozialen, die sich im Anschluss an Bourdieus Studie zum sozialen Elend ergeben haben. Es trägt der Einsicht Rechnung, dass die Komplexität der Gesellschaft und die darin virulenten Phänomene sozialer Ungleichheit neuer, multiperspektivischer Formen und Schreibweisen der Wirklichkeitsdarstellung bedürfen, wie sie schon Bourdieu im Vorwort zu *La misère du monde* eingefordert hatte:

> On espère [...] produire deux effets: faire apparaître que les lieux dits „difficiles" (comme aujourd'hui la „cité" ou l'école) sont d'abord *difficiles à décrire et à penser* et qu'il faut substituer aux images simplistes, et unilatérales (celles qui véhicule la presse notamment), une représentation complexe et multiple, fondée sur l'expression des mêmes réalités dans des discours différents, parfois inconciliables; et, à la manière de romanciers tels que Faulkner, Joyce ou Woolf, abandonner le point de vue unique, central, dominant, bref quasi divin, auquel se situe volontiers l'observateur, et aussi son lecteur [...] au profit de la pluralité des perspectives correspondant à la pluralité des points de vue coexistants et parfois directement concurrents. (Bourdieu 2015, 14, Hvg. d. Verf.)

Die von Bourdieu angesprochenen Beschreibungsdefizite und Reflexionsschwierigkeiten der zeitgenössischen sozialen Welt, die er mit dem Rückgriff auf die Erzähltechniken der literarischen Moderne lösen wollte, gelten jedoch nicht nur für sogenannte *lieux difficiles* wie die Banlieue. Vielmehr betreffen sie eine Vielzahl emblematischer Orte der Massengesellschaften, die, wie das Einkaufszentrum, im öffentlichen und medialen Raum omnipräsent sind, denen man aber, wie Ernaux mit Blick auf das Einkaufszentrum bemerkt, lange Zeit kulturellen Wert und Repräsentationswürdigkeit in der Kunst abgesprochen hat (Ernaux 2014, 10).[22] Zwar lassen sich in der Soziologie seit geraumer Zeit schon verstärkte Anstrengungen beobachten, nicht nur den Orten einer gesellschaftlichen Randständigkeit bzw. Andersartigkeit, den *Heterotopien* Foucaults, sondern gerade jenen transitiven *non-lieux* (Augé 1992) mehr Aufmerksamkeit zu schenken, denen man kaum

---

21 Hier manifestiert sich eine Problematik, die schon Bourdieus Projekt *La misère* kennzeichnet: das Bestreben, objektive und subjektive Perspektiven in der Darstellung sozialer Wirklichkeiten zusammenzubringen.

22 Diese Darstellungsunwürdigkeit gilt Ernaux zufolge für die Lebenswelt der *classes populaires* (im Allgemeinen): „Quand j'étais enfant et adolescente, je nous sentais (ma famille, le quartier, moi) hors littérature, indignes d'être analysés et décrits, à peu près de la même façon que nous n'étions pas très sortables" (zit. nach Charpentier 2005, 117). Ähnlich Louis (2017).

ernsthafte Soziabilität zuerkennt.[23] Und dennoch geht es Ernaux in ihrem Supermarkt-Tagebuch darum, sich kritisch mit den dominierenden soziologischen Betrachtungsweisen auseinanderzusetzen und das abwertende, eindimensionale Bild des *hypermarché* als ein *non-lieux* zu korrigieren. Durchaus in Anlehnung an Bourdieus Forderung einer komplexen, mehrdimensionalen Herangehensweise, im dem soziologische (z. B. dichte Beschreibung) und literarische Elemente (Tagebuch, Autobiographie) verflochten werden, zeichnet Ernaux ein facettenreiches Porträt dieses Ortes, der sich in seiner vermeintlichen Widersprüchlichkeit und Ambivalenz einer eindeutigen Auffassung widersetzt – ein Ort, an dem sich Menschen unterschiedlicher Herkunft versammeln und an dem sich soziales Leben abspielt, der jedoch zugleich ein Ort der sozialen Selektion ist.[24] Wenn wir unter ‚Paragesellschaftlichkeit' solche Orte fassen, könnten hier integrale und zentrale Bestandteile der modernen Gesellschaft, soziale Orte und Milieus in den Blick kommen, die in den zentralen gesellschaftlichen Diskursen jedoch weithin abwesend sind – Orte, die nicht durch den Diskurs der ‚Parallelgesellschaft' erfasst werden und die, in Abgrenzung zu den *Nicht-Orten* (der Abwesenheit von Soziabilität) oder den *Heterotopien* (dem sozialen ‚Anderen'), dadurch charakterisiert sind, dass an ihnen gleichermaßen Integrations- wie Exklusionsmechanismen wirken. ‚Paragesellschaftlichkeit' wäre, wenn man die Perspektive von Ernaux' *Regarde les lumières* zugrunde legt, jedenfalls als Abwertungs- und Klassendiskurs zu verstehen: Die Abwesenheit des Ortes in Literatur und Film bzw. seine Repräsentation als *Nicht-Ort* in den Wissenschaften und Medien beruht hier auf Vorbehalten gegenüber der ‚Mehrheitsgesellschaft' von Seiten der, wie es bei Ernaux (2014, 12) heißt, „femmes et [...] hommes politiques, [...] journalistes, [...] ‚experts', tous ceux qui n'ont jamais mis les pieds dans un hypermarché" – Gruppen, die eine Repräsentations- und Deutungshoheit der sozialen Welt für sich reklamieren, die jedoch die soziale Wirklichkeit, so Ernaux, nicht kennen.[25]

---

23 Z. B. Parkplätzen (Bon 1996), Industriebrachen (Bon 2000) und der Metro (Augé 1986). Im Film sind dies z. B. die vom Strukturwandel betroffenen ehemaligen Industrierevieren, etwa in *Rosetta* (Dardenne 1999).
24 Diese manifestiert sich Ernaux zufolge z. B. in der Unterschiedlichkeit der Kundenansprache. So dominiert gerade in den Abteilungen für Sonderangebote und günstige Lebensmittel ein Befehlston, in anderen Abteilungen, in denen sich eine etwas wohlhabendere Klientel tummelt, geht es hingegen höflicher zu.
25 Wie Armand Mattelart und Érik Neveu (2003, 3) in ihrer *Introduction aux Cultural Studies* schreiben, haben die kulturellen Diskurstraditionen Frankreichs – dem Land der *exception culturelle*, in dem die ‚hohe', institutionalisierte Kultur einen herausgehobenen Stellenwert genießt – eine ernsthafte wissenschaftliche Beschäftigung mit Phänomenen der zeitgenössi-

3 Die Unsichtbarkeit der *classes populaires* und der sozialen Frage der Gegenwart – ein zeitgenössisches politisches, wissenschaftliches und mediales Phänomen

Wenn nun die Frage der Repräsentation – als Problemfeld, in dem politische und soziale, ästhetische und epistemologische Aspekte zusammenwirken – eine allgemeine gesellschaftliche Frage ist, die sich unter den gegebenen politischen und sozioökonomischen Entwicklungen weiter verschärft hat, so artikuliert sich in den skizzierten Bemühungen ein korrelierendes Interesse von Literatur und Soziologie, eine weithin verdrängte Situation der alten/neuen *classes populaires*, ihre Stimmen und Erfahrungswelten sowie die alten/neuen Selektionsmechanismen, denen sie unterworfen sind, sichtbar zu machen.

In seinem vielbeachteten Essay *Retour à Reims* hat Eribon am Beispiel der eigenen Herkunft einen Prozess des existentiellen Abgleitens in die Bedeutungslosigkeit der *classe ouvrière* beschrieben; eine Entwicklung, die sich paradoxerweise gerade dann verstärkte, als mit François Mitterand in den frühen 1980er Jahren die Linke an die Macht kam und die politische Repräsentation der *classes populaires* also eigentlich eine neue Stufe erreicht zu haben schien. Jedoch konstatiert Eribon (2018, 128): „Ce n'est pas seulement le ‚mouvement ouvrier', ses traditions et ses luttes qui disparurent du discours politique et intellectuel et de la scène publique, mais les ouvriers eux-mêmes, leur culture, leurs conditions de vie, leurs aspirations ..." In seinem Buch beschreibt er, wie zu Beginn jenes Jahrzehnts auf verschiedenen Ebenen Mechanismen der Okkultation in Gang gesetzt wurden, die dafür sorgten, dass die Lebenswirklichkeit großer Teile der französischen Gesellschaft vom Radar der Politik, der Wissenschaft und der Medien verschwand und eine innere Zersetzung der *classe ouvrière* besiegelt wurde (Eribon 2018, insb. 127–143):

- *politisch*, durch Gesetze, Kürzungen im Sozialbereich, durch die von Eribon beklagte Sozialdemokratisierung der Linken, namentlich des *Parti socialiste*, der sich einen neoliberalen Diskurs zu eigen machte und seine Kernklientel, die Arbeiterschaft, und den Kampf gegen soziale Ungleichheit und Unterdrückung aufgegeben habe;

---

schen Massenkultur lange erschwert. Ernaux (2014, 43) begründet die Absenz des *hypermarché* auch mit dem soziokulturellen Hintergrund der Schriftstellerinnen und Schriftsteller.

- *diskursiv*, mit dem Austausch von Begrifflichkeiten wie *lutte* (Kampf) durch *réforme* in der politischen Sprache;[26]
- *institutionell*, durch das nationale Schulsystem als Mechanismus der sozialen Selektion;
- *wissenschaftlich*, durch die Negation der sozialen Frage von Seiten der ‚tonangebenden' französischen Soziologie (namentlich durch die von Eribon genannte ‚ideologiekritische' Soziologie Raymond Arons);
- *personell*, durch die *intellectuels de gauche*, die als vermeintliche Fürsprecher der ‚Unterprivilegierten', so Eribon, der real existierenden *classe ouvrière* in Wahrheit jedoch mit Geringschätzung begegnen. Des Weiteren, wie in letzter Zeit verstärkt hervorgehoben wird,
- *kulturell*, z. B. durch eine beklagte weitgehende Unsichtbarkeit der ‚Abgehängten' und der Lebenswelt der *gens ordinaires* in der Literatur, die von der Persistenz eines elitären Literaturideals zeugt (Ernaux zit. nach Charpentier 1994, 63).

Wenn die Unsichtbarkeit der unteren Schichten hier als ein Produkt komplexer Mechanismen der Ausgrenzung erscheint, so ist – nicht zuletzt unter dem Eindruck sich verschärfender sozialer Spannungen – in jüngerer Zeit zunehmend auch die mediale und wissenschaftliche Repräsentation gesellschaftlicher Konfliktherde und Bruchlinien als ein solcher Mechanismus der Verschleierung in den Blick geraten. Wie Stuart Hall (1997) gezeigt hat, ist die Repräsentation der sozialen Welt in besonderer Weise durch eine von der Alterität ausgeübte Faszination bestimmt, die durch Sprache nicht einfach nur dargestellt, sondern konstruiert wird. Massenmedial geprägte und wissenschaftlich perpetuierte Begrifflichkeiten wie „ghetto à la française" (Guilluy 2010, 17), die diese Gebiete als das vermeintlich ‚Divergierende' festschreiben, haben nach Meinung des Geographen Christophe Guilluy (2010, 21), einem der Wortführer in der Debatte um die vermeintliche Benachteiligung der *classes populaires*, weitreichenden Auswirkungen: „La surreprésentation depuis trente ans des banlieues difficiles, non seulement dans les médias mais aussi dans le monde de la recherche, impose alors le ghetto comme le paysage emblématique de la crise de la société française." Seiner Ansicht nach hat die Omnipräsenz der *banlieues difficiles* zur Folge gehabt, dass die Tragweite der sozialen Frage aus dem Blick geriet und sich in der öffentlichen Wahrnehmung, in Politik, Medien und Wissenschaften weitgehend auf eine ethnische und identitäre Frage, auf die Problematik der gescheiterten Integration und Diskrimi-

---

[26] Man kann hier an die Untersuchungen zur symbolischen Gewalt in der Sprache von Bourdieu (1982) denken.

nierung von mehr oder weniger sichtbaren Minderheiten (Einwanderer, Jugendliche aus der Banlieue, Muslime, Asylsuchende etc.) verengte. Diese Entwicklung, die auch von Eribon (2018) beklagt wird, findet ihren Ausdruck u. a. in dem terminologischen und semantischen Shift von der *question sociale* zur *sociétale* – ein vermeintlicher Paradigmenwechsel, der sich im sozialwissenschaftlichen und literarischen Umgang mit dem Thema der sozialen Herkunft niederschlägt. Zum einen scheint die Thematik der sozialen Ungleichheit kaum noch in Kategorien des Alltäglichen und Gewöhnlichen jenseits medialer, wissenschaftlicher und kultureller Stereotype und Mechanismen der Alteritätskonstruktion repräsentierbar, wie es Ernaux z. B. in *Regarde les lumières* versucht. Zum anderen gerät auch die Thematik der proletarischen Herkunft in den Hintergrund. Mit Blick auf den eigenen intellektuellen Werdegang hat Eribon in *Retour à Reims* die Frage aufgeworfen, „[p]ourquoi moi, qui a tant écrit sur les mécanismes de la domination, n'ai-je jamais écrit sur la domination sociale?" (Eribon 2018, 21). In seinem autobiographischen Essay äußert der Soziologe, ein ausgewiesener Theoretiker auf dem Feld der Homosexualitätsforschung, die brisante Vermutung, dass die Erforschung gesellschaftlicher Diskriminierung aufgrund sexueller Orientierung heutzutage auf eine deutlich höhere öffentliche, ja sogar politische Akzeptanz stößt als die wissenschaftliche Beschäftigung mit der „origine sociale populaire":

> [...] il me fut plus facile d'écrire sur la honte sexuelle que sur la honte sociale. Comme si étudier la constitution du sujet infériorisé et celle, concomitante, du rapport complexe entre le silence sur soi et l'aveu' de soi était aujourd'hui valorisé et valorisant, et même appelé par des cadres contemporains de la politique, quand il s'agit de la sexualité, mais fort difficile, et ne bénéficiant à peu près d'aucun soutien dans les catégories du discours public, quand il s'agit de l'origine sociale populaire. (Eribon 2018, 21–22)

Schon seit geraumer Zeit wird dabei kritisiert, dass etwa die *Cultural Studies*, die ursprünglich als Kulturwissenschaften der unteren Schichten entstanden waren, diese Milieus und ihren sozial-engagierten Charakter längst aus den Augen verloren haben.[27] Die in den USA lehrende Politikwissenschaftlerin Jennifer Hochschild (2016) hat anlässlich des Wahlerfolgs von Donald Trump 2016 dementsprechend bekannt: „Wir haben in den Staaten viel zu Rassen- und Geschlechtsungleichheiten geforscht, aber die Klassenungerechtigkeit missachtet. Vergleicht man die Anzahl von Forschungsarbeiten, ergibt sich schätzungsweise

---

27 Vgl. hierzu Terkessidis (1999) über zeitgenössische deutschsprachige Einführungen in die *Cultural Studies*.

ein Verhältnis von 500:1".[28] Heutzutage, so auch Guilluy, steht nicht mehr der Arbeiter, sondern der Immigrant als sozialer ‚Problemfall' und Objekt politischer und wissenschaftlicher Aufmerksamkeit im Fokus:

> Quand le médiatique Bernard-Henri Lévy souligne que la question des banlieues est devenue ‚la' question sociale, il fait écho à Nicolas Sarkozy qui expliquait en 2004 que désormais ‚le fils de Nicolas et de Cécilia a moins besoin d'être aidé par l'État que le fils de Mohamed et de Latifa. [...] La réalité sociale d'un électorat ouvrier et populaire s'efface alors des discours, l'immigré remplaçant peu à peu la figure de l'ouvrier. [...] L'attention de plus en plus grande pour les banlieues et les minorités ira ainsi de pair avec une indifférence croissante pour la classe ouvrière en particulier et, plus massivement encore, pour les couches populaires des espaces périurbains et ruraux. Ce basculement du social vers le sociétal est corroboré par l'omniprésence du thème des banlieues et/ou de la question ethnique dans tous les discours politiques. (Guilluy 2010, 34)

Brisant sind diese Thesen deshalb, weil der Vorwurf einer populistischen Schwarz-Weiß-Malerei der sozialen Lage im Raum steht, welche die Probleme einer mehrheitlich ‚weißen' Bevölkerung der *France périphérique* gegen diejenigen der Einwanderer und der Banlieue ausspielt und damit einer Rhetorik der extremen Rechten aufsitzt. Dass die hier im Raum stehende Frage, wer dazu gehört und wer nicht, in unterschiedlichen sozialen Figurationen verhandelt wird, in denen sich verschiedene Gruppen in unterschiedlichen Machtpositionen gegenüberstehen, hat Norbert Elias gezeigt. Ihm zufolge werden soziale Ungleichheiten und Stigmatisierungen in modernen Gesellschaften nicht nur bzw. vorrangig entlang von Kategorien wie Klasse, Ethnie oder Religion generiert; vielmehr beruhen sie auf wandelbaren, dynamischen Konstellationen, in denen z. B. Alteingesessene und Zugezogene (‚Established' und ‚Outsiders') kontrastiert werden (vgl. Elias und Scotson 1965). Übertragen auf die aktuellen Verhältnisse in Frankreich heißt das: Auf beiden Seiten der gesellschaftlichen Bruchlinie stehen sich, so Guilluy, heutzutage jedoch nicht primär ‚alteingesessene' Arbeiter und Immigranten bzw. klar definierte, homogene Klassen gegenüber, sondern im Grunde genommen zwei soziokulturelle und -ökonomische Realitäten und Lebenswelten, die sich im Zuge der jüngeren gesellschaftlichen Transformationsprozesse, z. B. der zunehmenden Verdrängung der *classes populaires* aus den Städten, formiert haben: auf der einen Seite die mehrheitlich in den Großstädten lebenden, gut ausgebildeten und ökonomisch besser situierten oberen Schichten, die als ‚Profiteure' der

---

28 Was nicht heißt, dass verschiedene Formen sozialer Ungleichheit nicht korrelieren. Für Ernaux (2014, 43) beispielsweise ist die Abwesenheit der *classes populaires* in der Literatur ein Problem, das vor allem die Frauen betrifft.

Globalisierung politisch und kulturell eher liberale Positionen vertreten; auf der anderen Seite die ökonomisch und sozial schwächeren „couches populaires des espaces périurbains et ruraux" (Guilluy 2010, 34), die politisch betrachtet überwiegend protektionistische Ansichten vertreten und häufiger europakritisch eingestellt sind, deren Probleme aber, wie Guilluy argumentiert, angesichts der Diskurshoheit der politischen, wirtschaftlichen und kulturellen Eliten öffentlich kaum Gehör finden. Beschrieben wird hier ein Antagonismus, der sich nach allgemeiner Lesart in der zweiten Runde der Präsidentschaftswahlen von 2017 in der Frontstellung Macron – Le Pen niedergeschlagen hat.[29] Die ‚Eliten', so der Vorwurf, hätten, wenn es um die Bewältigung sozialer Ungleichheiten gehe, vorwiegend die Interessen von Minderheiten im Blick. Die unteren Schichten seien zwar nicht unbedingt pauschal von sozialer Ausgrenzung betroffen, als Adressaten und Gesprächspartner des sozialen und politischen Diskurses jedoch kaum berücksichtigt.[30]

In den politischen und medialen Debatten dominierte lange das Bild einer globalisierten und multikulturellen, einer sozial nivellierten und konsensuellen „société sans conflit" (Guilluy 2010, 9), die dem Selbstverständnis einer republikanisch-egalitären Gesellschaft entsprach. Dies führte dazu, dass, so Guilluy, die vermeintlich negativen Auswirkungen von Globalisierung und Multikulturalismus in Frankreich bis heute nicht offen debattiert werden,[31] was der extremen Rechten, die diese Aspekte und die wachsende Abneigung gegen die Eliten politisch erfolgreich instrumentalisiert, in die Hände spiele. Wie Guilluy schreibt, führte die vorherrschende Sichtweise, wonach sich die soziale Frage Frankreichs in den Vorstädten entscheidet (verstärkt natürlich durch die Wahrnehmung jener Gebiete als ‚Brutstätten' islamistischen Terrors) letztlich dazu, dass diejenigen Schichten, die besonders unter den ökonomischen Transformationsprozessen zu leiden hatten und diejenigen Gebiete, in denen es kaum aufsehenerregenden Protest gab, vom öffentlichen Radar verschwanden und erst jetzt Aufmerksamkeit

---

[29] Beim Blick auf die Zahlen erweist sich diese von Guilluy beschriebene extreme Polarisierung jedoch als weniger eindeutig. Vgl. hierzu IPSOS (2017).

[30] Diese Ungleichheiten sind in Frankreich zunehmend Gegenstand von Diskussionen: „Peu visibles dans l'espace public, les ouvriers le sont aussi dans les médias. À la télévision, seules 3 % des personnes interviewées sont des ouvriers, contre 61 % de cadres, selon le baromètre de la diversité du Conseil supérieur de l'audiovisuel (CSA)" konstatiert Mouterde (2016). Zu ähnlichen Ergebnissen kommt eine aktuelle Reportage über den öffentlich-rechtlichen Sender *France Inter* (vgl. Garcia 2020).

[31] „Ce déni de toute antagonisme social fait écho à l'absence de débat sur les effets de l'émergence d'une société dite multiculturelle. La conflictualité culturelle est elle aussi occultée par une représentation idéalisée du multiculturalisme, celle d'une société métissée" (Guilluy 2010, 9).

erfahren, wo die Auswirkungen dieser Nichtbeachtung sichtbar werden – sei es durch die Wahl des *FN/RN* oder durch die Aktionen der Gelbwesten. Während die Banlieue-Unruhen, die laut Guilluy gemeinhin als Symbol französischer Gegengesellschaftlichkeit schlechthin gelten, bis heute keine systemgefährdende Bewegung hervorgebracht haben, entstehen in der *France périphérique* jene „nouvelles radicalités" (Guilluy 2010, 11), die nicht nur die politische Landschaft grundlegend verändern, sondern auch die Werte der Republik und den sozialen Frieden dauerhaft gefährden könnten. Die ‚wahre' *contre-société* ist, so die Schlussfolgerung, trotz aller Komplexität der sozialen Problemlage nicht das eng umrissene Milieu der Banlieue, in dem nur ca. sieben Prozent der Bevölkerung Frankreichs leben, sondern die politisch, ökonomisch und kulturell vernachlässigten und verkehrstechnisch schlecht angebundenen ‚Mehrheitsgesellschaft' der *France périphérique*.

Dass die soziale Frage der Gegenwart in dieser Hinsicht eine Mehrheitsproblematik darstellt, die vor allem die *France périphérique* betrifft, haben Salomé Berlioux und Erkki Maillard in einer vieldiskutierten Studie über die Lebensbedingungen französischer Jugendlicher in den ländlichen Räumen mit dem Titel *Les invisibles de la République* gezeigt. Jugendliche, die abseits der großen Metropolen auf dem Land und in den kleinen sowie mittleren Städten leben, sind zwar demographisch in der Mehrheit, haben jedoch im Vergleich zu ihren Altersgenossen in der Stadt nicht nur ein erheblich geringeres Freizeit- und Kulturangebot, sondern auch deutlich eingeschränkte Bildungs- und Berufsperspektiven. Letztlich zeigt die Untersuchung, die anhand vieler biographischer Fallbeispiele typische Probleme Jugendlicher in den ländlichen Gegenden Frankreichs beschreibt, wie diese politisch und medial aus dem Blick geratene Realität die republikanischen Gleichheitsgrundsätze konterkariert: Die *France périphérique* – als eine (‚paragesellschaftliche', weithin unsichtbare) Realität innerhalb einer (offiziell postulierten) Realität – ist hier ein soziogeographischer und -kultureller Raum, in dem es im Vergleich zu den urbanen Räumen, auf die sich der politische Fokus richtet, keine bzw. deutlich weniger Chancen gibt, weil sich der Staat aus diesen Gebieten weithin zurückgezogen hat. ‚Paragesellschaftlichkeit' (verstanden zunächst als ein Diskurs- und Repräsentationsphänomen) könnte, so die Vermutung, im französischen Fall also dort verortet werden, wo die politisch-juristische Repräsentation einer egalitären Gesellschaft mit der soziologischen kollidiert, wo, wie von Ernaux beschrieben, die Lebenswirklichkeit der Massen aus dem Blick gerät – überall dort, wo die außerordentliche Wirkmächtigkeit einer auf universalistischen und egalitären Grundsätzen beruhenden politischen Kultur, die Gesellschaftlichkeit im Singular denkt, wie Rosanvallon (1998, 90) schreibt, „rend presque impossible l'appréhension d'une vision concrète du social".

Unter dem Gesichtspunkt der medialen Ästhetik sozialer Konfliktualität ist auch das Coverbild der erwähnten Studie eine Bemerkung wert, (vgl. Abb. 1) das eine Radfahrerin in Rückansicht zeigt. Das Bild der Jugendlichen, die mit ausgestreckten Armen auf einer kleinen, ländlichen Straße unterwegs ist, suggeriert – vorausgesetzt, man liest den Titel nicht mit – die Vorstellung einer unbeschwerten Kindheit.[32] Ohne einen konkreten Vergleich der sozialen Lage ziehen zu wollen, so kontrastiert diese Repräsentation einer ‚unsichtbaren' Sozialproblematik, die Jugendliche im ländlichen Raum betrifft, ohne jedoch (aufsehenerregende) Bilder und Schlagzeilen zu produzieren, in eklatanter Manier mit den Aufnahmen brennender Autos und physischer Gewalt, wie man sie aus der (massenmedialen) Berichterstattung über die Jugendlichen in den Vorstädten kennt und die das öffentliche Bild der Banlieue als „paysage emblématique de la crise de la société française" (Guilluy 2010, 21) prägen.[33]

Abb. 1: Les invisibles de la République.

---

[32] Die Schwarz-Weiß-Färbung erweckt den Eindruck, dass es sich hierbei um ein vergangenes Idyll bzw. um eine stereotype Vorstellung handelt, während die Rückansicht Unsichtbarkeit oder Anonymität suggeriert.

[33] Und dennoch nähert man sich (wohl bewusst) an einen massenmedialen Tenor an, wenn man auf die Untertitel der Studien zur *France périphérique* blickt, in denen eine fast populistisch anmutende Rhetorik hervorsticht: *Comment on a* sacrifié *les classes populaires* (Guilluy 2104); *Comment on* sacrifié *la jeunesse de la France périphérique* (Berlioux und Maillard 2019, Hvg. d. Verf.). Diese mag zum einen ihrem essayistischen und sozial engagierten Charakter geschuldet sein, sie lässt sich zum anderen aber auch mit der Intention begründen, durch eine polarisierende Sprache mehr Sichtbarkeit zu erlangen und den Ernst der Lage klarzumachen.

4 Die Repräsentation sozialer Verhältnisse: alte Begriffe, neue Wirklichkeiten

Ziel der Ausführungen war es, ein Panorama von Thesen, Fragestellungen und Texten zu skizzieren, die sich um das Problem der Abwesenheit der *classes populaires* drehen. Die Unsichtbarkeit dieser Schichten in den gesellschaftlichen Diskursen, die in Teilen der Öffentlichkeit zunehmend thematisiert wird, ist für Literatur und Sozialwissenschaften Anlass, dieser Problematik in ihren historischen und zeitgenössischen – politischen und sozialen, ästhetischen und kulturellen – Verflechtungen nachzuspüren. Dabei gewinnt eine soziale Frage Kontur, die sich durch sämtliche Felder der Repräsentation (Medien, Wissenschaften, Kultur) zieht und die vor allem jene alten und neuen unteren Schichten betrifft, die, wie beklagt wird, jenseits des politischen, medialen und kulturellen Wahrnehmungshorizontes liegen. Es hat jedenfalls den Anschein, als ob der aktuelle Erfolg der Bücher Eribons zur *France périphérique* die blinden Flecken in der sozialen und geographischen Literaturkarte Frankreichs bloßgelegt habe, die in den zurückliegenden Jahren, z. B. auch durch die Texte von Nicolas Mathieu oder Édouard Louis,[34] etwas häufiger ins Rampenlicht geraten sind.

Die beschriebene Suche nach neuen expressiven Möglichkeiten, in denen sich die Lebenswelt der *classes populaires* artikuliert – ein Feld, das meiner Ansicht nach zu den dynamischsten der Gegenwartsliteratur gehört –, wirft dabei eine Reihe von Fragestellungen auf, die in den Literatur- und Kulturwissenschaften seit geraumer Zeit eifrig debattiert werden: *wer* im Rahmen einer ‚Politik der Repräsentation', *wie* und für *wen* sprechen kann oder darf; wie Bedeutungen, Machtverhältnisse und soziale Differenzen zwischen Akteuren durch sprachliche, erzählerische und ästhetische Verfahren der Darstellung ausgehandelt und konstruiert werden. Von diesen Fragestellungen scheint derzeit wieder ein hohes gesellschaftliches Konfliktpotential auszugehen, wenn man an die Debatten zum sogenannten Verbot kultureller Aneignung denkt (vgl. Pines 2020). Zunehmend wird hier insbesondere in Frankreich bemängelt, dass im Rahmen dieser Repräsentationsdebatten das Thema der sozialen Herkunft aus dem Blick geraten ist – Defizite, die auf internationaler Ebene unter dem Eindruck des Aufstiegs populistischer Strömungen mittlerweile jedoch stärker in den Fokus rücken.

---

34 Vgl. diesbezüglich Louis' Roman *En finir avec Eddy Bellegueule* (2014). Mathieus Roman über das Leben Jugendlicher in den ehemaligen Industrierevieren Frankreichs (*Leurs enfants après eux*) erhielt 2018 den *Prix Goncourt*.

Um noch einmal den Bezug zum Rahmenthema ‚Paragesellschaft' deutlich machen, sollen abschließend noch einmal folgende Punkte betont werden: Ein zentraler Antrieb in der Debatte um die *classes populaires* und die *France périphérique* scheint der Wille zu sein, zum einen verdrängte Realitäten wieder sichtbar zu machen (vgl. Eribon und die Arbeiterklasse), sich zum anderen von Stereotypen und Kategorien zu lösen, die ein vermeintlich überholtes und verzerrtes Bild der sozialen Lage transportieren. Gemeint sind hier unter anderem Termini wie *ghetto à la française*, die die Banlieue auf eine auch politisch instrumentalisierte Rolle des sozialen Krisenherdes festschreiben – Milieus und Repräsentationen, die man in der öffentlichen Wahrnehmung immer noch reflexartig mit dem Begriff der ‚Parallelgesellschaftlichkeit' assoziiert und die, wie Guilluy argumentiert, letztlich sinnbildlich für eine politische, mediale und wissenschaftliche Verengung der sozialen Frage auf identitäre, ethnische und religiöse Merkmale stehen, die den sozioökonomischen Entwicklungen der letzten Jahrzehnte kaum Rechnung trägt. Auch die mit diesen Begriffen verknüpfte innergesellschaftliche Konfliktlinie, in der sich eine vermeintlich integrierte ‚Mehrheitsgesellschaft' auf der einen und eine ausgegrenzte oder sich selbst abgrenzende Minderheiten auf der anderen Seite gegenüberstehen, wird im Rahmen des skizzierten Diskurses zunehmend hinterfragt: Die Integrations- und Teilhabefrage trifft, wie etwa Berlioux und Maillard (2019) in ihrer Jugendstudie zeigen, bei aller Komplexität der sozialen Frage letztlich eine Bevölkerungsmehrheit, die politisch, ökonomisch und kulturell „abgehängt" ist.

Ist der in diesem Kontext neben dem Begriff der *fracture* bisweilen evozierte Begriff der *contre-société* eine passende und sinnvolle Alternative, um die beschriebenen zeitgenössischen Desintegrationsphänomene innerhalb der französischen Gesellschaft zu beschreiben? Schon der Soziologe Henri Mendras hatte in den 1960ern mit *contre-société* eine Art soziales ‚Alter Ego' der französischen Industriegesellschaft bezeichnet. Gemeint waren die Siedlungen der Banlieue, in denen sich das soziale Prekariat konzentrierte – Orte, an denen sich eigene soziale Strukturen und Normen ausbildeten, die von sozialer Randständigkeit und einem tief verankerten Gefühl der sozialen Inferiorität ihrer Bewohner geprägt waren. Während Mendras diese *contre-société* als eine Art Gesellschaft in der Gesellschaft zwar als strukturelle, jedoch eng begrenzte Begleiterscheinung einer wirtschaftlich aufblühenden Gesellschaft betrachtete (vgl. Mendras 1967, 76), die Züge einer Heterotopie annimmt, greift der Terminus heute weit über diese eingrenzbaren, soziogeographischen, -ökonomischen und -kulturellen Sphären hinaus. Die bei Guilluy beschriebene *contre-société* hat sich längst zu einem Mehrheitsphänomen entwickelt und wird, wie die jüngeren Umwälzungen in der französischen Parteienlandschaft zeigen, als ernstzunehmende Bedrohung für den Fortbestand des republikanischen Gesellschaftsmodells wahrgenommen. Sie ist das Ergebnis einer tiefen *fracture*, die nicht (mehr) zwischen klar definierten Klassen und Oppositionen (politische Linke vs. Rechte, Metropole vs. Banlieue oder Provinz) differenziert, sondern sich in den Figurationen Metropolen vs. *France périphérique*, ‚Eliten' vs. *classes populaires* artikuliert. In der (durchaus umstrittenen) Lesart Guilluys (2010, 181) ist sie eine Reaktion auf einen „ordre social inégalitaire et communautariste", der sich, so seine These, im Zuge einer von den ‚Eliten' vorangetriebenen ‚Ideologie' der Globalisierung und eines ‚unkritischen Multikulturalismus' in Frankreich verankert. Damit wird eine soziale Ordnung bezeichnet, in der Diversitätsdenken und sozialer Separatismus Hand in Hand gehen und die das im republikanischen Gesellschaftsentwurf zentrale Element der sozialen Kohäsion aufgibt. (Ohne sie hier abschließend bewerten zu wollen, scheinen Elemente dieser Sichtweise, nach allem was man weiß, maßgeblich die Gelbwestenproteste zu prägen).[35] Mit seiner dezidiert engagierten Haltung lässt sich der Diskurs zur *France périphérique* in jene, sich formierende intellektuelle Strömung einordnen, die, als Antwort auf den Rechtspopulismus, einen neuen Linkspopulismus fordert, der die Präsenz von Themen wie soziale Gerechtigkeit und Gleichheit in den Diskursen stärken möchte – und zwar nach dem Motto der Politikwissenschaftlerin Chantal Mouffe (2015): „Unser Gegner sind nicht Migranten, sondern die politischen und ökonomischen Kräfte des Neoliberalismus."

Während *contre-société* und *fracture* als Kampfbegriffe mittlerweile in den Sog populistischer Diskurse geraten sind – verstanden als Strategien, die herrschende sozioökonomische Begebenheiten zur Konstruktion politischer Oppositionen zwischen ‚oben' und ‚unten', zwischen ‚Eliten' und ‚Volk' nutzen (vgl. Laclau 2008) –, könnte ein Terminus wie ‚Paragesellschaft' das verbreitete strukturelle Denken in Oppositionen[36] zur Beschreibung sozialer Konflikte und Desintegrationstendenzen ergänzen. Er könnte gerade dort seinen Platz

---

35 Obwohl seine Thesen kontrovers diskutiert werden, gilt Guilluy doch zweifellos als Stimme, die die Gelbwestenproteste und die soziogeographische und -kulturelle Polarisierung der Gesellschaft soziologisch vorgedacht bzw. vorausgesehen hat. Umgekehrt gibt es auch Ansätze, den Begriff *contré-société* positiv zu denken und mit neuen Formen der Soziabilität zu verbinden. Während die traditionellen Institutionen der Vergemeinschaftung wie Parteien, Kirche oder Gewerkschaften in der Krise sind, zeichnet sich für Roger Sue (2016) eine neue Gegengesellschaft ab, die das Ergebnis neuer Formen der Assoziativität im Internet ist und in der sich die vernetzte Gesellschaft von morgen abzeichnet. Man denke hier an das beschriebene Projekt *Raconter la vie*, das die Stimmen der ‚Unsichtbaren' im Internet versammelt und diese miteinander in Kontakt bringen möchte.
36 Vgl. hierzu den Begriff der *contre-société* im Larousse: „Groupe se réclamant d'une idéologie opposée aux valeurs dominantes de la société où il vit." Es muss jedoch gesagt werden, dass diese Oppositionen und Antagonismen trotz Kritik als grundlegend für Prozesse von Ver-

finden, wo in Abgrenzung zu nationalistisch und ideologisch aufgeladenen Begriffen wie *communautarisme* (vgl. Dhume-Sonzogni 2016), letztlich widersprüchliche oder gegenläufige diskursive Mechanismen und Dynamiken zwischen Präsenz und Unsichtbarkeit, zwischen Ausgrenzung und Integration, zwischen Subjekt- und Objektstatus sozialer Gruppen in den Blick geraten. Gemeint sind Prozesse, die unter den Vorzeichen der ‚Verflüssigung' gewachsener sozialer Ordnungen und Bezugspunkte (vgl. Bauman 2000) verhandelt werden, z. B. in der zeitgenössischen Literatur, die diese Prozesse abbildet, konstruiert und zugleich kritisch hinterfragt. ‚Paragesellschaftlichkeit' (als mediale und diskursive Präsenz des Verdrängten?) könnte hier aus einem Grundkonflikt zwischen verschiedenen Formen der Repräsentation der modernen Gesellschaft resultieren, der, so Rosanvallon, in Frankreich strukturell von besonderer Virulenz ist: ein Spannungsverhältnis zwischen der politisch-juristischen Einheits- und Gleichheits- sowie der soziologischen Diversitätsperspektive, das grundlegende Figurations- und Lesbarkeitsdefizite des Sozialen hervorbringt, die sich heutzutage mit der Krise tradierter Organe und Repräsentationsinstrumente – von den Parteien bis hin zu den Gewerkschaften – verschärft haben. Mehr denn je hat die (postmoderne) Gesellschaft Schwierigkeiten, „de se représenter dans ses évolutions et ses problèmes, de se figurer ce qu'elle est" (Gauchet 2017, 342). Während sich mit dem Triumph des Liberalismus der endgültige Übergang von den Kategorien des Kollektiven zum Individuellen als Maßstab und Schlüsselkonzept der Organisation und Repräsentation von Gesellschaft vollzog (vgl. Gauchet 2017), gelten die neuen Repräsentationsbemühungen von Politik, Wissenschaft und Literatur seit geraumer Zeit wieder verstärkt dem „Wir" und der Problematik der Vergesellschaftung des Individuums (vgl. Garcia 2016; Badiou et al. 2017). Diese Suche nach neuen Formen der Vergemeinschaftung, bei der in Frankreich traditionellerweise auch auf das hermeneutische, gemeinschaftsstiftende und ‚demokratisierende' Potential der Literatur rekurriert wird, wird durch das Projekt *Raconter la vie* verkörpert, das sich nicht nur der Neubelebung und Erweiterung der sozialen Debatte, sondern der Herstellung neuer *liens sociaux* verschreibt.[37]

---

gesellschaftung erachtet werden (vgl. Elias 2006) und in den Arbeiten von Chantal Mouffe und Ernesto Laclau (1985) ein neues Interesse erfahren haben.

37 Dabei tappt das Projekt vielleicht in eine Falle, die es eigentlich vermeiden möchte: Wenn *Raconter la vie* sich dem Ziel verschreibt, eine ‚Paragesellschaft' sichtbar zu machen und ‚aufzulösen' (eine in den Diskursen unsichtbare Masse), so konstruiert der Slogan *Le parlement des invisibles* zugleich das Bild einer anderen: einer utopischen, idealtypischen Form gleicher und sichtbaren Bürger.

Wenn sich, wie man in Anlehnung an die Sozialstudie *La France invisible* formulieren könnte, ‚Paragesellschaftlichkeit' als eine Kluft zwischen einer gelebten Wirklichkeit und ihrer Repräsentation in politischen, wissenschaftlichen und medialen Diskursen sowie als eine Sprach- und Denominationskrise gesellschaftlicher Verhältnisse erweist (vgl. Beaud et al. 2006, 8), so verdeutlicht der beschriebene Diskurs, dass in Frankreich derzeit sehr intensiv um soziale Kategorien, Vorstellungen und Wahrnehmungen gerungen wird. Der französische Fall zeugt in dieser Hinsicht von einem überaus transitiven Charakter der zeitgenössischen Debatte um die Repräsentation von Gesellschaft: Während tradierte Begrifflichkeiten, Diskurse und Formen der Repräsentation wie Klasse noch nicht ganz überholt scheinen, sind neue Termini und Antworten auf Fragen und Probleme der kollektiven Vergemeinschaftung noch längst nicht etabliert und neue politische, wissenschaftliche und narrative Mechanismen der Repräsentation noch längst nicht gefunden.

Bibliographie

Anderson, Benedict. *Imagined Communities. Reflections on the Origin and Spread of Nationalism*. London/New York: Verso, 1983.
Auerbach, Erich. *Mimesis. Dargestellte Wirklichkeit in der abendländischen Literatur*. (2. Aufl.). Bern: Francke, 1959.
Augé, Marc. *Non-lieux: Introduction à une anthropologie de la surmodernité*. Paris: Le Seuil, 1992.
Augé, Marc. *Un ethnologue dans le métro: Textes du XXe siècle*. Paris: Hachette, 1986.
Badiou, Alain, Pierre Bourdieu, Judith Butler, Georges Didi-Huberman, Sadri Khiari und Jacques Rancière (Hg.). *Was ist ein Volk?* Hamburg: Laika, 2017.
Bauman, Zygmunt. *Liquid Modernity*. Cambridge: Polity Press, 2000.
Beaud, Stéphane, Joseph Confavreux und Jade Lindgaard. „Introduction". *La France invisible*. Hg. Stéphane Beaud, Joseph Confavreux und Jade Lindgaard. Paris: La Découverte, 2006. 7–16.
Berlioux, Salomé und Erkki Maillard. *Les invisibles de la République. Comment on sacrifie la jeunesse de la France périphérique*. Paris: Robert Laffont, 2019.
Bon, François. *Daewoo*. Paris: Fayard, 2004.
Bon, François. *Parking*. Paris: Minuit, 1996.
Bon, François. *Paysage fer*. Paris: Vedier, 2000.
Bon, François. *Prison*. Paris: Verdier, 1997.
Bon, François. *Sortie d'usine*. Paris: Minuit, 1982.
Bourdieu, Pierre. *La distinction: Critique sociale du jugement*. Paris: Minuit, 1979.

Bourdieu, Pierre. *Ce que parler veut dire: L'économie des échanges linguistiques*. Paris, Fayard, 1982.
Bourdieu, Pierre. *Langage et pouvoir symbolique*. Paris: Le Seuil, 2001.
Bourdieu, Pierre (Hg.). *La misère du monde*. Paris: Points, 2015 [1993].
Bourdieu, Pierre und Jean-Claude Passeron. *Les héritiers, les étudiants et la culture*. Paris: Minuit, 1964.
Charpentier, Isabelle. „De corps à corps: Réceptions croisées d'Annie Ernaux". *Politix* 27 (1994): 45–75.
Charpentier, Isabelle. „Produire une ‚littérature d'effraction' pour‚ faire exploser le refoulé social'. Projet littéraire, effraction sociale et engagement politique dans l'œuvre autosociobiographique d'Annie Ernaux". *L'Empreinte du social dans le roman depuis 1980*. Hg. Michel Collomb, Montpellier: Service des Publications de l'Université Paul-Valéry, 2005. 111–131.
Debord, Guy. *La société du spectacle*. Paris: Buchet/Chastel, 1967.
Didi-Huberman, Georges. *Peuples exposés, peuples figurants*. Paris: Minuit, 2012.
Dhume-Sonzogni, Fabrice. *Communautarisme: Enquête sur une chimère du nationalisme français*. Paris: Demopolis, 2016.
Elias, Norbert. „Prozesse der Staats- und Nationenbildung". *Gesammelte Schriften* (Bd. 14). *Aufsätze und andere Schriften I*. Hg. Heike Hammer und Reinhard Blomert, Frankfurt a.M.: Suhrkamp, 2006. 331–352.
Elias, Norbert und John L. Scotson. *The Established and the Outsiders: A Sociological Enquiry into Community Problems*. London: F. Cass, 1965.
Enaudeau, Corinne. *Là-bas comme ici: Le paradoxe de la représentation*. Paris: Gallimard, 1998.
Eribon, Didier. *Retour à Reims* [2009]. Paris: Flammarion, 2018.
Ernaux, Annie. *La place*. Paris: Gallimard, 1984.
Ernaux, Annie. *La vie extérieure*. Paris: Gallimard, 2000.
Ernaux, Annie. *L'Écriture comme un couteau: Entretien avec Frédéric-Yves Jeannet*. Paris: Stock, 2003.
Ernaux, Annie. *Regarde les lumières mon amour*. Paris: Le Seuil, 2014.
Foucault, Michel. „La vie des hommes infâmes". *Cahiers du chemin* 29 (1977): 12–29.
Garcia, David. „France Inter, écoutez leurs préférences", in: *monde-diplomatique.fr*, August 2020. https://www.monde-diplomatique.fr/2020/08/GARCIA/62081#nh8 (29. Oktober 2020).
Garcia, Tristan. *Nous*. Paris: Grasset, 2016.
Gauchet, Marcel. *Le nouveau monde*, Paris: Gallimard, 2017.
Grenouillet, Corinne. „Narrations documentaires et portrait collectif de travailleurs dans la littérature française contemporaine". *Panoramen, Mosaike, Reihen und Serien: Aktuelle Formen des Gesellschaftsporträts*. Hg. Robert Lukenda und Lisa Zeller. *Lendemains* 170–171 (2018). 158–171.
Grenouillet, Corinne. *Usines en textes, écritures au travail: Témoigner du travail au tournant du XXIe siècle*. Paris: Classiques Garnier, 2015.
Grignon, Claude und Jean-Claude Passeron. *Le Savant et le Populaire: Misérabilisme et populisme en sociologie et en littérature*. Paris: Gallimard, Seuil, 1984.
Guilluy, Christophe. *Fractures françaises*. Paris: François Bourin, 2010.

Guilluy, Christophe. *La France périphérique: Comment on a sacrifié les classes populaires*. Paris: Flammarion, 2014.
Hall, Stuart. „The spectacle of the ‚Other'". Hall, Stuart. *Representation: Cultural Representations and Signifying Practices*. London/Thousand Oaks/New Dehli: Sage, 1997. 223–290.
Heinich, Nathalie. *De la visibilité: Excellence et singularité en régime médiatique*. Paris: Gallimard, 2012.
Heitmeyer, Wilhelm. „Versagt die ‚Integrationsmaschine Stadt'? Zum Problem der ethnisch-kulturellen Segregation und ihrer Konfliktfolgen", *Die Krise der Städte: Analysen zu den Folgen desintegrativer Stadtentwicklung für das ethnisch-kulturelle Zusammenleben*. Hg. Wilhelm Heitmeyer, Rainer Dollase und Otto Backes. Frankfurt a.M.: Suhrkamp, 1998. 443–467.
Hochschild, Jennifer. „Was hat die Wissenschaft versäumt?". Interview mit Katrin Schmermund. *Forschung & Lehre* 12 (2016), https://www.forschung-und-lehre.de/politik/was-hat-die-wissenschaft-versaeumt-216/ (10. November 2020).
Hoeges, Dirk. „Der vergessene Rest: Tocqueville, Chateaubriand und der Subjektwechsel in der französischen Geschichtsschreibung". *Historische Zeitschrift* 238 (1984): 287–310.
IPSOS (2017). „Sociologie des electorats". https://www.ipsos.com/sites/default/files/files-fr-fr/doc_associe/ipsos-sopra-steria_sociologie-des-electorats_23-avril-2017-21h.pdf (11. November 2020).
Juillard, Jacques. „Le peuple". *Les lieux de mémoire* (Bd. 2). Hg. Pierre Nora. Paris: Gallimard, 1997, 2359–2394.
Kaplan, Leslie. *L'excès-L'usine*. Paris: Hachette, P.O.L, 1982.
Laclau, Ernesto. *La Raison populiste*. Paris: Le Seuil, 2008.
Larousse. „Contre-société". https://www.larousse.fr/dictionnaires/francais/contre-soci%C3%A9t%C3%A9/18890 (12. November 2020).
Louis, Édouard. „Die Linke müsste meine Eltern ansprechen, ohne soziorassistisch zu sein". *sueddeutsche.de*, 20. April 2017. http://www.sueddeutsche.de/kultur/frankreich-die-linke-muesste-meine-eltern-ansprechen-ohne-soziorassistisch-zu-sein-1.3469363 (6. November 2020).
Lukenda, Robert. „‚Die Unsichtbaren der Republik' – soziale Ungleichheit in der französischen Gegenwartsliteratur, insbesondere bei Annie Ernaux, Didier Eribon und Éric Vuillard". *Soziale Ungleichheit in Literatur und Film (Lateinamerika, Spanien und Frankreich)*. Hg. Jan-Henrik Witthaus und Patrick Eser. Frankfurt a.M.: Peter Lang, unveröffentlicht.
Lukenda, Robert. „Erzählen, repräsentieren und dechiffrieren. Literarische ‚Antworten' auf gesellschaftliche Zerfallsprozesse in Frankreich". *Parallel- und Alternativgesellschaften in den Gegenwartsliteraturen*. Hg. Teresa Hiergeist. Würzburg: Königshausen & Neumann, 2017. 77–103.
Mattelart, Armand und Érik Neveu. *Introduction aux Cultural Studies*. Paris: La Découverte, 2003.
Mecke, Jochen. „Literatur hart an der Grenze: Célines Poetik der Überschreitung". *Schriftkultur und Schwellenkunde*. Hg. Achim Geisenhanslüke und Georg Mein. Bielefeld: transcript, 263–290.

Mendras Henri. „Pour une sociologie de la contre-société". *Revue française de sociologie* 8–1 (1967): 72–76.
Mouffe, Chantal. „Für einen linken Populismus". *ipg-journal*, 30. März 2015. https://www.ipg-journal.de/rubriken/soziale-demokratie/artikel/fuer-einen-linken-populismus-857/ (29. November 2020).
Mouffe, Chantal und Ernesto Laclau. *Hegemony and Socialist Strategy: Towards a Radical Democratic Politics*. London: Verso, 1985.
Mouterde, Perrine. „Qui sont les ouvriers d'aujourd'hui?". *lemonde.fr*, 23. Mai 2016. https://www.lemonde.fr/emploi/article/2016/06/07/qui-sont-les-ouvriers-aujourd-hui_4941062_1698637.html (23. November 2020).
Nachtwey, Oliver. *Abstiegsgesellschaft: Über das Aufbegehren in der regressiven Moderne*. Frankfurt a. M.: Suhrkamp, 2016.
Piketty, Thomas. *Le capital au XXIe siècle*. Paris: Le Seuil, 2013.
Pines, Sarah. „Darf sie das?". *zeit.de*, 5. Februar 2020. https://www.zeit.de/2020/07/american-dirt-jeanine-cummins-buch-fluechtlinge-mexiko/komplettansicht (14. November 2020).
Rancière, Jacques. „Le fil perdu du roman". Rancière, Jacques. *Le fil perdu: Essais sur la fiction modern*. Paris: La Fabrique. 15–72.
Reckwitz, Andreas. *Die Gesellschaft der Singularitäten: Zum Strukturwandel der Moderne*. Berlin: Suhrkamp, 2017.
Rosanvallon, Pierre. *Le peuple introuvable: Histoire de la représentation démocratique en France*. Paris: Gallimard, 1998.
Rosanvallon, Pierre. *Le parlement des invisibles*. Paris: Le Seuil, 2014.
Rosetta . Reg. Jean Pierre und Luc Dardenne, Fr/Be, 1999.
Schenz, Viola. „Was Amerikas ‚Abgehängte' wirklich bewegt". *sueddeutsche.de*, 18. Januar 2017. http://www.sueddeutsche.de/kultur/buch-ueber-trump-unterstuetzer-was-amerikas-abgehaengte-wirklich-bewegt-1.3333460 (10. November 2020).
Siblot, Jasmine, Marie Cartier, Isabelle Coutant, Olivier Masclet und Nicolas Renahy. *Sociologie des classes populaires contemporaines*. Paris: Armand Colin, 2015.
Sue, Roger. *La contre-société*. Paris: Les liens qui libèrent, 2016.
Terkessidis, Mark. „Cultural Studies. Grundlagentexte zur Einführung". *Deutschlandfunk Büchermarkt*, 10. November 1999, https://www.deutschlandfunk.de/cultural-studies-grundlagentexte-zur-einfuehrung.700.de.html?dram:article_id=79605 (9. November 2020).
Viart, Dominique und Bruno Vercier. *La littérature française au présent: Héritage, modernité, mutations*. (2. Aufl.) Paris, Bordas, 2008.
Vuillard, Éric. *14 juillet*. Arles: Actes Sud, 2016a.
Vuillard, Éric. „Le 14 juillet est l'instant où l'on a vu pour la première fois un peuple entrer sur la scène de l'Histoire". *France Culture*, 5. September 2016b. https://www.franceculture.fr/emissions/paso-doble-le-grand-entretien-de-lactualite-culturelle/eric-vuillard-le-14-juillet-est (10. November 2020).
Winkler, Gabriele und Nina Degele. *Intersektionalität. Zur Analyse sozialer Ungleichheiten*. Bielefeld: transcript, 2009.
Wolf, Nelly. *Le Peuple dans le roman français de Zola à Céline*. Paris: PUF, 1990.

Wolf, Nelly. *Le roman de la démocratie*. Saint-Denis: PUV, 2003.
Zenetti, Marie-Jeanne. „Les invisibles peuvent-ils se raconter? Le projet ‚Raconter la vie' entre ambition littéraire et soupçon de ‚storytelling'". *Comparatismes en Sorbonne* 6 (2014): 1–13, http://www.crlc.paris-sorbonne.fr/pdf_revue/revue7/12_M_Zenetti.pdf (29. Januar 2021).

Teresa Hiergeist
Gesprengte Ordnungen. Verhandlungen anarchistischer Gewalt in der französischen und spanischen Gegenwartsliteratur

1 Anarchistische ‚Paragesellschaften' in Geschichte und Gegenwartsliteratur

Es braucht zwei Dinge, um eine ‚Paragesellschaft' zu proklamieren: Rahmenbedingungen, welche die Heterogenisierung der Gesellschaft befördern, und die Wahrnehmung einer Identität, die vom institutionell legitimierten Konsens abweicht (vgl. Hiergeist 2017, 7–8). Dies lässt sich anhand der französischen und spanischen Gesellschaften des frühen 20. Jahrhunderts exemplifizieren: Die Industrialisierung bedingt dort prekäre Beschäftigungsverhältnisse für Arbeitende, während sich die Fabrikbesitzer über ihre Einkünfte meist nicht beklagen können (vgl. Vicente 2013, 111). Doch erst, als diese Arbeitenden ein Gruppenbewusstsein entwickeln, sich in sozialistischen, kommunistischen und anarchistischen Vereinigungen formieren, in deren Namen gesellschaftlich agieren und als deren VertreterInnen wahrgenommen werden (vgl. Julliard 2012, 629), kann von einer ‚Paragesellschaft' gesprochen werden.[1] Denn erst in dem Moment beginnen die spannungsreichen Verhandlungen mit der ‚Mehrheitsgesellschaft', die Forderungen nach Sichtbarkeit und Partizipation, die bisweilen widerständigen institutionellen Reaktionen darauf (vgl. Hiergeist 2018, 5–6); erst in dem Moment springt die Diskursmaschine an, die für die Verortung des neuen Anderen in Verhältnis zu einem bislang als einheitlich wahrgenommenen System verantwortlich ist, und sie läuft umso heißer, je mehr Schwierigkeiten beiden Seiten die Integration bereitet. Wie stark diese in ihren Positionierungen aufeinander bezogen sind und sich gegenseitig verstärken (vgl. Hiergeist 2017, 12–13), veranschaulicht abermals das Beispiel der Jahrhundertwende: Während die reaktionären Regierungen die anarchistischen Gruppierungen in Frankreich und Spanien als Gefahr für die hergebrachte Ordnung mittels Repressionen (Verboten, Sabotagen, Verhaftungen,

---

1 Dabei ist es meist gerade die Ausgrenzung durch eine angenommene ‚Mehrheitsgesellschaft', die zur Ausbildung des Gruppenbewusstseins führt (vgl. Hiergeist 2020, 233).

∂ Open Access. © 2021 Teresa Hiergeist, publiziert von De Gruyter. [cc) BY-NC-ND] Dieses Werk ist lizenziert unter einer Creative Commons Namensnennung - Nicht-kommerziell - Keine Bearbeitung 4.0 International Lizenz.
https://doi.org/10.1515/9783110707489-003

Festnahmen, Exekutierungen) unschädlich machen wollen,² verlangen diese wiederholt, man müsse die nationalstaatliche Souveränität und das kapitalistische Wirtschaftssystem unterminieren und eine alternative Gesellschaft ohne Herrschaft etablieren (vgl. Dugast 2001, 7), wofür sie nicht nur propagandistische Manifeste und Fiktionen verfassen (vgl. Litvak 1995, 217), Streiks organisieren (vgl. Préposiet 2002, 107) und Reformschulen und Kommunen gründen,³ sondern auch Attentate auf Machthabende und Revolutionsversuche durchführen (vgl. Lida 2008, 169; Granier 2008, 169). Solche gewaltsamen Übergriffe häufen sich vor allem ab 1904, so dass von einer „ère des attentats" oder „oleadas del terrorismo" die Rede ist.⁴

Diese anarchistischen ‚Paragesellschaften' des frühen 20. Jahrhunderts mögen auf den ersten Blick wenig mit der Gegenwartskultur zu tun haben. Nichtsdestotrotz haben sie in den letzten Jahren in den französischen und spanischen Fiktionen eine verhältnismäßig große Popularität erlangt. Seit Beginn des Jahrtausends zählt man für Frankreich sechs, für Spanien zwölf Romane und Filme, die sie als Kernthema wählen.⁵ Der Grund für diese häufige Bezugnahme liegt sehr wahrscheinlich

---

2 Die Regierungen beider Länder nehmen die anarchistischen Gruppierungen als Bedrohung wahr und verwenden vor allem ab der Niederschlagung der Pariser Kommune 1871 und der Bourbonenrestauration 1875 immense Energien darauf, jegliche Bestrebungen und Aktivitäten im Keim zu ersticken. In Spanien ist die anarchistische Gewerkschaft FTRE ab 1888 untersagt, Bildungsveranstaltungen werden erschwert oder verhindert, Druckerzeugnisse systematisch beschlagnahmt und vernichtet. Wer die strengen Regeln übertritt oder auch nur eines Übertritts verdächtig wird, hat mit Verhaftungen, harten Geld- und Gefängnisstrafen oder gar mit einer öffentlichen Hinrichtung zu rechnen. Auch in Frankreich herrschen das Horrorszenario eines anarchistischen Umsturzes und ein dementsprechend repressiver Kurs und es kommt infolge der *lois scélérates* 1893/94 zu hunderten von Razzien, Festnahmen und Verurteilungen – Maßnahmen, die sich verschärfen, je näher der Erste Weltkrieg rückt (vgl. Esenwein 1989, 59; Berry 2002, 14).
3 Bekannt geworden sind in diesem Zusammenhang etwa die Reformschulen *La Ruche* von Sébastien Faure in Rambouillet und die *Escuela nueva* von Francisco Ferrer y Guardia in Barcelona.
4 In Frankreich werden ab 1882 immer wieder Attentate verübt, vor allem in der Zeit von 1892 bis 1894 (vgl. Maitron 1975, 155 sowie 214). In Spanien häufen sich die Attentate 1893–1897 und 1904–1909 (vgl. Núñez Florencio 2010, 61–88).
5 In Frankreich erschienen die Romane Michel Ragon: *Georges et Louise* (2001), Hélène Zimmer: *Vairon* (2019), Francis Desvois: *Nosotros* (2019), Danielle Demangeon-Raguin: *Emma. Une vie entre deux mondes* (2019), Olivier Houles: *Vous n'en avez pas fini avec le bonheur* (2019) sowie der Spielfilm Elie Wajeman *Les anarchistes* (2015); in Spanien Rosa Montero: *La hija del canibal* (1998), Aziz Lascano: *La sombra del anarquista* (2006), Miquel Mir: *Diario de un pistolero anarquista* (2006), Montero Glez: *Pólvora negra* (2008), Sergio Vila-Sanjuán: *Una heredera de Barcelona* (2010), Jorge Navarro Pérez: *Las cinco muertes del barón airado* (2011), Pablo Martín Sanchez: *El anarquista que se llamaba como yo* (2012), Albert Villanueva: *Por hacer a tu muerte compañía* (2018), Agustín Comotto: *El peso de las estrellas* (2019) sowie die

darin, dass sich zwischen den damaligen und heutigen gesellschaftlichen Herausforderungen Parallelen ziehen lassen. Seit im Zug der Kombination von globalisiertem Neoliberalismus und Wirtschaftskrise die Schere zwischen Arm und Reich zunehmend auseinanderklafft, hat die Zahl derer, die sich von den PolitikerInnen nicht repräsentiert fühlen, sich mit den Institutionen nicht identifizieren und sich für politische Problemlösungen jenseits der Parlamente einsetzen, in beiden Ländern nicht nur zugenommen, sondern sie haben sich untereinander auch koordiniert – man denke für Spanien etwa an die *indignados*-Bewegung, die 2011 und 2012 monatelang die *Puerta del Sol* belagert hielt, oder den *movimiento okupa*, der seit dem Platzen der Immobilienblase 2009 systematisch unbewohnte Gebäude besetzt, für Frankreich an die *Nuit debout*-Proteste gegen die Arbeitsreformen seit 2016 oder die *gilets jaunes*-Aktivisten in Reaktion auf die Wirtschaftspolitik seit 2018. Die Fiktionen zur anarchistischen Vergangenheit erlauben mithin auf der einen Seite die Konstruktion eines Erinnerungsorts zur Zelebration zivilgesellschaftlichen Engagements, auf der anderen aber auch die (wieder aktuelle) Verhandlung der Frage nach dem Umgang mit ‚parasozialen' Phänomenen.

Vor allem die Terrorakte und Revolutionsversuche bilden dabei das Thema erster Wahl, schließlich ziehen sie das institutionalisierte System in radikaler Weise in Zweifel. Im Nichtanerkennen des staatlichen Machtmonopols und in der Anwendung einer Alternativexekutive ist ein expliziter Abgrenzungsgestus zu erkennen und sie sind als direkte Aktionen zu verstehen, welche die herrschaftsfreie Gesellschaftsordnung in der Tötung von wirtschaftlichen und politischen Eliten unmittelbar Realität werden lassen. Die folgenden Ausführungen widmen sich der Frage, wie die Artefakte zu den anarchistischen Gruppierungen mit deren ‚Parasozialität' und vor allem mit der Gewalt umgehen und wie sie sie bewerten und funktionalisieren, um davon ausgehend eine Systematik unterschiedlicher Darstellungsformen von ‚Paragesellschaftlichkeit' sowie ihre kulturellen Funktionen zu entwickeln. Ziel ist es, über einen Kulturvergleich Rückschlüsse auf aktuelle diskursive Konzeptualisierungen von Gesellschaftlichkeit in Frankreich und Spanien zu ziehen.

2 Zur Fiktionalisierung anarchistischer Gewalt

In der Ära der Attentate und in den Jahrzehnten danach wird der Anarchismus in der Literatur immer dann präferenziell thematisiert, wenn ein manichäisti-

---

Filme Vicente Aranda: *Libertarias* (1996), Marie Noelle/Peter Sehr: *La mujer del anarquista* (2009) und Manuel Huerga: *Salvador* (2006).

scher Kampf des Staats gegen eine unberechenbare Bedrohung inszeniert werden soll (vgl. Eisenzweig 2001, 69), und die Rolle, die anarchistischen Figuren in diesem Zusammenhang am häufigsten zuteil wird, ist die der Terroristen (vgl. Vittorio 2014, 21). In seiner literatursoziologischen Studie *Énigmes et complots* arbeitet Luc Boltanski heraus, dass im ausgehenden 19. Jahrhundert, einem Zeitraum, der sich durch eine Intensivierung der staatlichen Kontrolle auszeichnet, mit den ‚Komplottromanen' eine eigene Gattung entstehe, die illegitime Angriffe (etwa von SozialistInnen, KommunistInnen oder AnarchistInnen) auf die etablierte gesellschaftliche Ordnung inszeniere. Ideologisches Ziel dieser Texte sei es, mittels eines Angstdiskurses die Rückbesinnung auf die nationalstaatliche Einheit zu befördern und dadurch das bestehende System zu zementieren (vgl. Boltanski 2013, 331–332). Als Beispiele hierfür können auf spanischer Seite etwa Rafael Salillas *Morral el anarquista* (1914) fungieren, das seinen Protagonisten als psychopathologisches Individuum depolitisiert, auf französischer Henry de Montherlants *Le chaos et la nuit* (1962), das die Aktivisten als faule und verblendete Spinner satirisiert.[6] Passend zu den bereits angesprochenen repressiven politischen Maßnahmen, die in dem Zeitraum ergriffen werden, scheint in solchen Texten eine Gesellschaftsauffassung durch, die ‚Paragesellschaftlichkeit' kaum zulassen kann, die Pluralität und Partikularinteressen aus Angst vor einem Kontrollverlust diskursiv opfert. Reduziert auf ihre terroristischen Intentionen inkarnieren die AnarchistInnen das Andere der Ordnung, das es in Sündenbockmanier auszumerzen gilt.

Einen grundverschiedenen Ton schlagen jene Fiktionen an, die gegenwärtig zur anarchistischen Vergangenheit erscheinen. Im Zuge des Erinnerungsbooms, der nicht nur die politischen und medialen Debatten, sondern auch die Fiktionen seit den frühen 2000ern in den beiden untersuchten Ländern entscheidend geprägt hat,[7] sind zahlreiche ‚Geschichten von unten' verfasst worden, welche die offizielle Version mit einer Gegendarstellung konfrontieren und dadurch relativieren. Hierüber ergibt sich ein Bruch mit der Komplottisierung, so dass die AnarchistInnen und teils auch die anarchistischen TerroristInnen zunehmend als positive Figuren rehabilitiert werden. Trotz dieser Tendenz, die diesen Narrationen gemein ist, lassen sich hinsichtlich des Umgangs mit ‚Paragesellschaftlichkeit'

---

6 Es bildet sich folglich im sozialen Imaginären der damaligen Zeit das alterisierende Stereotyp des gefährlichen, bombenwerfenden Anarchisten heraus (vgl. Pessin 1982, 17).

7 Dieser Boom ist dem Wiederaufrollen des Ersten Weltkriegs und des Bürgerkriegs aus der Perspektive der Enkelgeneration geschuldet, das sich im Moment der Auflösung des kommunikativen Gedächtnisses manifestiert. In Spanien sind in diesem Zusammenhang zahlreiche Romane aus der Sicht der Republikaner erschienen, welche die franquistische Version parieren (vgl. Suntrup-Andresen 2008, 281).

zwischen den Werken französischer und spanischer Provenienz Unterschiede ausmachen,[8] die im Folgenden im Vergleich von Hélène Zimmers *Vairon* (2019) und Michel Ragons *Georges et Louise* (2001) mit Alberto Villanuevas *Por hacer a tu muerte compañía* (2018), Agustín Comottos *El peso de las estrellas* (2019) und Sergio Vila-Sanjuáns *Una heredera de Barcelona* (2010) dargelegt werden sollen.

Vairon erzählt die Geschichte der Bauerstochter Zulma, die im ausgehenden 19. Jahrhundert in ärmlichen Verhältnissen in der französischen Provinz aufwächst und sich mit Arbeitslosigkeit und Krankheit konfrontiert nach der Geburt von Zwillingen gezwungen sieht, nach Paris abzuwandern. In der Hauptstadt kommt sie in Kontakt mit anarchistischen Gruppierungen, übernimmt nach und nach deren Ideen, gewinnt dadurch an Selbstbewusstsein, kurzum: reift vom unmündigen Bauernmädchen zur libertären Feministin. Diese Entwicklung geht mit einer Haltungsänderung einher. Während zunächst Pessimismus und Resignation vorherrschen, bewertet sie ihr Leben und ihre soziale Stellung zunehmend hoffnungsvoll:

> [J]e crois en la liberté de chacun d'embrasser la voie émancipatrice qui lui sied. Ce que j'approuve c'est l'engagement pris avec soi-même, pour se libérer de la domination, en tant que principe moral. (Zimmer 2019, 85)

> Voter est notre droit. Déconstruisons ensemble les préjugés qui nous entravent. (Zimmer 2019, 105–106)

> L'oppression des femmes transcende les catégories sociales, vous le savez. Chaque femme affronte les responsabilités qui lui incombent selon les modalités imposées par son milieu culturel. (Zimmer 2019, 133)

In diesen direkten Reden Zulmas, die in ihrer Rhetorik teils salbungsvoll, teils wie Zitate aus einem Lehrbuch für Staatsbürgerkunde wirken, verkündet *Vairon* die Frohbotschaft des Austritts aus der sozialen Determiniertheit mittels vernunftbasierter Selbstermächtigung. Was dabei als anarchistische Prinzipien gehandelt wird (Freiheit, Gleichheit, Wahlrecht, Selbstverantwortung), ist auffällig kongruent mit den republikanischen Grundwerten. Es geht dem Text folglich weniger um die Profilierung des Anarchismus als ‚Paragesellschaft' denn um seine Assimilierung zum Zweck der Zementierung des Modells der repräsentativen Demokratie.

---

[8] Dies wird bereits in quantitativer Hinsicht deutlich: Es liegen aus Spanien doppelt so viele Texte vor wie aus Frankreich. Dazu kommt, dass auch die französischen Autoren ihre Handlung nicht selten lieber im Nachbarland ansiedeln, statt in heimischen Gefilden. Der französische Anarchismus scheint sich insgesamt weniger als Erinnerungsort zu eignen als der spanische.

Das moralisch komplexe Thema des anarchistischen Terrors wird in diesem Kontext nur tentativ angegangen. Zunächst evoziert der Text zwar wiederholt eine imminente Revolution, die innerhalb kurzer Zeit eine fundamentale Veränderung bewirken soll, jedoch wird nicht konkretisiert, mit welchen Mitteln diese umgesetzt werden soll. Die neue Gesellschaft bleibt abstrakt, behält den Status einer rhetorischen Floskel:

> Dans cinq mois, il ne restera plus rien de l'idéologie immonde que vous vous fatiguez à déverser. (Zimmer 2019, 91)

> Il n'y a rien d'autre à faire que de désirer le chaos. Désirer le chaos uniquement. Rompre les associations d'idées. Les associations tout court. L'union se fait de toute façon. Si l'on veut se rapprocher d'une réalité profonde, il faut anéantir le sens. L'univers est un chantier sans contremaître, Zulma, tu as raison. Le désordre est la vérité. (Zimmer 2019, 128)

Ist die Verhandlung von Gewalt aus Gründen der Geschichtstreue unumgänglich, so werden vorwiegend Szenen gezeigt, in denen die AnarchistInnen als Opfer der repressiven Polizeigewalt erscheinen. Wenn Polizisten etwa Streiks mittels Festnahmen und Erschießungen beenden, dann erscheint dies als Missachtung demokratischer Grundrechte,[9] die Übergriffe der AktivistInnen sind als Reaktionen auf eine präzedent ausgeübte institutionelle Gewalt legitimiert. Selbst die Schilderung einer Straßenschlacht zwischen Ordnungskräften und Revolutionären, die sich vor dem Zug zuträgt, in dem Zulma sitzt, banalisiert die Fragwürdigkeit von Gewalt:

> Dehors, un violent désir de justice secoue le train. L'homme à côté de Zulma hausse un sourcil dès que le wagon se soulève, sans refermer son journal. Une femme allongée dans l'allée centrale ronfle tranquillement, une bouteille entre les bras. Une série de tirs arrête tout, un instant; la rage du dehors et la peur du dedans. Des chevaux musclés traversent la foule. Les uniformes fracassent ce qui dépasse. La foule s'unit encore. Se presse à nouveau sur le train. Crache sur les carreaux. Renverse le train. Les passagers se brisent les uns sur les autres. Dehors, encore des tirs. Les corps s'étendent sur les voies. Se ruent sur les escaliers. Remontent dans la rue. Jettent des casseroles, des sabots. „Assassins! C'est la fin!" Les balles se croisent. Les fusils pointent vers le cœurs enragés. Les revolvers visent les casques inflexibles. (Zimmer 2019, 154–155)

Trotz der auf den ersten Blick externen Fokalisierung – es werden in kurzen, asyndetisch gereihten Sätzen singuläre Aktionen registriert – findet eine Hierarchisierung der Gewalt statt: Euphemistische Formulierungen wie „un violent désir de justice" oder „la rage" camouflieren und autorisieren die Übergriffe der Umstürzler.

---

9 Dies wird an den tendenziösen Formulierungen ersichtlich, der Anarchismus sei ein „mouvement immédiatement réprimé par Clemenceau qui ne reconnaît pas le droit de grève aux fonctionnaires" (Zimmer 2019, 68).

Auch die Tatsache, dass die Gewehre der Polizei auf die Herzen, die Revolver der AnarchistInnen hingegen auf die Helme zielen, lässt erstere brutaler erscheinen als zweitere. Nicht zuletzt ist die Drastik der Situation durch die Erwähnung von im sicheren Kokon des Zugs schlafenden und zeitungslesenden Figuren und die unpersönliche Darstellung der Revolutionäre reduziert. Die Szene ist in ihrer Eindringlichkeit folglich dezidiert gedämpft, bleibt etwa hinter der detailreichen, blutigen und hochemotionalen Beschreibung der Geburt von Zulmas Babys zu Beginn des Romans weit zurück. Über diskursive Strategien der Tabuisierung, Trivialisierung und Distanzierung verschleiert *Vairon* die anarchistische Gewalt und stellt die Frage nach ihrer Legitimität der Feier der ‚mehrheitsgesellschaftlichen' Werte nach.

Auf ähnliche Strategien rekurriert Michel Ragons *Georges et Louise*, welches die Lebensgeschichte von Louise Michel erzählt, ihren Kampf für die Pariser Kommune, ihr reformpädagogisches Engagement, ihre Aktivität in der Arbeiterbewegung, ihre Gefangenschaft in der neukaledonischen Strafkolonie, ihr Exil in London und ihre Rückkehr nach Frankreich. Bereits die im Titel anklingende Grundidee des Romans, ihre Biografie in der intellektuellen und emotionalen Verflechtung mit dem damaligen Ministerpräsidenten Georges Clemenceau darzustellen, unterstreicht die Intention der Republikanisierung der Anarchistin. Gezeichnet wird sie ausschließlich positiv, wenn nicht gar heroisierend in ihrem Einsatz für die Rechte der Arbeitnehmer und für eine unparteiische Justiz. Wenn sie Brot an die Armen verteilt, marginalisierten Frauen zur Emanzipation verhilft, aufgrund ungerechter Gesetze[10] unschuldig inhaftiert und verurteilt wird,[11] bündelt sie als Inkarnation der Gleichheit und Brüderlichkeit/Schwesterlichkeit die Sympathien der repräsentativdemokratischen Lesenden. Dies kulminiert in ihrer Beerdigung am Ende des Texts: Die 2000 Gäste, die anwesenden Politiker und die Polizeieskorte inszenieren die Anarchistin nicht als Angehörige einer staatszersetzenden Splittergruppe, sondern verorten sie als Nationalheldin im Zentrum der Gesellschaft.[12]

---

10 Es heißt, die *lois scélérates* seien „lois pour remprimer l'agitation anarchiste et syndicale" (Ragon 2001, 156) oder „le congrès parlementaire de Londres m'auraitfait anarchiste" (Ragon 2001, 176).
11 Louise Michel wird, laut Roman, unschuldig angeklagt, weil sie den Diebstahl von Brot in einer Bäckerei befürwortet haben soll und kommt dafür nach nicht ganz objektiven Ermittlungen und einem tendenziös geführten Prozess für fünf Jahre ins Gefängnis (Ragon 2001, 100).
12 Flankiert wird diese Darstellung dadurch, dass wiederholt betont wird, SozialistInnen und AnarchistInnen seien in dieser Zeit so unterschiedlich nicht gewesen, hätten gleiche Ziele verfolgt und unter den gleichen Repressionen gelitten (Ragon 2001, 129, 176).

In der Darstellung anarchistischer Gewalt verfährt *Georges et Louise* banalisierend. Die Erschießungen von Reaktionären, die sie während der Pariser Kommune vornimmt, sind zu robin-hoodesken Akten der Barmherzigkeit stilisiert: „[P]our empêcher qu'on tuât, elle tuait" (Ragon 2001, 27), heißt es; außerdem sei sie jedem, den sie angeschossen habe, unmittelbar zu Hilfe geeilt, um ihn medizinisch zu versorgen (Ragon 2001, 27). Über ihre Sympathie für die Attentäter merkt der Text relativierend an: „Elle exalte les attentats anarchistes en France, en même temps elle avoue beaucoup aimer en Angleterre la reine Victoria" (Ragon 2001, 162), so dass ihre extremistische Haltung willkürlich und mithin wenig ernstzunehmend erscheint.[13] So zentral ist hier die erinnerungsörtliche Funktion, das Zementieren des Einheitsgedankens, dass es die ‚paragesellschaftliche' Komponente verdrängt.

Auf den ersten Blick verhält es sich in den untersuchten spanischen Texten ähnlich, sie stimmen mit den französischen in der positiven, nicht-stigmatisierenden Darstellung der anarchistischen Protagonisten überein: In *Por hacer a tu muerte compañía* etwa wird keiner der geplanten Anschläge realisiert, die Figuren brechen die Ausführung häufig ab oder werden an ihr gehindert. Sehr wohl ausführlich erzählt und rhetorisch aufgeladen sind hingegen die Repressionen der Exekutive,[14] so dass die AnarchistInnen verhältnismäßig friedfertig als Opfer eines Systems erscheinen, das sie ungerechtfertigterweise alterisiert und verfolgt.[15] *El peso de las estrellas*, das den Anarchismus entdogmatisierend und einer Vergruppung entgegenwirkend weniger als „una secta, una ideología" sehen möchte denn als „actitud existencial" (Comotto 2019, 220), ergreift Partei für die Anschläge, indem es sie als Reaktion auf eine jahrelange Unterdrückung, als Notwehr gegen ein illegitimes Unrecht von oben konstruiert.[16] In *Una heredera de Barcelona* entwickeln Lesende mit der Hauptfigur, einem eingangs konservativ gezeichneten Anwalt, der den Fall eines unschuldig des

---

[13] Überhaupt scheint Louise Michel weniger als Handelnde denn als statische Verkörperung republikanischer Werte, zumal ihr Portrait eher berichtend denn erzählend gestaltet ist.

[14] Als Beispiel kann die durch die kurzen, anaphorischen Sätze rhetorisierte Passage dienen, welche die Erschießung eines Anarchisten dramatisiert: „Pocos minutos antes de las seis de la tarde, Francesc Layret recibe la primera de las balas en la cara. La bala que le duele. La bala que hace que aquel andamiaje de hierro y acero deje de sostenerlo. La bala que hace que no preciba todas las otras que entran en su cuerpo. La bala que hace que note cómo su sangre se le escapa del cuerpo para crear charcos viscosos en la acera. La bala que lo separa para siempre de sus ideas, de sus anhelos, de su vida" (Villanueva 2018, 76).

[15] Ausgestellt wird die Perspektive des Regierungspräsidenten, der die GewerkschafterInnen als „plaga y el gran veneno que estaba emponzonando la convivencia" bezeichnet und nach dem „antídoto" der repressiven Verfolgung greift (Villanueva 2018, 59).

[16] Es ist die Rede von einer „gran violencia desatada por parte de pistoleros a sueldo de la patronal, que dejó muchos muertos en el camino, nueva política represiva" (Comotto 2019, 20).

Terrorismus bezichtigten Jungen übernimmt, nach und nach Sensibilität für die Belange der ‚niederen' Schichten. Während dieser der anarchistischen Gewalt zu Beginn des Romans noch mit Entsetzen begegnet,[17] versteht er sie zunehmend als Antwort auf das Gebaren der Obrigkeit[18] und als ehrenwerten (obschon fruchtlosen) Versuch, das Kippen Spaniens in eine Diktatur zu verhindern. Die anarchistischen Gruppierungen erscheinen in diesen Texten folglich als Teil Spaniens, denen nach jahrzehntelanger stigmatisierender Dominanz faschistischer Geschichtsversionen endlich eine Stimme verliehen wird. Wie in den französischen Romanen wird die Gewalt zugunsten der Propagierung einender republikanischer Werte und unter dem rhetorischen Deckmantel des Pluralismus, der – klassisch repräsentativdemokratisch – als Einheit der Vielheit, als gerade durch das Heterogene Homogene konzeptualisiert ist, ausgeklammert.

Nichtsdestotrotz verhalten sich die spanischen Texte in der Modellierung dieser Botschaft weniger monolithisch als die französischen. Dies ist erstens der Verdopplung der zeitlichen Ebenen geschuldet, die sie vornehmen. In *Por hacer a tu muerte compañía* alterniert der temporale Fokus kapitelweise zwischen den 1920er Jahren und der Gegenwart, in *El peso de las estrellas* besorgt ein Dialog zweier Zeitgenossen über die anarchistische Frühphase und die heutige Politik ein zeitliches Oszillieren und in *Una heredera de Barcelona* leitet der ausführliche Prolog des (fiktiven?) Herausgebers aus dem Jahr 2010 die Narration aus dem Vorkriegsspanien ein. Dies lässt die Vergangenheit weniger als Realität denn als Konstruktion *ex post* erscheinen und sorgt für Polyphonie, so dass die Parteilichkeit und Inauthentizität von Geschichtsdarstellungen implizit mitthematisiert werden, ihre evaluativen Positionierungen weniger festgeschrieben und mithin revidierbar wirken.

Mit dieser Verdopplung der Zeitebenen einher geht, dass die Texte allesamt Beobachter zweiter Ordnung integrieren, denn sie weisen nicht nur Vermittlungsinstanzen auf, die den anarchistischen ProtagonistInnen folgen, sondern auch Figuren, welche die Konstruktion dieser Narration bewerkstelligen oder überwachen. In *Por hacer a tu muerte compañía* lässt sich eine Geschichtsdozentin der Universität Barcelona in einem Provinzarchiv anstellen, um mittels Quellenstudium und Zeitzeugenbefragung die Geschichte ihres Großvaters zu rekonstruieren; in *El peso*

---

17 In einem Gespräch mit einer Anarchistin klagt er diese an: „siguen matando inocentes, amenazando industriales y desafiando la legislación; y que manipulan al pueblo puro, el buen pueblo que busca prosperar sin nihilismos ni tergiversaciones" (Vila-Sanjuán 2010, 37).
18 Es heißt: „Las bombas a la autoridad: lo hacen cuando radicalizan una desconfinanza y un resentimiento que sin duda son inustos y equivocados, pero precisamente por ello deberíamos ser los primeros interesados en paliarlos. Los que tenemos fortuna, los que nacimos privilegiados, estamos más obligados a fomentar la paz social que los que han venido al mundo sin nada y loh an tenido después todo en contra" (Vila-Sanjuán 2010, 255).

de las estrellas stößt ein Intellektueller bei seinen Bibliotheksrecherchen auf einen ehemaligen Aktivisten, mit dem er sich verabredet, um gemeinsam seine Biographie zu verfassen; in *Una heredera de Barcelona* entdeckt ein Journalist auf dem Speicher die Aufzeichnungen seines verstorbenen Großvaters und fühlt sich zu deren Veröffentlichung verpflichtet.[19] Diese Figuren besorgen nicht nur eine gewisse Präferenz des Analytischen vor dem Erleben, des *telling* vor dem *showing*,[20] sondern auch einen hohen metanarrativen Anteil und *mise-en-abyme*-Strukturen, da man als LeserIn eben das Buch in Händen hält, das die jeweiligen impliziten AutorInnen abfassen. Die Techniken betonen die Vermitteltheit der Erzählung und schaffen eine Distanz zwischen Lesendem und Vergangenheit, die eine Reflexion über die Verortung der anarchistischen Gruppierungen innerhalb der Gesellschaft anstoßen kann.

Hierzu passend charakterisieren sich die untersuchten Romane über die explizite oder implizite Problematisierung der Wahrheit von Geschichte. *Por hacer a tu muerte compañía* präsentiert die Historie nicht als Akkumulation objektiver Fakten, sondern als Vehikel persönlicher Sinnstiftung. Die Protagonistin Julia diagnostiziert bei sich und ihrer Familie eingangs eine Identitätsstörung, zu deren Auflösung die bislang tabuisierte anarchistische Biographie des Großvaters den Schlüssel bildet.[21] Auch *El peso de las estrellas* streicht die Unmöglichkeit einer verlässlichen Rekonstruktion der Vergangenheit heraus, indem es die Fallibilität der Erinnerung akzentuiert.[22] *Una heredera de Barcelona* thematisiert die Schwierigkeit der Differenzierung zwischen Fakt und Fiktion, indem es die Erzählung als Hybride zwischen Tagebuch und Roman, also gleichsam als Autofiktion des Großvaters, präsentiert.[23] Dies verweist darauf, dass die Bewer-

---

19 Genau genommen ist in *Una heredera de Barcelona* noch eine weitere Beobachterebene eingefügt dadurch, dass die Hauptfigur als Journalist auch wieder Beobachtungen der Gegenwartsgesellschaft vornimmt.
20 Es ergibt sich aufgrund der Rahmenhandlung der Geschichtsrecherche bzw. der professionellen Interviewsituation ein dokumentarischer Gestus angesichts der dargestellten Vergangenheit insofern als zahlreiche, mit Jahreszahlen versehene Fakten präsentiert werden.
21 Julia proklamiert hier eingangs: „estoy segura de que dentro de mí ya no hay órganos, ni vísceras. Soy solo una carcasa exterior. Una piel que envuelve una nebulosa obsesión" (Villanueva 2018, 9) – eine Entfremdung, die sich im Laufe des Romans durch die Ergründung der Geschichte auflöst, so dass sie abschließend in einer familiären, freundschaftlichen und partnerschaftlichen Heimat ankommt.
22 Es heißt: „todos tenemos mucha dificultad para recordar los sucesos de nuestra infancia" (Comotto 2019, 8), schließlich stünde die Identitätsstiftung und nicht die Archivierung von Fakten im Vordergrund.
23 Auch explizit wird im Prolog gefragt: „qué hay de realidad y qué hay de ficción en estas páginas" (Vila-Sanjuán 2010, 14).

tung der anarchistischen Gruppierungen in den Texten eine konstruierte ist, die an subjektive Interessen und Machtansprüchen gekoppelt ist.

Überdies lässt sich für die Texte eine eher schwache Position der ErzählerInnen konstatieren. Diese treten nicht als Autoritäten mit doktrinärem Wahrheitsanspruch auf, sondern als homodiegetische Subjekte. *Por hacer a tu muerte compañía* präsentiert dem Lesenden nicht die abschließenden Ergebnisse der Recherchen der Historikerin Julia, sondern er entdeckt zusammen mit ihr wie in einer Detektivgeschichte schrittweise neue Informationen, so dass die Rekonstruktion des Vergangenen als *work in progress* erscheint. In *El peso de las estrellas* tritt die Vermittlungsinstanz hinter den hohen dialogischen Anteilen, die das Gespräch mit dem Anarchisten über seine Vergangenheit impliziert, passagenweise völlig zurück, so dass die geäußerten Bewertungen unmissverständlich als subjektiv und als Momentaufnahmen eines unabschließbaren Aushandlungsprozesses markiert sind. *Una heredera de Barcelona* konfrontiert den Rezipienten mit dem Tagebuch, das als Egodokument seine perspektivische Gebundenheit ausstellt und zur kompensatorischen Imagination von Gegenversionen einlädt.

Die Funktion der genannten Elemente liegt meines Erachtens nicht allein in der Relativierung einer zu Zwecken der Identitätsstiftung unkomplex und kantenlos gestalteten Vergangenheit, vielmehr ikonisieren sie auch eine Subversivität, die sich am inhaltlichen Dogmatismus reibt. Die Inszenierungsstrategien fungieren als Subtext, der eine Abweichung vom ‚mehrheitsgesellschaftlichen' Gestus transportiert, schließlich wird mit der Ausräumung autoritärer, hierarchischer und doktrinärer Strukturen aus der Narration sowie mit seiner Auffassung von der Untrennbarkeit von Fakt und Fiktion, von Kunst und Leben – ein dezidiert anarchistischer Gestus bedient.[24] Am deutlichsten wird dieses Kokettieren mit anarchistischen Prinzipien im Anspruch, die reale Gesellschaft durch die Texte zu verändern. Dementsprechend betont *El peso de las estrellas* wiederholt, soziales Unrecht sei eine universelle Konstante, die es unter Primo de Rivera und Franco genauso zu bekämpfen gelte wie unter Chirac und Sánchez, und endet mit einem offenen Brief an den amtierenden spanischen Präsidenten, der die Annullierung der 2007 verabschiedeten *Ley de la Memoria Histórica* fordert.[25] Auch den anderen

---

24 Die Ästhetik zahlreicher anarchistischer Texte zeichnet sich durch die Transgression bestehender und als Beschränkung wahrgenommener Konventionen, da Postulat konkreter politischer, sozialer und ethischer Nützlichkeit, sowie die nachdrückliche Betonung des performativen Charakters von Literatur und Kunst, ihr Verständnis als militante und revolutionäre Akte, aus (vgl. Coquio 1999, 487; Torres Planells 2006, 351).
25 Dieses Gesetz, das eine Anerkennung der Kriegsopfer beider Seiten, eine Verurteilung des Franco-Regimes und die Exhumierung von Opfern franquistischer Unterdrückung fordert,

beiden Romanen eignet diese pragmatische Dimension, proklamieren sie doch die Schaffung einer alternativen Realität, indem sie einer von institutioneller Seite jahrzehntelang unterdrückten „Wahrheit" Raum verschaffen.[26] Durch dieses Verständnis von Literatur als direkter Aktion werden die dargestellten anarchistischen Gruppierungen als ‚Paragesellschaften' in ihrer dialogischen Bezogenheit auf und in ihrer Abweichung vom Konstrukt ‚Mehrheitsgesellschaft' sichtbar, so dass die Texte über eine komplexitätsreduzierende Instrumentalisierung des Vergangenen für die Zementierung des gegenwärtigen Systems hinausgehen.

3 Fazit

Aus diesen Analysen lassen sich mehrere Schlüsse ziehen. Erstens: Das Verschwinden von Komplottnarrativen zu anarchistischen Gruppierungen zeigt, dass deren diskursive Alterisierung nicht mehr zeitgemäß ist, möglicherweise, weil die Distanz eine größere Toleranz gegenüber der Abweichung zulässt, möglicherweise aber auch, weil ein so radikaler Exklusionsgestus mit dem Ethos des Pluralismus unvereinbar ist, der anders als der frühe Nationalstaatsgedanke vertritt, dass soziale Einheit nicht aus faktischer Homogenität, sondern aus dem Zusammenschluss des Heterogenen resultiert. Zweitens: Es besteht ein inszenatorischer Unterschied zwischen den französischen Werken, die anarchistische Gruppierungen ausschließlich in Übereinstimmung mit republikanischen Werten zeichnen, sie mithin assimilieren, und den spanischen, welche ihnen zusätzlich einen ‚paragesellschaftlichen' Charakter zugestehen, die Verflochtenheit mit und Abweichung von der ‚Mehrheitsgesellschaft' zur Anschauung bringen, sie folglich integrieren. Ein Grund für diese Differenz könnte sein, dass der Stellenwert der Idee der sozialen Homogenität in Frankreich aufgrund der zentralistischen Tradition sinnstiftender ist als in Spanien, wo seit Jahrhunderten eine eher regionalistische Prägung vorherrscht. Es könnte auch sein, dass in Frankreich das Interesse an der Zelebrierung des kollek-

---

reicht dem Roman nicht weit genug, da die Urteile, die durch franquistische Gerichte verhängt wurden, nicht annulliert wurden, so dass den Opfern der Repressionen nicht ausreichend Gerechtigkeit widerfahren ist (Comotto 2019, 373).

26 *Por hacer a tu muerte compañía* konstruiert eine ausgeprägte Mystery-Spannung um die Biographie des Großvaters, indem sie diese als hochgradig relevantes, jedoch kaum lösbares Geheimnis konstruiert. Die wiederholten Versuche der Protagonistin Julia, die Wahrheit aufzudecken, zerschellen nicht selten an einer Mauer des Schweigens, so dass auch die Motivation der Lesenden zur Ergründung der Geschichte steigen mag. *Una heredera de Barcelona* verleiht durch den ausführlichen Prolog dem Akt der Publikation als Wiedergutmachung eines Versäumnisses eine besondere Bedeutung.

tiven Gedächtnisses und damit verbunden der Wunsch nach der Zementierung des bestehenden Systems größer ist als am Ausloten der Möglichkeiten sozialen Wandels durch ‚Paragesellschaften', dass also gegenwärtig eine etwas konservativere Grundstimmung herrscht, zumal innerhalb der Gattung des Romans, die dort seit dem Realismus dezidiert eine identitätsstiftende Funktion übernimmt. Ein Grund könnte auch sein, dass die etwas andere Konnotierung terroristischer Gewalt in beiden Ländern für den Unterschied verantwortlich ist, schließlich haben in Frankreich die Präsidenten und Medien die BürgerInnen infolge islamistischer Anschläge in den vergangenen Jahren wiederholt als Opfer einer externen Bedrohung inszeniert, während in Spanien die terroristische Gewalt – eventuell aufgrund der Erfahrungen mit der ETA und anderen radikalen SeparatistInnen – etwas stärker als Internum wahrgenommen wird, das aus der Gesellschaft heraus geschieht.

Bibliographie

Berry, David. *A History of the French Anarchist Movement, 1917–1945*. Westport: Greenwood, 2002.
Biersack, Martin, Teresa Hiergeist und Benjamin Loy. „Das Leben der Anderen. Historische, soziologische und narrative Dimensionen paralleler Sozialität". *Parallelgesellschaften. Instrumentalisierungen und Inszenierungen in Politik, Kultur und Literatur* (Romanische Studien, Beihefte 8). Hg. Martin Biersack, Teresa Hiergeist und Benjamin Loy. München: AVM, 2019. 5–17.
Boltanski, Luc. *Rätsel und Komplotte. Kriminalliteratur, Komplotte, moderne Gesellschaft*. Frankfurt a.M.: Suhrkamp, 2013.
Comotto, Agustín. *El peso de las estrellas*. Barcelona: Rayo Verde, 2019.
Coquio, Catherine. „Le soir et l'aube. Décadence et anarchisme". *Revue d'histoire littéraire de la France* 99.3 (1999): 453–466.
Eisenzweig, Uri. *Fictions de l'anarchisme*. Paris: Bourgois, 2001.
Esenwein, Georges Richard. *Anarchist Ideology and the Working-Class Movement in Spain, 1868–1898*. Berkeley: University of California Press, 1989.
Dugast, Jacques. *La vie culturelle en Europe au tournant des XIXe et XXe siècles*. Paris: PUF, 2001.
Frigerio, Vittorio. *La littérature de l'anarchisme. Anarchistes de lettres et lettrés face à l'anarchisme*. Grenoble: ELLUG, 2014.
Granier, Caroline. *Les briseurs de formules. Les écrivains anarchistes en France à la fin du XIXe siècle*. Coeuvres: Ressouvenances, 2008.
Hiergeist, Teresa. „Selbst, anders, neu. Reflexionen zu den kulturellen und ästhetischen Bedeutungen von ‚Parallel- und Alternativgesellschaften'". *Parallel- und Alternativgesellschaften in den Gegenwartsliteraturen*. Hg. Teresa Hiergeist. Würzburg: Königshausen & Neumann, 2017. 7–24.

Hiergeist, Teresa. „Explosive Utopien. Gesellschaftliche Einheit und anarchistischer Terrorismus im sozialen Imaginären der Jahrhundertwende". *Imaginationen des Sozialen. Narrative Verhandlungen zwischen Integration und Divergenz (1750–1945)*. Hg. Benjamin Loy, Simona Oberto und Paul Strohmaier. Heidelberg: Winter, 2020. 221–236.

Julliard, Jacques. *Les gauches françaises, 1762–2012. Histoire, politique et imaginaire*. Paris: Flammarion, 2012.

Lida, Clara E. „La Primera Internacional en España, entre la organización pública y la clandestinidad (1868–1889)". *Tierra y libertad. Cien años de anarquismo en España*. Hg. Julián Casanova. Barcelona: Crítica, 2010. 33–60.

Litvak, Lily. „La prensa anarquista 1880–1913". *El anarquismo español y sus tradiciones culturales*. Hg. Bert Hofmann, Pere Joan i Tous und Manfred Tietz. Frankfurt a.M.: Vervuert, 1995. 201–244.

Maitron, Jean. *Le mouvement anarchiste en France* (Bd. 1). *Des origines à 1914*. Paris: Gallimard, 1975.

de Montherlant, Henry. *Le chaos et la nuit*. Paris: Éditions Lidis, 1962.

Núñez Florencio, Rafael. „El terrorismo". *Tierra y libertad. Cien años de anarquismo en España*. Hg. Julián Casanova. Barcelona: Crítica, 2010. 61–88.

Pessin, Alain. *La rêverie anarchiste. 1848–1914*. Paris: Librairie des méridiens, 1982.

Préposiet, Jean. *Histoire de l'anarchisme*. Paris: Tallandier, 2002.

Ragon, Michel. *Georges et Louise*. Paris: Albin Michel, 2001.

Salillas, Rafael. *Morral el anarquista*. Madrid: Librería de los Sucesores de Hernando, 1914.

Suntrup-Andresen, Elisabeth. *Hacer Memoria. Der Bürgerkrieg in der Literatur der Nachgeborenen*. München: Meidenbauer, 2008.

Torres Planells, Sonya: „Art i anarquia". *La rosa il·lustrada. Trobada sobre cultura anarquista i lliure pensament*. Hg. Associació Cultural Alzina i Clemente Penalva Sant Vicent del Raspeig. Alicante: Publicacions de la Universitat d'Alacant, 2006. 133–148.

Vicente, Laura. *Historia del anarquismo en España*. Madrid: Catarata, 2013.

Vila-Sanjuán, Sergio. *Una heredera de Barcelona*. Barcelona: Ediciones Destino, 2010.

Villanueva, Alberto. *Por hacer a tu muerte compañía*. Almería: Editorial Círculo Rojo, 2018.

Zimmer, Hélène. *Vairon*. Paris: P.O.L., 2019.

Paul Strohmaier
Fusion und Differenz. Zur Archäologie des Sozialen in Virginie Despentes' *Vernon Subutex*

1 Une nouvelle *Comédie humaine*? oder Die zwei Enden des Kapitalismus

Der beachtliche Erfolg von Virginie Despentes' Romantrilogie *Vernon Subutex* (2015–2017), der sich neben der Auflagenhöhe auch in zahlreichen Auszeichnungen dokumentiert sowie mittlerweile in Form einer TV-Serie (Canal+, neun Folgen) und eines Comics, dürfte damit zusammenhängen, dass Despentes' Erzählgeflecht um den arbeitslosen Ex-Plattenladenbesitzer Vernon Subutex eine erst mit ihm evident gewordene Lücke in der französischen Literatur der Gegenwart füllt.[1] Während ein Großteil der in den vergangenen Jahren für preiswürdig befundenen Werke in Frankreich sich entweder der Vergangenheit zuwendet oder die französische Gesellschaft durch die eingeschränkte Fokalisierung einer abgehalfterten Männlichkeit zu erfassen trachtet, wie etwa in den Romanen Michel Houellebecqs, unternimmt *Vernon Subutex* nicht weniger als ein umfassendes Panorama des gegenwärtigen Frankreichs mit seinen zahlreichen sozialen Verwerfungen, Konfliktlagen und Ungewissheiten. Es ist dieser Anspruch Despentes' auf ein multiperspektivisches, vielstimmiges Porträt der französischen Gesellschaft in ihrer Jetztzeit, der rasch Vergleiche mit Honoré de Balzacs *Comédie humaine* provoziert hat.[2]

Dabei lohnt es sich, den Bezug auf Balzac nicht nur im Sinne panoramatischer Breite anzusetzen. Vielmehr kann auch die Ausarbeitung der Unterschiede für eine erste Einordnung von Despentes' *Subutex*-Zyklus hilfreich sein; eine Kon-

---

[1] *Vernon Subutex 1* wurde 2015 unter anderem mit dem Prix Anaïs-Nin, dem Prix Landernau und dem Prix La Coupole ausgezeichnet. Despentes erhielt 2019 den Prix de la BNF für ihr Gesamtwerk. Seit 2016 ist sie zudem Mitglied der Jury des Prix Goncourt. Zur Comic-Adaption vgl. Douhaire 2020.
[2] Vgl. Goergen 2018. Zusätzlich zu diesem ‚panoramatischen' Anspruch des Zyklus nennt Goergen den Verweis auf eine idealisierte Vergangenheit, unter der sich bei Despentes neben den *Trente Glorieuse* auch in etwa der Zeitraum der Ära Mitterand verstehen lässt, sowie einen utopischen Entwurf von Geselligkeit, welcher der Schilderung einer davon abweichenden sozialen Gegenwart als Movens dient (2018, 179). Gerade letzterer Punkt wird – wie im Folgenden aufgezeigt wird – bei Despentes jedoch viel stärker akzentuiert als bei Balzac.

∂ Open Access. © 2021 Paul Strohmaier, publiziert von De Gruyter. Dieses Werk ist lizenziert unter einer Creative Commons Namensnennung - Nicht-kommerziell - Keine Bearbeitung 4.0 International Lizenz.
https://doi.org/10.1515/9783110707489-004

trastierung, die sich nicht zuletzt dadurch begründen lässt, dass Balzac und Despentes unbeschadet aller (beträchtlichen) historischen, poetologischen und stilistischen Differenzen durch eine verborgene Kontinuität miteinander verbunden sind: Wo Balzac die Aufstiegsphase der bürgerlich-kapitalistischen Gesellschaft im ersten Drittel des 19. Jahrhunderts kritisch begleitet, analysiert Despentes in ihrem Porträt einer spätkapitalistischen Gesellschaft[3] die Erschöpfung eines Gesellschaftstyps, dessen Eingang in die Literatur von Figuren wie Eugène de Rastignac, César Birotteau und Frédéric de Nucingen markiert wird. Während Balzac eine Gesellschaft im Zeichen des Aufsteigers und Parvenüs entwirft, präsentiert *Vernon Subutex* eine Gesellschaft im Zeichen des Abstiegs.[4] Beide Werke bzw. Werkkomplexe situieren sich damit in je unterschiedlich akzentuierten Phasen einer grundlegenden sozialen Transformation. Bei Balzac ist es die althergebrachte Gesellschaft des *Ancien Régime*, die unter den Auswirkungen des an Fahrt gewinnenden Kapitalismus erodiert. Despentes hingegen verhandelt die sozialen Krisen innerhalb eines postindustriellen Spätkapitalismus, dessen nächstes Stadium noch weitgehend unbekannt ist.[5] Dabei ist die verschiedene epistemische Organisation der jeweiligen Repräsentation von Gesellschaft aufschlussreich, da sich hierin grundlegende soziale Umbrüche nachverfolgen lassen. Während Balzac im *Avant-propos* zur *Comédie humaine* auf die taxonomischen Ordnungen der Naturgeschichte verweist, um die Systematik seines Gesellschaftsaufrisses zu legitimieren, dessen einzelne Protagonisten v. a. nach ‚Habitat', Herkunft, Vermögen, Tätigkeit und Geschlecht bestimmt werden,[6] ließe sich die Art und Weise, wie Despentes die Differenzierung ihrer Protagonist*innen organisiert, vielmehr als rhizomatisch charakterisieren.[7] Sie bilden keine fixierbaren Typen

---

[3] Wenn hier und im Weiteren von ‚spätkapitalistischer Gesellschaft' oder ‚Spätkapitalismus' gesprochen wird, geschieht das nicht in der Annahme eines sich abzeichnenden Endes des Kapitalismus (wie etwa in ‚Spätmittelalter'), sondern ausschließlich zur Charakterisierung seiner rezenten Phase, die etwa in den 1970er Jahren die Phase des entfalteten Industriekapitalismus ablöst.

[4] Tatsächlich ist die deutsche Gesellschaft der Gegenwart aufgrund der wachsenden Unterminierung jenes für die Nachkriegszeit noch gültigen Versprechens sozialen Aufstiegs, das wesentlicher Bestandteil für Legitimation und Akzeptanz des Kapitalismus bildete, als „Abstiegsgesellschaft" bezeichnet worden (Nachtwey 2018); ein Befund, der sich mindestens ebenso treffend auf das Nachbarland Frankreich ausdehnen lässt.

[5] Auch Goergen sieht sowohl die *Comédie humaine* als auch *Vernon Subutex* „dans un moment de transformation majeure" situiert, die er allerdings nicht genauer bestimmt (2018, 179).

[6] Zu Balzacs systematischen Aufriss der *Comédie humaine* vgl. auch Strohmaier 2019, 101–104.

[7] Deleuze und Guattari 1980 charakterisieren das Rhizom im Unterschied zu hierarchisierenden Ordnungsmustern wie folgt: „à la différence des arbres ou de leurs racines, le rhizome connecte un point quelconque avec un autre point quelconque, et chacun de ses traits ne renvoie pas nécessairement à des traits de même nature, il met en jeu des régimes de signes très différ-

mehr, sondern erweisen sich vielmehr als charakterlich, sozioökonomisch, sexuell und politisch ‚fluide'. Diese implizite Ordnung bei Despentes erschließt sich jedoch erst im Laufe der Lektüre, denn anders als bei Balzac tritt hier nicht die orientierende Instanz eines auktorialen Erzählers zwischen Leser*in und erzählte Welt. Die einzelnen Kapitel der Trilogie weisen vielmehr eine variable interne Fokalisierung auf, durch die in der Regel je eine Figur ihre Mikrorealität artikulieren kann, wobei jede dieser Artikulationen wiederum zum Fortgang des Plots um Vernon Subutex beiträgt und so auf die übrigen beziehbar bleibt. Mit dem Verzicht auf eine identifizierbare übergreifende Erzählinstanz suggeriert *Vernon Subutex* damit, über die divergierenden Innenwelten und Bedeutungslandschaften der zahlreichen Figuren ein möglichst unmittelbares, ‚ungefiltertes' Abbild des gegenwärtigen Frankreichs zu vermitteln.[8] Der Ausfall auktorialer Vermittlung heißt jedoch nicht, dass Despentes' Romankosmos – wie auch die *Comédie humaine* – eine ausgeprägte Unwucht besitzt, eine spürbar politische Motiviertheit, die der scheinbar interventionslos präsentierten Perspektivenvielfalt zugrunde liegt.[9] So werden bevorzugt Figuren selegiert, die entweder durch Merkmale der Transgression oder einer sich verschärfenden Prekarität charakterisiert sind.[10] Repräsentanten eines sozialen ‚Durchschnitts', finden sich

---

ents et même des états de non-signes. Le rhizome ne se laisse ramener ni à l'Un ni au multiple. Il n'est pas l'Un qui devient deux, ni même qui deviendrait directement trois, quatre, cinq, etc. Il n'est pas un multiple qui dérive de l'Un ni auquel l'Un s'ajouterait ($n + 1$). Il n'est pas fait d'unités, mais de dimensions, ou plutôt de directions mouvantes" (31). Tatsächlich erlaubt diese abstrakt anmutende Definition eine recht präzise Demarkierung Balzacs und Despentes'. Während bei ersterem die auktoriale Erzählinstanz („l'Un") souverän über den Erzählkosmos verfügt, weist *Vernon Subutex* keine vergleichbare Zentrierung auf. Auch die von Balzac beanspruchte taxonomische, d. h. Typen bildende Ordnung funktioniert nach der Logik der Multiplikation, in dem ein Typus zahlreiche Instantiierungen in Form konkreter Figuren aufweisen kann. Einer solchen klaren Zuordnung entziehen sich die Figuren Despentes', die – soweit diese Formulierung logisch zulässig ist – als repräsentative Singularitäten konstruiert werden.
8 Auf die Thematisierung der wohl originellsten Form der Figurencharakterisierung in *Vernon Subutex* muss hier aus Raumgründen leider verzichtet werden: Jede der Figuren wird zusätzlich zu den üblichen Verfahren (Äußeres, Interieurs, Milieu, Idiolekt) durch ihren jeweiligen Musikgeschmack charakterisiert, erhält gewissermaßen ihren je eigenen Soundtrack, der ihre „Eigenkomplexität" (Reckwitz 2020, 52) ästhetisch und affektiv grundiert. Vgl. zu diesem Punkt Nettelbeck 2018, der in den drei Bänden insgesamt mehr als 300 (!) Namen von Bands und Solokünstlern zählt.
9 Das ist nicht weiter verwunderlich, ist Despentes doch in Frankreich weithin als „écrivain de gauche" (Schaal 2017, 88) und vehemente Feministin bekannt, wie beispielsweise ihr Manifest *King Kong Théorie* (2006) belegt.
10 Unter den etwa zwei Dutzend zentralen Figuren der Trilogie finden sich u. a. zwei Transpersonen (Marcia, Daniel), drei (Ex-)Pornodarstellerinnen (Pamela Kant, Vodka Satana, Daniel), drei Obdachlose (Vernon, Olga, Laurent), zwei Alkoholiker (Charles, Véro), sowie zahlreiche Figuren in

nicht.[11] *Vernon Subutex* präsentiert folglich eine Gesellschaft der Extreme von arm und reich, in welcher der orientierende Referenzpunkt einer lange Zeit dominierenden Mittelklassegesellschaft als weitgehend ausgelöscht erscheint.

Im Folgenden soll – nach einer kurzen, an soziologischen Befunden orientierten Skizze jenes Gesellschaftstyps, auf den Despentes referiert – die Romantrilogie analysiert werden, um dabei die in ihr entworfene Form einer neuen, utopisch konnotierten Form der Gemeinschaft oder zumindest Konvivenz herauszuarbeiten und einer kritischen Prüfung zu unterziehen. Dabei gilt es schließlich auch, das Verhältnis der textinternen ‚parasozialen' Alternative jenes *culte Subutex* zur Form seiner literarischen Vermittlung in den Blick zu rücken und die Frage zu erörtern, ob es möglicherweise ein Potential der Literatur zur produktiven Bearbeitung gegenwärtiger Krisen gibt, das über die rein thematische Ebene und die propositionale Logik politischer Entwürfe hinausreicht.

2 „Polarisierter Postindustrialismus": Soziale Verwerfungen im Frankreich der Gegenwart

Um die Analyse der *Subutex*-Trilogie zu systematisieren und die romaninterne Repräsentation von Gesellschaft mit einer externen Vergleichsebene auszustatten, lohnt es sich, zunächst eine soziologische Kurzcharakteristik jenes Gesellschaftstyps anzubieten, dem auch die französische Gesellschaft der Gegenwart zuzuordnen ist. Dies soll hier im Rückgriff auf die Gegenwartsdiagnosen von Andreas Reckwitz geschehen, die als Synthese eines in den vergangenen Jahren sich herauskristallisierenden Konsens in den Sozialwissenschaften verstanden werden können. Insbesondere auf Ebene der Subjekte verzeichnet Reckwitz eine in den vergangenen drei Jahrzehnten sich immer weiter intensivierende Tendenz zur Singularisierung, zur Selbststilisierung als „Singularität":

---

prekären Arbeitsverhältnissen (z. B. Xavier, Patrice, Céleste, Anaïs) und zwei Identitäre (Noël, Loïc). Nur zwei Figuren werden als reich charakterisiert (Kiko, Dopalet), während alle übrigen, so sie nicht bereits explizit zur prekären Klasse zählen, von Abstiegsängsten geplagt werden. Nicolas Léger situiert Despentes' Trilogie zudem in der breiteren Strömung einer *littérature des inégalités*, die sich in der jüngeren französischen Literatur verzeichnen lässt (vgl. Léger 2018).

11 Tatsächlich ist diese erodierte Norm durchaus nicht leicht zu definieren. Selbst das aus sozioökonomischer Perspektive oft als Referenzpunkt angeführte ‚Normalarbeitsverhältnis' bleibt, so der bedeutende Kapitalismushistoriker Jürgen Kocka, eine letztlich immer minoritär gebliebene historische Ausnahme (vgl. Kocka 2017, 109).

> Die Formatierung *menschlicher Subjekte* als singulär wurde, wie bereits erwähnt, traditionell unter dem für Missverständnisse anfälligen Etikett der Individualität verhandelt. Singularisiert wird ein Subjekt dann, wenn seine Einzigartigkeit sozial wahrgenommen und geschätzt, wenn sie in bestimmten Techniken aktiv angestrebt und an ihr gearbeitet wird. In diesen Fällen bedeutet Subjektivierung Singularisierung: das Subjekt erlangt jenseits aller Typisierungen – die natürlich immer auch möglich sind und bleiben – eine anerkannte Eigenkomplexität. (Reckwitz 2020, 59)

Diese Stilisierung des Selbst und des eigenen Lebens als Singularität birgt dabei besonderes Erosionspotential für eine überindividuelle (und demnach immer schon geteilte) Ebene sozialer Kommunikation und Interaktion, da gegenüber möglicher Gleichheit in dieser Logik der Singularisierung vielmehr die Unvergleichbarkeit jener Singularitäten betont wird:

> In der sozialen Logik des Allgemeinen, die ja auch Unterschiede zwischen ihren sozial relevanten Einheiten – Objekten, Subjekten etc. – markiert, handelt es sich um *graduelle* Differenzen qualitativer oder quantitativer Art [...]. In einer Ordnung der Singularitäten sind die Differenzen hingegen immer absolut und ausnahmslos qualitativ; hier herrscht keine Reihen- oder Rangfolge, hier herrscht eine qualitative *Andersheit*, die den Charakter einer *Inkommensurabilität* hat. Inkommensurabilität heißt: Den Einheiten fehlt ein gemeinsames Maß, sie sind nicht als zwei Varianten des Gleichen zu verstehen, sondern scheinen im strikten Sinn *unvergleichlich* zu sein. [...] In der Logik der Singularisierung werden damit *starke Differenzen* markiert. (Reckwitz 2020, 54)

Mag diese Form des Übergangs zum Paradigma der Singularität anfangs noch im Zeichen der Befreiung, der Freisetzung von Kreativität und Selbstentfaltung gestanden haben, hat der sozioökonomische Umbau der Gesellschaft nunmehr zu einer Ungleichheiten immer stärker akzentuierenden Gesellschaftsform geführt, die Reckwitz als „polarisierte[n] Postindustrialismus" (Reckwitz 2019, 80) bezeichnet.[12] Charakterisiert wird dieser durch eine Klassendynamik, die nicht nur altbewährte Selbstverständnisse erodieren lässt, sondern auch in ihrer Erfahrungsstruktur zunehmend inkompatible Lebenswelten hervortreibt. Die Mittelklasse spaltet sich auf in eine „alte" und „neue" Mittelklasse und wird ergänzt durch eine neue „prekäre" Klasse:

> Indem aus dem Erbe der nivellierenden Mittelstandsgesellschaft die neue Mittelklasse emporsteigt, die prekäre Klasse absteigt und die alte Mittelklasse stagniert, ergibt sich in der westlichen Spätmoderne ein Nebeneinander disparater Lebenswelten und damit auch dis-

---

[12] Dabei ist der Begriff ‚Postindustrialismus' selbstverständlich nur in begrenzter geographischer Reichweite zu verstehen. Der zunehmend postindustrielle Charakter der westlichen Gesellschaften ist nur möglich durch eine Industrialisierung des Globalen Südens. Jürgen Kocka spricht in diesem Zusammenhang daher von „der nationalgesellschaftlichen Fragmentierung der mentalen Landkarten, die in unseren Köpfen weiterhin dominieren" (2017, 111).

parater Selbstverständnisse, Lebenschancen und Lebensgefühlen, das es in dieser Deutlichkeit in der entfalteten Industriegesellschaft nicht gegeben hat. (Reckwitz 2019, 126)

Gerade dieses „Nebeneinander von Aufwertungs- und Abwertungserfahrungen, von Zukunftsoptimismus und Zukunftsskepsis" (Reckwitz 2019, 126), je nachdem, ob man der „neuen", von Aufstiegschancen profitierenden Mittelklasse angehört oder der um ihren ehemaligen Status bangenden „alten" beziehungsweise bereits der „prekären Klasse", erzeugt damit ein Nebeneinander irreduzibel verschiedener Bezugswelten, die einen umfassenderen sozialen Konsens ins Unerreichbare entrücken.[13] Nicht ohne Grund konstatiert Reckwitz daher eine „Krise des Allgemeinen" (Reckwitz 2019, 285) und betont die Notwendigkeit „eines neuen Gesellschaftsvertrags" (Reckwitz 2019, 294), um „eine Rekonstitution des Allgemeinen" (Reckwitz 2019, 298) zu erreichen. Entscheidend für unseren Zusammenhang ist insbesondere Reckwitz' Charakterisierung westlicher Gesellschaften als Gesellschaften, in denen die Produktion sozioökonomischer Ungleichheiten verbunden mit einem umfassenden Trend zur „Singularisierung" zu einer Polarisierung geführt hat, die essentielle Grundvoraussetzungen von ‚Gesellschaft' selbst zur Disposition stellt, wenigstens insofern darunter noch ein politisch-normativ orientierender Konsens verstanden werden soll. Umgekehrt gilt: Gerade diese sich verschärfende Fragmentierung und Polarisierung des Sozialen setzt den Wunsch nach einer Neubestimmung oder gar Neubegründung von Gesellschaft frei, die diese sich verschärfenden Antagonismen überwinden kann. An genau diesem Punkt lässt sich der Bogen zurück zu *Vernon Subutex* schlagen.

3 *God Is a DJ* oder Ab- und Aufstieg des Vernon Subutex

Wie zahlreiche andere Figuren der Trilogie ist Vernon Subutex ein Opfer der von Reckwitz aufgezeigten Prekarisierungsdynamik des Spätkapitalismus. Für den ehemaligen Inhaber des Plattenladens *Revolver* sind es jedoch nicht die Verlegung von Produktionsstätten in Niedriglohnländer oder die Automatisie-

---

[13] Michèle Schaal sieht die Trilogie – in Übernahme einer begrifflichen Unterscheidung Robert Castels – durch einen Antagonismus von „individus par excès" und „individus par défaut" charakterisiert; eine Unterscheidung, die weitgehend mit der hier referierten Unterscheidung einer „neuen" und „alten" Mittelklasse übereinstimmt, deren erste sich als Gewinner einer Individualisierung der Arbeitswelt und ihrer Aufstiegschancen präsentieren, während die Letzteren ins Hintertreffen geraten (vgl. Schaal 2017, 91).

rung von Berufsfeldern, die seinen alten Lebensunterhalt verunmöglicht haben. Seine Nemesis heißt MP3. Er ist das Relikt einer erloschenen Industrie, die nur noch als Retro-Nische unter Liebhabern fortexistiert.[14] Durch den Selbstmord des befreundeten Pop-Stars Alexander Bleach, der ihm immer wieder finanziell unter die Arme gegriffen hat, kann der arbeitslose Vernon seine Miete nicht länger zahlen und wird vom Gerichtsvollzieher vor die Tür gesetzt. Nach mehreren *Couch-Surfing*-Etappen bei nicht immer angetanen alten Freunden und Weggefährten findet er sich schließlich mittellos auf der Straße wieder. Dabei überrascht nicht nur die Teilnahmslosigkeit Vernons, der seinem sozialen Abstieg gleichsam als Beobachter beiwohnt und kaum versucht, ihm entgegenzusteuern, vielmehr entspricht diesem Absinken auf das Niveau des nackten Überlebens ein allmählicher ‚spiritueller' Aufstieg Vernons. Am Ende des ersten Bandes ereilt ihn eine Erfahrung, die als sein Erweckungserlebnis gelten kann. Durchtränkt vom kalten Pariser Herbstregen (und wohl von einsetzendem Fieber begünstigt) erlebt Vernon eines Nachts irgendwo im 19. Arrondissement, wie er sich selbst verflüchtigt: „Il sait qu'il délire, mais ne s'en préoccupe pas. [...] de Vernon il ne reste qu'une tension fabuleuse, vers le Plaisir, une dilatation dans le noir, il est la ville entière, il surplombe [...]. Au-dessus de lui, les étoiles brillent avec une étrange intensité dans le ciel de Paris" (Despentes 2015a, 426). Diese wachsende Entgrenzung verbindet sich charakteristischerweise mit einer Synästhesie, in der Elemente der Rock-Tradition eine erhebliche Rolle spielen:

> Plus tard – il s'est rendormi entre-temps, il sent un flot de lumière roulant sur un riff de guitare, la voix de Janis perce la douleur comme on viderait l'abcès purulent, il se dénoue. Des doigts invisibles et habiles se glissent derrière les os des clavicules et tirent, le souffle est libéré, la chaleur se diffuse, la cage thoracique est ouverte. Il jouit de chaque parcelle de son épiderme, la chanson s'éternise. (Despentes 2015a, 427)

Das Erlebnis wird als heilsam codiert – „wie man einen eitrigen Abszess leeren würde" – und lässt von der gewohnten Physis Vernons, dessen „Brusthöhle" – metaphorisch – gesprengt wird, nicht mehr übrig als eine körperlos gewordene Sensibilität. Zu der hier beginnenden Entzeitlichung (vgl. oben: „la chanson s'éternise") gesellt sich in der Folge die Erfahrung einer Levitation und einer kontrafaktischen Schau über die französische Kapitale: „Il découvre en face de lui une vue dégagée, il voit tout Paris d'en haut" (Despentes 2015a, 427). Von diesem entrückten Standpunkt aus wiederum kann er, ähnlich wie der Teufel Asmodée in Lesages Roman *Le Diable boiteux* (1707), zahlreiche Einzelschicksale

---

14 Die Obdachlose Olga, die vor ihrem Leben auf der Straße in einem Labor fotografische Abzüge entwickelte, wird später zu Vernon sagen: „le vinyle et l'argentique – toi et moi on est des rescapés d'industries englouties" (Despentes 2015a, 378).

verschiedenster Bewohner*innen von Paris erfassen und sich – anders als bei Lesage – empathisch mit ihnen solidarisieren. Sein Ich wird zu einem konzentrischen Kreis, der in ständiger Ausdehnung begriffen ist und schließlich sogar die Reiche des Nichtmenschlichen umfasst:

> Je suis l'arbre aux branches nues malmenées par la pluie, l'enfant qui hurle dans sa poussette, la chienne qui tire sur sa laisse, la surveillante de prison jalouse de l'insouciance des détenues, je suis un nuage noir, une fontaine, le fiancé quitté qui fait défiler les photos de sa vie d'avant, je suis un clodo sur un banc perché sur une butte, à Paris.
> (Despentes 2015a, 429)

In klinischer Diktion ließe sich Vernons Erleben als akute Schizophrenie einordnen und dies scheint kein Zufall. So haben Gilles Deleuze und Félix Guattari in ihrem zweibändigen poststrukturalistischen Klassiker *Capitalisme et schizophrénie* nicht nur die Kreativität des Schizophrenen als antikapitalistische Strategie aufgewertet, vielmehr bildet im enger gefassten Kontext der Literatur auch die Erfahrung des Schreibens (und des Lesens) selbst eine mögliche Quelle produktiv gewendeter Schizophrenie als emphatisches ‚Werden':[15]

> Devenir n'est pas atteindre à une forme (identification, imitation, Mimésis), mais trouver la zone de voisinage, d'indiscernabilité ou d'indifférenciation telle qu'on ne peut plus se distinguer d'*une* femme, d'*un* animal ou d'*une* molécule: non pas imprécis ni généraux, mais imprévus, non-préexistants, d'autant moins déterminés dans une forme qu'ils se singularisent dans une population. On peut instaurer une zone de voisinage avec n'importe quoi, à condition d'en créer les moyens littéraires [...]. (Deleuze 1993, 11)

Was Deleuze zufolge im literarischen Schreibakt explizit gesucht wird, die Erzeugung einer ‚Indifferenzzone' (*zone de voisinage*), widerfährt Vernon gänzlich ungewollt. Er kann sich in zahllosen Akten emphatischen ‚Werdens' nicht mehr von den Singularitäten abgrenzen, die ihn umgeben: Ich sind die Anderen.[16] Doch gerade dieser scheinbare Selbstverlust bildet die Voraussetzung für Vernons nun beginnenden Aufstieg.

Als Clochard fortan im Parc des Buttes-Chaumont im 19. Arrondissement ‚ansässig' schart Vernon, dessen „folie douce" (Despentes 2015b, 16) und „épisodes délirantes" (Despentes 2015b, 125) anhalten, immer mehr Menschen um sich. Zunächst sind es nur Freunde und Bekannte, die sich von schlechtem Gewissen geplagt seines Wohlergehens versichern wollen, immer häufiger aber auch

---

15 Vgl. Deleuze und Guattari 1972–1973 sowie Deleuze und Guattari 1980.
16 Diese Anspielung auf Rimbauds berühmte Formel „Je est un autre" scheint durchaus im Sinne der Trilogie. So bemerkt der erfolglose Drehbuchautor Xavier zu Beginn seiner Bekanntschaft mit Vernon noch recht despektierlich: „Ils voulaient en faire un Rimbaud alors que c'était juste un vieux cas social" (Despentes 2015b, 205).

Fremde, die sich von einem schwer fassbaren Charisma Vernons angezogen fühlen, wobei diese Zusammenkünfte heterogen und amorph bleiben: „un mélange de groupes de discussion, coffee shop à ciel ouvert, débit de bière et lieu de débat" (Despentes 2015b, 187). Schließlich beginnt Vernon, der über ein singuläres Talent als DJ verfügt, zu vorgerückter Stunde in einem Restaurant im Park aufzulegen und aus der intensiv empfundenen Konvivenz tanzender Individuen verschiedenster Herkunft formt sich im zweiten Band der Trilogie allmählich der stabile Kern einer neuen Gemeinschaft.

Der Weg Vernons kombiniert damit die in den politischen und sozialen Diskursen Frankreichs virulente Figur des *irrécupérable*[17] mit hagiographischen, ja sogar christologischen Zügen.[18] Dem Verzicht des Heiligen auf die Verlockungen weltlicher Güter korrespondiert Vernons Ausfall aus jeglicher Form wirtschaftlicher Verwertbarkeit: „Une fois franchi le cap, rien de bruyant, tout se déroule en douceur et avec un rapidité troublante: il est passé de l'autre côté. Le monde des actifs lui paraît déjà loin" (Despentes 2015a, 351). Das endgültige Ausscheiden aus dem Erwerbsleben und den Verwertungsketten der Konsumgesellschaft wird von Vernon als irreversible Befreiung empfunden, die einher-

---

[17] Zum Diskurs über die *irrécupérables*, die in etwa den sog. ‚nicht Vermittelbaren' in Deutschland entsprechen vgl. Guitard et al. 2019. Der französische Begriff indiziert jedoch eine besondere semantische Brisanz, weil er auch für nicht wiederverwertbaren Abfall und Schadstoffe gebraucht werden kann. Die Autor*innen leiten diese Ambivalenz dabei aus der Verwertungslogik des Kapitalismus selbst ab, die im Grunde nicht wesentlich zwischen nicht re-integrierbaren Personen und Objekten unterscheidet. Ihre Definition der *irrécupérables* lautet: „des personnes ou des choses qui ne peuvent pas être récupérées, et dont on cherche le plus souvent à se débarasser parce qu'elles résistent à toute entreprise de réinsertion ou de recyclage, voire parce qu'elles sont considérées comme dangereuse" (Guitard et al. 2019, 9).

[18] Die explizit christologischen Referenzen sind zahlreich. So befindet etwa die junge Gaëlle: „Le type dort dehors, il pue la sueur et porte des bottes de plouc, et on croirait l'enfant Jésus qui aurait zappé l'étape de la croix, entouré d'une débauche de rois mages, le mec reçoit des cadeaux tous les jours" (Despentes 2015b, 283). Der Hochfrequenz-Trader Kiko wittert in der Konstellation Bleach/Subutex bereits früh eine Vermarktungsmöglichkeit: „Bleach aurait fait un bon gourou, lui. Il était beau, on a des centaines de sublimes portraits de lui et surtout il est mort, dans la souffrance, la solitude, en arrangeant un peu l'histoire on peut même parler de déchéance. Il est parfait. Quand on se sera mis d'accord sur une romancière, je propose qu'on lui dise de le garder dans le tableau, de faire un peu un truc à la Jean Baptiste et Jésus, tu vois le topo ..." (Despentes 2017, 35). Die TV-Serie, die schließlich das Schicksal der Gruppe um Vernon kommerziell verwertet, bedient sich genau dieser Analogien und Vorbilder, wie Marcia dem desillusionierten Vernon berichtet: „tout le monde la regarde. Je ne crois pas que ce soit réaliste, c'est très pompé sur l'histoire du Christ ... alors ton personnage, je suis désolée de te dire ça comme ça, mais c'est Jésus, Alex Bleach c'est plus ou moins Jean Bapiste ... pis t'as tous les disciples, quoi ... alors comme ça marche, ils perdent pas de temps – maintenant il y a un manga" (Despentes 2017, 398).

geht mit einer plötzlich erwachsenen Fähigkeit zur Empathie für seine Mitmenschen, in der sich die christliche Tugend der *misericordia* aktualisiert:

> La vérité était qu'il ne supportait plus, physiquement, ni les murs ni le plafond, il respirait mal, les objets l'agressaient, une vibration nocive le harcelait. Le pire, c'était encore la présence de gens autour de lui. Il sentait leur misère, leurs douleurs, leur peur panique de ne pas être à la hauteur, d'être démasqué, puni, de manquer; il avait l'impression que c'était comme un pollen: ça s'infiltrait en lui et le gênait pour respirer.
> (Despentes 2015b, 188)

Auch andere Figuren greifen in ihrer Wahrnehmung Vernons auf dezidiert religiös konnotiertes Vokabular zurück. Der überdrehte, dem Kokain zugetane Hochfrequenz-Trader Kiko etwa befindet während einer Party, bei der Vernon als DJ fungiert: „Ce Vernon est ténébreux, depuis qu'il s'occupe du son il est transfiguré" (Despentes 2015a, 242) – eine deutliche Anspielung auf die Transfiguration Christi (vgl. Lk 9, 28–36). Selbst die sonst eher nüchtern und skeptisch urteilende, nur unter ihrem Decknamen bekannte Protagonistin La Hyène benutzt in ihrer Schilderung der gemeinsamen Zusammenkünfte den Begriff des ‚Mysteriums':

> Pour la Hyène, tout cela prouvait qu'il se passait quelque chose dans ce groupe qu'elle était incapable de définir, mais qui relevait du presque tangible quand on passait du temps avec eux: un plaisir à être ensemble qui relevait du mystère. Ils ne s'admiraient pas, ils ne se ressemblaient pas, ils n'avaient pas d'intérêt à se côtoyer, mais une fois rassemblés ils s'agençaient […].
> (Despentes 2015b, 189)

Es ist diese besondere, schwer fassbare, aber von allen Beteiligten intensiv empfundene Wirkung dieser Zusammenkünfte unter musikalischer Leitung Vernons, die schließlich zum Versuch ihrer systematischeren Organisation führt. Als *convergences* sollen sie die Möglichkeit eröffnen, disparateste Individuen ‚zusammenzuführen', um ein Korrektiv zu schaffen zu jenen sozialen Spaltungen und Asymmetrien, die der Roman detailscharf verzeichnet. An diesem Punkt gewinnt dessen implizite Utopie konkretere Kontur.

4 Ekstatische Enklaven oder Gesellschaft tanzen

Der heilsame Effekt der sporadischen nächtlichen Zusammenkünfte auf die Beteiligten führt zu dem Versuch, ebendiese Wirkung für ein größeres Publikum verfügbar zu machen, oder wie es eine Figur in geradezu deleuzianischer Terminologie formuliert: „Une fois partagée par un groupe, une folie, si furieuse soit-elle, peut devenir un mode de vie" (Despentes 2015b, 394). Dabei wiederholt der Übergang von Spontaneität zu Planung und damit einhergehend das aktive Bemühen um das utopische Potential dieser nächtlichen Gemeinschaftserfahrungen eine topologische Geste, die bereits für die utopischen Texte der Frühen Neuzeit charakteristisch ist: die Einziehung einer Grenze. Wo Thomas More, Tommaso Campanella, Francis Bacon und zahlreiche andere Autoren ihre utopischen Entwürfe auf entlegenen, von bekannten Kontinentalmassen klar demarkierten Inseln situieren, entscheiden sich die Organisatoren der *convergences* ausdrücklich, diese nicht in Paris abzuhalten, sondern in der Anonymität und Abgeschiedenheit versprechenden Provinz. Eine weitere Unterscheidung betrifft die beteiligten Personen: Zu den wechselnden Gästen der *convergences* tritt die kleine Gruppe der *permanents*, darunter Vernon, die Logistik und Planung an den wechselnden Orten der Zusammenkünfte regeln. Für sie gilt es, wie schon für Vernon, sämtliche Bindungen an die zurückgelassene Gesellschaft aufzugeben und administrativ unauffindbar zu werden: „Pour les permanents, dont il [sc. Vernon] fait partie, qui vivent sur les camps à plein temps, il s'agit de disparaître. Sécurité sociale compte bancaire identité digitale abonnements impositions assurances cartes grises. S'effacer du vieux monde" (Despentes 2015b, 396). Zu dieser topologischen und sozialen Abgrenzung tritt neben einer medialen – Mobiltelefone und jede Form der Aufzeichnung der *convergences* sind untersagt – insbesondere auch eine ökonomische, da die Teilnahme kostenfrei ist und die Veranstalter nur von den freiwilligen Sachspenden der Besucher leben: „Ils ne célèbrent rien. Ils n'ont rien à vendre. Ils le font parce que c'est possible. Et qu'il se passe quelque chose, ces nuits. Le point commun entre tous ces gens qui affluent est impossible à définir. C'est quand ils se rassemblent qu'ils deviennent une énorme étoile – ils sont venus pour danser" (Despentes 2015b, 397). Diese ökonomische Abgrenzung ist zugleich eine politische, da die Zusammenkünfte nicht im Dienste irgendeiner expliziten ideologischen Botschaft abgehalten werden. In topologischer, sozialer, medialer, ökonomischer und politischer Hinsicht negieren die *convergences* damit nahezu sämtliche Teilsysteme, die für das Funktionieren einer ausdifferenzierten Gesellschaft gemeinhin als essentiell erachtet werden. Sie bilden eine Form der Konvivenz auf der Grundlage einer fundamentalen Negation von Gesellschaft selbst. Erst auf Basis dieser konstitutiven Negation eröffnen sie den Raum für eine singuläre Erfahrung von Gemeinschaft, die durchweg analog zu jenem Entgrenzungsprozess geschildert wird, den Vernon im Zuge seiner ‚Erweckung' durchlaufen hat: „Les épidermes perdent leur frontière, chacun devient le corps des autres, c'est une intimité étendue" (Despentes 2017, 22). Für eine Teilnehmerin verdichtet sich die Empfindung dieser neuen Verbundenheit bis zur Sichtbarkeit: „Alors elle avait vu [...] autour des corps, des ondes du lumière floues, et elle percevait des cordes d'énergie se tendre et onduler d'une personne à l'autre" (Despentes 2017, 130).[19] Wie durch fluoreszierende Nabelschnüre miteinander verbunden verwandeln sich die Tanzenden für die Dauer der *convergence* in Elemente eines einzigen symbiontischen Organismus. Sie vollziehen damit eine (im etymologischen Sinne) Archäologie des Sozialen, als Lehre von dessen Anfängen,[20] die eine Sondierung des Ursprungs aller Gemeinschaft in einer aller expliziten Ordnung vorangehenden Verbundenheit in physisch-rituellem Erleben erlaubt.

Auf den ersten Blick könnte diese klandestinen Zusammenkünfte damit als Instantiierungen einer ‚Neogemeinschaft'[21] verstanden oder als ‚Paragesellschaft'[22] gedeutet werden, doch verfehlen beide Konzepte die Besonderheit dieser Form der Konvivenz, die zugleich Quelle ihrer Fragilität ist. Das Konzept der ‚Neogemeinschaft' lässt sich nicht produktiv anwenden, da sämtlichen Beteiligten, wie immer wieder betont wird, kein einendes Merkmal, kein identitärer Kern gemeinsam ist, der ihr Zusammensein begründen könnte (vgl. oben: „Le point commun entre tous ces gens qui affluent est impossible à définir."). Der Begriff der ‚Paragesellschaft' wiederum unterstellte einen zu starken Institutionalisierungsgrad oder Grad an abgrenzender Selbstorganisation, denn als ‚Parallel-' oder ‚Alternativgesellschaften' definieren sich ‚Paragesellschaften' gegenüber einer umgebenden Gesellschaft (‚Mehrheitsgesellschaft') durch abweichende Werte, Weltdeutungen, Lebensweisen, Kleidungsstile, Alltagssprachen usw., die als bewusste Differenzierung begriffen und mit einem Eigenwert versehen werden und so eine Gegennorm instituieren, die selbst Verbindlichkeit gewinnt (z. B. integralistische Milieus, Kommunen). Dies wiederum kann dem Umstand nicht gerecht werden, dass sich die *convergences* gewissermaßen akribisch gegen jede Form der institutionellen Konsolidierung verwahren und damit eben auch gegen die Grundlage dessen, woraus eine ‚Gesellschaft' mit oder ohne Präfix allererst hervorgehen könnte. Nicht ohne Grund

---

19 Im Kontext einer nicht für ihre Abstinenz bekannten Club-Kultur läge natürlich der Schluss nahe, dass es sich hierbei um eine Wahrnehmung unter Drogeneinfluss handelt. Allerdings betont der Roman ausdrücklich die Nüchternheit der Teilnehmer*innen, deren einzige ‚Droge' die Musik bleibt: „Les postulants aux convergencessont vite devenus si nombreux qu'il faut toute une organisation pour sélectionner les participants et ne pas dépasser la centaine. Il se passe quelque chose. Les gens débarquent, certains sont super chiants, ils viennent‚pour voir', méfiants et agressifs, comme si on cherchait à leur vendre un baratin quelconque alors qu'on ne leur vend rien, même pas une belle histoire: il s'agit de danser jusqu'à l'aube, c'est tout. La chose extraordinaire, c'est ce que les danseurs ressentent – sans drogue, sans préparation, sans trucage" (Despentes 2017, 21).
20 Nach gr. ἀρχαῖος, von ἀρχή, ‚Anfang', ‚Beginn', ‚Ursprung'.
21 Zum Begriff der ‚Neogemeinschaft' vgl. Reckwitz 2020, 107, 261–265 und 394–400.
22 Vgl. zu dieser Begrifflichkeit die Überlegungen in Hiergeist 2017, sowie Biersack et al. 2019, Loy et al. 2020, sowie die Einleitung des vorliegenden Bandes.

wird daher gegen jegliche Form territorialer Bestimmung mehrfach das ‚Nomadische' betont: „Entre les uns et les autres, elle [sc. Pamela] a suffisamment de plans pour qu'ils puissent devenir nomades pendant les dix années à venir" (Despentes 2015b, 396).²³ An die Stelle jeglicher Festlegung und das heißt eben auch möglicher Exklusion tritt damit eine Utopie der Bewegung, des Nicht-Sesshaft-Werdens, des Provisoriums, eine „Nomadologie".²⁴ Diese Form der Konvivenz rund um Vernon Subutex lässt sich damit weder über die in der Moderne geläufige Dichotomie von ‚Gemeinschaft' und ‚Gesellschaft' erfassen, noch bildet sie eine neue Religion, die als Kompensation sozialer Defizite fungieren könnte. Am ehesten ließe sich das Format der *convergence* damit als temporär fragiles, territorial ungebundenes Erlebniskollektiv bestimmen.

Trotz der zahlreichen Anspielungen auf poststrukturalistische Theorieentwürfe reaktiviert diese Idealisierung eines sich niemals verfestigenden Zusammenlebens letztlich ein Imaginäres, das deutlich älter ist: den Traum Jean-Jacques Rousseaus von einer Form des Miteinanders *vor* aller Gesellschaft. Sein Ausgangspunkt ist die Figur des präsozialen *homme sauvage*, der ebenfalls ein Nomade ist:

> Concluons qu'errant dans les forêts sans industrie, sans parole, sans domicile, sans guerre, et sans liaisons, sans nul besoin de ses semblables, comme sans nul désir de leur nuire, peut-être même sans jamais en reconnoître aucun individuellement, l'homme Sauvage sujet à peu de passions, et se suffisant à lui-même, n'avoit que les sentimens et les lumières propres à cet état, qu'il ne sentoit que ses vrais besoins, ne regardoit que ce qu'il croyoit avoir intérêt de voir, et que son intelligence ne faisoit pas plus de progrès que sa vanité. Si par hazard il faisoit quelque découverte, il pouvoit d'autant moins la communiquer qu'il ne reconnoissoit pas même ses Enfans.   (Rousseau 1959–1995 [1755], 159)

Das nomadische Leben dieses Einzelgängers vollzieht sich in vollkommener Sprachlosigkeit, da die autarke Einsamkeit seines Lebensvollzugs keine Kommunikation erfordert. Nur zwischen Mutter und Kind gibt es Ansätze zu einer Sprache, die jedoch individuell bleibt, nie zum sprachlichen System gerinnen kann, „ce qui multiplie autant les Langues qu'il y a d'individus pour les parler,

---

23 Die Vokabel des ‚Territoriums' tritt in diesem, auf Deleuze und Guattari zurückgehenden Sinne an anderer Stelle explizit auf, als eine Figur eine Art Manifest der Gruppe formuliert, das vor allem über Negationen funktioniert: „Nous ne serons pas solides. Nous nous défilerons. Nous ne serons pas purs. Nous nous faufilerons. Nous ne serons ni braves, ni droits. Nous ne serons pas des héros. Nous ne serons pas conquérants. Du bois tordu qui fait l'humanité nous ne chercherons pas à faire de l'acier. Nous n'aurons ni drapeau, ni territoire" (Despentes 2015b, 404).
24 Vgl. hierzu Deleuze und Guattari 1980, 34: „On écrit l'histoire, mais on l'a toujours écrite du point de vue des sédentaires, et au nom d'un appareil unitaire d'État, au moins possible même quand on parlait des nomades. Ce qui manque, c'est une Nomadologie, le contraire d'une histoire."

à quoi contribue encore la vie errante, et vagabonde qui ne laisse à aucun idiome le tems de prendre de la consistance" (Rousseau 1959–1995 [1755], 147). Die Sprache ist damit so sehr an die singuläre Situation gebunden, der sie ihre Entstehung verdankt, dass sie mit dem Abschied des Kindes von der Mutter ebenso spurlos wieder verstummt. Wenn sich dennoch einmal zwei dieser nomadisierenden Einzelnen in einer Situation verständigen müssen, ist das, was ihren kommunikativen Horizont bestimmt, so basal, dass die unmittelbar verständlichen Rufe als *signes naturels* (Condillac) vollkommen ausreichen, denn „[l]e premier langage de l'homme, le langage le plus universel, les plus énergique, et seul dont il eut besoin, avant qu'il fallut persuader des hommes assemblés, est le cri de la Nature" (Rousseau 1959–1995 [1755], 148).[25] Dieses ursprüngliche Rufen ist das menschliche Analogon zu der das menschliche Mitleid bestimmenden *voix de la Nature*, eine Sprache vor der Sprache, die in ihrer Unmittelbarkeit und ihrer notwendigen Wahrheit vor jeder Möglichkeit zur Verstellung eine vorreflexive menschliche Solidarität verbürgt.[26] Prototypisch für eine nichtentfremdete Sprachform in der Reflexion Rousseaus ist demnach das Schema der Begegnung. Innerhalb dieser reicht die Sprache kaum über das in ihr beschlossene singuläre Ereignis hinaus, ist als Äußerung nur aus dem einmaligen situativen Kontext heraus begreifbar und entzieht sich einer begrifflichen Systematisierung oder gar einer abstraktiven Fixierung im Medium der Schrift.[27] Authentische Sprache und damit eine nicht-entfremdete Kommunikation unter Gleichen ist in dieser von Rousseau geprägten Filiation nur denkbar als singuläre Emergenz, als ein spontan im Verlauf des Aufeinandertreffens entstehender Code der Verständigung der sich auf das Fundament natürlicher Solidarität, wie sie Mitleid und Empathie garantieren, verlassen kann. Auch die Idee der *convergence* re-instituiert dieses Schema einer singulär gestifteten, ereignisförmigen und damit eben auch temporär begrenzten Solidarität im Zeichen wechselseitiger Empathie und ohne Notwendigkeit eines vorverfügbaren sprachlichen (oder ideologischen) Code.[28]

---

25 Man erkennt den implizierten Nexus von Sprache und Vergesellschaftung. Erst letztere zeitigt die Notwendigkeit politischer Überredung („persuader des hommes assemblés") und damit zugleich eine der Verstellung fähige Sprachform.
26 Vgl. Rousseau 1959–1995 [1755], 155: „[La pitié] est le pur mouvement de la Nature, antérieur à toute réflexion".
27 Vgl. Rousseau 1959–1995 [1781], 388: „L'écriture, qui semble devoir fixer la langue est précisement ce qui l'altére; elle n'en change pas les mots mais le génie; elle substitue l'exactitude à l'expression. [...] En écrivant on est forcé tous les mots dans l'acception commune; mais celui qui parle varie les acceptions par les tons, il les détermine comme il lui plait [...]".
28 Zu diesem Nexus von Sprachursprung, Vergesellschaftung und dem Problem der Transparenz vgl. umfassender die klassischen Lektüren in Derrida 1967, 235–445 und Starobinski 1971, 356–379.

Auch wenn Rousseau in *Vernon Subutex* nicht explizit genannt wird, ist er im Subtext damit überaus präsent. So wiederholt etwa auch jener Umstand, der eine erste Auflösung der Gruppe um Vernon einläutet, jenen beinahe mythischen Sündenfall, den Rousseau in der Entstehung des Eigentums und schließlich des Geldes als Urquelle aller sozialen Übel brandmarkt.[29] Es ist der Tod des kauzigen, aber sympathischen Alkoholikers Charles, welcher der Gruppe die Hälfte eines siebenstelligen Lottogewinns, den er geheim gehalten hatte, zu vererben gedachte, der für Unruhe sorgt. Von einem Moment auf den anderen sieht sich die auf Frugalität basierende Utopie der Gemeinschaft wieder mit den Phantasmen und „Begehrnissen"[30] konfrontiert, die jener kommerzialisierten Gesellschaft der Konkurrenz und des Konsums entstammen, der sie den Rücken gekehrt hatte:

> C'était le bordel. Chacun dans son coin à développer son obsession. Personne ne s'énervait, parce que personne ne faisait attention à ce que racontait l'autre. Ça n'était pas l'ambiance du camp. C'était l'ambiance de n'importe quel groupe composé d'individus qui ne sont pas reliés les uns aux autres. (Despentes 2017, 152)

Die Wiederkehr des Geldes bzw. bereits des reinen Versprechens darauf unterminiert alle Bande, die sich zwischen Mitgliedern der Gruppe geknüpft hatten. Die Möglichkeit des Besitzes führt zu einer erneuten Erfahrung der Vereinzelung, an der die Gruppe beinahe irreparablen Schaden nimmt: „La mort de Charles a tout changé. Son héritage a tout changé. Cette somme. Un décrochage. Un looping. Le mouvement inverse de celui produit par les convergences: une déstabilisation, mais pas vers le meilleur. Certainement pas vers l'harmonie. Et ce n'était que le début" (Despentes 2017, 178–179). Dieser desaströse Effekt unerwarteten Reichtums bringt dabei eine grundlegende Verwundbarkeit dieses Kollektivs zum Vorschein, der sich wiederum anhand des Beispiels Rousseau nachzeichnen lässt. Während Rousseau in den beiden *Discours* und im *Essai sur l'origine des langues* die Gesellschaft als solche zur Quelle jeglicher Form von Entfremdung erklärt und die ideal konnotierte Figur des *homme sauvage* als Gegenbild entwirft, verharrt er als Autor gerade nicht bei jenem regressiven Begehren, zu einem *status quo ante* vor aller Gesellschaft zurückzukehren. Vielmehr entwirft er in der Schrift *Du contrat social* (1762) die Konturen einer neuen sozialen Ordnung, die einige Forderungen eines

---

[29] Auch die folgende Charakterisierung von Paris als Metonymie der französischen Gesellschaft enthält deutlich rousseauistische Anklänge: „la capitale est devenue galerie des atrocités, une démonstration quotidienne de ce que l'homme est capable de refuser à son prochain." (Despentes 2017, 312).

[30] Der Begriff wurde von Gernot Böhme vorgeschlagen, um die besondere Dynamik eines auf Wachstum setzenden Kapitalismus zu charakterisieren. Während ‚Bedürfnisse' ab einem bestimmten Punkt gestillt sind und damit nicht weiter bewirtschaftet werden können, sind ‚Begehrnisse' prinzipiell unendlich multiplizier- und steigerbar (vgl. Böhme 2016, 10–12).

idealisierten Naturzustands aufgreift und doch in eine auf Konvention beruhende und damit eben nicht bloß natürliche Form überführt, die eine neue, gerecht(er)e Gesellschaft begründen kann.³¹ Der implizite Rousseauismus in *Vernon Subutex* weist damit eine signifikante Verkürzung auf, weil es hier gerade jede Form eines neuen *Contrat social* ist, die es tunlichst zu vermeiden gilt.

Genau hieraus resultiert die äußerste Verwundbarkeit dieses utopischen Entwurfs. Das hier kenntlich werdende Problem einer Utopie ohne Festlegung³² lässt sich anhand einer Unterscheidung des postmarxistischen Philosophen Cornelius Castoriadis weiter präzisieren (vgl. Castoriadis 1975, 493–538). In *L'institution imaginaire de la société* unterscheidet Castoriadis zwischen zwei Erscheinungsweisen von ‚Gesellschaft': als *société instituante* und als *société instituée*. Während letztere eine je historisch gegebene ‚aktuale' Gesellschaft bezeichnet, bezieht sich erstere auf eine Gesellschaft im Prozess ihrer Entstehung, als eine noch potentielle Ordnung, die erst im Begriff ist, Wirklichkeit zu werden. Die *société instituante* bildet damit den virtuellen Schatten jeder *société instituée* und konfrontiert die faktische Gegebenheit einer Gesellschaft mit deren Kontigenz, d. h. mit einer Fülle abweichender, noch unrealisierter, aber möglicher Formen von Gesellschaft. Als vermittelnde Instanz zwischen beiden fungiert das Imaginäre, das Castoriadis als „Magma" bezeichnet und das die Quelle jener noch nicht Form gewordenen Virtualität möglicher Gesellschaften bildet.³³ Entscheidend aber ist, dass die beiden Erscheinungsweisen von ‚Gesellschaft' nicht getrennt operieren können. Die *société instituée* kann zwar durch die *société instituante* infrage gestellt werden, doch funktioniert dies letztlich nur durch den Übergang zu einer neuen (ggf. ge-

---

31 Vgl. hierzu auch Reckwitz' oben referierte Forderung nach einem „neuen Gesellschaftsvertrag". Was der *Contrat social* auf der Ebene der Gesellschaft leisten soll, übernimmt Rousseaus Erziehungsroman *Émile ou De l'éducation* (1762) auf Ebene des Individuums.
32 Womöglich stammt dieses Ideal der Nichtfestlegung aus einem post-binären Identitätsideal, das Despentes in ihrer Analyse des fiktiven Filmwesens King Kong erläutert: „ni mâle ni femelle" sei dieses vielmehr „[h]ybride, avant l'obligation du binaire" (Despentes 2006, 112). Fraglich bleibt allerdings, ob eine soziale Ordnung, die ihren Individuen die Freiheit zur identitären Nicht-Festlegung garantiert, selbst ohne anders geartete Festlegungen auskommen kann.
33 Ein ‚magmatischer' Status kommt für Castoriadis sowohl dem Imaginären als auch der ontologischen Verfasstheit von ‚Welt' (als konstruktivem Korrelat von ‚Gesellschaft') zu. Keine konkrete Imagination kann das Imaginäre ausschöpfen, ebenso wenig vermag eine gegebene Gesellschaft mit der ihr korrespondierenden Welt die Menge möglicher ‚Gesellschaften' und ‚Welten' jemals vollständig zu realisieren: „Un magma est ce dont on peut extraire (ou: dans quoi on peut construire) des organisations ensemblistes en nombre indéfini, mais qui ne peut jamais être reconstitué (idéalement) par composition ensembliste (finie ou infinie) de ces organisations" (Castoridis 1975, 497).

rechteren) *société instituée*, ohne welche das Wirken der *société instituante* vergeblich bleibt.³⁴ Damit ist aber exakt jener Übergang bezeichnet, den die Gruppe um Vernon nicht vollziehen will oder kann. Vielmehr verharrt sie als *société instituante* im Stadium der Negation einer *société instituée*. Eine erneute *société instituée* soll hingegen um jeden Preis vermieden werden.

Das in dieser Utopie implizierte Begehren, auf einer Schwelle zwischen Gesellschaft₁ und Gesellschaft₂ zu verharren und dieses Ausharren selbst bereits als Begründung einer neuen Form von Sozialität zu feiern, ist jedoch nicht ihr einziger problematischer Zug. Eine weitere Bedenklichkeit zeigt sich in der Beschränkung des Politischen auf die somatische Ebene. Denn auch wenn durchweg die Undefinierbarkeit dessen betont wird, was die heterogensten Individuen im Verlauf der *convergences* miteinander in Harmonie verbinden kann, ist dieses Element genau besehen unschwer zu bestimmen: Sie alle besitzen einen Körper, der durch Schallwellen manipuliert werden kann. Die Synchronisation fremder Körper zu einem tanzenden Kollektiv vollzieht sich vor aller Rationalität, vor aller sprachlichen Kommunikation und bedarf keiner Zustimmung. Der Begriff der Manipulation scheint dabei durchaus angemessen, denn es ist eben nicht nur Vernons Versiertheit als DJ, jeweils den richtigen Track zu wählen, die den Ereignischarakter der *convergences* bewirkt, vielmehr kommen dabei auch jene sagenumwobenen ‚Alpha-Wellen' zum Einsatz, die der verstorbene Alex Bleach kurz vor seinem Ableben entdeckte und die es erlauben, Individuen zu ‚synchronisieren'.³⁵ Diese akustisch erzeugte ‚Gleichschaltung' psychischer Systeme liest sich wie ein fleischgewordener Wunschtraum aus dem

---

34 Es geht hier selbstverständlich um einen ‚emphatischen', d. h. grundsätzlichen Wandel von Gesellschaft und nicht um einen reformistischen Meliorismus, sondern um die Einsetzung einer gemeinsamen Welt und einer geteilten Sphäre der Praktiken und Bedeutungen: „La création de la société instituante, comme société instituée, est chaque fois monde commun – *kosmos koinos*: position des individus, de leurs types, de leurs relations et de leurs activités; mais aussi position de choses, de leurs types, de leurs relations, de leur signification – les uns et les autres pris chaque fois dans des réceptacles et des référentiels institués comme communs, qui les font être ensemble" (Castoriadis 1975, 534).

35 Zu Beginn wird diese Entdeckung Alex' noch ironisch eingeführt: „Ils avaient enduré une série de nappes de synthé calées sur des beats pour le moins précaires. Alex était déjà défoncé, il écoutait ces merdes avec le plus grand intérêt, expliquant au dealeur qu'il travaillait sur les hertz, les ondulations par seconde du son, qu'en les agaçant d'une certaine manière on parvenait à modifier les cerveaux. Il était barré dans cette histoire de synchronisation des ondes cérébrales, et le dealeur était suspendu à ses lèvres" (Despentes 2015a, 35). Am Ende des zweiten Bandes, als Vernon symbolträchtig in einer entweihten Kirche auflegt, kommen jedoch auch die von Alex entdeckten Alpha-Wellen zum Einsatz: „Il lance les sons alpha d'Alex. Il prend son temps. [...] Autour de lui, le mouvement est déclenché. Ça commence. Il les fait tous danser" (Despentes 2015b, 405). Auch im Fortgang der Trilogie werden diese Alpha-Wellen technisch immer weiter optimiert.

Handbuch des Totalitarismus. Ihr einziger Unterschied gegenüber den Kontrollfantasien totalitärer Systeme besteht in der Abwesenheit einer ideologischen Botschaft. Die Erfahrung der *convergences* beschränkt sich damit letztlich auf jenen Aspekt der Massenerfahrung, den Elias Canetti als „Entladung" (Canetti 1960, 16) bezeichnet hat,[36] d. h. die Entlastung von sozialer Distanz und Differenz durch die unmittelbare Nähe fremder Körper und die Identifikation mit diesen, die durchaus wollüstig erfahren werden kann.[37] Diese Akzentuierung des Somatischen und damit einhergehend die Ausschaltung von Vernunft, Sprache und Diskurs durchkreuzt aber jeden Weg, der von den *convergences* zurück in die Sphäre des Politischen führen könnte. Die um Vernon Subutex sich konturierende Utopie bleibt damit eine – in einem viszeralen Sinne – ästhetische, die keine Ambitionen entwickelt, die über die nächtlichen Tanzekstasen hinausreichen könnten. Sie bildet eine projektlose Gegenwart.[38]

---

36 Schon Canetti merkt hierzu kritisch an: „[D]er Augenblick der Entladung, so begehrt und so glücklich er ist, hat seine eigene Gefahr in sich. Er krankt an einer Grundillusion: Die Menschen, die sich plötzlich gleich fühlen, sind nicht wirklich und für immer gleich geworden. Sie kehren in ihre separaten Häuser zurück, sie legen sich in ihre Betten schlafen. Sie behalten ihren Besitz, sie geben ihren Namen nicht auf. Sie verstoßen ihre Angehörigen nicht. Sie laufen ihrer Familie nicht davon. [...] Die Masse selbst aber zerfällt" (Canetti 1960, 17–18).
37 In *Vernon Subutex* heißt es über eine Teilnehmerin der *convergences*: „elle jouissait" (Despentes 2017, 131).
38 Gerade vor dem Hintergrund der umfangreichen Gattungstradition der Utopie ist diese Ersetzung auffällig: Wo die Mehrzahl der klassischen utopischen Texte als ‚Utopien der Ordnung' fungieren und explizit die (auch juridische und institutionelle) Verfasstheit einer idealen Gesellschaft durchspielen, formuliert Vernon Subutex eine reine ‚Utopie der Erfahrung', die für eine Re-Imagination sozialer Wirklichkeit letztlich folgenlos bleibt.

Charles formuliert diesen autotelischen Charakter der *convergences* explizit: „Quand Sylvie dit, je ne vois pas à quoi ça sert, vos fêtes, Charles répond inexorablement, A rien du tout. C'est ça qui est beau'" (Despentes 2015b, 398). Bezeichnenderweise enthält der Name der *convergences* ein semantisches Versprechen, das sie nicht einlösen. So bedeutet *convergence* im Französischen (anders als im Deutschen) eben auch: „Action d'aboutir au même résultat, de tendre vers un but commun. [...] *La convergence des efforts, des volontés.*" (Le Nouveau Petit Robert). Die Weigerung, einen kollektiven Zielpunkt zu formulieren, kann sich wiederum auf Deleuze und Guattari und deren Aufwertung des Nomadischen berufen: „Où allez-vous? d'où partez-vous? où voulez-vous en venir? sont des questions bien inutiles" (Deleuze und Guattari 1980, 36).

5 Ironisierung der Utopie und Pharmakon der Literatur

Der Romanzyklus selbst verzeichnet das Scheitern der hier skizzierten, spontanistischen Utopie, verharrt jedoch in einer eigentümlichen Schwebe zwischen Affirmation und Ironie. Das denkbar gewaltsame Ende ereilt die Gruppe um Vernon durch ein identitär motiviertes Attentat, dem sämtliche Gruppenmitglieder mit Ausnahme Vernons zum Opfer fallen. Paradoxerweise ist es gerade der Filmproduzent Dopalet, welcher den Terrorakt in Auftrag gab, der in der Folge die Geschichte dieses Kollektivs einschließlich seines blutigen Endes in Form einer erfolgreichen TV-Serie gewinnbringend vermarktet.[39] Die Utopie der *convergences* endet letztlich durch eine gewaltsame Intervention von außen. Zugleich widerfährt ihr im Zuge der genannten Kommerzialisierung eben das, was Alexander Bleach in seinem Video-Testament über die Kultur des Rock in der Ära Mitterrand beklagte: Die Entschärfung einer Transgression durch ihre Überführung in ein als transgressiv konsumierbares Produkt.[40] Dabei bleibt zu überlegen, ob diese recht nahtlose Überführung von Transgression in Konsum nicht auch mit dem spezifischen Charakter der hier entworfenen utopischen Form zu tun hat. Schon Alexander Bleach darf desillusioniert bekennen: „Le rock convenait à la langue officielle du capitalisme, celle de la publicité: slogan, plaisir, individualisme, un son qui t'impacte sans ton consentement" (Despentes 2015b, 137). Verbirgt sich eine vergleichbare subkutane Kompatibilität mit den Interessen des Spätkapitalismus womöglich auch im Format der *convergences*?

---

39 Vgl. Despentes 2017, 399: „Dopalet était, définitivement, adapté au monde dans lequel il vivait. Il commandait un massacre. Puis il en tirait une série. Ça ne présente aucun intérêt. Les usines fabriquent des grenades, les Dopalet fabriquent l'Histoire." Wie eingangs angedeutet hat diese Spitze gegen die mediale Vermarktung des Phänomens Subutex Despentes' Roman nicht davor bewahrt, selbst Gegenstand mehrerer transmedialer Adaptionen zu werden.
40 War nach Bleach die Kultur des Rock zu Beginn noch ein Medium der Befreiung aus normativen Zwängen („C'était une guerre qu'on faisait. Contre la tiédeur. On inventait la vie qu'on voulait avoir et aucun rabat-joie n'était là pour nous prévenir qu'à la fin on renoncerait. [...] C'était la dernière aventure du monde civilisée'." Despentes 2015b, 135–137), erfuhr dieses transgressive Potential Ende der 1990er Jahre eine Abflachung zum ironischen Zitat: „À la fin des années 90, c'était réglé: on avait tout dépassé. Le stade où on se pose des questions à la con. Des questions de principe, des questions d'émotion, des questions d'entraide, des questions de jouer non pas selon les pulsions les plus basses mais selon l'idée qu'on se fait de ce qui est beau. On avait dépassé le temps des questions. Les utopies nous faisaient rigoler. On était adaptables, mais on n'était pas dupes, on contrôlait le truc. On n'avait plus peur de se salir les mains. On aurait dû. On s'est dit vendre son âme c'est pas grave, on la récupérera, intacte, à la fin du spectacle" (Despentes 2015b, 141).

Um diese Frage zu beantworten und die Assimilation subversiver Semantiken durch die Logik des Marktes präziser zu erfassen, gilt es zunächst auf die Anpassungsfähigkeit des Kapitalismus hinzuweisen, der – wie Luc Boltanski und Ève Chiapello gezeigt haben (vgl. 2011 [1999]) – nach der Hochphase des Industriekapitalismus in den 1970er Jahren in eine irreversible Krise gerät und in der Folge eine allmähliche Umstellung auf den tertiären Sektor vollzieht, so dass Dienstleistungen und Finanzmärkten ein immer größerer Anteil an der Wertschöpfung zukommt. Die Industriearbeiterschaft als Kollektiv, das den Eigeninteressen des Kapitalismus soziale Forderungen und ein planbares Berufsleben abringen konnte, verschwindet zugunsten eines Trends zu Dezentralisierung, Enthierarchisierung, Individualisierung und Flexibilisierung der neuen, nicht mehr auf große Industriekomplexe angewiesenen Formen von Arbeit. Entscheidend ist, dass dieser graduelle Umbau der Arbeitswelt in seiner begrifflichen Formatierung auf ein besonders seit 1968 emphatisch artikuliertes Bedürfnis etwa nach Individualität, Kreativität, flachen Hierarchien rekurrieren und sich so als Einlösung einer eigentlich außerhalb des ökonomischen Bereichs formulierten Befreiungssemantik präsentieren kann.[41] Einher mit dem Zurücktreten jener Kollektive, die den Kapitalismus in seiner vorherigen Phase noch einzuhegen vermochten, geht ein Trend zur Vereinzelung, der zwar größere Potentiale zu individualisierter Lebensführung eröffnen mag, die Individuen zugleich aber immer unvermittelter mit einer bis in das Privatleben hineinreichenden Konkurrenzdynamik konfrontiert. Diesem Anpassungsdruck steht der/die Einzelne nun mehr allein gegenüber, zumal die Formulierung überindividueller, kollektiver Interessen immer schon an der Konkurrenz der Einzelnen untereinander zu scheitern droht.

Vor dem Hintergrund dieser tiefreichenden soziökonomischen und soziokulturellen Transformation fällt auf, dass die teils deleuzianische, teils unspezifisch ‚poststrukturalistische' Semantik, derer sich Despentes' Romanzyklus bedient, ein Gegenmodell bemüht, das in der Phase des Industriekapitalismus der sog. *Trente Glorieuses* (1945–1975) noch transgressiv und revolutionär sein mochte, in der Phase des gegenwärtigen Stadiums eines globalisierten Kapitalismus, der selbst längst ‚rhizomatisch' strukturiert ist, aber viel an Oppositionspotential verlo-

---

41 Diese in der Rückschau so auffällige Kongruenz von poststrukturalistischer Kritik und der Emergenz eines ‚neuen' Kapitalismus wird von Boltanski und Chiapello jedoch nicht als verborgene Komplizenschaft gewertet, wie es gelegentlich im Feuilleton zu lesen ist, sondern vielmehr als kontingentes historisches Zusammentreffen: „[L]e redéploiement du capitalisme a été associé à la récupération de la figure du réseau, même si l'émergence de ce paradigme est le résultat d'une histoire autonome de la philosophie et qu'il n'a, à aucun moment, été directement et intentionnellement élaboré pour faire face aux problèmes auxquels le capitalisme était confronté à partir des années 60" (Boltanski und Chiapello 2011 [1999], 608).

ren hat. *Vernon Subutex* formuliert seine Utopie im Herzen einer spätkapitalistischen Gesellschaft im Ausgang von einer Semantik, die sich jene längst einverleibt hat.[42] Es bleibt damit insgesamt zweifelhaft, ob die Semantik des Poststrukturalismus jene Aufgabe einer normativ grundierten Kritik des gegenwärtigen Kapitalismus leisten kann, oder ob sie nicht vielmehr die Individuen in einem *double bind* festhält, indem sie auf den Wunsch nach Authentizität reagiert und deren Möglichkeit zugleich negiert:

> On peut donc dire, sans exagération ni paradoxe, que si le capitalisme a tenté de récupérer (en la marchandisant, comme on l'a vu) la demande d'authenticité qui était sous-jacente à la critique de la société de consommation, il a aussi, sous un autre rapport et de façon relativement indépendante, endogénéisé, avec la métaphore du réseau, la critique de cette exigence d'authenticité dont la formulation avait ouvert la voie au déploiement de paradigmes réticulaires ou rhizomatiques.
>
> Cette double incorporation contradictoire tend à la fois à reconnaître la demande d'authenticité comme valide et à créer un monde dans lequel cette question ne devrait plus se poser [...]. Mais si cette situation, par les tensions qu'elle exerce, peut être perturbante pour ceux qui s'y trouvent plongés, force est de reconnaître *qu'elle permet au capitalisme de contourner l'échec auquel il semble voué dans ses tentatives de réponse aux demandes d'authenticité*. Mieux vaut en effet, dans l'optique de l'accumulation illimitée, que la question soit supprimée, que les personnes soient convaincues que tout n'est ou ne peut plus être que simulacre, que la ‚véritable' authenticité est désormais exclue du monde, ou que l'aspiration à l' ‚authentique' n'était qu'illusion. Elles accepteront plus facilement alors les satisfactions procurées par les biens offerts, qu'ils se présentent ou non comme ‚authentiques', sans rêver d'un monde qui ne serait pas celui de l'artifice de la marchandise.
> (Boltanski und Chiapello 2011 [1999], 608–609 [Hvg. d. Verf.])

Die Enttarnung von Authentizität als Mythos erweist sich als Theodizee der Ware.

Romanintern scheitert das Projekt der *convergences* an einem Erstarken des Extremismus, der nicht nur in dem genannten rechtsidentitär motivierten Attentat sichtbar wird, sondern auch in Form islamistischen Terrors, der insbesondere durch die explizite Thematisierung des Anschlags auf den Pariser Konzertsaal Bataclan am 13. November 2015 hervortritt. Die Verbundenheit stiftende Utopie der *convergences* wird, so die Suggestion der Trilogie, zerrieben von einem politischen Klima, das von zwei symmetrischen Formen eines identitär motivierten ‚Backlash' gegen eine multikulturelle, pluralistische Gesellschaft bestimmt wird.[43] Doch endet der Zyklus nicht mit dieser Geste einer doppelten Viktimisierung, im

---

42 Die Verarbeitung der Geschichte der Gruppe um Vernon zu einer TV-Serie ließe sich in diesem Zusammenhang auch als romaninterne Reflexion über die Rekuperierbarkeit solcher Utopien durch die Verwertungsformen des Spätkapitalismus deuten.
43 Zu dem schon länger bemerkten, gesamteuropäischen Phänomen einer solchen Gegenströmung vgl. aus sozialwissenschaftlicher Sicht bereits Vertovec und Wessendorf 2010.

Zuge derer die Opfer extremistischer Gewalt noch von jenen vermarktet werden, die das Attentat in Auftrag gaben. Der Roman schließt vielmehr mit einem überraschenden Ausblick in die Zukunft und betrachtet das Geschehene aus der Distanz eines Millenniums: In einer postapokalyptischen Welt ist Europa von einer nicht weiter ausgeführten nuklearen Katastrophe kontaminiert, doch persistiert nach wie vor eine „secte Subutex", die sich als „peuple nomade" (Despentes 2017, 402) im Untergrund weiterhin zu den offiziell verbotenen *convergences* trifft. In teleologischer Lesart wird das besondere Potential dieser nächtlichen Zusammenkünfte zum Vorstadium der Entdeckung der „grandes portes" (Despentes 2017, 405) erklärt, die eine simulierte Wiederkehr ausgelöschter Wirklichkeit erlauben:

> Les grandes portes sont ouvertes, en divers points de la fin du XXe siècle, sur les territoires européens non encore contaminés – elles sont, aujourd'hui, fréquemment utilisées. Les entités – animales, extraterrestres, divines, post-mortem, ultra-fréquentielles – sont familiarisées avec ce passage. On appelle ce carrefour: *Lost Paradise*. Il s'agit de voyager sur une terre d'avant les grandes catastrophes du début du XXIe siècle. On peut y communiquer avec des animaux vivants, la lumière est non simulée, l'air est respirable, certains vont même jusqu'à se baigner dans les eaux sans protection. (Despentes 2017, 405)

Die Funktionsweise dieser „großen Pforten" wird nicht näher erläutert, doch wiederholt sich in der simulierten Wiederkehr einer irreversibel zerstörten Welt (vgl. oben: „*Lost Paradise*") auch im Abstand eines Jahrtausends der letztlich rein kompensatorische Charakter einer utopischen Form, die es nicht vermocht hat, die globale Katastrophe zu verhindern. Diese dem Genre der Science-Fiction entlehnte Zeitachsenmanipulation, mit der *Vernon Subutex* endet, lässt damit einen tiefreichenden Pessimismus erkennen.[44] Zwar dokumentiert sie die Persistenz der Utopie, ebenso sehr aber deren Vergeblichkeit, eine bessere Welt anders als im Modus der Simulation herbeizuführen. Affirmation und Ironisierung der utopischen Form werden ununterscheidbar.

Teilt *Vernon Subutex* damit das Scheitern seiner textinternen Utopie? Ist deren Unfähigkeit, ein soziales Gegenmodell wenigstens zu entwerfen, auch ein

---

[44] Als Vorbild für diese überraschende narrative Volte, mit der Despentes ihren Romanzyklus beschließt, mag Margaret Atwoods Roman *The Handmaid's Tale* (1985) gedient haben, der bereits in den 1980er Jahren die Gefahr eines antiliberalen, insbesondere antifeministischen ‚Backlash' zur dystopischen Wirklichkeit werden lässt. Auf die tagebuchartigen Aufzeichnungen der Magd, die unvermittelt abbrechen, folgt eine Coda, in der sich Akademiker über eben diesen Bericht aus der sicheren Distanz mehrerer Jahrhunderte unterhalten und dabei durchaus zu Scherzen aufgelegt sind. Atwoods Kunstgriff lässt sich dabei auch als skeptischer Kommentar zu einer zur Ironisierung neigenden Postmoderne lesen, welche die reale Gefahr einer identitären, antiliberalen Gegenbewegung unterschätzt. Nach vier Jahren Präsidentschaft eines Donald Trump muss diese frühe Warnung umso hellsichtiger erscheinen (vgl. Atwood 1985).

Scheitern des Romans? Oder gibt es eine Ebene, auf der das, was in der Diegese misslingt, womöglich doch und mit anderen Mitteln gelingt? Man würde den literarischen Text mit normativen Erwartungen sicherlich überlasten, wollte man aus Despentes' Romantrilogie ein sozialstrukturelles Alternativmodell zur Bewältigung gegenwärtiger ökonomischer, sozialer und politischer Legitimationskrisen extrapolieren. Verortet man den spezifisch sozialen Wert des ‚Systems' Literatur mit Niklas Luhmann in der „Möglichkeit, die Welt in der Welt zu beobachten" (Luhmann 2008, 287) bzw. präziser: die Gesellschaft in der Gesellschaft, so heißt dies auch, dass die Literatur jene Krisen und aporetischen Konstellationen, die innerhalb anderer Funktionssysteme oder zwischen diesen feststellbar werden, nicht durch den privilegierten Zugriff auf eine höher gelagerte epistemische Ebene auflösen kann.[45] Die Wiederkehr der aporetischen Konstellation ‚Poststrukturalismus'/Spätkapitalismus auf der diegetischen Ebene von *Vernon Subutex* erscheint in dieser Hinsicht nur folgerichtig. Das spezifische Potential der Literatur besteht damit in ihrer Bearbeitung dieser Krise(n) nicht mit politischen Rezeptologien, die Außerliterarisches letztlich nur reproduzieren würden, sondern mit den ästhetischen und narrativen Verfahren, die nur sie mit voller Lizenz zum Austrag bringen kann. Diese bestehen zum einen in ihrer oft als ‚Welthaltigkeit' bezeichneten, mimetischen Kraft, Modelle sozialer Wirklichkeit zu entwerfen, die anders als Beschreibungen durch soziale Teilsysteme wie Politik, Wirtschaft, Wissenschaft oder Religion nicht auf eine klar definierte, Beobachtungen determinierende Leitunterscheidung festgelegt ist, sondern eine polykontexturale Weltmodellierung erlaubt, in der gerade die komplexe und konfliktaffine Kontaktzone dieser partikularisierten Wirklichkeitszugriffe thematisiert werden kann, in der sich das Leben der einzelnen Mitglieder einer Gesellschaft vollzieht.[46] Dieses literarisch konstituierte Weltmodell wiederum kann seine eigene epistemologische Verfügbarkeit intern reflektieren, indem etwa durch die Kopräsenz verschiedener Figurenperspektiven auf dieselbe fiktionale Welt deren objektive Gegebenheit problematisierbar wird. Die Möglichkeit eines solchen Perspektivismus muss dabei nicht zwingend erkenntnis*kritisch* funktionalisiert werden, wie es insbesondere in der Literatur der Moderne zum Topos

---

[45] Nach Luhmann ist die fiktionale Realität der Literatur damit nicht beliebig, vielmehr gehe es ihr immer auch „um das Verhältnis von virtueller Realität und realer Realität" (Luhmann 2008, 281).
[46] Albrecht Koschorke hat die Grenzziehungen der Systemtheorie zwischen den einzelnen sozialen Systemen zum Gegenstand der Kritik gemacht und sieht, ohne allerdings auf Luhmanns Überlegungen zur Literatur einzugehen, in der intersystemischen Kontaktzone, in der diese semantischen Schließungen gerade noch nicht funktionieren, den Gegenstand der Kulturwissenschaften (vgl. Koschorke 1999).

geworden ist, sondern kann in einem seltener thematisierten Sinne auch erkenntnis*stiftend* wirken. Die vielleicht eindrücklichste Erfahrung bei der Lektüre von *Vernon Subutex* ist schließlich jene, dass die Erzählinstanz selbst sämtliche sozialen Grenzziehungen, die sich in der gegenwärtigen französischen Gesellschaft (und ganz ähnlich in den meisten gegenwärtigen Gesellschaften ‚westlichen' Typs) erkennen lassen, radikal unterläuft. Die disparatesten sozioökonomischen und soziokulturellen Milieus werden in Form ‚dichter Beschreibungen' greifbar und beginnen – verbunden über das Projekt Subutex – miteinander zu interagieren und zu kooperieren. Besonderes literarisches Gewicht liegt dabei auf der empathischen Erfassung der Prekären, Deklassierten, der Ausgebeuteten und Frustrierten, deren Einzelleben sich gewöhnlich jenseits des erzählerischen Interesses bewegen. Paradigmatisch zeigt sich diese ‚entgrenzte' Empathie und die Sensibilität für zunächst unwahrscheinlich anmutende Bedeutungslandschaften in der Schilderung der sorgsam kuratierten Plastiktütensammlung der Alkoholikerin und ehemaligen Französischlehrerin Véro nach Charles' Tod:

> La Véro repasse le sac en papier kraft du plat de la main, jusqu'à pouvoir le plier soigneusement et le ranger au-dessus des autres. Elle n'entendra plus, dans son dos, la gueulante du vieux qui ne supportait pas de la voir porter tant d'attention aux piles d'emballages alors que tout le reste de l'appartement se barre en couilles. Ça le rendait dingue qu'elle soit capable d'oublier le linge dans la machine à laver jusqu'à ce qu'il moisisse mais que les sacs plastique et papier soient classés par taille, couleur et matériau dans le grand meuble du salon, qu'elle a vidé de toute la vaisselle parce qu'elle avait trop de sacs. Chacun ses manies. Le buffet marron est bourré d'emballages, maîtriser cet espace procure à la Véro un plaisir aussi intense qu'inexplicable. Il y a d'un côté les emballages à bulle, puis les papiers, les petits en plastique à côté des grands, et dans la dernière section, les très beaux sacs, qu'elle trouve dans la rue. (Despentes 2017, 37)

Die Erzählinstanz des Romans verfährt damit immer schon im Sinne jener oben als ‚Schizophrenie' bezeichneten Erweckungserfahrung Vernons, indem sie auf narrativer Ebene das leistet, was textintern dem Format der *convergences* zugeschrieben wird: die Verknüpfung disparatester Individuen, zwischen denen sich *prima vista* kaum Gemeinsamkeiten feststellen lassen. Die ohne auktoriale Kommentierung vorgeführten Eigenwelten der insgesamt 26 Figuren gewinnen aus sich heraus Relevanz, Konsistenz und ermöglichen einen Modus des Verstehens, der anders kaum verfügbar ist. Despentes Romanzyklus leistet damit etwas, was keine soziologische Gegenwartsdiagnose und auch keine überhitzte Debatte in sozialen Netzwerken leisten kann, nämlich die scheinbare Fremdheit entlegenster Milieus *qua* Imagination und Empathie als eigene Möglichkeit zu erfahren. Ist Literatur über ihren Status als Kommunikation mit dem übergreifenden, ebenfalls kommunikativ konstituierten Kontext ‚Gesellschaft' immer schon verbunden,[47] so ermöglicht *Vernon Subutex* innerhalb einer vermehrt diagnostizierten Sprachlosigkeit oder Diskursverweigerung zwischen sozialen Gruppen auf Rezeptionsebene eine ganz anders gelagerte Form der Kommunikation. Während sich in der zunehmend von sozialen Netzwerken und Suböffentlichkeiten dominierten Gegenwart eine Pluralität von Kommunikationssphären zeigt, die eine immer stärkere Abschließung nach außen aufweisen,[48] und etwa auch die wachsende Virulenz von Verschwörungstheorien ein starkes Indiz für eine fortschreitende „Fragmentierung der Öffentlichkeit" (Butter 2018, 17) darstellt, konfrontiert Despentes' Trilogie ihre Leser*innen mit einer radikalen Entgrenzung dieser kommunikativen Schranken. Wie Vernon, der in jener folgenreichen Nacht sich in einem scheinbar olympischen Blick auf Paris selbst verliert, werden sie für die Dauer der Lektüre zum Medium anderer, disparater Wirklichkeiten, denen sie sich nur durch Abbruch entziehen können.[49]

Ausgehend von der Beobachtung einer wachsenden Synthetisierung natur- und sozialwissenschaftlicher Schlüsselerkenntnisse ist in der jüngeren Wissenssoziologie ein „complexity turn" verzeichnet worden (Urry 2006). Diesem korrespondiere eine neue, komplexitätsaffine „structure of feeling" (Raymond Williams):

> a greater sense of contingent openness to people, corporations and societies, of the unpredictability of outcomes in time-space, of a charity towards objects and nature, of the diverse and non-linear changes in relationships, households and persons, and of the sheer increase in the hyper-complexity of products, technologies and socialities. (Urry 2006, 111)

Allerdings bleibt in dieser primär wissenssoziologischen Betrachtung von ‚Komplexität' die politische Dimension eines solch neuen Bewusstseins und einer solch

---

47 Für eine kommunikationstheoretisch fundierte Bestimmung von ‚Literatur' und ‚Gesellschaft' im Anschluss an Luhmann vgl. Mellmann 2014.
48 In einer gegen die Gepflogenheiten akademischen Schreibens bewusst polemisierenden, oft recht spekulativen Analyse des Effekts sozialer Netzwerke auf das soziale Leben konstatiert César Rendueles den Effekt einer wachsenden ‚Soziophobie': „Die Postmoderne hat die Zerstörung traditioneller sozialer Bindungen beschleunigt und politische Loyalitäten, die Kontinuität von Biografien sowie affektive und familiäre Beziehungen aufgelöst. Als Gegenleistung bietet sie uns eine Lebensweise, die auf etwas beruht, was gemeinhin als neue Form der Gemeinschaftlichkeit verstanden wird: ein sich ausbreitendes, schwaches, aber engmaschiges Netz, das fragile Subjekte miteinander verbindet und von einer gewaltigen technischen Apparatur zusammengehalten wird" (Rendueles 2015, 53). Ähnlich wie Reckwitz' Anmahnung eines neuen Allgemeinen (s. o.) verzeichnet Rendueles „die institutionelle Konkretisierung substanziell ethischer Vorhaben" (Rendueles 2015, 250) als Voraussetzung sozialer Veränderung.
49 In diesem präzisierten Sinne erweist sich damit das oben bereits zitierte Diktum Deleuzes als zutreffend, wonach gilt: „On peut instaurer une zone de voisinage avec n'importe quoi, à condition d'en créer les moyens littéraires" (Deleuze 1993, 11).

neuen Sensibilität für Komplexität außen vor. Gerade im Feld der Politik aber lässt sich schon länger eine von identitären, autoritären, extremistischen und populistischen Strömungen ausgehende Tendenz zur Konstruktion kontrafaktischer Eindeutigkeit beobachten, die jenes im Raum der Epistemologie formulierte Komplexitätsgebot vehement unterläuft. Gerade in einem sozialen und politischen Sinne aber bildet Despentes' *Vernon Subutex* ein herausragendes Beispiel für eine mit literarischen Mitteln verfahrende Propädeutik der Komplexität. Selbst der Name des Protagonisten gewinnt in diesem Zusammenhang eine spezifische Bedeutungsdimension: Hinter *subutex* verbirgt sich Buprenorphin, ein Schmerzmittel aus der Familie der Opioide, das unter anderem als Substitut für Heroin Verwendung findet. Vor dem skizzierten Hintergrund einer polarisierten, in ihren konstitutiven Grundlagen verunsicherten Gesellschaft mag auch *Vernon Subutex* im oben genannten Sinn als Ausgangsstoff eines Entgiftungsprozesses anwendbar sein. Über den therapeutischen Erfolg kann jedoch – auch das impliziert der Status von Buprenorphin als Übergangsstoff – nur jenseits der Literatur befunden werden.

Bibliographie

Atwood, Margaret. *The Handmaid's Tale*. London: Vintage, 1985.
Biersack, Martin, Teresa Hiergeist und Benjamin Loy. „Das Leben der Anderen. Historische, soziologische und narrative Dimensionen paralleler Sozialität". *Parallelgesellschaften. Instrumentalisierungen und Inszenierungen in Politik, Kultur und Literatur* (Romanische Studien, Beihefte 8). Hg. Martin Biersack, Teresa Hiergeist und Benjamin Loy. München: AVM, 2019. 5–17.
Böhme, Gernot. *Ästhetischer Kapitalismus*. Frankfurt a.M.: Suhrkamp, 2016.
Boltanski, Luc und Ève Chiapello. *Le nouvel esprit du capitalisme*. Paris: Gallimard, 2011 [1999].
Butter, Michael. *‚Nichts ist, wie es scheint': Über Verschwörungstheorien*. Frankfurt a.M.: Suhrkamp, 2018.
Canetti, Elias. *Masse und Macht*. München/Wien: Hanser, 1960.
Castoriadis, Cornelius. *L'Institution imaginaire de la société*. Paris: Seuil, 1975.
Deleuze, Gilles und Félix Guattari. *Capitalisme et schizophrénie* (Bd. 1). *L'Anti-Œdipe*. Paris: Minuit, 1972–1973.
Deleuze, Gilles und Félix Guattari. *Capitalisme et schizophrénie* (Bd. 2). *Milles plateaux*. Paris: Minuit, 1980.
Deleuze, Gilles. *Critique et clinique*. Paris: Minuit, 1993.
Derrida, Jacques. *De la grammatologie*. Paris: Minuit, 1967.
Despentes, Virginie. *King Kong Théorie*. Paris: Grasset, 2006.
Despentes, Virginie. *Vernon Subutex 1*. Paris: Grasset, 2015a.
Despentes, Virginie. *Vernon Subutex 2*. Paris: Grasset, 2015b.

Despentes, Virginie. *Vernon Subutex 3*. Paris: Grasset, 2017.
Douhaire, Anne. „‚Vernon Subutex' de Luz, l'adaptation modèle des romans de Virginie Despentes". *France Inter*. 12. November 2020. https://www.franceinter.fr/culture/ver non-subutex-de-luz-l-adaptation-modele-des-romans-de-virginie-despentes (17. November 2020).
Goergen, Maxime. „Vernon Subutex et le roman ‚balzacien'". *Rocky Mountain Review* 72.1 (2018): 165–182.
Guitard, Émilie; Igor Krtolica, Baptiste Monsaingeon und Mathilde Rossigneux-Méheust. „Les irrécupérables". *Tracés. Revue de Sciences humaines* 37 (2019): 7–31.
Hiergeist, Teresa. „Selbst, anders, neu: Reflexionen zu den kulturellen und ästhetischen Bedingungen von ‚Parallel- und Alternativgesellschaften'". *Parallel- und Alternativgesellschaften in den Gegenwartsliteraturen*. Hg. Teresa Hiergeist. Würzburg: Königshausen & Neumann, 2017. 7–24.
Kocka, Jürgen. *Geschichte des Kapitalismus*. München: Beck, 2017.
Koschorke, Albrecht. „Die Grenzen des Systems und die Rhetorik der Systemtheorie". *Widerstände der Systemtheorie. Kulturtheoretische Analysen zum Werk Niklas Luhmanns*. Hg. Albrecht Koschorke und Cornelia Vismann. Berlin: Akademie, 1999. 49–60.
Léger, Nicolas. „La littérature des inégalités". *Esprit* 9 (2018): 67–72.
Loy, Benjamin, Simona Oberto und Paul Strohmaier. „Imaginationen und Erzählungen von Gesellschaft: Einleitende Überlegungen zur Genealogie und Konjunktur von sozialen Strukturnarrativen". *Imaginationen des Sozialen. Narrative Verhandlungen zwischen Integration und Divergenz (1750–1945)*. Hg. Benjamin Loy, Simona Oberto und Paul Strohmaier. Heidelberg: Winter, 2020. 7–19.
Luhmann, Niklas. „Literatur als fiktionale Realität". *Schriften zu Kunst und Literatur*. Hg. Niels Werber. Frankfurt a.M.: Suhrkamp, 2008. 276–287.
Mellmann, Katja. „Kontext ‚Gesellschaft': Literarische Kommunikation – Semantik – Strukturgeschichte". *Journal of Literary Theory* 8.1 (2014): 87–117.
Nachtwey, Oliver. *Die Abstiegsgesellschaft: Über das Aufbegehren in der regressiven Moderne*. Frankfurt a.M.: Suhrkamp, 2018.
Nettelbeck, Colin. „The Author as DJ: *Vernon Subutex* and the Music of Our Times". *Rocky Mountain Review* 72.1 (2018): 183–202.
Reckwitz, Andreas. *Das Ende der Illusionen: Politik, Ökonomie und Kultur in der Spätmoderne*. Frankfurt a.M.: Suhrkamp, 2019.
Reckwitz, Andreas. *Die Gesellschaft der Singularitäten: Zum Strukturwandel der Moderne*. Frankfurt a.M.: Suhrkamp, 2020.
Rendueles, César. *Soziophobie: Politischer Wandel im Zeitalter der digitalen Utopie*. Frankfurt a.M.: Suhrkamp, 2015.
Rousseau, Jean-Jacques. „Discours sur l'origine et les fondemens de l'inégalité parmi les hommes". *Œuvres complètes* (Bd. 3). Hg. Bernard Gagnebin und Marcel Raymond. Paris: Gallimard, 1959–1995 [1755]. 109–223.
Rousseau, Jean-Jacques. „Essai sur l'origine des langues". *Œuvres complètes* (Bd. 5). Hg. Bernard Gagnebin und Marcel Raymond. Paris: Gallimard, 1959–1995 [1781]. 371–429.
Schaal, Michèle A. „Whatever Became of ‚Génération Mitterrand'? Virginie Despentes's *Vernon Subutex*". *French Review* 90.3 (2017): 87–99.
Starobinski, Jean. *Jean-Jacques Rousseau: La transparence et l'obstacle*. Paris: Gallimard, 1971.

Strohmaier, Paul. „Die Gesellschaft und ihr Double: Balzacs *Histoire des Treize*". *Parallelgesellschaften. Instrumentalisierungen und Inszenierungen in Politik, Kultur und Literatur* (Romanische Studien, Beihefte 8). Hg. Martin Biersack, Teresa Hiergeist und Benjamin Loy. München: AVM, 2019. 99–114.
Urry, John. „Complexity". *Theory, Culture & Society* 23 (2006): 111–117.
Vertovec, Steven und Susanne Wessendorf (Hg.). *The Multicultural Backlash: European Discourses, Policies and Practices*. London: Routledge, 2010.

Katharina Gerund
Militärische ‚Para(llel)gesellschaft(en)'? Die Soldatenfrau als Vermittlerin und Grenzgängerin in der amerikanischen Populärkultur des 21. Jahrhunderts

1 Einleitung

Mit der Abschaffung der Wehrpflicht in den USA im Kontext der Proteste gegen den Vietnamkrieg wurde nicht nur das US-Militär stärker professionalisiert, es entwickelte sich auch eine scheinbar zunehmende Kluft zwischen der Zivilgesellschaft und den militärischen Gemeinschaften. Konnte zuvor noch – zumindest in der Theorie – nahezu jede amerikanische Familie von den Kriegseinsätzen der USA unmittelbar betroffen sein, sind es heute weniger als ein Prozent der Bevölkerung, welche direkt in die militärischen Aktivitäten eingebunden sind und die Auswirkungen der US-amerikanischen Kriege in ihrem Alltag erfahren. Besonders deutlich wird diese Entwicklung im Nachgang der Terroranschläge von 9/11 und im Rahmen des auf Dauer gestellten Ausnahmezustand eines sog. *Global War on Terror* mitsamt den wiederholten Kriegseinsätzen in Irak und Afghanistan.[1] Aber auch schon vor dieser Entwicklung konnte das amerikanische Militär in mehrerlei Hinsicht als eine Art ‚Parallelgesellschaft' verstanden werden, also als eine „Gesellschaft in der Gesellschaft" – mit eigenen „Werte[n], Normen und Haltungen" (die allerdings nicht zwingend signifikant „vom Konsens einer ‚Mehrheitsgesellschaft' divergieren) und einer klar markierten Abgrenzung zur Zivilgesellschaft zumindest in kultureller und institutioneller Hinsicht, die sich zum Beispiel in der Sprache, einem spezifischen Verhaltenskodex oder einer eigenen Gerichtsbarkeit zeigt (Hiergeist 2017, 9). Militärische Basen und Stützpunkte sind – innerhalb und außerhalb der USA – zudem territorial klar abgegrenzt und von den jeweiligen Zivilgesellschaften zumindest ein Stück weit abgeschottet. Damit erfüllen sie nur bedingt die Kriterien einer idealtypischen ‚Parallelgesellschaft', dennoch werden mit diesem „schillernd[en]" Begriff (Meyer 2002, 195) die ambivalenten und

---

[1] Die Diskussion um das Verhältnis zwischen US-amerikanischem Militär und Zivilbevölkerung ist nicht an sich neu – „the long-standing debate about the idea of a civil-military ‚gap' in American society [...] is as old as the American republic itself" (Golby et al. 2016, 97). Dennoch lässt sich argumentieren, dass mit den Folgen von 9/11 zumindest eine Neuverhandlung zu beobachten ist (vgl. etwa Owens 2016, 72–73; Golby et al. 2016, 98–99).

Open Access. © 2021 Katharina Gerund, publiziert von De Gruyter. Dieses Werk ist lizenziert unter einer Creative Commons Namensnennung - Nicht-kommerziell - Keine Bearbeitung 4.0 International Lizenz.
https://doi.org/10.1515/9783110707489-005

vielfältigen Effekte der Abgrenzung von der Zivilgesellschaft angedeutet – vom möglichen Beitrag zu „Persönlichkeitsstabilisierung" (Micus und Walter 2006) und einem „sense of belonging" (Gomes 2020, xv) über einen Beitrag zu Integration und gesellschaftlichem Wandel bis hin zu Segregation, Entfremdung und der letztlich substantiellen Gefahr für einen normativen Konsens der ‚Mehrheitsgesellschaft'. Das US-amerikanische Militär etwa stellt Einwanderergruppierungen und unterdrückten ‚Minderheiten' den Zugang zur Staatsbürgerschaft über die Beteiligung am nationalen Kriegseinsatz zumindest in Aussicht (vgl. z. B. Aptekar 2015; Cowen und Gilbert 2008; Takaki 2000), gleichzeitig trägt es auch zu einer Militarisierung der US-amerikanischen Gesellschaft (und der Welt) bei (vgl. z. B. Enloe 2000 und 2016; González et al. 2019). Bereits 1997 konstatiert Thomas Ricks im Magazin *The Atlantic Monthly* die Gefahr einer ‚parallelen' Gesellschaftsstruktur und Subkultur im US-Militär:

> It now appears not only possible but likely that over the next twenty years the U.S. military will revert to a kind of garrison status, largely self-contained and increasingly distinct as a society and subculture. „Today," says retired Admiral Stanley Arthur, who commanded U.S. naval forces during the Gulf War, „the armed forces are no longer representative of the people they serve. More and more, enlisted [men and women] as well as officers are beginning to feel that they are special, better than the society they serve. This is not healthy in an armed force serving a democracy."
> (Ricks 1997)

Jim Mattis und Kori Schake sehen 2016 nach jüngeren Umfrageergebnissen zwar keine besorgniserregende Entfremdung des Militärs von der amerikanischen Zivilgesellschaft, aber dennoch konstatieren auch sie „many gaps between the American public and its military" (4). Das Militär hat zwar in der Bevölkerung an Rückhalt gewonnen, aber die Amerikaner*innen wissen weniger denn je über ihre ‚Truppen' (vgl. Brooks 2016, 21). Rosa Brooks erklärt: „though support for ‚the troops' has become a kind of American civil religion, these ritualized gestures sometimes seem only to emphasize the distance between the military and civilian society" (Brooks 2016, 22). Denn tatsächlich sehen große Teile der Amerikaner*innen starke kulturelle Differenzen zwischen dem Militär und ihrer eigenen Lebenswirklichkeit und auch eine substantielle Mehrheit der aktiven Militärangehörigen und Reservist*innen erkennen wenig Gemeinsamkeiten zwischen ihrer Gemeinschaft und der Zivilbevölkerung (vgl. Brooks 2016, 23–24).[2] Trotz des vielfach konstatierten „familiarity gap" (vgl. Golby et al. 2016, 102), das sich unterschiedlich interpretieren und bewerten lässt, steht das Militär in (popu-

---

[2] Benjamin Wittes und Cody Poplin haben dazu weiterführend argumentiert, dass es sich bei dieser Entfremdung um eine einseitige Entwicklung handelt: „Note that civilian-military isolation is largely a one-way street. Members of the military interact all the time with civilian society, after all" (Poplin und Wittes 2016, 148).

lär)kulturellen Repräsentationen stellvertretend für die „imagined community" (vgl. Anderson 1983) der Nation und wird teils sogar als das ‚bessere' Amerika inszeniert, in dem sich die grundlegenden Werte und Ideale der USA besonders deutlich zeigen – etwa mit Blick auf Chancengleichheit und (soziale) Aufstiegsmöglichkeiten, auf das scheinbar meritokratische System oder auf eine gemeinsame Identität und Loyalität jenseits etablierter Differenzkategorien. Es kann in diesem Sinne als ‚Paragesellschaft' verstanden werden, die sich zwar nachdrücklich von der zivilen Gesellschaft abgrenzt, sich aber nicht primär auf ein ‚alternatives' Wertesystem beruft, sondern als mustergültiger Inbegriff US-amerikanischer Ideale inszeniert. Die zunehmende geographische, politische und kulturelle Isolation des Militärs und das geringe Wissen über die militärische Kultur und Lebensrealität in der Bevölkerung erfordern zudem verstärkt Übersetzungsleistungen, um eine Verständigung zwischen Zivilgesellschaft und militärischen Institutionen zu ermöglichen. Die Ehepartner*innen der Soldat*innen nehmen im 21. Jahrhundert als Grenzgänger*innen zwischen Militärkultur und Zivilgesellschaft folglich eine Schlüsselrolle ein. Als Zivilist*innen sind sie zwar formal keine Angehörigen des Militärs, als Angehörige eines/einer Soldat*in sind sie dennoch mit der militärischen Kultur und Gemeinschaft vertraut und in diese integriert. Die Soldatenfrauen[3] äußern sich nicht nur öffentlich zu ihrer Kriegserfahrung an der Heimatfront, sondern nehmen eine wichtige symbolische Rolle im kulturellen Imaginären der USA ein. In den Medien sieht man sie häufig als passive Figuren bei politischen Veranstaltungen, bei kulturellen Events oder militärischen Ereignissen wie der Verabschiedung oder Willkommenszeremonie für Soldaten. In zahlreichen kulturellen Texten aus den vergangenen zwei Dekaden übernehmen sie die wichtige Mittlerfunktion, den Rezipient*innen die Kriegseinsätze im Rahmen des *Global War on Terror* zu plausibilieren sowie Einblicke in das militärische Alltagsleben zu geben, das als konstanten Ausnahmezustand inszeniert wird, und um Verständnis für ihre Situation zu werben. Magazine wie *Military Spouse*, fiktionale Texte wie Siobhan Fallons Kurzgeschichten *You Know When the Men Are Gone* (2011) oder Jehanne Dubrows Gedichtband *Stateside: Poems* (2009) und Autobiographien wie Taya Kyles *American Wife: Love, War, Faith, and Renewal* (mit JimDeFelice, 2015), Vicki Codys *Army Wife: A Story of Love and Family in the Heart of the Army* (2016) oder Kristine Schellhaas' *15 Years of War: How the Longest War in U.S. History Affected a Military Family in Love, Loss, and the Cost of Service* (2016) erlauben nicht nur eine Selbstverständigung über die Rolle und Bedeutung von

---

3 *Military Spouses* werden trotz sich wandelnder Familienkonstellationen nach wie vor primär als Frauen imaginiert und es sind vor allem Frauen, die sich öffentlich in dieser Rolle Gehör verschaffen.

Soldatenfrauen. Sie übernehmen auch Kontrolle über ihre öffentliche Darstellung, verschaffen den Frauen eine Stimme im Diskurs um die sog. ‚endlosen' Kriege der USA und leisten relevante „affektive Arbeit"[4] hinsichtlich der öffentlichen Meinung und „öffentlichen Gefühle" in Bezug auf die Kriege im Irak und in Afghanistan in der amerikanischen Gesellschaft. Ihre Darstellungen rekurrieren dabei häufig auf Formen impliziten Wissens (insbesondere emotionales Wissen und Körperwissen), um sich zu autorisieren. Sie generieren „affective agency"[5] für die Soldatenfrauen und Unterstützung für das Militär – und damit auch in gewissem Umfang für die amerikanischen Kriege. Oft sind sie – freiwillig oder unfreiwillig – Teil der Kriegspropaganda. Texte von und über Soldatenfrauen dienen aber nicht nur der Selbstverständigung untereinander, sondern richten sich auch an ein breites Publikum. Dieses wird einerseits ein Stück weit eingeführt in die Parallelwelt des Militärs, anderseits auch immer wieder daran erinnert, dass es letztlich unmöglich ist, die Kriegserfahrungen nachzuvollziehen, sofern man diese nicht selbst gemacht hat. Zudem werden nur sehr ausgewählte Informationen über den militärisch-industriellen Komplex und die Kriegseinsätze der USA mit dem Publikum geteilt. Die Protagonistinnen weisen in der Regel nicht nur explizit darauf hin, dass sie über viele Aktivitäten ihrer Männer im Unklaren sind und dieses Nicht-Wissen im Interesse der nationalen Sicherheit akzeptieren, da sie den Soldaten und den militärischen Institutionen vertrauen (müssen), sondern fordern auch ihr Publikum zumindest implizit auf, es ihnen gleichzutun. Sie propagieren und normalisieren damit, dass, wie Timothy Melley schreibt, „unknowing is essential to modern citizenship" (Melley 2015, 17). Im Folgenden analysiere ich diese Dynamik anhand von zwei Beispielen der Fremd- und Selbstrepräsentation von Soldatenfrauen – der CBS-Fernsehserie *The Unit* (2006–2009) und der Autobiographie *I Love a Man in Uniform: A Memoir of Love, War, and Other Battles* (2009) von Lily Burana. Diese Artefakte inszenieren aus unterschiedlichen Perspektiven und in verschiedenen medialen Registern die Soldatenfrau als Grenzgängerin sowie als Vermittlerin zwischen Zivilgesellschaft und Militärkultur. Sie lassen sich zwar als kritische Auseinandersetzung mit den amerikanischen Kriegen wie auch dem US-Militär lesen, dennoch machen sie sich die Konstruktion des Militärs als ‚Paragesellschaft' ebenso wie das emotionale und verkörperte Wissen über die Kriegserfahrung an der Heimatfront zu Nutze, um den/die unwissende/n Bürger*in

---

4 Der Begriff wird hier im Sinne von Michael Hardt und Antonio Negri übernommen. Sie definieren „affective labor" als „labor that produces or manipulates affects" (Hardt und Negri 2004, 108).
5 Den Begriff der ‚affective agency' übernehme ich von Rebecca Wanzo, die darunter Folgendes versteht: „the ability of a subject to have her political and social circumstances move a populace and produce institutional effects" (Wanzo 2009, 3).

in seiner/ihrer Ignoranz zu bestätigen, um seine/ihre Unterstützung für das Militär zu werben und sein/ihr Vertrauen in den Nationalstaat und seine institutionellen Akteure zu bekräftigen.

2 Vom „Anarchy Girl" zur Offiziersgattin: Lily Buranas *I Love a Man in Uniform*

Lily Burana war bereits eine profilierte Journalistin und Autorin, als sie 2009 *I Love a Man in Uniform: A Memoir of Love, War, and Other Battles* veröffentlichte. 2001 war ihr erstes autobiografisches Buch unter dem Titel *Strip City: A Stripper's Farewell Journey Across America* erschienen, das Zuspruch auch unter Kritiker*innen fand. In *I Love a Man in Uniform* beschreibt Burana sich selbst nicht nur als ehemalige Stripperin, sondern auch als anti-autoritär, als Rebellin und als „accidental teenage communist" (vgl. 15–18, 34) und konstatiert: „I never thought I would say yes to a date with an Army man; it was an utter impossibility" (2009, 14). Im Folgenden erzählt sie ebenso humorvoll wie assoziationsreich von ihrer unwahrscheinlichen Romanze mit einem Soldaten, von ihrer übereilten Hochzeit als „War on Terror bride" (Burana 2009, 53) und ihrem Leben als Offiziersgattin, deren Mann im Irakkrieg dient und an der Militärakademie West Point tätig ist. Die metaphorische und semantische Überlagerung der persönlichen Liebesbeziehung mit der US-amerikanischen Kriegspolitik ist bereits im Titel angelegt und hat im Laufe der autobiografischen Erzählung mehrere Funktionen. Sie emotionalisiert das Kriegsgeschehen durch die (limitierte) Perspektive der Soldatenfrau und transponiert die globalen Ereignisse des *Global War on Terror* auf die Heimatfront und häusliche Sphäre; sie markiert die Militarisierung des Lebens der Protagonistin und ihrer romantischen Beziehung als notwendige Normalität im Kontext des Krieges; und sie verwischt die Grenze zwischen einer vermeintlich privaten Sphäre familialer Bindungen und dem öffentlichen Diskurs um die Außen- und Innenpolitik der USA im Nachgang der Terroranschläge vom 11. September 2001. Gleichzeitig zieht der Text eine klare Trennlinie zwischen den parallelen Welten der militärischen Gemeinschaft und der Zivilbevölkerung. Bereits zu Beginn erklärt Burana: „[T]here's a Green Curtain rule in effect when it comes to communicating about the military with people who are strangers to that world" (2009, 4). Während ihr Buch einerseits einen teilweisen Bruch mit dieser Regel und einen persönlichen Einblick in ihr Leben mit dem Militär verspricht, erinnert es die Lesenden doch immer wieder an die Limitierungen ihrer Einsichten in die militärische Kultur und Lebensrealität. Buranas Text basiert auf der Prämisse, dass es im professionellen Leben ihres Mannes ebenso wie in der US-amerikanischen Kriegsführung Aspekte gibt, die weder sie noch ihre Lesenden wissen sollten oder verstehen könnten. Er perpetuiert dabei auch eine vergeschlechtlichte Logik des Krieges als männlich kodiert im Kontrast zur feminin dominierten Heimatfront:

> I never asked Mike about anything he'd seen in combat [...]. I didn't feel it was within my rights to press him for details, and womanly intuition guided me to soothe rather than pry. [...] He was part of a world that I could not – and likely would not – ever know.
> (Burana 2009, 63)

Trotz und gerade wegen dieser Einschränkung ist Burana als Zivilistin, als frischgebackene Ehefrau eines Offiziers und als Novizin in der militärischen Gemeinschaft in einer idealen Position, um ihren Lesenden militärisches Protokoll, Sprache und alltägliches Leben zu erklären und ‚uns' in die ‚Parallelwelt' des amerikanischen Militärs mitzunehmen. Dies zeigt sich etwa zu Beginn des zweiten Kapitels „Simple as Alpha Bravo Charlie", in dem das Phänomen des „Greenspeak" verhandelt wird (vgl. Burana 2009, insbes. 22–24), in der in den Text integrierten „dictionary definition of *hooah*" (31–32) oder auch in den zahlreichen Erklärungen von Akronymen und (militärischen) Regularien (vgl. z. B. 55, 106–107, 124, 137, 145, 208, 232). Immer wieder betont sie, wie unwahrscheinlich es gewesen sei, dass sie in dieser ‚Paragesellschaft' ihren Platz finden würde. Mittels dieser Erzählstrategie suggeriert der Text, dass auch die Lesenden ihre Vorbehalte gegen das Militär überwinden können, wenn selbst „Anarchy Girl" (Burana 2009, 2) dazu imstande war. Dieser Effekt wird durch die ironische Einfärbung des Textes und deren Distanzierungsleistung noch verstärkt. Aus ihrer kritischen Haltung zum *Global War on Terror*, zum militärischen Protokoll und insbesondere zur idealisierten Rolle der Soldatenfrau macht Burana dann auch in ihrem Buch keinen Hehl:

> I was supposed to be the suffering Saint Wifey, crying while I adjusted the yellow ribbons on the tree, and instead I was rolling my eyes all the time. (2009, 83)[6]

> I married into the military-industrial complex, yes, yet I reserved the right to judge. Love is tolerant; it is not at all blind. (2009, 89)

Als sie vom Abu Ghraib-Skandal erfährt, sei sie auf eine kaum vorstellbare Art und Weise aufgebracht gewesen. Für ihre Lesenden versucht sie diese Erfahrung durch folgende Analogie – die erneut die affektiven Logiken romantischer Beziehungen mit der Rolle des US-Militärs und seinen kriegerischen Handlungen verquickt – nachvollziehbar zu machen: „If you've ever had someone cheat

---

6 Dennoch nutzt Burana in ihren Memoiren die Darstellung von Tränen, emotionalem Exzess und Verzweiflung für ihre Zwecke (vgl. 2009, z. B. 95; 97).

on you – the feeling was the same" (Burana 2009, 297). Dieser Vergleich markiert zwar die Ereignisse in Abu Ghraib als moralische Transgression und Vertrauensbruch, aber er trivialisiert sie auch in signifikanter Weise. Die Lesenden werden angehalten, sich mit der schockierten Soldatenfrau und ihrem Gefühl von Enttäuschung und Betrug zu identifizieren, anstatt beispielsweise mit den gefolterten und getöteten Opfern der Soldaten. Deren Leben sind in dieser Logik jenseits dessen, was Judith Butler als „grievability"[7] bezeichnet, vielmehr steht das „precarious life"[8] der Soldatenfrau im Zentrum des Interesses. Buranas „visceral, gut-felt battle between the culture into which I married and the ideals that I hold dear" (2009, 312) zeigt dann auch für die Lesenden beispielhaft einen versöhnlichen Ausweg auf:

> I knew that if I were to ever reconcile the horrors of war and military corruption with the goodness of my marriage – and the military itself – I would have to go beyond Rumsfeld's smarmy advice to overlook the 'few bad apples' and work the grid in reverse: For every crooked soldier, there are hundreds of thousands more who are honorable; for every hurtful military tactic and policy, there are scores more that help. (Burana 2009, 309)

Unabhängig von der persönlichen Haltung zum Krieg, so suggeriert der Text, ist das Militär also zu unterstützen. Trotz verschiedener Probleme – inklusive einer zeitweisen Trennung von ihrem Mann und dem Kampf gegen PTSD (hier u. a. interpretiert als „post-traumatic spouse disorder", Burana 2009, 287) – findet Burana schließlich ihren Platz in der militärischen Gemeinschaft. Ihre Vergangenheit als Stripperin und ihre neue Rolle als Offiziersgattin kann sie in Einklang bringen, indem sie einen Burlesque-Kurs für Soldatenfrauen mit dem Titel „Operation Bombshell" (Burana 2009, 328) ins Leben ruft.[9] Sie hat gelernt, dass die Rolle der Soldatenfrau ein spezifisches emotionales und verkörpertes Wissen erfordert:

---

7 ‚Grievability' nach Judith Butler „is a presupposition for the life that matters" (Butler 2010, 14). Butler erläutert weiter: „whose life, if extinguished, would be publicly grievable and whose life would leave either no public trace to grieve, or only a partial, mangled, and enigmatic trace" (Butler 2010, 75).
8 Butler erklärt hierzu: „To say that life is precarious is to say that the possibility of being sustained relies fundamentally on social and political conditions, and not only on a postulated internal drive to live" (Butler 2010, 21).
9 Sie beschreibt diesen Prozess so: „I'd kept those two parts of my self completely separate – the wife and the wild girls – as if they might contaminate each other. How nice it was to finally accept that, instead, they complemented each other. I could knit these two halves together, then give them as a gift to other women: Have fun. Be glamorous. Be free. Be yourself. Enjoy" (Burana 2009, 334).

> [M]ilitary-wife life meant painting with a new emotional palette. (Burana 2009, 119)

> [T]here was much more to being a military wife than courtesies and customs and regulations – things I couldn't learn by simply putting my nose in a book. (Burana 2009, 124)

Letztlich beherrscht sie nicht nur die unausgesprochenen Regeln, die es als Offiziersgattin einzuhalten gilt (Burana 2009, 329), sondern hat sich auch mit den Prozessen und Protokollen von Nicht-Wissen und (Ver-)Schweigen angefreundet:

> No one discussed the war. [...] Among the wives, we talked about where the war had taken our husbands, what it was doing to our families, our plans, our careers, our dreams, our psyches, our souls, and our marriages. [...] I understood the silence as an extension of the soldiers' own protocol. [...] So the glue that binds the Army community is common experience rather than shared opinion. (Burana 2009, 154–155)

Diese geteilte Erfahrung ist für Außenstehende kaum nachzuvollziehen. Burana beschreibt nicht nur die Entfremdung von ihren Freund*innen, die keine Beziehung zum Militär haben, sondern auch, wie wenig Zivilist*innen allgemein von der Realität des Krieges und den Erfahrungen der Soldat*innen und ihren Angehörigen nachvollziehen können:

> [...] when some well-meaning civilian, a neighbor or someone at the gym, would say, 'I know how you feel,' I'd be so pissed, I was sure my brain would melt and pour out of my eyes. *No, you most certainly damn* don't *know how I feel.* (Burana 2009, 86, Herv. i. O.)

I Love a Man in Uniform vermittelt im buchstäblichen und metaphorischen Sinne zwischen Militärkultur und Zivilgesellschaft und sensibilisiert für die Situation der Soldatenfrauen und deren Leid („the pain of those at home who hurt by proxy," 287; „The Army asks a lot of its families," 340). Zugleich weist der Text auch die Grenzen dieser Übersetzungsleistung auf, indem er immer wieder auf die spezifischen Erfahrungen von Soldatenfrauen rekurriert, die sich dem Verständnis Außenstehender entziehen.

3 Secrecy and Silence: Die militärische ‚Parallelwelt' in *The Unit*

Die Fernsehserie *The Unit* basiert lose auf Eric Haneys Autobiografie *Inside Delta Force: The Story of America's Elite Counterterrorist Unit* und wurde von 2006 bis 2009 in vier Staffeln auf CBS ausgestrahlt. Die Drama- und Actionserie folgt einer fiktionalen Spezialeinheit der Delta Force bei ihren Einsätzen zur Terrorbekämpfung an verschiedenen Orten der Welt. Parallel zeigt sie auch die Ereignisse auf der Militärbasis und insbesondere im Leben der Soldatenfrauen. Auch hier geht es um die spezifische Situation in den USA nach 9/11 – der dauerhafte Ausnahmezustand sowie die Normalisierung und Legitimierung von militärischen Interventionen, Folter und präventiven Erstschlägen sind in der Serie allgegenwärtig. Dennoch etabliert der Prolog zu mehreren Folgen der zweiten Staffel eine längere Geschichte der Delta Force, die bereits in den 1970er Jahren als Eliteeinheit zur Terrorismusbekämpfung gegründet wurde, und unterläuft damit auch ein Stück weit die vermeintliche Zäsur durch den 11. September 2001.[10] In der von Pulitzer-Preisträger David Mamet kreierten, produzierten und teilweise auch geschriebenen Serie – die vielen schon deshalb als „Prestige TV" gilt[11] – folgen die Zuschauenden den Soldaten auf ihren Trainingseinheiten und verschiedenen Missionen. Cynthia Young hat die Serie treffenderweise als „virtual travelogue of global hotspots – China, Afghanistan, Pakistan, Spain, Panama" bezeichnet und herausgestellt, wie die Serie die globale Vormachtstellung und Omnipotenz der USA imaginiert und dabei von Anbeginn an alle „political or ethical objections" der Zuschauenden einer solchen Vorstellung gegenüber zu entkräften sucht (Young 2014, 46). Selten bekommen die klandestinen Einsätze eine ausführliche Kontextualisierung und die Zuschauenden erfahren kaum etwas über die politischen Zusammenhänge der Aufträge, welche die Soldaten erhalten und ausführen. Die Soldaten um Jonas Blane (Dennis Haysbert) erfüllen in der Regel ihre Missionen, ohne deren Sinn oder Legitimität weiterführend in Frage zu stellen. Auch hier wird dem Publikum also nahegelegt, sich – wie die fiktionalen Soldaten – mit ihrem limitierten Wissen und Nicht-Wissen zu arrangieren und dieses im Interesse der nationalen Sicherheit zu akzeptieren. Oftmals fokussiert die Serie pro Folge eine Mission, ohne für diese größere narrative Bögen zu spannen – anders sieht es da bei der Darstellung der Entwicklungen in den Familien und im persönlichen Leben der Soldaten aus, die sich über viele Episoden erstrecken und teils komplexe Verflechtungen beinhalten. Mit Bob und Kim Brown (Scott Foley und Audrey Marie Anderson) kommen zu Beginn der Serie auch zwei Neuankömmlinge in die abgeschottete Gemeinschaft der Spezialeinheit, die selbst im US-Militär eine Parallel-Existenz darstellt, und

---

10 Dieser Prolog lautet: „In 1979, Congress authorized the formation of a contingent of elite Special Forces soldiers who answer only to the President of the United States. Their missions and their very existence are closely guarded secrets protected by the soldiers themselves and their wives, who possess secrets of their own".
11 Dieser Effekt war allerdings nur von kurzer Dauer, wie Jason Mittell erläutert: „It is rare for a writer's track record outside of television to translate into a notable presence in the collaborative realm of television – for instance, after an initial press burst, little of award-winning playwright and filmmaker David Mamet's prestige rubbed off onto the CBS military drama *The Unit* that he created" (Mittell 2015, 99).

fungieren als Mittler*in für die Zuschauenden. Die Soldaten sind Akteure einer militärischen Einheit, die an der Grenze zwischen der offiziellen Institution des US-Militärs und den „para-institutional armed actors" eines „outsourced empire" operieren (Thomson 2018, 5).[12] Die Einheit hat einen eigenen Verhaltens- und Ehrenkodex – die Soldaten, so erklärt Colonel Tom Ryan (Robert Patrick), „answer to a higher code" („Play 16" S03 E08). Dieser wird exemplarisch ersichtlich, als seine Affäre mit der Frau eines seiner Soldaten, Mack Gerhardt (Max Martini), bekannt wird und das Team ein Todesurteil fällt (das jedoch letztlich nicht vollstreckt wird; „Into Hell (Part 1)" S04 E07). Kim ist bereits eine erfahrene *Army Wife* und kämpft dennoch mit den Regeln, Erwartungen und Anforderungen ihres neuen Lebens. Molly Blane (Regina Taylor), die qua des Status ihres Mannes eine Führungsrolle unter den Frauen einnimmt, klärt Kim gemeinsam mit Tiffy Gerhardt (Abby Brammell) auf:

> Molly: "The 303rd Logistical Studies Unit is where your husband works. That is his cover. It is your cover. Other than that, this Unit has no name. Other than that, it doesn't exist. You will live that cover as if your husband's life depended on it. As believe me, it does."
>
> Tiffy: "Every person who knows one more piece of information, is one more person who could get our husbands killed."
>
> Molly: "You do not tell your mother, your best friend, your priest what your husband does." („First Responders" S01 E01)

Die Ikonografie der Serie mag auf den ersten Blick eine Action- und Kriegs-Serie versprechen, aber es geht ebenso zentral um die zum Geschehen an den Einsatzorten der Special Forces parallel montierten Erfahrungen der Soldatenfrauen. Durch diese formal-ästhetische Gestaltung unterbrechen sie buchstäblich die Aktivitäten ihrer Männer und bilden nicht nur ihren Rückhalt, verleihen ihnen Legitimität und dienen als moralischer Kompass, sondern bergen auch konstant die Gefahr der Ablenkung und Gefährdung der Missionen und tragen mithin zum Spannungsaufbau bei. „The first rule of a Unit wife. A distracted soldier is a dead soldier" wird nahezu mantraartig in der Serie wiederholt (z. B. „Into Hell (Part 1)" S04 E07). Die klare Trennung zwischen der Heimatfront und den Einsatzorten der Soldaten ist für die ersten zwei Staffeln sehr durchgängig inszeniert, in den letzten zwei Staffeln überlagern sich die beiden Sphären zusehends, als die Fami-

---

[12] Thomson erläutert: „[t]he US delegated central tasks to militias, mercenaries, PMCs, and a variety of similar non-state armed actors throughout the 'War on Terror' and has continued to do so up until the present day" (Thomson 2018, 4). Er stellt auch heraus, dass dies an und für sich noch kein neues Phänomen ist: „para-institutional armed actors have been increasingly central to US efforts to create and maintain a US-led liberalized order throughout the post-WWII era" (5).

lien der Soldaten das Ziel von Angriffen werden („Always Kiss Them Goodbye" S03 E03 und „Hill 60" S04 E16), selbst eine neue Identität annehmen und ‚undercover' leben müssen („Sacrifice" S04 E01) und sogar vom Vorgesetzten ihrer Ehemänner, Colonel Ryan, aktiv in die laufende Mission involviert werden, um ein terroristisches Netzwerk auszuheben („Dancing Lessons" S04 E05).[13] Ihre Handlungsmacht, ihr Aktionsradius und ihr Wissensstand bleiben dennoch eher begrenzt und beschränken sich in erster Linie auf das Management des Heims/der Heimatfront. Mary Beth Haralovich konstatiert:

> The women at home are expected to be stoic, blindly loyal, and uninformed. Their men serve on missions so intense that thoughts of home can rarely intrude. The women of *The Unit* are not allowed the context [...] for understanding the tactics, strategies, or purpose in which their men are engaged. In this Ryan-Mamet gritty television show, the men's tough visceral physicality contrasts with the soft physical and vocal presence of the women. Woman's knowledge is dealt with severely and rigorously suppressed. (Haralovich 2016, 295)

Die Frauen werden als weiblicher Gegenpart an der Heimatfront zur soldatischen Kampfeinheit im Feld dargestellt. Wie auch die Einsatzgruppe um Jonas Blane formen sie eine Gemeinschaft, die Differenzen zu nivellieren scheint, und sie hüten die Geheimnisse ihrer Männer. Wie Lily Burana wissen auch die fiktionalen Ehefrauen in *The Unit*, dass sie lieber keine weiterführenden Fragen zu den Tätigkeiten ihrer Männer stellen sollten und sie dienen der moralischen Legitimierung der Handlungen der Soldaten. Und auch ihre Probleme werden sichtbar: Die finanziell prekäre Lage der Militärfamilien ist ebenso immer wieder Thema wie häusliche Gewalt und sozialer Druck (vgl. z. B. „200th" S01 E03 oder „Two Coins" S02 E18). Ebenso wird klar, dass die Frauen als zivile Grenzgängerinnen im Militär eine prekäre Situation einnehmen, die von ihrem Status als Ehefrau abhängt und sich mit dem Tod ihres Mannes oder auch im Falle einer Scheidung sofort ändern kann (vgl. z. B. „The Kill Zone" S02 E03). Die Serie macht wiederholt deutlich, dass die Karrieren und das Überleben der Soldaten von der Verschwiegenheit und Compliance ihrer Frauen abhängt. Colonel Ryan erinnert die Frauen mit Nachdruck an ihre Verantwortung und droht ihnen mit schwerwiegenden Konsequenzen:

---

[13] Der Bruch zwischen den Staffeln zeigt sich auch z. B. an der Titelsequenz. Für die ersten beiden gibt das musikalische Thema der Titelsequenz eine militärische Trittfrequenz vor und die Protagonisten werden in ihrer Uniform oder Kampfmontur gezeigt. Für die letzten zwei Staffeln nimmt der Sound eher pop-musikalische Züge an und die Protagonisten werden prominent in Anzügen dargestellt. Auch ihre ambivalente Rolle als Soldaten und Agenten einer offiziell verdeckten Einheit wird darüber noch einmal besonders eindrücklich sichtbar.

> Do you know who's out there in the civilian world right off this base? At the convenience store, at the laundromat? Do you know who your sister-in-law talks to to puff herself up because she knows one too many things? You don't know. And neither do I. And what we have right here, in the last year, these are the photos of 112 men from the special-forces community who have died because somebody knew they were coming. You cannot trust anyone, anyone outside this room. You will get someone killed! Sleeping on guard, drunk on guard, consorting with the enemy. You run your mouths off on the street, you're no better than that. And, I find out that you're doing it, I will ruin you. [...]. I want the women of this unit so paranoid that you will think twice before you volunteer a nice day to anyone outside this room. It falls on you. You do your job! („Security" S01 E06)

Und seine Frau Charlotte Ryan (Rebecca Pidgeon) erklärt bei ihrer Hochzeitsfeier:

> We all have secrets. Most secrets are not shameful. They're just private. The secrets of marriage are private. The secrets of combat are private. We women can't know them. We can only be close to them in being close to you. And as in marriage, you men honor us by trusting us not only to keep your secrets but to respect them. („The Wall" S01 E13)

Die Soldatenfrauen sind also ebenfalls für die nationale Sicherheit verantwortlich und bieten auch für die Zuschauenden ein Verhaltensmodell im Angesicht der globalen Konflikte und terroristischen Bedrohungen. Dies wird besonders deutlich, als in den letzten Staffeln Heimatfront und Kampfzone zunehmend verschmelzen, oder in Sequenzen, in denen sich die Serie explizit mit Anti-Kriegsprotesten auseinandersetzt. Tiffy z. B. stürmt ein Antikriegs-Treffen unter der Leitung von Wilson James (Jon Hamm), um seine Gruppe – und die Zuschauenden – davon zu überzeugen, dass sie nicht gegen das Militär protestieren können: „And how can you stand there with your superior wisdom and berate the men and women who have sworn with their lives to defend you? You scream at firemen when they're going to put out a fire? Do you? Well, there's a fire, people. You're at war" („Old Home Week" S02 E06). Sie gewinnt nicht nur nach Wilsons Einschätzung die Debatte („Old Home Week" S02 E06), sondern leistet auch ihre Sozialstunden als Freiwillige in der Rechtsberatung des selbstdeklarierten „lefty" („Bait" S02 E10). Auch hier sehen wir die Soldatenfrau in einer Mittlerrolle zwischen dem Militär und einer (kriegsmüden und/oder kriegskritischen) Zivilgesellschaft. Die Figuren an der Heimatfront zeichnen sich durch eine unhinterfragte Loyalität ihren Soldaten gegenüber aus, die sich auch durch eine teils durchaus kritische Perspektive auf das Militär nicht erschüttern lässt.[14] Die Einblicke in das militärische Alltagsleben, das geprägt ist vom Primat der nationalen Sicherheit sowie von notwendiger Abschottung, sind auch in dieser fiktionalen Darstellung

---

14 Als ihre Tochter mit dem Gedanken spielt, ebenfalls zum Militär zu gehen, ist Molly Blane wenig begeistert und erklärt ihr nüchtern: „There is discrimination against women. There's mud and dirt. There's rape, there's war" („Non-Permissive Environment" S01 E05).

limitiert. In der Akzeptanz von Nicht-Wissen, dem Vertrauen in die Institution des Militärs (repräsentiert durch die Soldaten der Spezialeinheit, von denen die meisten auch als Ehemänner und Väter gezeigt werden und dadurch an Tiefe und moralischer Legitimität gewinnen) und der Notwendigkeit zur Verschwiegenheit legt die Serie ein solches Verhalten auch ihren Zuschauenden nahe und die Soldatenfrau wird als Grenzgängerin und Vermittlerin zwischen Zivilgesellschaft und Militär u. a. auch Teil der Kriegspropaganda.

4 Fazit

Die Debatte um die weitreichende Ignoranz der amerikanischen Bürger*innen hinsichtlich des US-Militärs, seiner Kultur und seiner konkreten Aktivitäten sowie der Gefahr einer Entwicklung paralleler Welten hat sich im Nachgang der Ereignisse vom 11. September 2001 und dem sog. *Global War on Terror* noch einmal neu akzentuiert. Gleichzeitig haben Soldatenfrauen ihre symbolische Rolle im kulturellen Imaginären der USA verstärkt aktiv angenommen und ihre Bedeutung für die US-Kriege im 21. Jahrhundert dokumentiert. Die hier exemplarisch analysierten Beispiele zeigen, wie Selbst- und Fremddarstellungen die Soldatenfrau als Grenzgängerin zwischen Militärkultur und Zivilbevölkerung inszenieren, die vermitteln und um Unterstützung für das Militär (und indirekt auch dessen Kriegseinsätze) werben kann. Literarische und kulturelle Repräsentationen von ‚Para(llel)gesellschaften' bieten folglich nicht nur spezifische „Positionierungen zu den dargestellten Werte- und Verhaltensweisen der ‚Mehrheitsgesellschaft'", sondern haben oft eine „didaktische Funktion" (Hiergeist 2017, 16). In den hier untersuchten medialen Inszenierungen wird den Lesenden und Zuschauenden eine bestimmte Haltung gegenüber dem Militär nahegelegt. Einerseits werden ihnen Einblicke in diese ‚fremde' Kultur versprochen und gewährt, für die insbesondere die Figuren der Neuankömmlinge relevant sind, da sie sich als „Mediatorenfiguren" (Hiergeist 2017, 19) gemeinsam mit dem Publikum die Regeln, Kontexte und Logiken des ‚neuen' Umfelds erschließen. Sie nutzen dazu Authentifizierungsstrategien wie etwa persönliche Erfahrungen (Lily Burana) oder die Beteiligung von Expert*innen an der Produktion fiktionaler Formate (Eric Haney bei *The Unit*). Andererseits zementieren die Texte damit auch die Grenze zwischen Zivilgesellschaft und Militärkultur, da sie häufig betonen, dass die Erfahrung des Lebens in und mit dem Militär nicht für Außenstehende nachvollziehbar gemacht werden könne und schon aus Sicherheitsgründen viele Aspekte des nationalstaatlichen militärischen Handelns sowie der konkreten Aktivitäten der Soldat*innen geheim bleiben müssten. Die Affirmation dieser Grenze bestärkt die einzigartige Bedeutung der Soldatenfrau als liminaler Figur. Die militärische Gemeinschaft definiert sich in den populärkulturellen Darstellungen über geteilte Geheimnisse, gemeinsame Erfahrungen und implizites Wissen sowie über die geographische Nähe auf der Militärbase oder -akademie und deren eigenen expliziten und impliziten Regeln, Traditionen, sprachliche Wendungen und sozio-kulturellen Strukturen. Mithilfe verschiedener erzählerischer Mittel und argumentativer Strategien wird zudem die ‚Paragesellschaft' des Militärs zum ‚besseren' Amerika und somit zum Idealbild der dominanten Gesellschaft stilisiert. Die Texte appellieren an ihr Publikum, die Grenzen ihres Wissens im Interesse der nationalen Sicherheit zu akzeptieren und wenn schon nicht dem Staat selbst, dann doch zumindest den durch ihre Frauen als ‚gute' Ehemänner und ‚gute' Menschen legitimierten Soldaten sowie deren Handeln zu vertrauen. Die Soldatenfrau ist in diesem Sinne der Dreh- und Angelpunkt eines „agnotologischen" Diskurses (vgl. Proctor und Schiebinger 2008), dessen didaktisches Potenzial – ganz im Gegensatz zu der augenscheinlichen Agenda der Texte, auf verschiedenen Ebenen Einblicke in das militärische Leben zu gewähren – auf die Verhinderung von Wissen und Wissenserwerb und die Beförderung von Ignoranz abzielt.

Bibliographie

Anderson, Benedict. *Imagined Communities: Reflections on the Origin and Spread of Nationalism*. London: Verso, 2006 [1983].

Aptekar, Sofya. *The Road to Citizenship: What Naturalization Means for Immigrants and the United States*. New Brunswick: Rutgers UP, 2015.

Brooks, Rosa. „Civil-Military Paradoxes". *Warriors & Citizens: American Views of Our Military*. Hg. Kori Schake und Jim Mattis. Stanford: Hoover Institution Press, 2016. 21–68.

Burana, Lily. *I Love a Man in Uniform: A Memoir of Love, War, and Other Battles*. New York: Weinstein Books, 2009.

Butler, Judith. *Frames of War: When Is Life Grievable?* London: Verso, 2010.

Cowen, Deborah und Emily Gilbert (Hg.). *War, Citizenship, Territory*. New York: Routledge, 2008.

Enloe, Cynthia. *Maneuvers: The International Politics of Militarizing Women's Lives*. Berkeley: University of California Press, 2000.

Enloe, Cynthia. *Globalization and Militarism: Feminists Make the Link*. Lanham: Rowman & Littlefield, 2016.

Golby, Jim, Lindsay P. Cohn und Peter D. Feaver. „Thanks for Your Service: Civilian and Veteran Attitudes after Fifteen Years of War". *Warriors & Citizens: American Views of Our Military*. Hg. Kori Schake und Jim Mattis. Stanford: Hoover Institution Press, 2016. 97–142.

Gomes, Catherine. „Living in a Parallel Society: International Students and Their Friendship Circles". *Journal of International Students* 10.1 (2020): xiii–xv.

González, Robert J., Hugh Gusterson und Gustaaf Houtman (Hg.). *Militarization: A Reader*. Durham: Duke University Press, 2019.
Haney, Eric L. *Inside Delta Force: The Story of America's Elite Counterterrorist Unit*. New York: Delacorte Press, 2002.
Haralovich, Mary Elizabeth. „Those at Home Also Serve: Women's Television and Embedded Military Realism in *Army Wives* (2006–2014)". *A Companion to the War Film*. Hg. Douglas A. Cunnigham und John C. Nelson. West Sussex: Wiley Blackwell, 2016. 289–304.
Hardt, Michael und Antonio Negri. *Multitude: War and Democracy in the Age of Empire*. London: Penguin, 2004.
Hiergeist, Teresa. „Selbst, anders, neu. Reflexionen zu den kulturellen und ästhetischen Bedeutungen von ‚Parallel- und Alternativgesellschaften'". *Parallel- und Alternativgesellschaften in den Gegenwartsliteraturen*. Hg. Teresa Hiergeist. Würzburg: Königshausen & Neumann, 2017. 7–24.
Mattis, Jim und Kori Schake. „A Great Divergence?" *Warriors & Citizens: American Views of Our Military*. Hg. Kori Schake und Jim Mattis. Stanford: Hoover Institution Press, 2016. 1–20.
Melley, Timothy. „Zero Dark Democracy". *Narrating 9/11: Fantasies of State, Security, and Terrorism*. Hg. John N. Duvall und Robert P. Marzec. Baltimore: Johns Hopkins University Press, 2015. 17–39.
Meyer, Thomas. „Parallelgesellschaft und Demokratie". *Der demokratische Nationalstaat in den Zeiten der Globalisierung: Politische Leitideen für das 21. Jahrhundert. Festschrift zum 80. Geburtstag von Iring Fetscher*. Hg. Marcus Llanque, Herfried Münkler und Clemens Stepina. Berlin: de Gruyter, 2002. 193–229.
Micus, Matthias und Franz Walter. „‚Parallelgesellschaften' erleichtern den Übergang in die Mehrheitsgesellschaft: Mangelt es an ‚Parallelgesellschaften'?" *Zuwanderung und Integration* 4 (2006). https://www.buergerundstaat.de/4_06/parallel.htm (24. November 2020).
Mittell, Jason. *Complex TV: The Poetics of Contemporary Television Storytelling*. New York: New York University Press, 2015.
Owens, Mackubin Thomas. „Is Civilian Control of the Military Still an Issue". *Warriors & Citizens: American Views of Our Military*. Hg. Kori Schake and Jim Mattis. Stanford: Hoover Institution Press, 2016. 69–96.
Poplin, Cody und Benjamin Wittes. „Public Opinion, Military Justice, and the Fight against Terrorism Overseas". *Warriors & Citizens: American Views of Our Military*. Hg. Kori Schake und Jim Mattis. Stanford: Hoover Institution Press, 2016. 143–60.
Proctor, Robert N. und Londa Schiebinger (Hg.). *Agnotology: The Making and Unmaking of Ignorance*. Stanford: Stanford University Press, 2008.
Ricks, Thomas. „The Widening Gap Between Military and Society". *The Atlantic Monthly* (July 1997). https://www.theatlantic.com/magazine/archive/1997/07/the-widening-gap-between-military-and-society/306158/ (24. November 2020).
Takaki, Ronald. *Double Victory: A Multicultural History of America in World War II*. New York: Black Bay Books, 2000.
Thomson, Andrew. *Outsourced Empire: How Militias, Mercenaries, and Contractors Support US Statecraft*. London: Pluto Press, 2018.
The Unit. CBS, 2006–2009.
Wanzo, Rebecca. *The Suffering Will Not Be Televised: African American Women and Sentimental Political Storytelling*. Albany: SUNY, 2009.
Young, Cynthia. „Black Ops: Black Masculinity and the War on Terror". *American Quarterly* 66.1 (2014): 35–67.

Stephanie Schwerter
Zwischen *peace line* und *green line*: Belfast und Beirut im zeitgenössischen Film

Als geteilte Städte sind Belfast und Beirut zur Inspirationsquelle vieler Drehbuchautoren und Regisseure geworden. In ihrem jeweilgen segmentierten Stadtgebiet spiegelt sich die Struktur einer Gesellschaft wider, die durch einen ethno-religiösen Konflikt in zwei feindliche Lager gespalten wurde. Während sich im Nordirland-Konflikt Katholiken und Protestanten gegenüberstanden, bekämpften sich im libanesischen Bürgerkrieg Christen und Muslime. Im Kontext des Konzepts ‚Paragesellschaften' stellen Nordirland und der Libanon jedoch Sonderfälle dar. Aufgrund einer internen Spaltung teilten sich die nordirische und die libanesische Gesellschaft in zwei ‚Paragesellschaften', die im Sinne zweier einander feindlich gestimmter Kulturgemeinschaften aufzufassen sind. Als Zentrum des jeweiligen Konfliktes zeigen sich die Konsequenzen der ethnoreligiösen Spannungen in Beirut und Belfast deutlicher als im Rest des Landes bzw. der Region. Sowohl in Belfast als auch in Beirut grenzten sich beide ‚Paragesellschaften' nicht nur territorial voneinander ab, sondern entwickelten ebenfalls unterschiedliche Denkweisen sowie parallel existierende gesellschaftliche Strukturen.

Die territoriale und gesellschaftliche Teilung Belfasts und Beiruts ist ein beliebtes Thema im zeitgenössischen Film, international bekannte Filme sind dabei unter anderem Jim Sheridans *The Boxer* (1997), Yann Demanges *'71* (2014) sowie Ziad Doueris *West Beirut* (1998) und *ZoZo* (2005) von Josef Fares. In filmischen Darstellungen beider Städte wird dabei nicht nur mit physischen Absperrungen und Barrikaden gespielt, sondern auch mit den zwischen den beiden ‚Paragesellschaften' existierenden psychologischen Barrieren. Um die unterschiedlichen Verfilmungen der beiden Metropolen zu verstehen, ist eine kurze Einführung in ihre Stadtgeschichte bzw. die Entwicklung des jeweiligen Konflikts erforderlich.

1 Belfast und der Nordirland-Konflikt

Bis heute ist Belfasts urbane Topographie von einer territorialen Fragmentierung in katholische und protestantische Territorien gezeichnet, die insbesondere die von der Arbeiterklasse bewohnten Stadtteile prägt. Von 51 Stadtbezirken bestehen 35 bis zu 95 Prozent aus Protestanten bzw. Katholiken. Aufgrund von administrativen Einrichtungen und Kaufhäusern stellt die Stadtmitte ein neutrales Territorium dar („Visualising the Conflict"). Der Osten Belfasts wird bis zu 88 Prozent von der protestantischen Bevölkerung bewohnt und umfasst lediglich eine kleine katholische Enklave namens *Short Strand* (Johnston 2008, 99). West-Belfast dagegen besteht aus einem ausgeweiteten katholischen Territorium, das die protestantische Enklave *The Shankill* umschließen. Während der Norden der Stadt ein *patchwork* aus aneinandergrenzenden Vierteln beider Kulturgemeinschaften darstellt, befindet sich im Süden Belfasts ein relativ überschaubares Gebiet in dem Angehörige der protestantischen und katholischen Mittelschicht friedlich zusammenleben (Heatly 2004, 61).

In Belfast visualisiert sich die städtische Spaltung durch eine Reihe sogenannter „boundary markers" (O'Reilly 1998, 51), visueller Zeichen, die auf die Grenzen der einzelnen Territorien hinweisen. Eines dieser Phänomene ist die Bemalung von Bürgersteigkanten in den Farben des britischen *Union Jack* bzw. der irischen Trikolore (Smithey 2009, 85–106). Weitere Beispiele sind die unzähligen Flaggen, politischen Graffitis, Slogans und Akronyme sowie mehr als 300 *murals*, das heißt politischen Wandbemalungen, deren Thematik von historischen Ereignissen über die Glorifizierung lokaler Helden zu Machtgebärden paramilitärischer Organisationen reicht (Brothwick 2015, 6).

Die markantesten urbanen Barrieren sind jedoch die 97 *peace lines*, sprich Mauern, die gegnerische Territorien voneinander trennen („Belfast Interface Project"). Die an einigen Stellen bis zu sechs Meter hohen Betonabgrenzungen können mit einem Aufbau aus Stahl und Stacheldraht auf bis zu zwölf Meter erhöht werden (Feeney 2004, 25). Die ersten *peace lines* wurden von britischen Soldaten im Jahre 1969 konstruiert, um Katholiken und Protestanten davon abzuhalten, sich gegenseitig zu bekämpfen. Diese anfänglich als Provisorium geplanten Barrieren aus Holz und Stacheldraht entwickelten sich über die Jahre hinweg zu massiven Trennwänden. Die größte Anzahl von *peace lines* befindet sich in Nord- und West-Belfast (Heatly 2004, 64). Die gesellschaftliche Spaltung der Region wird unter anderem durch ein konfessionell getrenntes Schulsystem verschärft, bei dem lediglich fünf Prozent der Schulen sowohl protestantische als auch katholische Kinder bzw. Jugendliche aufnehmen (Mitchell 2006, 60).

Die Wurzeln des nordirischen Konflikts liegen in der Kolonisierung Irlands im 16. Jahrhundert. Protestantische aus Nord-England und Schottland stammende Kolonisatoren siedelten sich im Norden der Insel an und bewegten sich teilweise weiter in den Süden (Ross 2005, 138–163). Daraus folgt, dass auch heute noch die meisten in Nordirland lebenden Protestanten Nachfahren schottischer bzw. englischer Siedler sind, während die nordirischen Katholiken von den Kelten abstammen, so dass die beiden ‚Paragesellschaften' im Sinne zweier Ethnien aufzufassen sind. Katholiken sehen sich in der Regel als irisch und nehmen politisch eine nationalistische Haltung ein, während Protestanten sich in den meisten Fällen als Briten auffassen und einen unionistischen Standpunkt vertreten.

Als es 1948 zur Gründung der irischen Republik kam, wurde wegen der hohen Anzahl von Protestanten im Norden der nördliche Teil der Insel dem Vereinigten Königreich überlassen (Ross 2005, 46). Durch die wachsende Diskriminierung der katholischen Bevölkerung in Bezug auf Arbeitsplätze, Wahlrecht und Sozialwohnungen kam es im Jahre 1968 zum Ausbruch des Nordirland-Konflikts, der im englischen Sprachraum weitgehend als *The Troubles* bezeichnet wird (MacKittrick und McVea 2001, 11–12). Aufgrund der gespannten Situation in Nordirland entstanden paramilitärische Organisationen auf beiden Seiten, von denen die IRA weltweit die bekannteste ist.[1] Die gewaltsamen Auseinandersetzungen zwischen Protestanten und Katholiken forderten um die 4000 Todesopfer (Hanna 1999, 197). Politiker und Wissenschaftler sind jedoch bis heute uneins über das Ende des Nordirland-Konflikts. Manche sehen das Ende der Auseinandersetzung in dem 1998 geschlossenen *Good Friday Agreement* (Welch 2000, 364), andere argumentieren, dass erst durch die Wiederherstellung eines gemeinsamen Parlaments im Jahre 2007 ein Schlussstrich unter die Konfrontationen gezogen wurde (Melaugh).

2 Beirut im libanesischen Bürgerkrieg

Wie im Falle Belfasts liegt Beiruts urbane Fragmentierung in der Geschichte des Landes begründet. Seit Beginn des 18. Jahrhunderts etablierten sich Christen im Osten der Stadt, während sich Muslime im Westen niederließen (Asmar 2006, 74). Zur Zeit des französischen Mandats (1920–1943) begann sich insbesondere die christliche Bevölkerung mit der französischen Sprache und Kultur zu identifizieren, wodurch die kulturellen Unterschiede zwischen Christen und Muslimen vergrößert wurden (Naeff 2018, 20). In den 1950er und 60er Jahren erlebte das Land das sogenannte „goldene libanesische Zeitalter", das von einer florierenden Wirtschaft und einer lebendigen Kulturszene geprägt war. Zu dieser Zeit lebten Christen und Muslime trotz ihrer kulturellen und religiösen Differenzen friedlich zusammen. Beirut wurde zum intellektuellen Zentrum der arabischen

---

[1] Weitere paramilitärische Organisationen auf der katholischen Seite waren unter anderem *CIRA* (*Continuity IRA*), *RIRA* (*Real IRA*), *DAAD* (*Direct Action Against Drugs*) und *INLA* (*Irish National Liberation Army*).

Welt und von vielen als Paris des Orients bezeichnet (Kassir 2003, 16–17). Durch die zunehmende Zahl der palästinensischen Flüchtlinge veränderte sich jedoch die Demographie des Landes, so dass sich eine muslimische Mehrheit in der Bevölkerung bildete (Calame und Charlesworth 2009, 44).

Der Zwischenfall, an dem sich der libanesische Bürgerkrieg entzündete, ereignete sich am 13. April 1975. An diesem Tag wurde auf Pierre Gemayel, dem Leiter der christlichen Partei der Phalangisten, ein Attentat verübt. Gemayel überlebte zwar, sein Leibwächter sowie drei weitere Personen wurden jedoch getötet. Die Phalangisten gingen davon aus, dass es sich bei den Tätern um radikalisierte Palästinenser handelte und schossen daher aus Rache auf einen Bus mit palästinensischen Zivilisten. Nach dem Angriff, bei dem 27 Personen getötet und mehr als 20 verwundet wurden, kam es in Beirut zum Ausbruch unkontrollierbarer Gewalt (Llewllyn 2010, 60).

Die politische Situation schlug sich schnell im Stadtbild nieder. In kürzester Zeit entwickelte sich eine befestigte Demarkationslinie zwischen Ost und West. Die sogenannte *green line* schnitt durch die Stadt, zertrennte Hauptverkehrsstraßen und brachte den zentralen Verkehrskontenpunkt an der *Place des Martyrs* zum Stillstand (Kathib 2008, 62). Die Demarkationslinie mutierte zu einem neun Kilometer langen und zwischen 18 und 90 Meter breiten Niemandsland. Von beiden Seiten war sie mit Barrikaden befestigt, für deren Errichtung Sandsäcke, Stacheldraht, ausgebrannte Fahrzeuge, Zementblöcke, Schutt sowie vom Hafen gestohlene Container benutzt wurden (Calame und Charleworth 2009, 38). Neben der Linie kam es in der gesamten Stadt zur Errichtung von bis zu drei Meter hohen, diverse Enklaven umzäunenden Barrikaden (Calame und Charleworth 2009, 38).

Während des Bürgerkrieges war das christliche Ost-Beirut rechtsorientiert und politisch gegen Palästina gerichtet, während das muslimische West-Beirut eine linksorientierte pro-palästinensische Haltung vertrat (Naeff 2018, 23). Ähnlich wie in Belfast wachten paramilitärische Organisation beider Lager über die internen urbanen Grenzen (Bollens 2012, 148). Die Bewegungsfreiheit der meisten Einwohner Beiruts war während des Bürgerkrieges auf das Gebiet ihrer eigenen Kulturgesellschaft beschränkt (Mermier 2015, 75–76). Der gewaltsame Konflikt forderte das Leben von ca. 150 000 Zivilisten und machte mehr als 30 Prozent der libanesischen Bevölkerung zu Flüchtlingen (Asmar 2006, 62). Das Ende des Bürgerkrieges begann sich in den letzten Monaten des Jahres 1989 mit der Unterzeichnung eines Friedensabkommens zwischen Muslimen und Christen abzuzeichnen. 1991 wurde das Abkommen durch einen weiteren Friedensvertrag bestätigt (Asmar 2006, 62).

3 Filmische Darstellung von politischer Gewalt

Aufgrund ihrer urbanen Teilung und gewaltgeladener Atmosphäre wurden die Städte Belfast und Beirut zum Schauplatz zahlreicher Filme. Die meisten in Belfast und Beirut spielenden Filme wurden nach Beginn der 1990er Jahre gedreht. Obwohl auch in den 80er Jahren einige wenige Filme produziert wurden, trug die friedlichere Atmosphäre in den beiden Städten in den 90er Jahren zu einem Boom in der Filmindustrie bei. Die Gründe für diese Entwicklung sind in beiden Ländern jedoch verschieden.

In Nordirland erklärte die *IRA* 1994 erstmalig einen Waffenstillstand. Dadurch wurde es möglich, direkt vor Ort zu filmen. Zuvor mussten die meisten Belfast-Filme aus Sicherheitsgründen in Dublin, Manchester oder London gedreht werden (Hill 2006, 213). Nach der Waffenstillstandserklärung der IRA begannen verschiedene staatliche Organisationen, Drehbuchautoren und Regisseuren finanzielle Hilfe anzubieten (Barton 2004, 162). Wie in Nordirland waren in den meisten Teilen des Libanons Dreharbeiten vor Ort während des Bürgerkrieges unmöglich (Khatib 2008, 23). Die gesellschaftliche Spaltung verhinderte das Florieren der Filmindustrie, da das im Osten Beiruts gelegene Viertel Hamra – das libanesische Kulturzentrum des Films – nach Errichtung der Demarkationslinie für die Bewohner des Westens der Stadt nicht mehr zugänglich war (Khatib 2008, 25). Nach Ende des Konflikts wendeten sich zahlreiche libanesische Filmemacher an internationale Organisation, um ihre Projekte zu finanzieren, da von der libanesischen Regierung keine Unterstützung zu erwarten war (Armes 2015, 20).

Die meisten Filme, die sich mit dem nordirischen Konflikt bzw. dem libanesischen Bürgerkrieg beschäftigen, thematisieren nicht nur die territoriale Segmentierung der Stadt, sondern ebenfalls die Spaltung der Gesellschaft. Regisseure spielen dabei mit den inneren urbanen Grenzen, sowie der Präsenz der Armee, der Polizei und der diversen paramilitärischen Organisation. Barrikaden und Absperrungen sowie Schießereien und Bombenexplosionen bilden nicht selten den Hintergrund der Handlung. Das beliebteste Subgenre des nordirischen Films ist der sogenannte *Troubles*-Thriller.[2] Diese Art von Thriller ist von einem realistischen, fast schon dokumentarischen Stil geprägt und handelt von paramilitärischen Gangs, die sich nicht nur gegenseitig bekämpfen, sondern auch unschuldige Zivilisten ins Visier nehmen. Zu dem traditionellen männlichen Figurenrepertoire des *Troubles*-Thriller zählen nach Bill Rolston und Gerry Smyth: der *terrorist*

---

[2] Weitere Sub-Genres des nordirischen Films sind unter anderem die Komödie und die sogenannte *Love-Across-the-Barricades Story* bei der zwei Figuren der unterschiedlichen Kulturgemeinschaften durch ihren religiös-politischen Hintergrund davon abgehalten werden, zusammenzukommen.

godfather – ein politisierter Kommandant –, der *gunman* – eine Art Handlanger der Obrigkeit – und der *villain* – ein unpolitisches Individuum, für das Gewalt lediglich eine Art von Spiel ist (Smith 1997, 114). Zu den weiblichen wiederkehrenden Figuren gehören die besorgte Mutter, die mörderische *femme fatale*, sowie das Äquivalent des männlichen *villain* in der Form einer dämonischen Frau (Rolston 1989, 44).

Ein weiteres Phänomen, das sowohl an in Belfast als auch in Beirut spielenden Filmen beobachtet werden kann, ist das Motiv des *flâneurs*. Ähnlich wie Baudelaires *flâneur*, der im 19. Jahrhundert durch Paris streunt und dabei die Stadt beobachtet und interpretiert (1973, 39), bewegen sich in Belfast und Beirut eine Reihe von Figuren durch die kriegsgezeichnete Stadt. Laut Richard Burton ist der *flâneur* als externer Beobachter zu sehen, der einerseits von der Menge losgelöst ist, andererseits aber mit der Stadt verschmilzt (1994, 2). Ein Belfaster bzw. Beiruter *flâneur* beobachtet dabei hauptsächlich die sich im Stadtbild widerspiegelnden Konsequenzen politischer Gewalt.

Auch wenn unter den libanesischen Filmen Vertreter des Thriller Genres zu finden sind, ist letzteres nicht als dominierende Form zu beobachten. Wie in Belfast-Filmen konzentrieren sich in Beirut spielende Filmen auf die gewaltsamen Auseinandersetzungen der beiden ‚Paragesellschaften'. Die behandelte Themenpalette ist jedoch breiter. Neben den Aktionen paramilitärischer Organisationen spielen im libanesischen Film die Entführungen unbeteiligter Zivilisten eine wichtige Rolle sowie das Eintreiben von Schutzgeldern und die aus dem Süden des Landes nach Beirut kommenden Flüchtlinge. Soziale Unterschiede innerhalb der beiden Kulturgemeinschaften sind ebenfalls ein häufiges Thema. Die in Beirut spielenden Filme können jedoch nicht einem spezifischen Genre zugeordnet werden, da sie in ihrer Struktur und Filmweise voneinander abweichen.

Belfasts und Beiruts fragmentiertes Stadtbild steht im Zentrum der meisten Filme. Es geht oft darum, wie die Figuren das Territorium ihrer eigenen Kultgemeinschaft im Gegensatz zu feindlichen Sektoren auffassen. Durch die kognitiven Stadtpläne der Protagonisten wird dem Filmpublikum eine individuelle Perspektive der betreffenden Stadt vermittelt. Das Konzept der kognitiven Geographie, der *mental maps*, wurde von dem Soziologen Kevin Lynch in seinem Buch *The Image of the City* (1960) entwickelt. Es handelt sich dabei um kognitive Stadtpläne, die sich durch die Konzentration auf bestimmte Aspekte der urbanen Landschaft in der Vorstellung des Beobachters bilden (Lynch 1960, 1–4). Laut Mark Gottdiener verfügt jede soziale Gruppe ihre eigene Auffassung einer bestimmten Stadtgeographie (1986, 206). Liam Kennedy erklärt, dass ein Ort für jeden Stadtbewohner mit spezifischen persönlichen Geschichten, Emotionen, Bildern oder Erinnerungen verbunden ist und so auf jedem kognitiven Stadtplan eine andere Form annimmt (2003, 7). In Beirut- und Belfast-Filmen orientieren sich die Figuren an ihren individuellen *mental maps*, um sich gefahrlos durch die verschiedenen Territorien der Stadt bewegen zu können.

4 Sackgassen und Irrwege: Belfasts territorialen Grenzen

Thaddeaus O'Sullivans *Grenzenloser Haß* [*Nothing Personal*] (1995) und Marc Evans *Resurrection Man* (1999) sind Beispiele des traditionellen nordirischen *Troubles*-Thrillers. Beide Filme beschäftigen sich mit der *Shankill-Butcher-Gang*, einer besonders grausamen protestantischen paramilitärischen Organisation, die zwischen 1975 und 1985 in West-Belfast zahlreiche katholische Zivilisten zunächst folterte und dann ermordete (Dillon 1990). Der Realität entnommene Themen, die in Zusammenhang mit dem nordirischen Konflikt stehen, sind charakteristisch für den *Troubles*-Thriller. In dieser Art von Film kommt es häufig zu einer einseitigen Abbildung der Belfaster Gesellschaft, da die Handlung stets aus dem Blickwinkel einer Kulturgemeinschaft dargestellt wird. Die Stadt Belfast wird generell als Moloch gezeigt, aus dem es zu entkommen gilt.

Der Protagonist in *Grenzenloser Haß* ist der Katholik Liam, ein alleinstehender Vater zweier Kinder. Der Film beginnt mit der Explosion einer von der IRA gelegten Bombe. In der ersten Szene steigt Liam über die Überreste zerstörter Häuser und hilft der britischen Armee, Verwundete und Tote zu bergen, so dass schon zu Anfang des Films ein grausames Bild der Stadt gezeichnet wird. Die Handlung dreht sich um die Vergeltungsschläge der *UVF*, dem protestantischen Äquivalent der *IRA*. In O'Sullivans Thriller wird Belfast als ein undurchdringliches Labyrinth von katholischen und protestantischen Territorien dargestellt. Die innerstädtischen Grenzen werden dabei deutlich mit Wandgemälde, Barrikaden und Flaggen visualisiert. Die Handlung spielt nachts in den Hinterzimmern dunkler Kneipen sowie in leeren Fabrikhallen und auf verlassenen Parkplätzen. Die finstere Atmosphäre wird durch Nebel und die Wahl eines gedämpften bläulichen Lichts unterstützt. Der ständige Lärm von über der Stadt fliegenden Armee Hubschraubern verstärkt dabei den bedrohlichen Ton des Films.

Die Atmosphäre in *Resurrection Man* ist eine ähnliche. Eine dunkle Beleuchtung, die laut Evans dem amerikanischen *Film noir* nachempfunden ist (MacNamee 1998, 14), signalisiert Bedrohung und Gefahr. Wie in *Grenzenloser Haß* prägen Hubschrauber der britischen Armee, Barrikaden sowie diverse *boundary markers* das Belfaster Stadtbild. Zahlreiche Szenen tragen sich ebenfalls nachts zu. Der Protagonist des Films ist Victor Kelly, eine Figur, die dem Anführer der *Shankill-Butcher-*

Gang nachempfunden ist. Im Laufe des Films entwickelt sich Victor vom *gunman* zum *terrorist godfather*. Er begeht immer grausamere Morde an Katholiken und wird nach und nach zum gefürchteten Herrscher über West-Belfast. Während *Nothing Personal* in den Vierteln beider Kulturgemeinschaften spielt, konzentriert sich die Handlung in *Resurrection Man* auf die protestantische West-Belfaster Enklave *The Shankill*.

In beiden Filmen sind die *mental maps* der Protagonisten von Bedeutung. Liam und Victor besitzen präzise kognitive Stadtpläne, auf denen die Grenzen zwischen katholischen und protestantischen Vierteln abgebildet sind. Sobald die Figuren ihre Orientierung verlieren und unbewusst auf feindliches Territorium geraten, bringen sie sich in Gefahr. In *Grenzenloser Haß* setzt der verwundete Protagonist nach einem nächtlichen Straßenkampf unabsichtlich Fuß auf protestantisches Gebiet. Da die geographischen Details des feindlichen Territoriums auf seiner persönlichen *mental map* nicht existieren, gerät er immer tiefer ins Labyrinth der ihm unbekannten Straßen. Die alleinstehende protestantische Mutter Ann beobachtet den blutüberströmt umherirrenden Mann von ihrem Fenster aus und bietet ihm aus Mitleid an hereinzukommen. Als sie sich um seine Wunden kümmert, entsteht zwischen den beiden Figuren eine Unterhaltung, die ein gegenseitiges Interesse andeutet. Liam und Ann sind sich jedoch bewusst, dass aufgrund ihrer Zugehörigkeit zu zwei verfeindeten ‚Paragesellschaften' eine potentielle Liebesbeziehung für sie und ihre Familien zu gefährlich wäre und daher nicht in Frage kommt. Als Liam Anns Haus verlässt, wird er auf protestantischem Territorium von *UVF*-Mitgliedern bedroht und kommt nur knapp mit dem Leben davon. Erst als er den katholischen Teil Belfasts erreicht, kann er sich wieder in Sicherheit fühlen.

Wie in *Grenzenloser Haß* helfen auch in *Resurrection Man mental maps* dem Protagonisten dabei, sich im Netz der Belfaster Straßen zurechtzufinden. In mehreren Szenen wird Viktor von seinen Untergebenen mit dem Auto durch die Stadt gefahren, wobei er mit geschlossenen Augen die Namen der Straßen nennt, auf denen sie sich gerade befinden. Viktors Macht über die protestantische *Shankill*-Enklave wird durch seine Beherrschung der örtlichen Geographie verdeutlicht. Der kognitive Stadtplan des Protagonisten ist so ausgeprägt, dass es Viktor sogar möglich ist, anhand von Gerüchen bestimmte Orte zu bestimmen. Viktors Streifzüge durch das nächtliche Belfast erinnern an die Spaziergänge der *flâneur*-Figur Baudelaires (Benjamin 1973, 39). Ähnlich wie der Pariser *flâneur* beobachtet und interpretiert Viktor sein urbanes Umfeld. Auf Viktors *mental map* ist Belfast in katholische und protestantische Territorien eingeteilt, die wiederum mit bestimmten Verbrechen verbunden sind. Mit Hilfe seines kognitiven Stadtplans lauert Viktor neuen Opfern auf, die er aufgrund ihrer Bewegung im städtischen Raum als Katholiken identifiziert. Nach Charles Armstrong wird

Viktor so zum negativen Spiegelbild eines Sherlock Holmes (2018, 70). Während der englische Detektiv dank seiner *mental maps* im viktorianischen London Verbrechen auf die Spur kommt, benutzt Viktor seine Kenntnis des Belfaster Stadtbilds, um seine eigenen Morde zu planen (2018, 70). Viktors schwindende Beherrschung der Belfaster Geographie spiegelt seinen psychologischen Zustand wider, da durch einen zunehmenden Drogenkonsum sein internes Navigationssystem aus dem Gleichgewicht gebracht wird. Die an seine Gangster-Kollegen gerichteten Ortsangaben werden immer unzuverlässiger, so dass eine nächtliche Autofahrt nicht selten in einer Sackgasse endet. Viktors Kontrollverlust über sein Territorium symbolisiert dabei auch den graduellen Verlust seiner Macht.

5 Beirut zwischen Ost und West

Wie in *Nothing Personal* und *Resurrection Man* steht in den folgenden libanesischen Filmen die Fragmentierung des Stadtgebiets im Mittelpunkt. *Im Schatten der Stadt* [*Tayf al-Madina*] von Jean Chamoun (2000) und Bahij Hojeijs Film *Feuerring* [*Zinnar al-Nar*] (2003) spielen während des libanesischen Bürgerkriegs und stellen Beirut als zweigeteilte Stadt dar. Auch wenn in *Feuerring* und *Im Schatten der Stadt* die gewaltsamen Auseinandersetzungen der beiden ‚Paragesellschaften' die Handlung prägen, sind die beiden Filme nicht im Thriller-Stil gedreht. Im Gegensatz zu *Nothing Personal* und *Resurrection Man* zielen sie weniger auf Spannung ab und sind in einem wesentlich langsameren Tempo gefilmt.

Der Protagonist in Chamouns Film ist Rami, ein 12-jähriger muslimischer Junge, der vor Ausbruch des Bürgerkrieges mit seiner Familie vor den israelischen Angriffen im Süden des Landes in die Hauptstadt flieht. In Beirut angekommen freundet sich Rami mit den Kindern aus der Nachbarschaft an und verliebt sich in Yasmin, ein christliches Mädchen aus einer gutbetuchten Familie. Vor Beginn der gewaltsamen Auseinandersetzungen spielen religiöse und soziale Unterschiede keine Rolle. Die Familien der beiden Kinder leben friedlich im selben Stadtviertel in West-Beirut und pflegen ein freundschaftliches Verhältnis. Die politische Situation in der Stadt wird jedoch zunehmend angespannt und paramilitärische Organisationen beider Seiten beginnen die Straßen zu übernehmen. Nach Ausbruch des Bürgerkrieges verlässt Yasmins Familie den Osten der Stadt, um im christlichen West-Beirut Zuflucht zu finden. Durch die physische Abriegelung von Ost und West verliert Rami den Kontakt zu Yasmin, hofft jedoch, sie eines Tages wiederzufinden. Die zunehmende Spaltung der Stadt wird mit dem Erwachsenwerden des Protagonisten parallelisiert. Nach der Entführung seines Vaters tritt der friedliebende Rami einer muslimischen paramilitärischen

Organisation bei, um seine Kulturgemeinschaft zu beschützen. Die Stadt zerfällt zusehends in zwei ethno-religiöse Territorien, die von sich feindlich gegenüberstehenden ‚Paragesellschaften' beherrscht werden.

In Hojeijs im Jahre 1985 spielenden *Feuerring* wird Beirut schon zu Beginn als gespaltene Metropole dargestellt, in der Ruinen und Schutt das Stadtbild prägen. Der Protagonist des Films ist der Französischprofessor Chafik, der nach einem längeren Auslandsaufenthalt in die Stadt zurückkehrt. Anders als in *Im Schatten der Stadt* ist jedoch unklar, welcher Kulturgemeinschaft er angehört, und in welchen Vierteln sich die Handlung abspielt. Hojeij erklärt, er habe die Figur absichtlich abstrakt gehalten, um ihr keine bestimmte religiös-politische Identität geben zu müssen (Khatib 2008, 173). Im Verlauf des Films dringt der Bürgerkrieg zunehmend in Chafiks Leben ein und seine Vorlesungen werden regelmäßig von Bombenexplosionen gestört. Die Schlüsselszene des Films spielt im Keller der Universität, in dem der Protagonist mit seinen Studenten Zuflucht sucht, um sich vor einem Bombenangriff zu schützen. In der Dunkelheit klammert sich eine verschreckte Studentin an Chafik und küsst ihn, was den introvertierten, alleinstehenden Protagonisten gänzlich aus dem Gleichgewicht bringt. Im allgemeinen Chaos verschwindet sie jedoch nach Ende des Angriffs, so dass er nicht weiß, um welches Mädchen es sich gehandelt hat. Im weiteren Verlauf des Filmes träumt Chafik von der mysteriösen jungen Frau und versucht fortan sie wiederzufinden.

In *Im Schatten der Stadt* und *Feuerring* fungieren beide Protagonisten als Reflektorfiguren, durch deren Augen die Verwüstung der Stadt abgebildet wird. In Form von Beiruter *flâneuren* streifen Rami und Chafic durch die verschiedenen Viertel und beobachten die sich im Stadtbild widerspiegelnde politische Gewalt. Als Krankenwagenfahrer bewegt sich Rami durch das zerstörte Beirut und betrachtet mit Schrecken die Ruinen. Das Stadtgebiet steht gänzlich unter Kontrolle der paramilitärischen Organisationen beider Seiten, so dass es für die Beiruter Bewohner unmöglich ist, zur anderen Seite der Stadt zu gelangen, ohne ihr Leben zu riskieren. Aufgrund seiner kognitiven Stadtgeographie weiß Rami, auf welchen Territorien er sich um welche Verletzten kümmern darf, ohne als Verräter seiner kulturellen Gruppierung zu gelten. Der Film endet mit einer Sequenz, in der Beirut nach Ende des Bürgerkriegs gezeigt wird. Obwohl die Häuser und Straßen noch in Trümmern liegen, sind die Grenzen der Stadt erneut geöffnet. Geschäftsmänner und Immobilienhändler strömen herbei, um finanziell vom Wiederaufbau der Stadt zu profitieren. Auch wenn die Atmosphäre in der Stadt sich zum Positiven wandelt, nimmt der Film für Rami ein tragisches Ende. Der Protagonist muss erfahren, dass Yasmin, auf die er während des gesamten Bürgerkrieges gewartet hat, glücklich verheiratet ist und eine Tochter hat. Der Film suggeriert auf diese Weise, dass die territoriale und gesellschaftliche Spaltung der Stadt den Protagonisten davon abgehalten hat, mit seiner Jugendliebe zusammenzukommen.

Auch in Hojeijs *Feuerring* ist es dem Protagonisten unmöglich, das Mädchen wiederzufinden, in das er sich im Dunkeln des Universitätskellers verliebt hat. In seinem Wagen fährt Chafik durch das nächtliche Beirut und träumt von der Studentin. Wie ein von der Menge losgelöster *flâneur* betrachtet er die in Schutt und Asche liegende Stadt. Chafiks melancholische Stimme aus dem Off kommentiert die Szene wie folgt:

> Wären die Straßen sicher, würde ich die ganze Nacht durchwandern. Wäre ich ein Dichter, würde ich die schönsten Gedichte schreiben. Wo ist sie wohl jetzt? Was trägt sie? Welcher Rock bedeckt ihre Beine? Welche Bluse ist um ihre Brust gebunden? Welcher Gürtel umschlingt ihre Taille? Was hält sie ab davon zu mir zu kommen? Welche Barrikade? Welcher Grund? Könnte sie nur ein Traum sein, der zu Ende gegangen ist?
> (Hojeij 2003, 00:26.16–00:26:49)

Dank seiner *mental map* ist sich der Protagonist dessen bewusst, dass die Straßen der Stadt kein sicheres Territorium darstellen. Er fragt sich, welche „Barrikade" das Mädchen davon abhält, zu ihm zu kommen und spielt so auf die verschiedenen physischen, religiös-politischen bzw. sozialen Hindernisse an, die zwischen ihnen stehen. Im geteilten Beirut verweist das Wort ‚Barrikade' zunächst auf die den Osten und Westen der Stadt voneinander trennende Demarkationslinie. Dies bedeutet, dass Chafik und die Studentin potentiell von physischen Grenzen voneinander ferngehalten werden. Im weiteren Sinne spielt der Terminus jedoch auf die religiös-politischen Barrieren zwischen den beiden ‚Paragesellschaften' an und impliziert so, dass die junge Frau der entgegengesetzten Kulturgemeinschaft angehört. Ein weiteres Hindernis zwischen den beiden Figuren ist unter Umständen ihr Abhängigkeitsverhältnis, das eine Beziehung zwischen Professor und Studentin verbietet.

Realität und Traum verschmelzen in Chafiks Vorstellung miteinander, und plötzlich erscheint das Mädchen wie aus dem Nichts in seinem Wagen. Am nächsten Kontrollpunkt werden beide Figuren jedoch von den örtlichen paramilitärischen Kämpfern angehalten. Während Chafik unter dem Vorwand festgenommen wird, einen gestohlenen Wagen zu fahren, schicken die Milizia-Männer das Mädchen nach Hause. Er ist gezwungen, die Nacht am Kontrollpunkt zu verbringen, bevor er am nächsten Morgen freigelassen wird. Die Filmzuschauer zu verstehen jedoch erst später, dass die Episode gänzlich Chafiks Fantasie entsprungen ist. Im Laufe des Films vermag der Protagonist immer weniger zwischen Realität und Traum zu unterscheiden. Ähnlich wie Victor in *Resurrection Man* geht Chafiks Abgleiten in den Wahnsinn mit dem Verlust seiner kognitiven Geographie der Stadt einher. Als sich der Protagonist am nächsten Tag an den Ort begibt, an dem er vermeintlich eine Nacht lang festgehalten wurde, muss er feststellen, dass der Kontrollpunkt gar nicht existiert. Daraufhin scheint Chafik gänzlich den Verstand zu verlieren: Schreiend weigert er sich weiterzufahren, da es keinen Wächter gibt, der seinen Pass kontrolliert. Dieses Verhalten verdeutlicht, dass er nicht mehr im Stande ist, Beiruts innere Grenzen auf seinem kognitiven Stadtplan zu erkennen.

6 Schlussfolgerung: Unterschiedliche Entwicklungen in der filmischen Darstellung der nordirischen und libanesischen ‚Paragesellschaften'

Wie die beispielhafte Analyse von *Nothing Personal, Resurrection Man, Im Schatten der Stadt* und *Feuerring* verdeutlicht, zeichnen sich in Belfast und Beirut spielende Filme durch eine Reihe thematischer und formaler Parallelen aus. Das fragmentierte Stadtbild, das von den Protagonisten durch ihre individuellen *mental maps* auf unterschiedliche Weise wahrgenommen wird, steht ebenso im Mittelpunkt der Handlung wie die zwischen den beiden ‚Paragesellschaften' existierenden physischen und psychologischen Barrieren. Auch ist der realistische, oft an Dokumentation grenzende Stil eine häufig zu beobachtende Gemeinsamkeit von Filmen, die sich mit dem Nordirland-Konflikt bzw. mit dem libanesischen Bürgerkrieg befassen.

Im filmischen Umgang mit dem jeweiligen Konflikt sind jedoch unterschiedliche Entwicklungen zu beobachten. Im nordirischen Film wird seit der Waffenstillstandserklärung der IRA im Jahre 1994 eine Tendenz zu einer humoristischen Darstellung des Nordirlandkonflikts deutlich. Aufgrund der beruhigten Lage begann eine junge Generation von Regisseuren und Drehbuchautoren, die Animositäten der beiden ‚Paragesellschaften' mit Ironie und Humor abzubilden. In komödienartigen Filmen werden die Anhänger paramilitärischer Organisationen als komische ungeschickte Gangster abgebildet sowie die Vertreter von Kirche und Staat verlacht. Ebenso werden die Gründe für den Konflikt ironisch beleuchtet und häufig als absurd dargestellt. Im Gegensatz dazu ist Humor seltener in libanesischen Filmen zu finden, die sich mit dem Bürgerkrieg auseinandersetzen. Dies mag einerseits daran liegen, dass aufgrund der instabilen politischen Situation im Mittleren Osten ein Ausbruch von Gewalt nicht auszuschließen ist, und daher die Bevölkerung des Landes noch keinen genügend großen mentalen Abstand zum Konflikt gefunden hat, um diesen mit Humor zu betrachten. Darüber hinaus ist es gesetzlich verboten, Filme zu drehen, welche bestimmte Bevölkerungsgruppen herabwürdigen oder beleidigen könnten („Intervention écrite de la sûreté générale"). Durch eine strenge Zensur werden Ironie und schwarzer Humor aus dem Kino verbannt, um so Spannungen zwischen den beiden ‚Paragesellschaften' zu vermeiden. Im Falle des nordirischen Films ist abzuwarten, ob die *post-Brexit*-Situation die Auseinandersetzungen zwischen den beiden Kulturgemeinschaften erneut aufflammen lässt, und so Drehbuchautoren und Regisseure sich wieder von einer humoristischen Verarbeitung des Konflikts abwenden.

Bibliographie

Armes, Roy. *New Voices in Arab Cinema*. Bloomington: Indiana University Press, 2015.
Armstrong, Charles Ivan. „Violent Measures. Representation, Regulation and The Shankill Butchers". *Mauern, Grenzen, Zonen. Geteilte Städte in Literatur und Film*. Hg. Walburga Hülk und Stephanie Schwerter. Heidelberg: Winter, 2018. 65–73.
Asmar, Fady. *Atlas du Liban*. Beirut: Presses de l'Université Saint-Joseph, 2006.
Barton, Ruth. *Irish National Cinema*. London: Routledge, 2004.
Benjamin, Walter. *Charles Baudelaire. Ein Lyriker im Zeitalter des Hochkapitalismus*. Frankfurt a.M.: Suhrkamp, 1974.
Bollens, Scott A. *City and Soul in Divided Societies*. New York: Routledge, 2012.
Brothwick, Stuart. *The Writing on the Wall. A Visual History of Northern Ireland's Troubles*. Liverpool: Bluecoat Press, 2015.
Burton, Richard. *The Flâneur and His City. Patterns of Daily Life in Paris 1815–1851*. Durham: University of Durham, 1994.
Calame, Jon und Esther Charleworth. *Divided Cities. Belfast, Beirut, Jerusalem, Mostar, and Nicosia*. Phidadelphia: University of Pennsylvania Press, 2009.
Dillon, Martin. *The Shankill Butchers: A Case Study of Mass Murder*. London: Arrow Books, 1990.
Executive Office (Northern Ireland): *Together: Building a United Community (2013)*. https://www.executiveoffice-ni.gov.uk/sites/default/files/publications/ofmdfm_dev/together-building-a-united-community-strategy.pdf (11. Juni 2020)
Feeney, Brian. *The Troubles*. Dublin: O'Brian Press, 2004.
Feuerring [Zinnar al-Nar]. Reg. Bahij Hojeij. On Line Films, 2003.
Gottdiener, Mark. „Culture, Ideology, and the Sign of the City". *The City and the Sign. An Introduction to Urban Semiotics*. Hg. Mark Gottdiener und Alexandors Lagopoulos. New York: Columbia University Press, 1986. 202–218.
Grenzenloser Haß [Nothing Personal]. Reg. Thaddeaus O'Sullivan. Channel Four Films, 1995.
Hanna, Brian. „Belfast: ‚A Partnership Approach to Local Governance'". *City Visions. Imagining Place, Enfranchising People*. Hg. Frank Gaffkin und Mike Morrisey. London: Pluto Press, 1999.
Heatly, Colm. *Interface. Flashpoints in Northern Ireland*. Belfast: Lagan Books, 2004.
Hill, John. *Cinema and Northern Ireland: Film Culture and Politics*. London: BFI, 2006.

Belfast Interface Project. Interface Barriers, Peacelines and Defensive Architecture. 2017. https://www.belfastinterfaceproject.org/sites/default/files/publications/Interfaces%20PDF.pdf (18. Mai 2021).
Im Schatten der Stadt [Tayf al-Madina]. Reg. Jean Chamoun. Nour Productions, 2000.
Intervention écrite de la sûreté générale. https://www.lorientlejour.com/article/615846/article.html (21. Juni 2020).
Johnston, Kevin. *In the Shadows of Giants.* Dublin: Gill and Macmillan, 2008.
Kassir, Samir. *Histoire de Beyrouth.* Paris: Perrin, 2003.
Kennedy, Liam. *Race and Urban Space in Contemporary American Literature.* Edinburgh: University Press, 2003.
Khatib, Lina. *Lebanese Cinema: Imagining Civil War and Beyond.* London: Tauris, 2008.
Llewllyn, Tim. *Spirit of the Phoenix. Beirut and the Story of Lebanon.* London: Tauris, 2010.
Lynch, Kevin. *The Image of the City.* Cambridge, Massachusetts: M.I.T. Press, 1960.
McKittrick, David und McVea, David. *Making Sense of the Troubles.* London: Penguin, 2001.
McNamee, Eoin. *Resurrection Man, Production Notes.* Dublin: Irish Film Institute Library, 1998.
Melaugh, Martin: „Some Frequent Asked Questions. The Northern Irish Conflict". *CAIN. Conflict and Politics in Northern Ireland.* https://cain.ulster.ac.uk/faq/faq2.htm (11 Juni 2020).
Mermier, Franck. *Récits des villes: d'Aden à Beyrouth.* Paris: Actes Sud, 2015.
Mitchell, Claire. *Religion, Identity and Politics in Northern Ireland. Boundaries of Belonging and Belief.* Aldershot: Ashgate, 2006.
Naeff, Judith. *Precarious Imaginaries of Beirut.* Basingstoke: Palgrave Macmillan, 2018.
O'Reilly, Camille. „The Irish Language as Symbol". *Symbols in Northern Ireland.* Hg. Anthony Buckley. Belfast: The Institute of Irish Studies, 1998. 43–62.
Resurrection Man. Reg. Marc Evans. Revolution Films, 1998.
Rolstone, Bill. „Mothers, Whores and Villains: Images of Women in Novels of the Northern Ireland Conflict". *Race & Class* 31.1 (1989): 41–57.
Ross, David. *Ireland. History of a Nation.* Belfast: Lagan, 2005.
Smith, Gerry. *The Novel and the Nation.* Belfast: Pluto Press, 1997.
Smithey, Lee A. „Conflict Transformation, Cultural Innovation, and Loyalist Identity in Northern Ireland". *Culture and Belonging in Divided Societies. Contestation and Symbolic Landscapes.* Hg. Marc Ross. Philadelphia: University of Pennsylvania Press, 2009. 85–106.
„Visualising the Conflict". *CAIN. Conflict and Politics in Northern Ireland.* https://cain.ulster.ac.uk/victims/gis/maps/l-jpg/CAIN-Map_Belfast_Religion_Peacelines.jpg, (11. Juni 2020).
Welch, Robert. *Concise Companion to Irish Literature.* Oxford: OUP, 2000.

Benjamin Loy

(An)Ästhetiken des Konsums. Inszenierungen von Warenwelt und (Super-)Marktgesellschaft bei Diamela Eltit und Annie Ernaux

1 Ökonomisches erzählen: (An)Ästhetische und narrative Dimensionen von Märkten und Waren in der Moderne

Von der Formierung der ersten frühkapitalistischen Gesellschaften bis in die unmittelbare Gegenwart hinein haben die beiden Gegenstandsbereiche der Ökonomie und der Literatur ein gemeinsames diskurshistorisches Feld komplexer Überlagerungen und wechselseitiger Bezugnahmen konstituiert.[1] Insbesondere die Frage nach der ambivalenten Rolle ästhetischer Dispositive hat im Zusammenhang mit der sich seit dem 19. Jahrhundert herausbildenden Marktgesellschaft und einer sich intensivierenden Warenproduktion und Konsumaktivität eine besondere Aufmerksamkeit von Seiten der Kultur- und Wirtschaftstheorie wie auch der verschiedenen Künste und der Literatur im Besonderen erfahren. Die folgenden Betrachtungen wollen diesen – hier zunächst theoretisch wie historisch ausführlich zu klärenden – Aspekt des Ästhetischen (bzw. des Anästhetischen) der Waren- und Konsumwelt in den Marktgesellschaften der spätkapitalistischen Gegenwart des 21. Jahrhunderts anhand zweier literarischer Texte untersuchen, die sich der Exploration des Supermarkts als einem paradigmatischen Ort verdichteter Beobachtung der Funktionsprinzipien dieser Marktgesellschaft verschreiben. Es handelt sich dabei um den Roman *Mano de obra* (2002) der chilenischen Autorin Diamela Eltit und den 2014 publizierten Text *Regarde les lumières, mon amour* der französischen Schriftstellerin Annie Ernaux. Vor der Analyse der beiden Werke gilt es jedoch zunächst, die (an)ästhetischen und narrativen Dimensionen von Märkten und Waren in der Moderne sowie den Zusammenhang zwischen Ästhetik und Konsum, exempla-

---

[1] Als Beleg sowohl der historischen wie theoretischen Tiefe dieses Verhältnisses als auch der weiterhin ungebrochenen Produktivität seiner kulturwissenschaftlichen Erschließungsprozesse vgl. etwa die zahlreichen Beiträge des unlängst erschienenen *Handbuchs Literatur & Ökonomie* (Vogl/Wolf 2020).

∂ Open Access. © 2021 Benjamin Loy, publiziert von De Gruyter. [CC BY-NC-ND] Dieses Werk ist lizenziert unter einer Creative Commons Namensnennung - Nicht-kommerziell - Keine Bearbeitung 4.0 International Lizenz.
https://doi.org/10.1515/9783110707489-007

risch illustriert an der Institution des Supermarkts, theoretisch und historisch zu beleuchten.

Die Entstehung kapitalistisch geprägter Marktwirtschaften hat die Gesellschaften und ihre Strukturen wie kaum ein anderes Phänomen auf radikale Weise beeinflusst und verändert. Insbesondere ab dem 19. Jahrhundert intensiviert sich dieser von Karl Polanyi als *Great Transformation* beschriebene Prozess dahingehend, dass die vormals als ein gesellschaftlicher Teilbereich unter vielen fungierende Sphäre des Ökonomischen zum Ordnungsprinzip des Sozialen schlechthin wird und gewissermaßen ihren eigenen Gesellschaftstypus in Gestalt der Marktgesellschaft hervorbringt, denn:

> [T]he control of the economic system by the market is of overwhelming consequence to the whole organization of society: it means no less than the running of society as an adjunct to the market. Instead of economy being embedded in social relations, social relations are embedded in the economic system. The vital importance of the economic factor to the existence of society precludes any other result. For once the economic system is organized in separate institutions, based on specific motives and conferring a special status, society must be shaped in such a manner as to allow that system to function according to its own laws. This is the meaning of the familiar assertion that a market economy can function only in a market society. (Polanyi 2001 [1944], 60)

Die ungebrochene Relevanz dieses Verhältnisses zwischen Markt und Gesellschaft liegt aus kultur- und erzähltheoretischer Perspektive nicht zuletzt in der Tatsache begründet, dass der historische Aufstieg des Marktes und seine gegenwärtigen Rechtfertigungen von einem spezifischen Narrativ bzw. einem Welt- und Menschenbild begleitet werden, welches Joseph Vogl unter dem Begriff der ‚Oikodizee' erfasst hat. Diese bezeichnet einen in der Doktrin der klassischen Ökonomen geprägten und bis heute dominanten Ideenkomplex, demzufolge „Ausgleich und Gleichgewicht als wichtigster Beitrag ökonomischen Wissens zum allgemeinen Verständnis von sozialen Prozessen begriffen [werden] und [...] mit der liberalen Idylle des Marktes zugleich eine Art evolutionärer Fabel der Marktgesellschaft [liefern]" (Vogl 2010, 53). Das Erzählen erhält folglich in der Sphäre der Ökonomie auf allen Ebenen einen zentralen Stellenwert, kommt ihm doch – über die Wirtschaftstheorie hinaus – in kapitalistischen Marktwirtschaften auf vielfältige Weise eine gleichermaßen dynamisierende und stabilisierende Funktion zu. So hängt etwa die grundlegende „dynamische Stabilisierung" des Kapitalismus (vgl. dazu Rosa 2019, 671) fundamental von seiner spezifischen zeitlichen Orientierung auf eine imaginierte Zukunft hin ab, welche wiederum, wie Jens Beckert dargelegt hat, auf der Ebene der wirtschaftlichen Akteure elementar bestimmt wird von sog. „fictional expectations". Im Gegensatz zur lange vorherrschenden soziologischen Tendenz, die Durchsetzung des Kapitalismus vor allem als Ergebnis seiner umfassenden Rationalisierungserfolge zu interpretieren,[2] führt Beckert den überzeugenden Nachweis, dass die Dynamik kapitalistischer Ökonomien grundlegend von den Erwartungshaltungen ihrer Akteure abhängt. Diese wiederum seien im Kern eben nicht (rein) rational strukturiert, sondern fußten vor allem auf imaginären, affektiven und narrativen Faktoren und Prägungen, weshalb die Funktionsweise des Kapitalismus wesentlich als ein „*secular enchantment* of the world" zu erfassen sei (Beckert 2016, 283). Dem Erzählen eignet in der Sphäre des Ökonomischen folglich eine fundamentale Ambivalenz: Einerseits ermöglichen narrative Strategien die stetige Dynamisierung des Systems im Sinne einer fortwährenden Schaffung prospektiv orientierter Bedürfnis- und Produktionsnarrative; andererseits ermöglichen die gleichzeitig zur Beherrschung der systemischen Instabilitäten entworfenen Anpassungserzählungen die Schaffung von Stabilitäts- und Harmonienarrativen. Vor allem letztere beziehen in Marktgesellschaften – sowohl auf systemischer als auch auf individueller (Handlungs-)Ebene – einen beträchtlichen Teil ihrer vermeintlich rationalen Begründungslogiken aus vor- bzw. irrationalen Reservoiren.[3] Erzählungen des Ökonomischen sind also – von den klassischen Modellen des 18. Jahrhunderts bis zu den neoliberalen Konzepten des 20. und 21. Jahrhunderts[4] – immer schon einer grundlegenden Paradoxie, um nicht zu sagen einer bewussten Rhetorik der Verschleierung unterworfen. Die metaphysisch und teleologisch grundierten Autorisierungsnarrative des Kapitalismus, also etwa die Proklamierung seiner vermeintlichen Stabilität oder die Macht seiner allgemeinen Wohlstandsallokation, machen sich die basalen Vorteile jedes Erzählens im Sinne von Kontingenzreduktion und Entdifferenzierung[5] zunutze, um seine eigene Instabilität[6], seine imminent destruktiven Dimensionen sowie seine

---

2 Vgl. hierzu paradigmatisch etwa die Thesen Max Webers, der sich darum bemühte, die westliche „rational-kapitalistische Organisation" gegenüber allen dieser vermeintlich entgegengesetzten und an „gewaltpolitischen oder an irrationalen Spekulationschancen" (Weber 1989, 244–245) orientierten Phänomenen abzugrenzen.
3 So bemerkt etwa Joseph Vogl schon mit Blick auf die Entstehung der frühmodernen ‚Theorien' der klassischen Ökonomie, diese seien vom „Herniedersinken theologischer und kosmologischer Fragen in das Gebiet der Sozialontologie" geprägt gewesen (Vogl 2010, 41).
4 Vgl. dazu auch Vogl 2010, 83–114, sowie die rezenten und erhellenden Studien zu den ideengeschichtlichen bzw. anwendungspraktischen Ursprüngen des Neoliberalismus von Slobodian 2018 und Chamayou 2018.
5 Vgl. hierzu etwa die grundlegenden Ausführungen von Koschorke 2012, 27–110.
6 Vgl. hierzu den Kommentar von Beckert: „Only when the fictional character of expectations and of transcending qualities is hidden do actors feel comfortable enough to make decisions whose outcomes are by nature unpredictable or based on the attribution of qualities that exist only as contingent meanings" (Beckert 2016, 73).

problematischen systemischen Prämissen, Motivationen und Funktionsweisen zu marginalisieren oder gänzlich auszublenden.[7]

Diese Bedeutung der erzählerischen Steuerung wird besonders augenfällig im zentralen Element und Motor allen marktwirtschaftlichen Geschehens: der Produktion von Waren und ihrer spezifischen Ästhetik. Der Warenkonsum bildet im Kontext einer umfassenden Ökonomisierung des Sozialen in der Moderne bekanntlich einerseits ein „konstitutives Moment moderner Vergesellschaftung", da seine Funktion darin besteht, „Objekte zur Anzeige des sozialen Prestiges in einer sozial zunehmend mobilen, jedoch nicht egalitären Gesellschaft zu verwenden" (Schrage 2009, 251). Andererseits intensivieren sich mit der radikalen Ausweitung der Verfügbarkeit von Waren als käuflich zu erwerbenden Dingen und Dienstleistungen im 19. Jahrhundert[8] auch die an sie gebundenen „imaginaries of consumption" (Beckert 2016, 280), wird die Waren- und Konsumkultur ein zentraler Bestandteil der (parallel zum Prozess der Rationalisierung verlaufenden) allgemeinen Ästhetisierung des Sozialen in der Moderne.[9] Die traditionelle marxistische Warenkritik[10] hat – ausgehend von Marx' Beobachtung im *Kapital* zum „Doppelcharakter der Ware" als ein „Zwieschlächtiges, Gebrauchswert und Tauschwert" (Marx 1962 [1867], 56) – diesen Aspekt hinlänglich adressiert, indem sie gezeigt hat, dass jedem Gebrauchswert einer Ware bereits ein ‚Gebrauchswertversprechen' inhärent ist. Indem bei der Produktion einer Ware über ihren (Gebrauchs-)Wert ‚als solchen' hinaus, wie Haug in seiner klassischen *Kritik der Warenästhetik* anführt, immer auch eine „Erscheinung des Gebrauchswertes" (Haug 2017 [1971], 29) produ-

---

7 Gerade der letzte Aspekt wird in den jüngsten soziologischen und wirtschaftswissenschaftlichen Diskussionen verstärkt diskutiert, etwa wenn es um die Frage der Ausblendung der globalen Folgen und Asymmetrien kapitalistischer Liefer- und Warenketten bzw. des westlichen Lebens- und Konsumverhaltens im Sinne sog. „Externalisierungsgesellschaften" geht (Lessenich 2016) oder der Aspekt der gleichfalls zentral ‚erzählungsbasierten' Wertbildung als solcher in kapitalistischen Gesellschaften problematisiert wird (Mazzucato 2019).
8 Die Anfänge dieser nicht zuletzt mit einer beschleunigten Globalisierung einhergehenden Verfügbarkeit von Dingen lassen sich bereits im 18. Jahrhundert intensiv beobachten (vgl. etwa die Beiträge in Neumann 2015 oder, mit stärkerem Fokus auf den affektiven Dimensionen, in Schlünder und Stahl 2018).
9 Auch hier hat die jüngere kultursoziologische Forschung entscheidende Anstöße geliefert, um die lange dominante Ansicht von der „Moderne als ein Sachzusammenhang formaler Rationalität" zu hinterfragen bzw. auf der Grundlage eines erweiterten Konzepts des Ästhetischen sogar umzukehren, indem man die Tatsache in den Mittelpunkt gerückt hat, dass „[d]ie Lebensstile, die Ökonomie, ihre Formen der Arbeit und des Konsums, die modernen Medientechnologien, der Städtebau, die persönlichen Beziehungen, die Kultur des Selbst und des Körpers sowie teilweise auch das Politische und die Wissenschaft [...] zum Gegenstand von Prozessen der Ästhetisierung [werden]" (Reckwitz 2017a, 13–14).
10 Vgl. dazu etwa die theoriegeschichtlichen Überlegungen von Eiden-Offe 2020.

ziert wird,[11] die dem in Abhängigkeit von der Käuferperspektive individuell variablen und somit bis zu einem gewissen Grade von der Ware selbst unabhängigen Wert entspricht, liegt in der Warenproduktion ein

> ökonomisch funktioneller Akzent auf der Erscheinung des Gebrauchswerts, der, den einzelnen Kaufakt betrachtet, tendenziell als bloßer Schein eine Rolle spielt. Das Ästhetische der Ware im weitesten Sinne: sinnliche Erscheinung und Sinn ihres Gebrauchswerts, löst sich hier von der Sache ab. Schein wird für den Vollzug des Kaufakts so wichtig – und faktisch wichtiger – als Sein. (Haug 2017 [1971], 29)

Dies bedeutet, dass das Sinnliche „zum Träger einer ökonomischen Funktion" (Haug 2017 [1971], 30) wird und damit die ästhetische Affizierung des Käufers durch die sinnlich wahrgenommene Erscheinung der Ware zunehmend in den Mittelpunkt rückt. Bereits Walter Benjamin notiert diesen Punkt im *Passagen-Werk*, wenn er in den „dramatischen Aufschriften der *magasins de nouveautés* [...] die Kunst in den Dienst des Kaufmanns" (Benjamin 1983, 86) treten sieht und „das circensische und schaustückhafte Element des Handels" (93) hervorhebt. Die Kritik der Warenästhetik richtet sich nun – ähnlich wie die Hinterfragung der Narrative der ‚Oikodizee' – gegen die (aus ihrer Sicht) manipulative Macht jener ‚Versinnlichung' der Ware,[12] die sich gleichermaßen durch ihre künstl(er)i(s)che Darbietung und die verschleiernde Kraft der Sprache bzw. ihrer erzählerischen Mittel entfaltet.[13] Diese Ästhetisierung der Ware – Haug spricht von der „Hinterhältigkeit in der Schmeichelei der Waren" (84) – erfüllt aus Sicht der traditionellen marxisti-

---

11 Haug führt als Beispiel etwa den Bereich der Nahrung an, wo die Annahme der Existenz eines ‚reinen' Gebrauchswerts etwa „nur solange plausibel [erscheint], als bei ‚Gebrauchswert' etwa von Lebensmitteln an so etwas wie elementare Nährstoffe o. Ä. gedacht wird. Doch sobald Nahrung kulturell artikuliert ist, besitzt sie die im Wortsinn mythische Dimension, dass sie einem etwas ‚bedeutet' und gleichsam in eine ‚Erzählung' eingehüllt ist" (Haug 2017, 332).
12 Vgl. dazu auch die wichtige Bemerkung von Haug, die Kritik richte sich „nicht gegen die Verschönerung bestimmter Dinge, ergeht sich schon gar nicht in der Genussfeindschaft, verklärt auch nicht den Staatssozialismus, den sie als Kontrastfolie heranzieht, sondern sie zeigt, wie eine losgelassene ökonomische Funktion des Kapitalismus mit der Macht einer Naturkatastrophe durch die sinnliche Welt fegt und alles, was sich ihr nicht fügt, niederwirft, dagegen das, was ihr entgegenkommt, aufnimmt, ungeheuer verstärkt und zur Herrschaft erhebt, um die des Kapitals zu befestigen" (Haug 2017 [1971], 180).
13 Auch dieser Aspekt findet sich – auf einer gleichwohl eher systemischen Ebene – bereits in Benjamins Fragmenten, wenn er über die zensurbasierte sprachliche Aufrechterhaltung einer nur scheinhaften ökonomischen Stabilität in der Börsenberichterstattung im Paris des frühen 20. Jahrhunderts notiert: „Ruf der Verkäufer der Kurszettel auf der Straße: bei Hausse ‚La hausse de la Bourse'. Bei Baisse: ‚Les variations de la Bourse'. Der Terminus ‚Baisse' war polizeilich verboten" (Benjamin 1983, 88). Dass sich dieser Konnex zwischen Ökonomie und Erzählung seitdem nicht etwa abgeschwächt, sondern vielmehr in Gestalt eines heute in allen großen Firmen einen zentralen Platz einnehmenden *storytelling* noch intensiviert hat, lässt

schen Warenästhetik folglich die Funktion, die ewige Steigerungsdynamik des Kapitalismus unter Wahrung der asymmetrischen Besitzverhältnisse durch den gewissermaßen ‚besinnungslosen' Konsum aller aufrecht zu erhalten, welcher eben durch die mangelnde Einsicht der Konsumenten in diese ästhetischen Funktionsmechanismen als Teil des ‚Verblendungszusammenhangs' des kapitalistischen Systems erst ermöglicht bzw. beständig befördert wird.

Das Ästhetische, dem im Kontext der Warengesellschaft die grundlegende Aufgabe einer „Zurichtung der Sinnlichkeit" (Haug 2017 [1971], 185) zufällt, lässt sich jedoch aus dieser Perspektive zugleich als ein Phänomen bzw. eine Strategie bestimmen, die sich an der Grenze zum *Anästhetischen* bewegt, also gewissermaßen einer intendierten ‚Empfindungslosigkeit' zuarbeitet (im Sinne einer mangelnden Hinterfragung von Bedingungen und Zwecken bestimmter Sinneswahrnehmungen im ökonomisch-sozialen Kontext). Dieser Aspekt ist auch in der gegenwärtigen ästhetischen Philosophie von unterschiedlichen Arbeiten problematisiert worden. So hat etwa Wolfgang Welsch in diesem Zusammenhang in seinen wahrnehmungstheoretischen Überlegungen darauf hingewiesen, dass prinzipiell jedem „Wahrnehmen selbst eine Art Anästhetik eingeschrieben ist. Seine eigene Spezifizität – seine Schemata und Prägungen einschließlich der damit gesetzten Beschränkungen – bleibt ihm eigentümlich verborgen. Und diese interne Anästhetik ist eine notwendige Bedingung der externen Effizienz des Wahrnehmens" (Welsch 2017, 38). Über diese gleichsam anthropologische und physiologische Dimension hinaus jedoch postuliert Welsch die konkrete Wirksamkeit dieser Dialektik in allen ‚Bildbereichen' von Gesellschaftlichkeit, in denen Prinzipien des Ästhetischen operieren bzw. wo Bilder bewusst sich „die Tarnkappe des Anästhetischen übergezogen, in anästhetische Latenz sich begeben haben" und damit „‚verbindlich', d. h. zwingend" geworden seien (Welsch 2017, 39). Die Aufgabe der Kunst sei es nun – und hier ließe sich an ähnlich gelagerte Konzepte wie Jacques Rancières Idee von der Literatur als Eingriff in die „Einteilung der Räume und der Zeiten, des Sichtbaren und des Unsichtbaren, der Sprache und des Lärms" (2011, 14) denken –, „solche Latenzen aufzubrechen", um mittels einer „Konfrontation mit derlei abweichenden Perzeptions- und Gestaltungsformen [zu lehren], wie sehr ästhetische Erwartungshaltungen eingeschliffen sind und in ihrer Selbstverständlichkeit durch eine eigentümliche Anästhetik gedeckt werden" (Welsch 2017, 40–41). Welschs Idee einer (An)Ästhetik geht also ebenso wie Rancières Konzept des *partage du sensible* von der Annahme aus, dass Wahrnehmung grundsätzlich durch ein „historisch und

---

sich etwa mit Philipp Schönthalers erhellendem Essay *Portrait des Managers als junger Autor* (2016) anschaulich nachvollziehen.

kulturell spezifisches Apriori vorstrukturiert" bzw. „genauso wie das begriffliche Denken kulturell begrenzt [ist]" und somit „bestimmte Teile der sozialen Wirklichkeit systematisch aus[klammert]" (Prinz 2017, 365).

In der traditionellen marxistischen Kritik von Lukács über Adorno bis zu Haug koinzidieren die Diagnosen des (An)Ästhetischen der Ware letztlich immer in der – angesichts ihrer gleichzeitig postulierten Sinnesmacht etwas paradoxen – Feststellung, der Ware mangele es „sowohl in sinnlicher als auch in kognitiver Hinsicht an Subtilität und Komplexität" (Drügh 2015, 125). Das „Zur-Ware-werden aller Gegenstände" mündet aus dieser Perspektive notwendig in eine als Entfremdung empfundene Verdinglichung des seiner „organischen Einheit der Person" beraubten Menschen (Lukács 1983 [1923], 194). Demgegenüber haben neuere kulturwissenschaftliche Ansätze, durchaus unter Rückgriff auf alternative Traditionslinien der Soziologie der Moderne, wie etwa Georg Simmels *Philosophie des Geldes*, versucht, gerade die *produktiven* ästhetischen Potenziale der Konsum- und Warensphäre stärker mit Blick auf ihre „Sensibilität und Wahrnehmungsfähigkeit für das Gegenwärtige" bzw. als „kulturformende Kraft" zu deuten (Drügh 2015, 125 bzw. 128). Waren werden aus dieser Perspektive vor allem auf ihre „kulturbildende, -ordnende und -interpretierende Funktion" bzw. als „Orte gemeinschaftlicher Imagination" untersucht (Drügh 2015, 14–15).[14] Über die Analyse der allgemeinen Bedeutungen und Funktionsweisen ästhetischer Verfahren im Rahmen der Warenproduktion und des Konsums hinaus haben diese Studien vor allem für die Spätmoderne mit ihrer eigenen Erscheinungsform eines „ästhetischen Kapitalismus" auch die spezifischen Orte und Akteure in den Blick genommen, von denen im folgenden Abschnitt nun die ‚Institution' des Supermarkts (und seine kulturelle Produktivität) noch einmal gesondert im Hinblick auf seine Bedeutung als Schauplatz der anschließend zu analysierenden Texte von Diamela Eltit und Annie Ernaux betrachtet werden soll.

2 Logiken und (Nicht-)Orte des ästhetischen Kapitalismus: (Super-)Markt-Fiktionen der Spätmoderne

Was für die sog. „organisierte, industrielle Moderne, die von etwa 1920 bis Mitte/Ende der 1970er Jahre reicht" (Reckwitz 2017b, 100), in Hinblick auf die Rolle der

---

14 Vgl. zu diesem Aspekt auch die Überlegungen von Urban 2018, 135–144.

Ästhetisierung des Sozialen und Ökonomischen noch in begrenztem Umfang galt, hat sich in den vergangenen fünfzig Jahren zu einem neuen Gesellschafts- und Wirtschaftsmodell verdichtet, das wahlweise mit Begriffen wie „Kulturkapitalismus" (Reckwitz 2017b) oder „ästhetischer Kapitalismus" (Böhme 2018) erfasst wurde. Die ästhetische und narrative Dimension der Warenproduktion der Moderne hat eine weitere Intensivierung erfahren, die in der globalisierten und digitalisierten Spätmoderne einen „Umschlag der Ökonomie markiert, nachdem das Ästhetische nicht mehr nur ein Gegenstand industrieller Produktion ist, sondern die Ökonomie selbst ergreift" (Böhme 2018, 99). In den spätkapitalistischen Ökonomien mit ihrer umfassenden Deckung aller Grundbedürfnisse lässt sich Wachstum nurmehr „durch die Herstellung ästhetischer Werte" erzeugen bzw. erfolgt ein „Wandel von Bedürfnissen in Begehrnisse" (Böhme 2018, 11 bzw. 16), welche wiederum noch intensiver als je zuvor einer ästhetisch-erzählerischen Aufladung bedürfen, denn: „Kulturelle Güter haben häufig eine narrative und hermeneutische Qualität, indem sie die Form von Erzählungen annehmen, die für den Rezipienten bedeutungsvoll sind. Dass kulturelle Güter nicht selten Geschichten erzählen, kann gar nicht genug betont werden" (Reckwitz 2017b, 121). Mit dieser Radikalisierung der ästhetischen Zeichen-Welt im Kontext einer neuen „Bereicherungsökonomie" (Boltanski/Esquerre 2019) jedoch intensiviert sich zugleich, wie Jean Baudrillard bereits in seiner frühen Studie zur spätmodernen Konsumgesellschaft gezeigt hat, die Macht und Präsenz des *Anästhetischen*, da die konkreten Bedingungen und Folgen der Produktion und des Konsums von Waren vollends in einer Sphäre des „Magischen" (im Sinne einer gleichsam behexenden oder eben anästhesierenden Wirkung) aufgelöst werden:

> [C]'est une pensée magique qui régit la consommation, c'est une mentalité miraculeuse qui régit la vie quotidienne. [...] Dans la pratique quotidienne, les bienfaits de la consommation ne sont pas vécus comme résultant d'un travail ou d'un processus de production, ils sont vécus comme miracle. [...] Les biens de consommation se proposent ainsi comme de la puissance captée, non comme des produits travaillés. [...] Car, même si l'abondance se fait quotidienne et banale, elle reste vécue comme miracle quotidien, dans la mesure où elle apparaît non comme produite et arrachée, conquise, au terme d'un effort historique et social, mais comme dispensée par une instance mythologique bénéfique dont nous sommes les héritiers légitimes: la Technique, le Progrès, la Croissance, etc.
>
> (Baudrillard 2017 [1970], 27–29)

Als einen paradigmatischen Ort dieser spätmodernen und (an)ästhetisierten Marktgesellschaft identifiziert schon Baudrillard den Supermarkt bzw. das Einkaufszentrum, wo nicht nur eine Amalgamierung der (Waren-)Zeichen erfolgt, sondern eine neue total(itär)e Erfahrung der Verschmelzung von Konsum und Leben möglich wird „dans une évolution qui va de l'abondance pure et simple, à travers les réseaux articulés d'objets jusqu'au conditionnement total des actes et du temps, jusqu'au réseau d'ambiance systématique inscrit dans les cités futures que sont les drugstores, les Parly 2 ou les aéroport modernes" (23–24). Der Super- oder Hypermarkt bzw. das Einkaufszentrum werden damit zum Lern- und Praxisort einer spezifischen Subjektivierungsarbeit, die der Neoliberalismus im Rahmen seiner ihm eigenen Gouvernementalität dem konsumierenden Subjekt nicht nur durch politische oder rechtliche Interventionen verordnet,[15] sondern auch durch (an)ästhetische (Konsum-)Erfahrungen gleichsam unterbewusst antrainiert. Als ein solcher Ort wird der Supermarkt zu einem privilegierten Schau-Platz der Verhandlung von Ökonomie und Gesellschaftlichkeit sowie der (an)ästhetischen Phänomene, die in diesen Sphären wirksam sind. Dabei ist diese Form des Einkaufens, die sich in den USA ab den 1930er, in Europa ab den späten 1950er und in Lateinamerika ab den 1970er Jahren durchsetzt, einmal mehr von einer für das (An)Ästhetische konstitutiven Ambivalenz geprägt: einerseits durch eine effizienz- und kontrollbasierte sowie auf Tempomaximierung ausgerichtete Funktionsweise, die ihre räumliche und sinnliche Entsprechung in der „Funktionsästhetik" (Drügh 2015, 109) der Discounter findet; und andererseits durch eine diese Zweckrationalität zunehmend überschreitende Ästhetisierung der Konsumsphäre, wie sie exemplarisch in Malls und Einkaufszentren realisiert wird, welche an die ursprünglich dem klassischen Warenhaus der Moderne bzw. den Passagen vorbehaltenen ästhetischen Prinzipien anknüpfen (Böhme 2018, 117).

Der Beobachtung der (markt)gesellschaftlichen Relevanz dieser Einkaufsorte steht allerdings die Tatsache einer „extraordinary infrequency" von Supermarkt-Fiktionen gegenüber, „given their prominence in daily life and in cultural metaphor for nearly half the century" (Bowlby 2001, 195). Wenngleich ein gewisser ‚Kanon' an Supermarktfiktionen in den einschlägigen Studien zum Thema beobachtbar ist, der von Zolas Warenhaus-Klassiker *Au bonheur des dames* über US-amerikanische Beispiele wie Don DeLillos *White Noise* oder Allen Ginsbergs *A Supermarket in California* bis hin zu Andy Warhol oder den Romanen Michel Houellebecqs reicht, scheint die allgemein geringe Präsenz solcher Konsumorte in den Fiktionen der (Spät-)Moderne eng mit einem dominanten modernistischen Selbstverständnis von Kunst zusammenzuhängen, d. h. im Sinne eines „diskursiven Raum[es], von dem aus man den leidenschaftlichen Interessen des Marktes das interesselose Wohlgefallen der Kunst und also den Warenwerten die wahren Werte entgegenzusetzen behauptet[e]" (Drügh 2015, 128). Auffällig ist in jedem Fall, dass dort, wo Fiktionen sich der Waren- und Konsumsphäre widmen,

---

15 Vgl. dazu grundlegend Michel Foucaults Überlegungen zur Geschichte der Gouvernementalität bzw. auch die erhellende Studie von Marchart 2013 zur Prekarisierung als bedeutendem Effekt dieser neoliberalen (Selbst-)Techniken.

Orte wie die Einkaufspassage, der Supermarkt oder die Shopping-Mall immer schon als metonymischer Verhandlungsraum von Sozialität und zugleich als eine autonome Eigenwelt des Sozialen – die Passage sei „eine Stadt, eine Welt im Kleinen", notiert bereits Benjamin (1983, 83)[16] – mit eigenen Gesetzmäßigkeiten und (an)ästhetischen Dimensionen dargestellt werden: Im Warenhaus wie im Einkaufszentrum verdichten sich die „Parameter der Konsumgesellschaft [...] sinnfällig in einem homogenen und transparenten Raum" (Urban 2018, 135), wobei zu betonen ist, dass die für die Warenwelt eingangs bestimmte Ambivalenz auch für die Orte des Konsums gilt. Der Supermarkt – und die im Folgenden zu untersuchenden Texte belegen dies – vermag gleichermaßen als ‚paragesellschaftliche' Sphäre von Gewalt, Entfremdung und sozialer Segregationserfahrung zu fungieren wie auch als gesellschaftlicher Kreuzungs- und Begegnungsort, der sich mithin sogar als „einer der letzten, wenn nicht der letzte effektive Sinngenerator in einer Gesellschaft [erweist], die die für ihren Zusammenhalt notwendige integrative Energie allein aus dem mit- und nebeneinander [...] vollzogenen Konsum bezieht" (Urban 2018, 138).

Der Supermarkt und das Einkaufszentrum bilden folglich aufgrund ihrer Eigenschaft, „[to] give topographical form to the social, and [...] visualize abstract socialtheoretical dynamics, such as agency" (Alwort 2010, 323), einen privilegierten Beobachtungs- und Inszenierungsort für literarische (und filmische)[17] Verhandlungen spätmoderner Gesellschaftlichkeit und der sozialstrukturierenden Rolle von Konsum und Warenwelt. Zugleich stellt sich die Frage, wie speziell literarische Texte mit der Tatsache umgehen, dass zwischen den (An)Ästhetisierungsoperationen des spätmodernen Kapitalismus und den eigenen ästhetischen Darstellungs- und Formverfahren nicht nur Berührungspunkte bestehen, sondern die (Sprach-)Kunst einen elementaren Beitrag zum Funktionieren dieser kulturellen Ökonomie leistet bzw. ja selbst gewissermaßen seit Beginn der Moderne das Modell für die „Singularitätsmärkte" (Reckwitz 2017b, 155) der Gegenwart geliefert hat.[18] Vor diesem Hintergrund sollen im Folgenden die beiden Texte *Mano de obra* von

---

16 Vgl. auch die Bemerkung von Bowlby, wonach Supermärkte und Warenhäuser „as emblematic of contemporary developments not only in marketing, but in social life more generally" zu betrachten seien (2001, 8).
17 Vgl. dazu etwa die Analysen zu Harun Farocki in Drügh 2015 bzw. weitergehend zu filmischen Inszenierungen neoliberaler Gesellschaftlichkeit in Lateinamerika die Studien von Loy 2017 bzw. Urban 2018.
18 Vgl. dazu ausführlich die Beobachtung von Reckwitz, dass gerade entgegen einer dominanten idealistischen Auffassung moderner Kunst- und Literaturphilosophie die Kunst mit der Moderne nicht für das Andere der Ökonomie stehe, sondern „seit dem Ende des 18. Jahrhunderts die Strukturmerkmale einer Ökonomie der Singularitäten entfaltet hat. [...] Die Kunst brauchte nicht erst nachträglich – etwa durch die Kulturindustrie seit den 1920er Jahren oder den globa-

Diamela Eltit und *Regarde les lumières, mon amour* von Annie Ernaux im Hinblick auf ihre literarischen Verfahren zur Darstellung gegenwärtiger (Super-) Marktgesellschaften analysiert werden, welche jeweils spezifische Formen der Raum- und Zeitwahrnehmung, der Semantisierung und Symbolisierung sowie der Meta-Reflexivität über den Zusammenhang zwischen der (An)Ästhetik des Warenkonsums und den (un-)möglichen Formen spätmoderner Subjektivität und Sozialität umfassen.

3 Paria der Marktgesellschaft: (An)Ästhetiken neoliberaler Anomie in Diamela Eltits *Mano de obra* (2002)

In wohl keinem anderen Land der Welt wurde eine ganze Gesellschaft auf eine vergleichbar radikale Weise ökonomisch ‚reformiert' wie im Falle Chiles unter der von 1973 bis 1990 von Augusto Pinochet angeführten Militärregierung, deren sozio-ökonomisches Projekt Naomi Klein einmal als den „most extreme capitalist make-over ever attempted anywhere" bezeichnet hat (Klein 2007, 15). Unter autokratischen Rahmenbedingungen wurde die fundamentalistische neoliberale Doktorin der sog. ‚Chicago Boys', einer Gruppe an der University of Chicago unter Milton Friedman ausgebildeten chilenischen Ökonomen, im Zuge einer ‚Schock-Strategie' und in Form von umfassenden Privatisierungen quasi aller Bereiche öffentlicher Daseinsvorsorge wie Bildung, Gesundheit oder des Rentensystems implementiert. Zugleich erfolgte ab den späten 1980er Jahren über eine extreme Ausweitung von Verbraucherkrediten und neuen Formen, Orten und Medien[19] des Massenkonsums in Gestalt von Shopping-Malls und Hypermärkten die Etablierung einer ungekannten Konsumkultur, die – wie der chilenische Soziologe Tomás Moulian gezeigt hat – nicht nur von spezifischen modernisierungsbasierten Rechtfertigungsnarrativen begleitet wurde (Moulian 2002, 99), sondern

---

len Kunstmarkt seit den 1990ern – ökonomisiert werden, sie war von Anfang an in einer Drastik vermarktlicht, das heißt kulturökonomisiert, wie kein anderes Feld der modernen Gesellschaft" (2017b, 155–156).

19 Vgl. zu dieser für ganz Lateinamerika bedeutsamen Dimension und den radikalen Transformationen der politisch-sozialen Systeme und Leitbegriffe vom *ciudadano* zum *consumidor* auch die einschlägigen Beobachtungen von Nestor García Canclini: „Esta reestructuración de las prácticas económicas y culturales conduce a una concentración hermética de las deciciones en élites tecnológico-económicas y genera un nuevo régimen de exclusión de las mayorías incorporadas como clientes" (1995, 41).

zugleich profunde transformatorische Effekte bezüglich sozialer Subjektivierungsprozesse des neuen „ciudadano credit-card" hatte: „La cultura cotidiana del Chile Actual está penetrada por la simbólica del consumo. Desde el nivel de la subjetividad esto significa que en gran medida la identidad del Yo se constituye a través de los objetos" (Moulian 2002, 103 bzw. 106). Die überall im Land entstehenden Shopping-Malls und Hypermärkte werden dabei zu einem „gran escenario de sublimación, de idealización del consumo" (Moulian 2002, 114), also zum neuen bevorzugten Ort einer performativen Verhandlung von (Markt-)Gesellschaftlichkeit. Dieser übernimmt einmal mehr sowohl integrative als auch selektive Funktionen, indem er weiten Schichten der Gesellschaft neue, kreditbasierte Formen konsumistischer Partizipation eröffnet, während er eine gewisse Gruppe von „parias" ausschließt, „cuyo comportamiento pasado y cuyo salario presente no lo[s] hacen acreedor[es] a la confianza financiera" (Moulian 2002, 106).

Vor diesem Panorama spielt der 2002 publizierte Roman *Mano de obra* von Diamela Eltit, deren Werk wie kaum ein anderes seit den späten 1980er Jahren die Folgen dieser neoliberalen Revolution in Chile literarisch vermessen hat. Der Text schildert aus Sicht einer bzw. mehrerer nicht näher bestimmter Erzählinstanzen das Leben einer Gruppe von Supermarkt-Angestellten, wobei sich der erste Teil des Romans stärker auf die Darstellung der Tätigkeiten selbst konzentriert, während der zweite vor allem das konfliktgeprägte Zusammenleben der Gruppe von Männern und Frauen in einem baufälligen Haus fokussiert. Für die Frage der (An)Ästhetik des Warenkonsums ist hier zunächst relevant, dass der Super- bzw. Hypermarkt als Schauplatz sowie die Tätigkeiten der Angestellten umfassend von einem Zwang zur Ästhetisierung geprägt sind: So werden Kunden wie Angestellte als Figuren auf der bestens ausgeleuchteten ‚Bühne' der Verkaufsflächen dargestellt (Eltit 2005 [2002], 32), wobei vor allem zweitere in ihrer „uniforme caricaturesco y su impúdica leyenda inscrita en mis espaldas y la obligación de la caminata incesante" (Eltit 2005 [2002], 56) permanent zum Fingieren von Service-Bereitschaft und Aktivität angehalten sind. Neben dem geschilderten Ausbeutungssystem, das vor allem in der permanenten Überwachung durch Kameras und Aufseher sowie im basalen Funktionsprinzip der Disziplinierung durch jederzeit problemlos mögliche Kündigung besteht, sind die Körper der Angestellten immer auch Teil der vielfältigen Ästhetisierungsoperationen der Waren- und Marktwerbung, in deren Rahmen sie sich kostümieren oder als Tänzer auftreten müssen („acostumbrados penosamente a que nos gritaran, que nos obligaran a disfrazarnos. Que nos vistieran de viejos pascueros en Navidad, de osos, de gorilas, de plantas, de loros, de pájaros locos los domingos. Que nos impusieran el deber de bailar cueca el 18, de bailar jota el 12 de Octubre" (Eltit 2005 [2002], 111)). Ein Mitglied der Gruppe, Gabriel, wird gar als authentischer ‚Warenkünstler' beschrieben, dessen Talent in der ästhetisch ansprechenden Drapierung der Waren besteht

– „cuando debía acumular, como si fueran esculturas, los altos de Cocas, las montañas de Pepsis [...] convertía a esa carne sanguinolenta en un espectáculo" (Eltit 2005 [2002], 126–127); diese Kunst ist jedoch (im Wortsinne) ‚brotlos', da ihm der Supermarkt kein Gehalt zahlt, sondern er als ‚Verdienst' für seine ästhetische Arbeit lediglich das Recht erhält, an den Kassen als Wareneinpacker zu arbeiten. Die Szene verbildlicht gleichsam allegorisch den ambivalenten Status des Ästhetischen in der Warenwelt, fungieren Gabriels Präsentationsfähigkeiten doch gleichermaßen als Kundenmagnet und stets kontrollierte wie zweckgebundene Werke eines domestizierten Künstlers („se encontraba atado al mesón como un animal de feria", Eltit 2005 [2002], 128).

Hinter dieser Welt des ästhetischen Warenspektakels widmet sich der Roman vor allem der Darstellung der anästhesierenden Effekte der Arbeitsbedingungen in der neoliberalen Marktgesellschaft: Was die temporär verweilende Kundin als ansprechende Darbietung der Waren in Form bestimmter Licht- und Geräuschkulissen, als kunstvolle Anordnung von Produkten oder auch nur als banalen und knappen Bezahlkontakt wahrnimmt bzw. aufgrund des Gewohnheitseffekts eben *nicht* (mehr) bewusst vergegenwärtigt, wird aus der im Roman vorherrschenden Sicht der Angestellten des Supermarkts zu einer nicht endenden Erfahrung psychischer Entfremdung und körperlichen Verfalls. Hinter der ästhetisierten Oberfläche des Supermarkts verbirgt sich die von Émile Durkheim als „eine Art Dauerzustand [...] in der Welt des Handels und der Industrie" (1983 [1897], 290) diagnostizierte Anomie, also jener „Zustand der gestörten Ordnung" (289), den der französische Soziologe als unmittelbare Folge der radikalen Entfesselung der Ökonomie und der mit ihr verbundenen Affekte, Leidenschaften und Fantasien erfasste. Den aus der Anomie nach Durkheim resultierenden Suizid-Wunsch formuliert denn auch eine der Figuren explizit, wenn sie davon träumt, angesichts ihrer Erschöpfung unter den Waren begraben zu werden: „Mi deseo (mi último deseo) es derrumbarme en medio de un estrépito más que irreverente y así arrastrar conmigo a una hilera interminable de estantes para que las mercaderías sean, finalmente, las que me lapiden" (Eltit 2005 [2002], 52).

Die Darstellung neoliberaler Anomie knüpft Eltit dabei vor allem an die (an)ästhetisierende Erfahrung des Supermarkts durch die Figuren als Ort spezifisch destruktiver Sinneswahrnehmungen. Die fortwährende Ausgesetztheit gegenüber dem Lärm der Kunden, den toxischen Gerüchen und dem grellen Licht sowie der labyrinthischen Struktur des Marktes selbst rufen in den Angestellten nicht nur das Gefühl eines „mareo persistente" (Eltit 2005 [2002], 50) und den schrittweisen Verlust ihrer Wahrnehmungsfähigkeit hervor,[20] sondern auch eine (Zer-)Störung ihrer menschlichen Subjektivität. Mehrfach beschreiben die Angestellten ihre Selbstwahrnehmung als eine zum Animalischen bzw., genauer, zum Amphibischen tendierende, welche die sukzessive Auflösung einer humanen Welt- und Persönlichkeitsverortung markiert:

> Ahora mismo, en medio de una escena torpe y agresiva, me encuentro muy cerca de las mercaderías, encuclillado. Permanzeco agazapado como si actuara la reencarnación de un sapo y su ostensible respiración (su miedo) y así, tal como un ente entregado a una dimensión anfibia, me contengo para no dar un brinco y huir penosamente saltando entre las piedras en dirección impostergable al agua. (Eltit 2005 [2002], 49)

Diese Dynamik physischer wie psychischer Degradation, welche Folge einer fortwährend in bellizistischen Metaphern beschriebenen (Kriegs-)Wirtschaft ist, in der die Angestellten gleichermaßen den feindlichen Aufsehern und den Kunden ausgeliefert sind („este cliente me mira tal como si yo fuese el representante de una casta enemiga que se le ocurrió combatir", heißt es etwa an einer Stelle (Eltit 2005 [2002], 26)), wird im Roman weiterhin vor allem hinsichtlich ihrer destruktiven Auswirkungen auf zwei fundamentale und eng zusammenhängende anthropologische Dimensionen erfahrbar gemacht: die Wahrnehmung von Zeit und den Gebrauch der Sprache. Der Arbeitstakt der ständigen Mobilisierung führt zur völligen Desorientierung der Figuren, „el tiempo juega de manera perversa conmigo porque no termina de inscribirse en ninguna parte de mi ser. Sólo está depositado en el súper, ocurre en el súper. Se trata de un horario tembloroso e infinito" (Eltit 2005 [2002], 31). Die Gegenwart nimmt dabei Züge eines unendlichen, durch die zyklischen und monotonen Arbeitsabläufe geprägten Präsens an, während die Fähigkeit zur Erinnerung, zur Memoria, lediglich noch in Form zweckgebundener Mnemotechniken, wie etwa der Anleitung zur Aufstapelung von Waren, nicht mehr aber bezüglich biographischer oder gar kollektiver Erfahrungen existiert. Diese nachhaltige Löschung der Erinnerungsfähigkeit der Figuren, welche an die zentrale politische Rolle des Schweigens im postdiktatorialen Kontexts Chiles gemahnt, wird im Roman mittels eines spezifischen formalen Verfahrens illustriert. Die Rede ist von den zahlreichen Paratexten in Form von Zwischenüberschriften, die mehrheitlich aus Titeln von anarchistischen und sozialistischen Arbeiterzeitungen in Chile zwischen 1900 und 1920 bzw. der Allende-Zeit bestehen und als solche eine allegorische Funktion erfüllen: Sie sind einerseits lesbar als Inschriften, Spuren bzw. Ruinen einer untergegangenen Welt der Arbeiterklasse der industriellen

---

20 Die Erzählinstanz des ersten Teils formuliert diese anästhesierenden Effekte der Topographie des Supermarkts explizit, wenn es heißt: „estoy a punto de caer anestesiado (con una languidez fatal) en la geografía agujereada del súper" (Eltit 2005 [2002], 49).

Moderne, die, wie die sprechenden Titel wie *Autonomía y Solidaridad* oder *Nueva Era* anzeigen, nicht nur über eine Kollektividentität und einen geschichtsphilosophischen Optimismus verfügten, sondern vor allem über eine spezifische geteilte Form des Sprechens über die Welt, welche in der neoliberalen Spätmoderne nicht mehr existiert.[21] Zugleich verweisen sie in ihren historischen Bezugspunkten auf die zwei zentralen Tragödien der chilenischen Arbeitergeschichte im 20. Jahrhundert, nämlich die sog. *Matanza de la Escuela Santa María de Iquique*, ein Massaker an Salpeter-Arbeitern im Norden Chiles im Jahr 1907, bei dem über 3000 Menschen getötet wurden, sowie den Militärputsch von 1973 – beides Ereignisse, die insbesondere im erinnerungspolitisch auf einem „Pakt des Schweigens" basierenden postdiktatorialen Chile aus dem kollektiven Gedächtnis verdrängt werden sollten.

Die allegorische Dimension der Paratexte, die als ästhetisches Verfahren in den postdiktatorialen Literaturen des Cono Sur eine zentrale Rolle einnahm (vgl. Avelar 1999), markiert hier also spurhaft jene historische Dimension der Arbeiterklasse als (para-)sozialer Gruppe, deren Distanz zum Prekariat des Neoliberalismus insbesondere im Sprachverlust der Erzählerfiguren der Gegenwart augenfällig wird: „No cuento para nadie" (Eltit 2005 [2002], 14), bemerkt der anonyme Erzähler gleich zu Beginn des Romans, wobei die Doppeldeutigkeit des Verbs „contar" (zählen/erzählen) hier die Unmöglichkeit eines neuen kollektiven Narrativs schon anzeigt. Die Sprache bzw. die (aufgrund der synonymen Bedeutung im Spanischen) Zunge werden zu animalischen Fremd-Körpern, die es für das disziplinierte Individuum zu kontrollieren gilt: „no sé qué hacer con la consistencia de mi lengua que crece, se enrosca y me ahoga como un anfibio desesperado ante una injusta reclusión. Me muerdo la lengua. La controlo, la castigo hasta el límite de la herida. Muerdo el dolor" (Eltit 2005 [2002], 16). Darüber hinaus führt die durch die neoliberale Arbeitswelt beförderte Verdinglichung des Menschen nicht nur zu einer Selbstwahrnehmung als maschinenhaftes Objekt[22] und gezüchtigtes *Körper-Ding*[23], sondern vor allem zum genannten Verlust eines Ausdrucksmediums, das zur Benennung der eigenen Ausbeutungsverhältnisse ermächtigen würde. „No me interesa indagar en estos asuntos. No me considero especialmente proclive a pensar en cuestiones abstractas que no conducen a un resultado mensurable" (Eltit 2005 [2002], 35), bekennt der namenlose Erzähler im ersten Teil und verweist damit implizit auf

---

21 Für eine ausführliche Analyse dieses Aspekts vgl. auch die Artikel von Draper 2010 und Niebylski 2018.
22 Vgl. Aussagen wie „me radico como un objeto neutro en el pasillo" (37) bzw. „¿Quién soy?, me pregunto de manera necia. Y me respondo: ‚una correcta y necesaria pieza de servicio'" (73).
23 Vgl. „un cuerpo adiestrado para cada una de las tareas de servicio" (55).

die sprachliche und ideologische Leere sowie die Unmöglichkeit der Benennung der Klassenverhältnisse im Neoliberalismus.

Infolgedessen bildet der Erzählerdiskurs in *Mano de obra* in Ermangelung einer kollektiv vermittelbaren Sprache insgesamt drei zentrale sprachliche Register im Rahmen einer (An)Ästhetik des Konsums aus: erstens einen affektiv ‚kalten' Duktus, der vor allem über einen distanzierten Erzählerbericht funktioniert, welcher bestimmte affektive oder emotionale Episoden filtert;[24] zweitens eine Häufung barocker, manierierter Passagen, in denen sich archaische und gelehrte Termini in endlosen Hypotaxengeflechten überlappen und aneinanderreihen und damit bewusst jede mimetische Vorstellung einer zeitgenössischen ‚Arbeitersprache' verunmöglichen (ein Punkt, auf den am Ende des Artikels noch einmal zurückzukommen ist); und drittens, vor allem im zweiten Teil des Romans in den Gesprächen zwischen den Angestellten des Supermarktes, eine Kommunikation, welche sich außerhalb des Kontrollsystems ihres Arbeitsplatzes nurmehr in Affekten des Aggressiven bzw. des Zorns zu vollziehen vermag.

Dem Roman eignet damit in Analogie zur beschriebenen Unmöglichkeit einer geschichtsphilosophischen Utopie auch hinsichtlich seiner eigenen Form, d. h. hinsichtlich fehlender Plotstrukturen oder einer teleologischen Handlung, eine weitreichende Absenz von Narrativität in Form sinn- und orientierungsstiftender Erzählung; vielmehr liegt der Fokus auf einer spezifischen sprachlichen und sensuellen Erfahrbarmachung der (an)ästhetischen Dimensionen der spätmodernen Warengesellschaft mit ihren anomischen Tendenzen. Die Figuren, anhand derer dies geschieht, sind konsequenterweise auch keine komplex angelegten Romanfiguren mit einer eigenen narrativen Identität, sondern ganz im Sinne des etwa von Guy Standing für das Prekariat als typisch postulierten „lack of social identity" kaum mehr als anonymisierte Repräsentanten eines ausbeuterischen Systems, dessen prinzipielles Merkmal die radikale Verfügbarkeit des prekären Menschen ist. Der *súper* fungiert damit als paradigmatischer Ort der absoluten Souveränität des Marktes.[25] Die Figuren – und insbesondere ihre Körper – folgen dem Prinzip des prekären Lebens bzw. des *homo sacer* im Sinne Agambens als jenem stets radikal – und das heißt bis zur straflosen Versehrung und Tötung – disponiblen

---

24 Vgl. etwa das wiederholt auftauchende Verfahren, statt direkter bzw. wörtlicher Rede, welche die Leserin in ihrer Expressivität zu affizieren vermöchte, diese Elemente – etwa den Ausdruck von Schmerzempfindungen durch die Figuren – einfach auf abstrakte Weise zu umschreiben und alle Marker einer exzessiv-expressiven Rede zu filtern: „Y luego, con un énfasis teatral, ‚los viejos del súper', van señalando, sin un átomo de pudor, sin cesar, sin consideración, la aguda experiencia verbal de cómo transcurren sus dolores" (Eltit 2005 [2002], 40).
25 Diese absolute Souveränität, die einmal mehr auch auf die Geburt des chilenischen Neoliberalismus aus dem Geist der Militärdiktatur verweist, wird entsprechend in der Schmittschen

Lebens, das auch in anderen Romanen Eltits wie *Fuerzas especiales* oder *Impuesto a la carne* eine zentrale Rolle spielt.

Über diese Beschreibungen des prekären Lebens im chilenischen Neoliberalismus hinaus jedoch thematisieren Eltits Romane immer auch die Frage nach den Möglichkeiten neuer Gemeinschaftsbildungen. Diesbezüglich lässt sich eine durchaus interessante Dynamik innerhalb ihres Werkes ablesen: So scheitert etwa noch in *Mano de Obra* jegliche Illusion eines solidarischen Arbeiterkollektivs an der letztlich darwinistischen Logik des Überlebenskampfs, welche in der Wohngemeinschaft der Supermarkt-Angestellten herrscht.[26] Immer wieder wird diese Logik in Bildern des Grotesken ausgeführt, etwa wenn ein alkoholkrankes Mitglied der Gemeinschaft von Enrique, dem Anführer, zum Auflecken seines eigenen Erbrochenen gezwungen wird oder einem drogensüchtigen Mitbewohner das Blut aus der vom Kokain zerstörten Nase auf den Kopf eines Neugeborenen im gleichen Haus tropft. Dieses Klima des Misstrauens führt schließlich nach dem Verrat des Anführers der Gemeinschaft an seinen Kollegen nicht nur zu deren Entlassung, sondern auch zur vollkommenen Zerstörung des fragilen Kollektivs bzw. zur *Ent-Hausung* aller Bewohner: „Enrique (ahora convertido, después de un ascenso inédito, en el nuevo supervisor de turno) [...] nos borró de las nóminas y nos empujó hasta una extinción dolorosamente dilatada" (Eltit 2005 [2002], 175).

Einen Ausweg aus der Diktatur des Marktes gibt es in *Mano de obra* folglich nicht. Statt solidarischer Gesten oder Imaginarien eines alternativen Lebens regiert – ganz im Sinne von Walter Benjamins Thesen vom Kapitalismus als der Zelebrierung eines „Kultus *sans rêve et sans merci*"[27] (1985, 100) – die Logik der universellen Verschuldung, welche alle Beteiligten stets zur individuellen, nie aber zur systemischen Schuldzuschreibung zwingt – oder wie es lapidar über ein Mitglied der Gruppe heißt, welches sich aus Unachtsamkeit beim Zerteilen von

---

Formel von der Entscheidungsgewalt über den Ausnahmezustand zitiert, wenn es heißt: „Los supervisores decretaron un turno de emergencia. Sin tregua alguna. Atenderemos [...] a lo largo de 24 horas" (Eltit 2005 [2002], 69).
26 Es ist allerdings interessant, die werkinterne Dynamik dieses Aspektes bei Eltit zu beobachten, wenn zum Beispiel in ihrem 2013 publizierten Roman *Fuerzas especiales* über die Polizeigewalt in einem marginalisierten Stadtviertel von Santiago de Chile unter den gleichfalls prekär zusammenlebenden Figuren des Romans durchaus vielfältige Dimensionen solidarischen Handelns bzw. ästhetischer und politischer Auflehnung existieren. Vgl. ausführlich zu diesem Aspekt des Gemeinschaftlichen auch die rezente Studie von Barrientos 2019.
27 Der gesamte Roman ist von dieser Dimension der Ware als Fetisch und des Kapitalismus als Religion durchzogen, etwa wenn es über die Kunden des Supermarktes heißt: „Tocan los productos igual que si rozaran a Dios" (Eltit 2005 [2002], 5) und der Supermarkt entsprechend als Tempel erfasst wird (Eltit 2005 [2002], 15–16).

Hühnerschenkeln einen Finger abschneidet: „es culpa de la culiada" (Eltit 2005 [2002], 155). Die Botschaft des Romans steht damit exemplarisch für einen geschichtsphilosophischen und gleichsam anthropologischen Pessimismus, dessen (An)Ästhetik des Warenkonsums auf vielfältige Weise an Paradigmen der marxistischen Tradition um Benjamin oder Lukács anschließt, ohne dass sich daraus noch wie bei den Theoretikern der Moderne eine wie auch immer geschichtsphilosophisch oder messianisch grundierte Hoffnung auf eine andere Welt jenseits der kapitalistischen Spätmoderne zu eröffnen vermag.

4 Der Blick der *Flâneuse*: Der *hypermarché* als Ort spätmoderner Vergesellschaftung in Annie Ernaux' *Regarde les lumières, mon amour* (2014)

Einen ästhetisch wie ideologisch differenten Blick auf die (An)Ästhetiken des Konsums in der spätmodernen Warenwelt liefert die französische Autorin Annie Ernaux in ihrem 2014 erschienenen Buch *Regarde les lumières, mon amour*. Der Text, der wie alle Bücher der Autorin zwischen soziologischem Essay und autobiographischer Fiktion oszilliert und Teil des von Pierre Rosanvallon initiierten Projekts *Raconter la vie*[28] war, ist das Ergebnis einer zwischen November 2012 und Oktober 2013 unternommenen Dokumentation der Besuche der Autorin im *hypermarché* Auchan ihres Wohnortes in Cergy im Nordwesten von Paris, welcher wiederum Teil des größten Einkaufszentrums der Region ist. Dabei thematisiert Ernaux gleich zu Beginn des Textes den auch hier eingangs erwähnten Aspekt der literarischen Unsichtbarkeit des Supermarkts, der im weiteren Sinne auf die Frage nach der ästhetischen Dignität des Ökonomischen an sich abzielt. Diesbezüglich hat Dominique Viart eine fast generelle Absenz von Sujets der Arbeitswelt in der französischen Literatur zwischen dem Ende des Zweiten Weltkriegs und den 1980er Jahren konstatiert, die insbesondere in den dominanten formexperimentellen und unpolitischen Strömungen wie dem *Nouveau Roman* begründet gewesen seien (Viart 2013, 139). Ernaux jedoch verweist vor allem auch auf den Zusammenhang zwischen der sozialen Herkunft der Autorinnen der Zeit und den Folgen für die (Ir-)Relevanz bestimmter Sujets und Lebenswelten,

---

28 Vgl. dazu ausführlich auch den Artikel von Robert Lukenda 2017, dem an dieser Stelle dafür gedankt sei, mich überhaupt erst auf den Text von Ernaux aufmerksam gemacht zu haben.

denn: „jusqu'aux années 1970, les écrivains [...] étaient majoritairement d'origine bourgeoise et vivaient à Paris où les grandes surfaces n'étaient pas implantées. (Je ne vois pas Alain Robbe-Grillet, Nathalie Sarraute ou Françoise Sagan faisant des courses dans un supermarché, Georges Perec si, mais je me trompe peut-être)" (2014, 43). Neben der Dimension der Klasse führt Ernaux außerdem die Kategorie des Geschlechts an, die gleichfalls zur literarischen Marginalisierung des Ökonomischen bzw. der Warenwelt beigetragen habe, denn „ce qui relève du champ d'activité plus ou moins spécifique des femmes est traditionnellement invisible, non pris en compte, comme d'ailleurs le travail domestique qu'elles effectuent. Ce qui n'a pas de valeur dans la vie n'en a pas pour la littérature" (2014, 43). Vor diesem Hintergrund wird Ernaux' Supermarkt-Projekt zu einer von Beginn klassen- und gender- und damit auch stilkritischen Unternehmung, die gerade in ihrer Problematisierung herrschender ästhetischer Normen deren anästhetisierende Macht im Sinne einer Ausblendung bestimmter Themenbereiche und Schreibweisen erkennbar macht. Der *hypermarché* wird aus dieser Perspektive zu einem privilegierten Beobachtungsort spätmoderner Vergesellschaftungsprozesse, ist er doch – mit Ausnahme der „habitants du centre de Paris et des grandes villes anciennes" – für die restliche Bevölkerung Frankreichs „un espace familier dont la pratique est incorporée à l'existence, mais dont on ne mesure pas l'importance sur notre relation aux autres, notre façon de ‚faire société' avec nos contemporains au XXIe siècle" (Ernaux 2014, 12).

Die spezifische, an der Soziologie Bourdieus[29] geschulte Ästhetik von Ernaux' „ethnotextes" (Oliver 2011, 180) setzt daher – im Unterschied zur barocken Überwältigungsästhetik bei Diamela Eltit – konsequent auf die explizite Thematisierung der Bedingungen der Wahrnehmung des Sozialen. „Je ne vois des gens que leur corps, leur apparence, leurs gestes. Ce qu'ils mettent dans leur panier, leur caddie. J'en déduis plus ou moins leur niveau de vie" (Ernaux 2014, 32), heißt es in der an Bourdieus grundlegende Hypothese angelehnten Perspektive auf die Struktur des Sozialen in *La distinction*, welche bekanntlich „par la structure des relations entre toutes les propriétés pertinentes qui confère à chacune d'elles et aux effets qu'elle exerce sur les pratiques, leur valeur propre" (Bourdieu 1979, 118)

---

[29] Vgl. Zur Bedeutung von Bourdieus Denken für Ernaux' Ästhetik auch die Bemerkungen der Autorin über den „nouvel apprentissage du regard et de l'oreille", den die Lektüre Bourdieus für sie bedeutet habe und der fundamental für die Entwicklung einer eigenen Schreibweise gewesen sei: „Il m'a aidée à concevoir ce que j'appelle ‚l'écriture distanciée' (plutôt que ‚plate'), depuis ma place d'écartelée entre deux mondes sociaux. Il m'a renforcée dans ma détermination à chercher une voie d'écriture entre le personnel et l'impersonnel, qui prenne en compte la ‚rumeur'" (Ernaux 2013, 26–27). Vgl. zur soziologischen Dimension bei Ernaux auch den Artikel von Meizoz 2012.

bestimmt ist. Zugleich aber sei ihr Text, betont Ernaux, „[p]as d'enquête ni d'exploration systématiques" über die Warenwelt des *hypermarché*, sondern „un journal [...]. Un relevé libre d'observations, de sensations, pour tenter de saisir quelque chose de la vie qui se déroule là" (2014, 15).[30] Die Perspektive Ernaux' ist folglich explizit die der *Flâneuse*, die sich in die Menschen- und Warenflüsse wirft, welche sich von den modernen Stadt- in die spätmodernen Einkaufszentren verlagert haben und der Autorin zugleich einen Ort der Distraktion bieten: „Je me suis souvent jetée au centre commercial pour oublier l'insatisfaction de l'écriture en me mêlant à la foule des acheteurs et des flâneurs [...] tous ceux qui y viennent – comme autrefois, en ville – faire un tour" (2014, 44). Das Einkaufszentrum und der Supermarkt werden damit – wiederum in Unterschied zur Darstellung bei Eltit – vor allem als Ort wahrgenommen, an dem Menschen unterschiedlicher sozialer Hintergründe aufeinandertreffen und an dem die Beobachterin selbst essentieller Teil dieses Sozialen ist, wird sie doch ebenfalls von allen anderen beobachtet (vgl. Ernaux 2014, 40). Der Supermarkt ist für Ernaux eine paradigmatische *mise en abyme* der Gesellschaft, die lediglich denen verschlossen bleibt, die aus habituellen Gründen diese Orte nie aufsuchen: „Les femmes et les hommes politiques, les journalistes, les ‚experts', tous ceux qui n'ont jamais mis les pieds dans un hypermarché ne connaissent pas la réalité sociale de la France d'aujourd'hui" (2014, 12).[31]

Der Supermarkt wird aus dieser Perspektive zu einem ambivalenten Ort, an dem sich sowohl die sozialen Ungerechtigkeiten besichtigen als auch ein Gefühl der gesellschaftlichen und menschlichen Verbundenheit erleben lassen, wie Ernaux festhält: „Souvent, j'ai été accablée par un sentiment d'impuissance et d'injustice en sortant de l'hypermarché. Pour autant, je n'ai cessé de ressentir l'attractivité de ce lieu et de la vie collective, subtile, spécifique, qui s'y déroule" (2014, 71). Aus diesem Grund versteht Ernaux den Supermarkt auch nicht vorwiegend negativ als reinen Tempel des Konsums wie in der Tradi-

---

30 Diese Reflexion über Wahrnehmungsfragen schließt auch die exakte Benennung aller relevanten Marker sozialer Existenz mit ein, wie etwa deutlich wird, wenn Ernaux an einer Stelle darüber sinniert, ob sie eine von ihr beobachtete Kundin als „femme noire" bezeichnen oder diese Angabe aus vermeintlich politisch korrekten Gründen unterlassen solle, wogegen sich Ernaux ausspricht, denn: „C'est en somme ‚blanchir' implicitement cette femme puisque le lecteur blanc imaginera, par habitude, une femme blanche. C'est refuser quelque chose de son être et non des moindres, sa peau. Lui refuser textuellement la visibilité. Exactement l'inverse de ce que je veux faire, de ce qui est mon engagement d'écriture: donner ici aux gens, dans ce journal, la même présence et la même place qu'ils occupent dans la vie de l'hypermarché" (2014, 22).
31 Vgl. zu dieser elitenkritischen Position Ernaux' auch ihre wiederholt positiven Aussagen zur Sozialbewegung der *Gilets jaunes*.

tion der marxistischen Warenkritik à la Adorno oder als einen sog. ‚non-lieu' im Sinne Marc Augés; vielmehr geht es ihr um eine Gegenerzählung zu diesen soziologischen Positionen, die letztlich mehr oder weniger unterschwellig die bourgeoisen Vorbehalte gegen die Lebenswelt der ‚einfachen Leute' auf einer soziologisch sublimierten Ebene zu teilen scheinen. In diesem Sinne formuliert Ernaux das Ziel ihres Buchs als ein „rendre compte d'une pratique réelle de leur fréquentation, loin des discours convenus et souvent teintés d'aversion que ces prétendus non-lieux suscitent et qui ne correspondent en rien à l'expérience que j'en ai" (2014, 12–13). Der Supermarkt ist für Ernaux kein ‚non-lieu', sondern vielmehr ein ‚lieu de mémoire', ein Erinnerungsort von biographischen Szenerien des Alltäglichen, welche wiederum Teil einer geteilten kollektiven Erfahrung sind, an deren Prägung gerade die Kunst mitzuwirken habe, denn „quand je regarde derrière moi, je me rends compte qu'à chaque période de ma vie sont associées des images de grandes surfaces commerciales, avec des scènes, des rencontres, des gens" (2014, 10). Folgerichtig ist Ernaux' Gegenwartsbeobachtung des Supermarkts durchzogen von autobiographischen Fragmenten, die von ihrer ersten eigenen Supermarkterfahrung als Au-pair-Mädchen im London der 1960er über die Hamsterkäufe während der Proteste von 1968 bis zu einem Besuch im ersten slowakischen Supermarkt der post-kommunistischen Zeit Anfang der 1990er Jahre und der Beobachtung der beginnenden *education consommatrice* der dortigen Bevölkerung reichen. Aus dieser Perspektive sind der Supermarkt und seine Warenwelt eben kein reiner Funktionsort oder die Bühne zur Produktion des falschen Scheins der Konsumsphäre, sondern ein von ‚echten' Affekten und Erinnerungen durchzogener Raum, in dem gerade innerhalb der vermeintlich opaken Welt der Dinge Formen emotionaler Vergemeinschaftungen und Begegnungen vollzogen werden:

> Les super et hypermarchés ne sont pas réductibles à leur usage d'économie domestique, à la ‚corvée des courses'. Ils suscitent des pensées, fixent en souvenirs des sensations et des émotions. On pourrait certainement écrire des récits de vie au travers des grandes surfaces commerciales fréquentées.　　　　　　　　　　　　　　　　　　(Ernaux 2014, 11)

Trotz dieser Aufwertung des Supermarkts ist Ernaux' *journal* auch eine kritische Reflexion über die problematischen Dimensionen der Konsumwelt und die darin wirksamen Dimensionen von Ästhetik und Anästhetik. Immer wieder rekurriert der Text auf die Funktionsweisen des ästhetischen Kapitalismus zur Erweckung und Steuerung der Begierden, die vom architektonischen Design des Einkaufszentrums mit seinen „portiques dont quelques-uns, monumentaux, évoquent l'entrée d'un temple mi-grec mi-asiatique" (Ernaux 2014, 14) bis zum beständig wechselnden Warenangebot in seiner entsprechenden Darbietung reichen, ganz im Sinne jenes Prinzips der „grande distribution qui fait la loi dans nos envies" (Ernaux

2014, 41). Wiederholt verweist Ernaux dabei gerade auf die anästhetischen Dimensionen der Waren- und Konsumästhetik, indem sie die Funktionsweisen des Wahrnehmens im Supermarkt als solche explizit macht, etwa wenn es über die Bewerbungsformen im Weihnachtsgeschäft heißt: „Les prix sont en lettres gigantesques, toujours sur le même fond jaune acide. Je m'aperçois que cette démesure agit de façon hypnotique, je serais prête à croire que ces poissons sont littéralement donnés" (2014, 34).

Zugleich wird der Supermarkt in seinen Kontrolldimensionen und seiner Topographie sowie der daraus resultierenden spezifischen Zeitwahrnehmung auf ganz ähnliche Weise beschrieben wie bei Eltit: Das Einkaufszentrum ist eine gleichsam gegen den Rest der Stadt abgeschlossene, künstliche Eigenwelt, eine Art ‚paragesellschaftliche' Sphäre, „une énorme forteresse rectangulaire en briques rouge brun" (Ernaux 2014, 13) mit einer labyrinthischen Struktur, die einerseits nach den Gesetzen der Dynamisierung des Kapitalismus im Sinne eines ständigen Wechsels der Angebote funktioniert, andererseits aber gerade in diesen sich ewig wiederholenden Konsumschleifen auf die Aufhebung jeglichen Zeitempfindens abzielt: „Dans le centre commercial, on ne voit pas le temps. Il n'est pas inscrit dans l'espace. Il ne se lit nulle part. Il y a replacement des boutiques, rotations des rayons, renouvellement des marchandises, du nouveau qui ne change fondamentalement rien" (Ernaux 2014, 33). Der daraus resultierende Effekt entspricht dabei der Diagnose Eltits: Die Zeitlogik der kapitalistischen Konsumsphäre zielt – als ihr vielleicht wichtigster anästhetischer Effekt – auf die Aufhebung der Möglichkeit von Geschichte selbst. „Qu'il n'y a pas d'Histoire" (Ernaux 2014, 42), notiert Ernaux diesen Eindruck, der wie bei Eltit zugleich das Ende aller geschichtsphilosophischen Utopien und Veränderung jenseits der ewigen kapitalistischen Gegenwart markiert. Das Einkaufszentrum fungiert auch bei Ernaux als Verkörperung der absoluten Souveränität des Marktes, die über ein für den spätmodernen Kapitalismus typisches System einer „liberté constamment surveillé" (2014, 67) herrscht. Innerhalb seiner Grenzen ist das Einkaufszentrum folglich nicht nur ein Ort totaler und von den Kunden bereits internalisierter Kontrolle – „propriété d'un groupe privé, il est entièrement fermé, surveillé et nul ne peut y pénétrer en dehors d'horaires déterminés" (Ernaux 2014, 14) –, sondern zugleich ein Ort mit gesellschaftlicher Ordnungsmacht. Diese funktioniert explizit durch die Verdrängung all jener, die in der Logik des Konsums keinen Wert besitzen, namentlich der Obdachlosen, denen der Zutritt zur Warenwelt bewusst verwehrt wird: „Il y a de plus en plus de SDF dans l'ensemble de la société mais de moins en moins autour du centre commercial, à l'exception de deux endroits, qui ne font pas partie du territoire privé du centre commercial" (Ernaux 2014, 39). Sie funktioniert aber zugleich auch auf eine implizite Weise, indem über die Distinktionsmacht der Waren selbst – und hier wird Ernaux' ‚bourdieuscher Blick' am deutlichsten – die gesellschaftlichen (Klassen-)Unterschiede markiert werden. Die Unterteilung der Sektionen des Supermarkts in Billig- und Hochpreissegmente und der Blick aufs Kassenband machen den Ort des Konsums zum Schaufenster der feinen (und groben) Unterschiede der Gesellschaft und unterstreichen die zugleich vergemeinschaftende und separierende Macht der Dinge:

> [J]'ai mesuré de plus en plus la force du contrôle que la grande distribution exerce dans ses espaces de façon réelle et imaginaire – en suscitant les désirs aux moments qu'elles détermine –, sa violence, recelée aussi bien dans la profusion colorée des yaourts que dans les rayons gris du super-discount. Son rôle dans l'accommodation des individus à la faiblesse des revenus, dans le maintien de la résignation sociale. (Ernaux 2014, 71)

Die Darstellung des Supermarkts und der Warenwelt ist bei Ernaux, so lässt sich zusammenfassen, von einer grundlegenden Ambivalenz geprägt: Einerseits wird immer wieder positiv die vergemeinschaftende Funktion des Marktes herausgestellt, „[l]e journal municipal m'apprend que 130 nationalités sont présentes sur l'ensemble du territoire de Cergy. Nulle part ailleurs elles ne se côtoient autant qu'au centre commercial des Trois-Fontaines, à Auchan" (2014, 38); andererseits werden die problematischen Dimensionen der gegenwärtigen Konsumwelt ausführlich thematisiert, die über die genannte Klassendimension hinaus auch etwa Aspekte globaler Ausbeutung in den Textilfabriken von Bangladesch oder die Reproduktionsmacht des Marktes hinsichtlich bestimmter Geschlechterklischees umfassen. Eindeutig hingegen ist die pessimistische Position Ernaux' gegenüber den Möglichkeiten einer anderen Gesellschaft jenseits der spätmodernen Marktgesellschaft. „M'est venue la question que je me pose des quantités de fois, la seule qui vaille: pourquoi on ne se révolte pas?" (Ernaux 2014, 67), fragt Ernaux nach den Möglichkeiten des Aufstands gegen das System. Die Antwort ist eindeutig und einmal mehr in der ästhetischen (Über-)Macht des Marktes zur unendlichen Produktion von „Begehrnissen" begründet, die in letzter Instanz alle Energiereservoirs einer potentiellen Revolte zu anästhesieren vermag: „Tous trop fatigués, et bientôt nous serions dehors, enfin sortis de la nasse, oublieux, presque heureux. Nous sommes une communauté de désir, non d'action" (Ernaux 2014, 67).

5 Wa(h)re Repräsentationen? Aporien einer (An)Ästhetik des Konsums der Spätmoderne

Die für die Spätmoderne soziologisch vielfach postulierte „Krise des Allgemeinen auf den Ebenen der sozialen Anerkennung, der Allgemeinheit der Kultur und des Politischen" (Reckwitz 2017b, 437) hat bekanntlich nicht nur tiefgreifende Folgen für die Formen und Regeln politischer, sondern auch künstlerischer Repräsentation. Wenn die Gesellschaft als solche nur noch in Form sich beständig differenzierender Teilgruppen funktioniert und sie damit zunehmend zu einer, wie Pierre Rosanvallon schreibt, „société illisible" (2014, 17) wird – welche Möglichkeiten und Formen ästhetischer Darstellung stehen dann etwa der Literatur noch zur Verfügung, um über einen Kollektivsingular wie ‚Gesellschaft' überhaupt zu sprechen bzw. eine Repräsentationsarbeit leisten zu können, die sich nicht selbst automatisch in den ‚Dienst' bestimmter künstlerischer und/oder (identitäts-)politischer Interessen sozialer Teilgruppen stellen will? Diese Frage führt theoretisch wie historisch zu weit, als dass sie an dieser Stelle angemessen diskutiert werden könnte. Sie zielt jedoch in letzter Instanz auf eine Darstellungsproblematik, welche die Literatur seit jeher begleitet hat und in der Moderne von besonderer Relevanz wurde, nämlich, wie denn gerade „Personen, Ereignisse und alltägliche Existenzbedingungen (‚Milieus'), die die längste Zeit unterhalb der Schwelle der Darstellung verharrten oder denen allenfalls ein subalterner Platz [...] zugestanden wurde" nicht nur soziologisch, sondern eben auch im Medium der Literatur und insbesondere durch „Einsatz ‚realistischer' oder ‚naturalistischer' Künste" (Balke 2019, 21) symbolisch repräsentierbar gemacht werden konnten.

Die beiden (an)ästhetischen Register, welche die Texte von Diamela Eltit und Annie Ernaux diesbezüglich liefern, könnten unterschiedlicher kaum sein: So schließt Eltit in *Mano de obra* an eine modernistisch bzw. avantgardistisch grundierte (An)Ästhetik an,[32] deren formale Grundoperation eine „vertiginous fragmentation [that] shatters of experience no longer representable as coherent wholes or as symbolic totalities" ist, während die Sprache einer „de-anecdotalization that defies paraphrase" unterzogen wird (Avelar 1999, 164 bzw. 173). Die Darstellung der spätmodernen Konsum- und Warenwelt am Beispiel des chilenischen Supermarkts unterliegt daher bei Eltit einem ästhetischen wie politischen Paradox: Ästhetisch gesprochen erzeugt der Text in seinem mäandernden, barocken Sprachwulst und den beständig aufeinanderprallenden Registern

---

[32] Eltit begann ihre künstlerische Karriere als Mitglied des chilenischen Neoavantgarde-Kollektivs CADA, welches in den 1980er Jahren vor allem durch Performances und Interventionen im öffentlichen Raum des diktatorischen Chiles für Aufsehen sorgten.

des Archaischen, des Vulgären und des Sozioanalytischen einen Diskurs, der bewusst jede mimetische Vorstellung einer zeitgenössischen ‚Arbeitersprache' oder einer an traditionelle realistische Codes geknüpften *littérature engagée* konterkariert; zugleich aber eignet dem Text gerade durch die bisweilen anästhesierende Wirkung der Lektüre, die durch die Verwirrung und Desorientierung in der Leserin zustande kommt, indem ihr nämlich zeitliche, räumliche oder figurenbezogene Ankerpunkte konstant verweigert werden, eine Art mimetischer bzw. realistischer Effekt. Diese sinnliche Überforderung durch die bewusste Verweigerung narrativer Ordnung und Sinnhaftigkeit macht eben den für die Arbeit im Supermarkt konstitutiven ‚Wahrnehmungsterror' erfahrbar, wodurch die (An)Ästhetik Eltits – ganz im Sinne der historischen avantgardistischen Logik – die Überwältigungs- und Gewaltelemente ihres Beschreibungsgegenstandes in ihre Formen- und Darstellungssprache integriert.[33] Politisch gelesen ergibt sich daraus die Aporie, dass diese höchst kritische, ja *engagierte* Darstellung der sozialen Abgründe hinter den bunten Oberflächen des neoliberalen Kapitalismus der Spätmoderne auf eine literarische (An)Ästhetik zurückgreift, die – wie das gesamte Werk Eltits – bestenfalls von einem akademischen (*bourgeoisen*) Publikum zu verstehen bzw. zu goutieren ist. Wenn also etwa Héctor Hoyos in Eltits Arbeiterdarstellung die Möglichkeit „of seizing that tension ‚from below', recreating discrete experiences and putting us in the shoes of others" (2015, 124) sieht, dann stellt sich immer schon die Frage, welche konkrete und reale Leserschaft ein solches *us* eigentlich meint.[34] Böhme hat eben

---

33 Auch Welsch hält (allein?) eine solche modernistische (An)Ästhetik, die eben an benjaminsche Kategorien anschließt, als paradigmatische (Erkenntnis-)Form zur Durchbrechung des schönen Scheins für geeignet: „Eine solche anästhetisch akzentuierte Ästhetik würde zu einer Schule der Andersheit. Blitz, Störung, Sprengung, Fremdheit wären für sie Grundkategorien. Gegen das Kontinuum des Kommunizierbaren und gegen die schöne Konsumption setzte sie auf Divergenz und Heterogenität [...] Werke der Verweigerung [...] deren Aneignung fehlschlägt" (2017, 43–44). Zu einer kritischen Lektüre dieser avantgardistischen Ästhetiken im chilenischen Kontext vgl. auch den einschlägigen Aufsatz von Thayer 2006.
34 Vgl. dazu auch Eltits Aussage zu ihren Zweifeln über die politischen Wirkmöglichkeiten von Literatur bzw. ihre bewusste Distanzierung vom Markt bzw. den Institutionen des Literaturbetriebs (welche sie andererseits mit zahlreichen internationalen und nationalen Preise und Ehrendoktorwürden überhäuft haben): „No creo sinceramente que la literatura pueda ocasionar una conmoción política. Más bien la posibilidad de una conmoción proviene del impulso del conjunto de la esfera social y en su interior cabe la literatura como un acto más. En mi caso particular, desde mis comienzos, me importó mantener una política de escritura y me he mantenido bastante alejada del mercado o de las modas. Y por otro lado tengo un imaginario al que no puedo ni quiero renunciar que cae y recae sobre ciertos espacios, pero no se trata de una voluntad sino más bien de la invasión una fuerza deseante que me excede. Pero lo que sí pienso de manera férrea es que la literatura tiene el poder de modificar políticamente a la es-

diese Aporie, der Eltits Werk unterliegt, präzise an Adornos ästhetischer Theorie diskutiert: Die typische modernistische Hoffnung auf eine Versöhnung der gesellschaftlichen Gegensätze *in* der Kunst und zugleich *gegen* die Kulturindustrie sei eine „kaum zu erfüllende Forderung. Denn dafür müsste das mimetische Moment so spröde oder so reflexiv gemacht werden, dass es dann wiederum nur noch der Bildungsschicht zugänglich wäre" (Böhme 2018, 97).

Der Text von Annie Ernaux setzt demgegenüber auf eine andere Strategie: Im Gegensatz zur modernistischen ‚Schock-Wirkung' von Eltits Roman basiert ihr *journal* gerade auf einer absoluten sprachlichen Zugänglichkeit und Transparenz des literarischen Textes, welches über eine räumlich, zeitlich und autobiographisch konkrete sowie radikal intelligible Darstellung der Bedingungen von Wahrnehmungsprozessen eine ästhetische Form entwirft, die auch und gerade von ‚einfachen' Leserinnen problemlos rezipiert werden kann. Diese in Ernaux' *écriture plate* angelegte anti-modernistische Stoßrichtung ist, wie argumentiert wurde, bewusst gegen ein bestimmtes elitäres Literaturverständnis der Moderne und seine thematischen, formalen und sozialen Sanktions- und Exklusionsmechanismen gerichtet. Die Darstellung der Konsumwelt bleibt bei Ernaux folglich von „Widersprüchen nicht unberührt, nicht nur, weil sie selbst durch ihr Kaufverhalten dazu beiträgt, sie unaufgelöst bestehen zu lassen, sondern auch, weil die Kritik an der Logik des Konsums und an dem von dieser getragenen Dispositiv der Macht nicht verhindert, dass der Gedanke an den Supermarkt für sie positiv besetzt ist" (Urban 2018, 156). In dieser Ausstellung der Widersprüchlichkeit menschlicher Existenz in der spätmodernen Warenwelt jedoch vermag Ernaux' Darstellung womöglich einen ‚realistisch(er)en' Effekt dadurch zu erzielen, dass sie die unbestreitbare vergemeinschaftende Macht der Waren und des Konsums nicht leugnet, sondern stattdessen die ambivalenten Effekte dieser Tatsache zum Gegenstand ihres Schreibens macht.[35] Eltits Roman dagegen schließt sowohl ideologisch als auch ästhetisch an Elemente der klassischen marxistischen Waren- und Kunstkritik an, in denen der Supermarkt ausschließlich als Bühne der kapitalistischen Ausbeutung und die modernistisch-avantgardistisch geschulte Kunst als (vermeintlich) widerständiger Hort des Nicht-Konsumierbaren gegen die Kulturindustrie zu fungieren haben. Die Frage, welche dieser (An)Ästhetiken letztlich die geeignetere Form zur Wa(h)ren-Repräsentation im neoliberalen Kapitalismus ‚unserer' Spätmoderne ist, dürfte letzteren gleichwohl unberührt

---

fera literaria misma: lo hace ensanchando los límites impuestos y problematizando las convenciones. Esa es su gran misión política" (Locane/Loy 2015, 69).

35 Vgl. dazu auch die treffende Bemerkung von Drügh: „Es ist in unseren Überflussgesellschaften nur um den Preis der Unaufrichtigkeit möglich, in *third person*-Manier über unsere Identität als Konsumenten zu sprechen" (2015, 19).

lassen, solange beide Bücher in angemessener Lieferzeit über die entsprechenden Plattformen und gegen Zahlung des Produktpreises bezogen und konsumiert werden können.

Bibliographie

Alwort, David J. „Supermarket Sociology". *New Literary History* 41.2 (2010): 301–327.
Avelar, Idelber. *The Untimely Present: Postdictatorial Latin American Fiction and the Task of Mourning*. Durham, NC: Duke University Press, 1999.
Balke, Friedrich. „Den Tumult dokumentieren. Zum politischen Einsatz der Mimesis bei Auerbach". *Im Gedränge. Figuren der Menge*. Hg. Hermann Doetsch und Cornelia Wild. Paderborn: Fink, 2019. 19–39.
Barrientos, Mónica. *La pulsión comunitaria en la obra de Diamela Eltit*. Pittsburgh, PA: Latin American Research Commons, 2019.
Baudrillard, Jean. *La société de consommation*. Paris: Gallimard, 2017 [1970].
Beckert, Jens. *Imagined Futures. Fictional Expectations and Capitalist Dynamics*. Cambridge, MA: Harvard University Press, 2016.
Benjamin, Walter. *Das Passagen-Werk*. Frankfurt a.M.: Suhrkamp, 1983.
Benjamin, Walter. „Kapitalismus als Religion". *Walter Benjamin. Gesammelte Schriften* (Bd. 6). Hg. Rolf Tiedemann und Hermann Schweppenhäuser. Frankfurt a.M.: Suhrkamp, 1985. 100–103.
Böhme, Gernot. *Ästhetischer Kapitalismus*. Berlin: Suhrkamp, 2018.
Boltanski, Luc und Arnaud Esquerre. *Bereicherung. Eine Kritik der Ware*. Berlin: Suhrkamp, 2019.
Bourdieu, Pierre. *La distinction. Critique sociale du jugement*. Paris: Les Éditions de Minuit, 1979.
Bowlby, Rachel. *Carried Away: The Invention of Modern Shopping*. New York, NY: Columbia University Press, 2001.
Chamayou, Grégoire. *La société ingouvernable. Une généalogie du libéralisme autoritaire*. Paris: La Fabrique éditions, 2018.
Draper, Susanna. „The Question of Awakening in Postdictatorship Times: Reading Walter Benjamin with Diamela Eltit". *Discourse* 32.1 (2010): 87–116.
Drügh, Heinz. *Ästhetik des Supermarkts*. Konstanz: Konstanz University Press, 2015.
Eiden-Offe, Patrick. „Marxismus und Kritische Theorie". *Handbuch Literatur & Ökonomie*. Hg. Joseph Vogl und Burkhardt Wolf. Berlin: De Gruyter, 2020. 3–17.
Eltit, Diamela. *Mano de obra*. Santiago de Chile: Seix Barral, 2005 [2002].
Eltit, Diamela. *Fuerzas especiales*. Cáceres: Periférica, 2015 [2013].
Ernaux, Annie. „La preuve par corps". *Bourdieu et la littérature*. Hg. Jean-Pierre Martin. Nantes: Cécile Defaut, 2010. 24–27.
Ernaux, Annie. *Regarde les lumières, mon amour*. Paris: Seuil, 2014.
García Canclini, Néstor. *Consumidores y ciudadanos. Conflictos multiculturales de la globalización*. Mexiko-Stadt: Grijalbo, 1995.
Hoyos, Héctor. *Beyond Bolaño. The Global Latin American Novel*. New York: Columbia University Press, 2015.

Klein, Naomi. *The Shock Doctrine: The Rise of Disaster Capitalism*. New York: Metropolitan Books, 2007.

Koschorke, Albrecht. *Wahrheit und Erfindung. Grundzüge einer Allgemeinen Erzähltheorie*. Frankfurt a.M.: Fischer, 2012.

Lessenich, Stephan. *Neben uns die Sintflut: Die Externalisierungsgesellschaft und ihr Preis*. Berlin: Hanser Berlin, 2016.

Locane, Jorge und Benjamin Loy. „‚En Chile se paga hasta por respirar. La palabra gratuidad infunde terror'. Una conversación con Diamela Eltit". *alba. lateinamerika lesen* 8 (2015): 67–71.

Loy, Benjamin. „Fragile Parallelitäten: Neoliberalismus, Poststaatlichkeit und Gewalt im mexikanischen Gegenwartskino". *Parallel- und Alternativgesellschaften in der Gegenwartsliteratur*. Hg. Teresa Hiergeist. Würzburg: Königshausen & Neumann, 2017. 105–139.

Lukács, Georg. *Geschichte und Klassenbewusstsein. Studien über marxistische Dialektik*. Darmstadt: Luchterhand, 1983 [1923].

Lukenda, Robert. „Raconter la vie, représenter et déchiffrer la société – neue sozialepistemologische ‚Allianzen' und literarische Antworten auf gesellschaftliche Zerfallsprozesse in Frankreich". *Parallel- und Alternativgesellschaften in der Gegenwartsliteratur*. Hg. Teresa Hiergeist. Würzburg: Königshausen & Neumann, 2017. 77–103.

Marchart, Oliver. *Die Prekarisierungsgesellschaft. Prekäre Proteste. Politik und Ökonomie im Zeichen der Prekarisierung*. Bielefeld: transcript, 2013.

Marx, Karl. *Das Kapital. Kritik der politischen Ökonomie* (Bd. 1). *MEW 23*. Berlin: Dietz, 1962 [1867].

Mazzucato, Mariana. *The Value of Everything. Making and Taking in the Global Economy*. London: Penguin, 2019.

Meizoz, Jérôme. „Annie Ernaux: posture de l'auteure en sociologue." *Annie Ernaux: se mettre en gage pour dire le monde*. Hg. Thomas Hunkeler und Marc-Henry Soulet. Genf: Metis, 2012. 27–44.

Moulian, Tomás. *Chile actual. Anatomía de un mito*. Santiago de Chile: LOM, 2002.

Neumann, Birgit (Hg.). *Präsenz und Evidenz fremder Dinge im Europa des 18. Jahrhunderts*. Göttingen: Wallstein, 2015.

Niebylski, Dianna. „Gramáticas capitalistas, retóricas contrahegemónicas y la prensa obrera chilena: *Mano de obra* de Diamela Eltit". *Pobreza y precariedad en el imaginario latinoamericano del siglo XXI*. Hg. Stephen Buttes und Dianna Niebylski. Santiago de Chile: Cuarto propio, 2017. 415–457.

Niebylski, Dianna. „Ironía y violencia en *Mano de obra* y *Fuerzas especiales* de Diamela Eltit". *Ironía y violencia en la literatura latinoamericana*. Hg. Brigitte Adriaensen und Carlos van Tongeren. Pittsburgh: Instituto Internacional de Literatura Iberoamericana, 2018. 59–94.

Oliver, Annie. „‚Instantanés de la vie quotidienne': la vie matérielle selon Annie Ernaux". *Écrire le présent*. Hg. Gianfranco Rubino und Dominique Viart. Paris: Armand Collin, 2013. 173–184.

Polanyi, Karl. *The Great Transformation. The Political and Economic Origins of Our Time*. Boston: Beacon Press, 2001 [1944].

Prinz, Sophia. „Einleitung: Kulturelle Ökonomie und neue Formen der Kritik". *Ästhetik und Gesellschaft. Grundlagentexte aus Soziologie und Kulturwissenschaften*. Hg. Andreas Reckwitz, Sophia Prinz und Hilmar Schäfer. Berlin: Suhrkamp, 2017. 353–369.

Rancière, Jacques. *Politik der Literatur*. Wien: Passagen, 2011.

Reckwitz, Andreas. „Ästhetik und Gesellschaft – ein analytischer Bezugsrahmen". *Ästhetik und Gesellschaft. Grundlagentexte aus Soziologie und Kulturwissenschaften.* Hg. Andreas Reckwitz, Sophia Prinz und Hilmar Schäfer. Berlin: Suhrkamp, 2017. 13–54.
Reckwitz, Andreas. *Die Gesellschaft der Singularitäten. Zum Strukturwandel der Moderne.* Berlin: Suhrkamp, 2017b.
Rosa, Hartmut. *Resonanz. Eine Soziologie der Weltbeziehung.* Berlin: Suhrkamp, 2019.
Rosanvallon, Pierre. *Le Parlement des invisibles.* Paris: Seuil, 2014.
Schlünder, Susanne und Andrea Stahl (Hg.). *Affektökonomien. Konzepte und Kodierungen im 18. und 19. Jahrhundert.* Paderborn: Fink, 2018.
Schönthaler, Philipp. *Portrait des Managers als junger Autor. Zum Verhältnis von Wirtschaft und Literatur. Eine Handreichung.* Berlin: Matthes & Seitz Berlin, 2016.
Schrage, Dominik. *Die Verfügbarkeit der Dinge. Eine historische Soziologie des Konsums.* Frankfurt a.M.: Campus, 2009.
Slobodian, Quinn. *Globalists. The End of Empire and the Birth of Neoliberalism.* Cambridge, MA: Harvard University Press, 2018.
Standing, Guy. *The Precariat. The New Dangerous Class.* London: Bloomsbury, 2016.
Viart, Dominique. „Écrire le travail. Vers une sociologisation du roman contemporain?". *Écrire le présent.* Hg. Gianfranco Rubino und Dominique Viart. Paris: Armand Collin, 2013. 133–156.
Vogl, Joseph. *Das Gespenst des Kapitals.* Zürich: Diaphanes, 2010.
Vogl, Joseph, und Burkhardt Wolf (Hg.). *Handbuch Literatur & Ökonomie.* Berlin: De Gruyter 2020.
Weber, Max. *Rationalisierung und entzauberte Welt. Schriften zu Geschichte und Soziologie.* Leipzig: Reclam, 1989.
Welsch, Wolfgang. „Ästhetik und Anästhetik". *Ästhetisches Denken.* Hg. Wolfgang Welsch. Stuttgart: Reclam, 2017. 11–45.

Simona Oberto
Roberto Savianos *La paranza dei bambini*. Die ‚Paragesellschaft' der Kinder zwischen *Pinocchio* und *Principe*

> A Napoli i bambini son sacri. Sono la sola cosa sacra che vi sia a Napoli.
> Curzio Malaparte, *Le rose di carne* (*La pelle* 1949).

In *La paranza dei bambini* (2016) erzählt Roberto Saviano den ersten Teil der Geschichte um den neapolitanischen ‚baby-boss' Nicolas Fiorillo, alias Maraja, die im Folgeroman *Bacio feroce* (2017) eine Fortsetzung und ein bitteres Ende finden wird. Genauer handelt sie von dessen Ein-, aber mehr noch Aufstieg in die Strukturen der organisierten Kriminalität der kampanischen Camorra. Ebendiese hatte Saviano 2006 in *Gomorra. Viaggio nell'impero economico e nel sogno di dominio della camorra* dargestellt, einem Text an der Schwelle zwischen Doku- und Biofiktion, zwischen journalistischer Reportage und Zeugenbericht.[1] Anhand einzelner, prägnanter Episoden hatte der Autor darin die endemische Präsenz krimineller Systeme in der süditalienischen Region und das Ausmaß ihres Einflusses in sämtlichen nationalen wie internationalen, legalen wie illegalen Wirtschaftsbereichen aufgezeigt (Baugewerbe, Textilindustrie, Abfallwirtschaft, aber auch Drogen-, Menschen- und Waffenhandel, (Schutzgeld-)Erpressung, Geldwäsche u. v. m.). Diese Systeme, welche letztlich von den Schwachstellen der staatlichen Institutionen und ihrer Vertreter profitieren, bahnten sich durch Korruption einen Weg in das politische Herz der Nation, zu der sie in einem parasitären Verhältnis stünden. Sie können jedoch auch in einen offenen Konflikt mit dem Staat treten, wie es in den Jahren 1992–1993 der Fall war, als die sizilianische Cosa Nostra eine Reihe von Attentaten verübte mit dem Ziel, den auf ihr lastenden Druck von Seiten der Polizei und der Staatsanwaltschaft durch gezielte terroristische Aktionen zu beseitigen.

Zugleich hatte Saviano die innere Ordnung und die Ästhetik dieses Systems erläutert, die es gestatten, die Camorra im Anschluss an Reckwitz als ein Phänomen der Singularisierung zu betrachten: Die patriarchalischen Familienunternehmen bürgerlicher Provenienz – denn die Camorristi sind im eigenen Selbstverständnis Unternehmer, nicht Kriminelle – begründen und steigern ihren Einflussbereich durch die Einnahme von Territorien und Wirtschaftsgütern unter

---

1 Vgl. hierzu: Bozzi 2015; Conrad von Heydendorff 2016; Haaland 2016; Inglese 2018; Ricciardi 2011; Zonch 2017.

Ausübung vielfacher Formen von Gewalt, die gleichzeitig den Machterhalt sichert, und stabilisieren diesen Einfluss durch Allianzen zu anderen Familien (durch Bündnisse, Ehen, Adoptionen), mit welchen sie einen ‚Clan', d. h. ein erweitertes Familiengefüge bilden. In Analogie zu Strukturen, die an das mittelalterliche Feudalwesen erinnern und die sich in Süditalien gerade im Verhältnis zwischen Großgrundbesitzern und Landarbeitern bis weit in das 20. Jahrhundert hinein erstreckt haben, regelt eine strenge Hierarchie das Verhältnis der assoziierten Mitglieder, der sog. *affiliati*. Diese ordnen sich als ‚Vasallen' der stärksten Sippe unter, deren Gebiete sie verwalten und der sie im Falle von ‚Fehden' zur Seite stehen. Derselben Logik fügt sich auch der Machtanspruch, der auf Basis des Erbrechts geregelt ist, allerdings durch das immerwährende Risiko eines Coups stets prekär bleibt. Darüber hinaus ist die Autorität der Anführer entsprechend derjenigen des alttestamentarischen Familienoberhauptes, des Gottvaters, als Allmacht konzipiert, so dass sie nach eigenem Ermessen über Leben und Tod, Sünde, Sühne und Strafe urteilen können (Saviano 2006, Kap. *Don Peppino Diana*).[2] So unzeitgemäß die konzeptionelle Struktur der Camorra erscheint, so gegenwartsorientiert ist ihre Außendarstellung. Sie findet im großen Hollywood-Gangster-Kino ihre Inspiration, und hier erwartungsgemäß zuvorderst in Francis Ford Coppolas Saga *The Godfather* (I–III, 1972–1990) mit Marlon Brando, Robert De Niro und Al Pacino, oder in Brian de Palmas *Scarface* (1983), erneut mit Pacino in der Hauptrolle. Diese Filme liefern gewissermaßen das Skript, nach welchem die Camorristi ihre Villen und Auftritte gestalten – etwa in der Art und Weise, wie sie von Schusswaffen Gebrauch machen (Saviano 2006, Kap. *Hollywood*). Es ist schließlich ein Satz aus *Scarface*, „Il mondo è tuo" (Saviano 2006), der als letzter eine Reihe von Motti abschließt, die dem eigentlichen Bericht von *Gomorra* vorangestellt sind, unter welchen sich auch ein Zitat aus Niccolò Machiavellis historiographischem Werk, den *Istorie fiorentine* (posth. 1532) befindet – ein Autor, der auch in *La paranza* eine besondere Rolle spielen wird.

Vor diesem Hintergrund lässt sich die Camorra als ein Phänomen der Singularisierung beziehungsweise als ein singuläres Kollektiv im Reckwitz'schen Sinne verstehen, als eine „Einheit des Sozialen", die über „Eigenkomplexität mit innerer Dichte" verfügt, der von außen eine Besonderheit attestiert wird und die sich nach außen von der Gesellschaft durch „starke Differenzen" („Inkommensurabilität") bewusst abgrenzt: „Tatsächlich sind diese Kollektive [...] mehr als bloßer *pars*, sondern aus Sicht ihrer Mitglieder jeweils ihr eigenes, in sich vollständiges

---

2 Ebendieses Verhalten führt, gemeinsam mit der Anbetung bestimmter Heiliger und der Gottesmutter, die als Schutzpatrone der Camorristi, aber auch der Cosa nostra und der 'Ndrangheta verehrt werden, zu wiederholten Konflikten mit und Verurteilungen durch die katholische Kirche; vgl. etwa Johannes Paul II 1993.

kulturelles Universum von höchster kommunikativer, narrativer und affektiver Komplexität und Signifikanz" (Reckwitz 2017, 50–54, 62 [Hvg. i.O.]). Mit Hinblick auf den Untersuchungsgegenstand des vorliegenden Bandes lässt sich im Anschluss daran von einer ‚Paragesellschaft' sprechen, einer organisierten, kriminellen ‚Gesellschaft in der Gesellschaft', die von der ‚Mehrheitsgesellschaft', deren soziale Strukturen sie zumindest in Teilen widerspiegelt, nicht nur als Bedrohung für den sozialen und wirtschaftlichen Zusammenhalt wahrgenommen wird, sondern auch eine solche ist; deren Akteure ferner an die bürgerlichen Werte ebendieser ‚Mehrheitsgesellschaft' einerseits und an wirtschaftsliberale Praktiken andererseits anschließen, um nach je eigenen Vorstellungen gegen diese zu verstoßen oder sie zu modifizieren. ‚Paragesellschaften' wie diese basieren auf einem singulären Subjekt, das aktiv an der sozialen Valorisierung seiner Individualität arbeitet und diese auch performativ als etwas Einzig-, ja mehr noch Großartiges inszeniert (Reckwitz 2017, 59–60),[3] wie u. a. die von Saviano geschilderten Biographien zeigen.

Mit *La paranza dei bambini* wechselt Saviano von einer semi-faktualen, dokumentarischen Erzählweise in das ausdrücklich fiktionale Register, ohne dabei Verweise auf reale Ereignisse oder auf *Gomorra* aufzugeben, der einen wichtigen Intertext des Romans bildet und dabei einen gewissen *effet de réel* befördert. *La paranza* soll im Folgenden als Gründungsnarrativ einer ‚Paragesellschaft' *innerhalb* der ‚Paragesellschaft' gedeutet werden: Nicolas, das singuläre Subjekt, bringt durch Selbststilisierung zum Machtmenschen nach dem Vorbild von Machiavellis *Principe* und durch soziales Gespür eine eigene kriminelle Organisation hervor, in dem er sich die ästhetischen, charakterlichen und ethischen Modi etablierter Bosse aneignet. Der Fokus auf die Diskursfigur der ‚Paragesellschaft' soll dabei die Mechanismen kollektiver Identitätsstiftung beleuchten, mit welchen sich die Jugendlichen innerhalb des italienischen Territoriums, aber außerhalb von dessen sozialer, ökonomischer und kultureller Ordnung, ebenso wie innerhalb der neapolitanischen Camorra narrativ, ästhetisch und medial selbst verorten. Gleichzeitig soll der Blick auf die Brüche ebendieser Konstruktion gerichtet werden. Das von Nicolas begründete Machtnarrativ wird nämlich von Beginn an durch den systematischen Verweis auf Elemente des Märchens durchkreuzt, und zwar einerseits auf der Ebene der *histoire*, wo seine Selbstmodellierung durch Fremdzuschreibungen herausgefordert wird, andererseits auf der Ebene des *discours*, und hier insbesondere durch den Rekurs auf das berühmteste italienische Kindermärchen:

---

3 Vgl. ferner Reckwitz 2017, 60: „Die Singularisierung von Subjekten ist ein Prozess, in dem Selbstmodellierung und Fremdsteuerung, Selbst- und Fremdsingularisierung Hand in Hand gehen".

Carlo Collodis *Pinocchio* (1883). Die Intertexte sind so Teil des komplexen Konstitutionsprozesses eines Narrativs, dessen allegorische Dimension Fragen nach den (auch ideellen) Ermöglichungsbedingungen des kriminellen Systems, wie auch der Partizipation daran und ihrer Grenzen aufwirft.

1 *La paranza dei bambini*: Die Bildung einer ‚Paragesellschaft'

Wie zehn Jahre zuvor im Falle von *Gomorra* ist auch der Beginn von *La paranza* einer Schock-Ästhetik eingeschrieben: Aus Rache gegenüber einem Schulkameraden, der es gewagt hat, auf Facebook Posts seiner Freundin Letizia zu *liken*, zwingt der Protagonist des Romans, Nicolas, diesen in aller Öffentlichkeit zu Boden und entleert seinen Darm auf dessen Gesicht. Keiner der Zuschauer in der näheren Umgebung interveniert, und das Ereignis wird prompt auf allen sozialen Netzwerken geteilt (Saviano 2016, Kap. *Lo smerdamento*).[4]

Die Tat ist symptomatisch für die Lebenseinstellung von Nicolas, dessen Sichtweise auf die Welt von einem extra-heterodiegetischen Erzähler vermittelt wird, der sich abwechselnd einer Nullfokalisierung und der internen Fokalisierung bedient. Für den Jugendlichen besteht ebendiese Welt aus „[f]orti e deboli": „[e]cco la vera distinzione" (Saviano 2016, 27). Dass er zu Ersteren gehören möchte, versteht sich von selbst, allerdings stehen ihm bedeutende Hindernisse im Weg, darunter in erster Linie seine Herkunft. Damit ist zunächst seine geographische Herkunft gemeint, denn er stammt aus dem Stadtteil Forcella, einem der ärmeren und verrufenen Viertel im historischen Zentrum von Neapel, dessen Name aus der Gabelung zweier Straßen hervorgeht, die ihm eine charakteristische Beschaffenheit verleihen. Diese Gabelung nimmt für die Bewohner von Forcella eine symbolische Dimension an, sie wird zu einem existentiellen Scheideweg: „Un'incognita che ti segnala sempre da dove partire, ma mai dove s'arriva, e se si arriva. Una strada simbolo" (Saviano 2016, 18) – sie ist der Ausgangspunkt einer Reise, deren Ziel unbestimmt bleibt. Jedes Viertel bildet dabei eine eigene Welt, deren Zugehörigkeit sich nicht überwinden lässt: „quello era il loro quartiere e tutto il loro mondo, quindi meglio farselo piacere, anche a costo di negare l'evidenza. Era una questione di appartenenza" (Saviano 2016,

---

[4] Der Titel dieses Kapitels, *Lo smerdamento*, benennt und trägt der doppelten Bedeutung des Ereignisses als Demütigung beziehungsweise Beleidigung und Beschmutzung durch Fäkalien Rechnung (it. *smerdare*; dt. wörtl. ‚vollscheissen'/‚mit Kot beschmutzen').

131). Zugleich bedeutet Forcella für den Protagonisten die schmerzliche Entbehrung sozialer Anerkennung, die man als ein Geburtsrecht erfährt, wenn man aus den reicheren Vierteln stammt, etwa Chiaia oder dem Vomero (vgl. Saviano 2016, 26) beziehungsweise wenn man zur ‚richtigen' Familie oder ‚Kaste' gehört, also Teil eines Clans ist, der über ein bestimmtes Gebiet herrscht.

Der ehrgeizige Nicolas ist jedoch um eine Überwindung dieses Determinismus bemüht, er möchte sich Respekt verschaffen: Respekt bedeutet, an der Spitze einer Kommandostruktur zu stehen und mit Erfolg am kapitalistischen System zu partizipieren. Durch wirtschaftlich profitables Handeln will er sich Zugang zu einem Wohlstand verschaffen, den er materiell durch die Zurschaustellung von Privateigentum, in diesem Fall Luxusbekleidung und -gegenständen sowie den Besuch der teuersten Etablissements der Stadt nach außen tragen kann. Ideell manifestiert sich Respekt im Ansehen aber auch in der Furcht der/seiner Männer einerseits und der Begleitung durch die schönsten Frauen andererseits, welche die Aufnahme in die Riege der mächtigsten Bosse Neapels besiegeln: „Stare nella reggia [...] vicino ai re" (Saviano 2016, 101). Nicolas' Streben beziehungsweise sein Wille zur Macht finden ihre Verwirklichung im *Nuovo Maharaja* im pittoresken Stadtteil Posillipo. Das wie eine Festung über dem Meer thronende Szenelokal, dessen Zugang ihm (zunächst) verwehrt ist, wird zum Inbegriff seiner Ambitionen, und zwar derart, dass seine Freunde ihm den Spitznamen ‚Maraja' verleihen.[5]

Der *Nuovo Maharaja* präsentiert sich dabei als ein Raum der Möglichkeit und der Kompensation einer als enttäuschend und minderwertig empfundenen Realität, den man mit Foucault zunächst als „Kompensationsheterotopie" bezeichnen kann (Foucault 1992, 45):

> Era il luogo dove l'impresa, lo sport, i notai, gli avvocati, i giudici trovavano il tavolo a cui sedersi e conoscersi, il cristallo con cui brindare. Un luogo che ti faceva sentire subito lontano dalla taverna, dal ristorante tipico, dal luogo dell'impepata di cozze e della pizza di famiglia, dal posto consigliato dall'amico, dal posto in cui si va con la moglie. Un luogo in cui potevi incontrare chiunque [...].
> (Saviano 2016, 31)

In seiner spielerischen Synthese aus mediterranen und orientalischen Elementen, als Kreuzung unterschiedlicher kultureller Räume, verbindet das Lokal, dessen Name auf die Bezeichnung eines indischen Monarchen zurückgeht, welcher zusätzlich in einer darin befindlichen Abbildung dargestellt ist (vgl. Saviano

---

[5] Zur Logik der Spitznamen siehe Saviano 2006, 65–68: „Il soprannome per il boss è come le stimmate per un santo"; vgl. ferner Saviano 2016, 166–168.

2016, 31), Macht mit Muße.⁶ Letztere ist wiederum auch der geographischen Position eingeschrieben: Der griechische Name (*pausilypon*) bedeutet das ‚Ausbleiben von Schmerz/Sorge'. Damit lässt es sich zugleich als „Abweichungsheterotopie" beschreiben, denn hier verkehren Individuen, deren Verhalten sowohl mit Hinblick auf den Müßiggang als auch auf den (kriminellen) Lebensstil von den herkömmlichen Normen abweichen (vgl. Foucault 1992, 40–41). Dasselbe gilt für die darin herrschende Vorstellung von Zeit, die weder Vergangenheit noch Zukunft, sondern nur eine immerzu entrinnende Gegenwart kennt, deren Flüchtigkeit umso schwerer wiegt, als sie über Prozesse der Inklusion und Exklusion entscheidet. Das Hier und Jetzt des Kapitals entscheidet, wer Zugang zum *Nuovo Maharaja* hat.

Nicolas' Spitzname ‚Maraja' nimmt in Neapel jedoch eine zusätzliche Konnotation an. Sie bezeichnet einen Menschen, der in Prunk und Muße lebt, und geht auf ein bekanntes Lied von Domenico Modugno zurück, *Pasqualino Maragià* (1958). Dieses erzählt das Märchen vom bitterarmen neapolitanischen Fischerjungen Pasqualino, der auf eine Änderung seines Schicksals hofft. Und so geschieht es: Als eine indische Prinzessin auf der Durchreise sich in Sorrento in ihn verliebt, reist er mit ihr in das ferne Land und wird dort zu einem Fürsten. Fortan wird Pasqualino sich dem Nichtstun und der Wasserpfeife widmen, unter der Ehrerbietung durch die größten Prinzen, bis er – und an dieser Stelle wird ein ironischer Bruch in der Charakterisierung der Figur markiert – den Indern schließlich beibringt, Pizza zu backen.⁷ Das Märchen um den Emporkömmling weist einige Gemeinsamkeiten zu Savianos Hauptfigur auf, etwa die wahr gewordene Ambition einer radikalen Änderung der sozialen Stellung, die Aufnahme in Kreise der Etablierten, den Drogenkonsum und endlich das Nichtstun – „non lavora e non fa niente" (Modugno 1958) – ein für den Protagonisten fundamentaler Indikator des gelungenen sozialen Aufstiegs.

Im Gegensatz zu der Märchenfigur Pasqualino, aber auch zu älteren Generationen von Mafiosi wie sie etwa das Kino präsentiert, kommt Nicolas indes nicht aus einfachsten Verhältnissen, vielmehr entstammt er einer bürgerlichen

---

6 Hier wie im Folgenden wird der Begriff der Muße i. S. v. ‚Nichtstun', ‚Abwesenheit von Arbeit', ‚angenehme (Freizeit)-Beschäftigung' verwendet; zu einer komplexen Verwendung desselben als Leitkonzept zur Erforschung sozio-historischer Praktiken und Diskurse vgl. die Forschungsergebnisse des SFB 1015 *Muße. Grenzen, Raumzeitlichkeit, Praktiken* an der Albert-Ludwigs-Universität Freiburg.

7 „Pasqualino maragià/ Non lavora e non fa niente:/ Fra i misteri dell'oriente/ Fa il nababbo fra gli indù/ [...]// Cento casse di diamanti/ Grossi grossi/ Mentre principi potenti/ Gli s'inchinano davanti/ Lui si fuma il narghilè" (zitiert nach: Migliacci/Modugno 1958).

Familie. Sein Vater ist Sportlehrer, seine Mutter wiederum bügelt Wäsche in einem eigenen kleinen Laden. Mit seinen nur 15 Jahren ist er jedoch vom Bewusstsein durchdrungen, dass die Maßstäbe und das Ethos seiner sozialen Klasse – Leistung, Fleiß, Sparsamkeit, Bildung und Vertrauen in staatliche Einrichtungen – sowie die damit einhergehende Konzeption der Zeit mit dem von ihm anvisierten Aufstieg unvereinbar sind:

> Il tempo è ancora tempo quando puoi immaginare [...] che risparmiando per dieci anni, che vincendo un concorso, che con un po' di fortuna e mettendocela tutta, forse... Ma lo stipendio del padre era quello di un professore di educazione fisica [...]. Le strade tracciate dalle persone del suo sangue avrebbero richiesto un tempo inammissibile per entrare al Maharaja. No. Nicolas doveva farlo subito. A quindici anni. (Saviano 2016, 22)

In diesem Sinne stellt Nicolas im Kreis der eigenen Familie eine Anomalie dar, sein Vater betrachtet ihn zuweilen gar als eine „creatura d'altri" (Saviano 2016, 67), die für beide Eltern ein Rätsel aufwirft und das ihnen große, uneingestandene Sorgen bereitet. Schon früh ist ihnen seine Veranlagung im Umgang mit Gewalt(taten) aufgefallen, wie auch die bösartige Natur seiner Gedanken, als müsse er ein erfahrenes Unrecht wiedergutmachen, das es aber nie gegeben hat – „comme se avess"a vendicà 'nu tuorto. E torto non c'era stato" (Saviano 2016, 40 und vgl. 43–44). Zugleich, und dies erfährt der Leser aus der Gedankenwiedergabe des Vaters, ist Nicolas schulisch keineswegs unbegabt und verfügt über ein Talent, auf das ihn der Italienisch-Lehrer des Sohnes hinweist: „Suo figlio [...] ha un suo modo preciso di vedere le cose e di esprimerle. [...] [E]cco sa manovrare il rumore del mondo e trovare la lingua giusta per raccontarlo" (Saviano 2016, 69). Nicolas wird so die Fähigkeit attestiert, Narrative zu schaffen.

Das Narrativ, das der Protagonist für sich und später für seine *paranza* spinnt, findet seinen Ursprung in eben jener familiär postulierten Erfahrung des Mangels und der Diskrepanz zwischen Selbst- und Fremdwahrnehmung, zwischen Herren und Dienern, zwischen Gewinnern und Verlierern, zwischen Männern und Kindern. Ihre Basis bildet ein Denken in absoluten Kategorien, das keinen Mittelweg kennt. In diese Ordnung der Gedanken gehört zum einen die tiefsitzende Verachtung für legale Lohnarbeit beziehungsweise für Arbeit im Angestelltenverhältnis, welche als Dienerschaft betrachtet wird und die weder zu Reichtum noch zu Respekt führt („'a fatica onesta? A fatica 'e strunzo", Saviano 2016, 53 und vgl. 40; 61). Damit einher geht zum anderen eine profunde Geringschätzung des menschlichen Lebens, und zwar nicht nur für das derjenigen, die sich einem solchen Dasein beugen wie etwa Nicolas' Vater.[8] Auch das eigene Leben ist unter gewöhnlichen Be-

---

8 Vgl. Saviano 2016, 239: „– Si' tu 'a munnezza, – sputò fuori. Il padre avrebbe voluto dire 'Come ti permetti?'".

dingungen kaum etwas wert,[9] so dass die Notwendigkeit einer radikalen Beschleunigung der Existenz besteht. Der wirtschaftliche Erfolg nach dem Prinzip *Get Rich or Die Tryin'* (Saviano 2016, 56) nach dem gleichnamigen Album des US-Rappers 50 Cent (2003) wird so zum allesbestimmenden Ziel einer auf sozialdarwinistischen Kategorien basierenden Erfahrung der Realität. Diese stellt eine Äquivalenz zwischen extremer Kapitalakkumulation und Leben sowie Misserfolg und Bedeutungslosigkeit, schlimmer noch dem Tod her (vgl. Saviano 2016, 269). Brutalität und Geschwindigkeit, die als zutiefst männliche Eigenschaften wahrgenommen werden,[10] avancieren dabei zu den zentralen Mitteln der Aushebelung sozialer Normen und gleichzeitig der Aneignung von Welt: „Calpestare, urtare, correre. Veloci, strafottenti, maleducati, violenti. Così è e non c'è altro modo di essere. [...] [S]i sentivano più uomini dei propri padri. [...] [F]are soldi subito era il loro pensiero, il domani non esisteva. Appagare ogni desiderio, al di là di qualsiasi bisogno" (Saviano 2016, 159 und 256). Es handelt sich damit um ein Narrativ, das seine Rechtfertigung in der Aufarbeitung dessen findet,[11] was der Protagonist als eine Demütigung erfährt, in der Kompensation dessen, was er als väterlich-familiäre und soziale Schwäche empfindet, und in der Emanzipation aus einem Zustand der (vermeintlichen) Unterwerfung – *from rags to riches*.

Nicolas wie seine Freunde sehen dabei nur eine einzige Möglichkeit der Überwindung ihres Zustands und diese führt über die organisierte Kriminalität. Dazu gehört auch das Bewusstsein, ja mehr noch die Bereitschaft, an irgendeinem Punkt der eigenen Entwicklung die Bekanntschaft mit der Jugendstrafanstalt auf Nisida oder dem Gefängnis von Poggioreale zu machen. Der Anlass zum Einstieg wird ihnen von ‚Copacabana', dem *capozona* von Forcella geboten, mit dem Agostino, einer von Nicolas' Freunden, verwandt ist.[12] Aufgrund eines Machtwechsels im Viertel und der Unzuverlässigkeit der eigenen *paranza* hat dieser Bedarf an „ragazzini freschi" (Saviano 2016, 23). Diese sollen als Drogenkuriere für ihn arbeiten und da sie sich in einem Alter der Schuldunfähigkeit beziehungsweise verminderter Schuldfähigkeit befinden, können sie juristisch nicht vollumfänglich für ihre Vergehen belangt werden. Das Adjektiv „freschi"

---

9 Vgl. Saviano 2016, 176 und 333: „oggi ci stammo, domani nun ce stammo. T''o rricuorde? Amico, nemico, vita, morte: è la stessa cosa. [...] È 'n'attimo. È accuse che se campa, no?".
10 Diese sind auch wesentliche Eigenschaften der (avantgardistischen) futuristischen wie auch der faschistischen Ideologie in Italien, die hier womöglich von Saviano nicht zufällig evoziert werden; „una borghesia violenta e feroce che possiede nel clan la sua avanguardia più cruenta potente" (Saviano 2006, 207).
11 Vgl. hierzu Forst 2013, 14.
12 ‚Copacabana' verdankt den Spitznamen seinem Hotel am gleichnamigen brasilianischen Strand von Rio de Janeiro sowie dem dazu gehörigen Lebensstil.

lenkt dabei den Blick auf das Interesse des Bosses an nicht vorbestraften („sauberen") Kindern, deren in erster Linie legale Unschuld zu einer Ware wird, die man gegen Geld kaufen kann. Diese Ausbeutung wirkt umso dramatischer, als die Kindheit in der Stadt Neapel einen besonderen Stellenwert einnimmt, wie es etwa das eröffnende Zitat aus *La Pelle* (1949) von Curzio Malaparte belegt, der in seinem Text ebenfalls den Handel mit der Unschuld der neapolitanischen Kinder schildert, in diesem Fall die Prostitution der Jungen an alliierte Soldaten nach dem Waffenstillstand Italiens. Die ambige Unschuld der jungen Kriminellen als Täter und Opfer eines Systems, das sie nicht vollends durchschauen, beteuert schließlich auch Saviano in der Widmung des Buches „*Ai morti colpevoli. Alla loro innocenza*" (Saviano 2016 [Hvg. i.O.]).[13]

‚Copacabana' legt damit den Grundstein für die Karriere des Protagonisten und dessen Eintritt in die kriminelle Marktwirtschaft. Nicolas' ‚Bildungsweg' wird nach dem Handel mit weichen Drogen über mehrere, graduell an Schwere zunehmenden Etappen verlaufen, darunter bewaffnete Raubüberfälle, das Schießen auf Passanten und insbesondere Ausländer sowie auf Geschäfte, die anschließend zum Zahlen von Schutzgeldern erpresst werden, den Handel und Vertrieb harter Drogen wie Heroin und Kokain, den Mord an einem konkurrierenden Drogenboss und die Anstiftung eines Minderjährigen zur Ermordung eines weiteren Bosses, bis hin zur Beihilfe und der Verbergung der Leiche eines seiner Altersgenossen. Nicolas eignet sich so die aggressive kapitalistische Logik seiner Vorbilder an – „Non importava nulla, [...] di come si facessero i soldi, l'importante era farne e ostentare" (Saviano 2016, 22) – und ist bald im Stande, sich selbständig eigene Märkte aufzubauen und neue zu erschließen, sein Angebot durch die Übernahme fremder Märkte zu diversifizieren, aber auch sich durch Konzentration auf eine *cash cow* (Drogen) und bestimmte Dienstleistungen (Vermittlung und Verteilung der Produkte von Lieferanten) zu spezialisieren (vgl. Saviano 2016, 265–266). ‚Copacabana' ist es schließlich auch, der Nicolas den Eintritt in das *Nuovo Maharaja* ermöglicht, in welchem das Leben des Protagonisten erst beginnt („La vita di Nicolas era cominciata lì", Saviano 2016, 31). Zwar wird er dort zunächst nur als Kellner verkehren, er gehört ab diesem Zeitpunkt jedoch zur ‚Familie' des Bosses, der ihn und seine Truppe als ‚seine' Kinder bezeichnet (Saviano 2016, 30, 35, 57). Die ‚Wahlverwandtschaft' ist indessen nur von kurzer Dauer. Als ‚Copacabana' kurze Zeit darauf verhaftet wird, tritt die Fehlbarkeit dieses Anführers dem jungen Lehrling deutlich ins Bewusstsein, ebenso wie die Notwendigkeit, das von ihm hinterlas-

---

[13] Vgl. zur Sakralität der Kindheit in Neapel auch den Paratext zum zweiten Teil von *Bacio feroce* „Bambini re di Napoli"; Saviano 2017, 217–218.

sene Machtvakuum selbständig zu füllen und die Lieferengpässe zu beheben, „bisognava riorganizzarsi" (Saviano 2016, 55). Das (vermeintliche oder reale) Versagen der männlichen Vorbilder aus dem eigenen häuslich-sozialen Umfeld führt damit nicht zur bedingungslosen Bewunderung für Camorristi als solche, im Gegenteil wird Nicolas so gut wie alle Bosse, die seinen Weg kreuzen, zur Zusammenarbeit herausfordern oder sie beseitigen,[14] nicht ohne sie zuvor genau studiert und deren Schwachstellen erkannt zu haben (vgl. Saviano 2016, 37 und Kap. *Tribunale*). Im Generationenkonflikt wird er vielmehr seine Chance wittern: „Intorno a sé, Nicolas vedeva solo territori da conquistare, possibilità da strappare. L'aveva capito subito e non voleva aspettare di crescere, non gliene fregava nulla di rispettare le tappe, le gerarchie" (Saviano 2016, 175).

Um dies zu bewerkstelligen, braucht und plant Nicolas eine eigene Organisation, genauer eine eigene *paranza*. Der titelgebende Begriff wird an dieser Stelle in seinem dialektalen (neapolitanischen), übertragenen Sinne zur Bezeichnung einer Gruppe oder Sektion von Camorristi gebraucht, als welche sich die Jugendlichen verstehen. Die eigentliche Herkunft und Polysemie des Begriffs richten jedoch den Blick auf die Komplexität wie den Bruch in Nicolas' Selbstverwirklichungsnarrativ. Im ursprünglichen Sinne bezeichnet ‚paranza' nämlich das Netz und die Schleppnetzfischerei durch Boote, die in Paaren segeln, und von hier lässt sich die Bedeutungserweiterung hin zur organisierten Kriminalität ableiten. Zugleich bezeichnet ‚paranza' aber auch die Erzeugnisse dieser Art von Fischerei, und das sind sehr kleine Fische und Meeresfrüchte (Molluske, Muscheln), die in den Netzen hängen bleiben und in Neapel als frittierte Spezialität (im sog. *cuoppo*) serviert werden. Es handelt sich also keineswegs um Piranhas, wie es die französische und englische Übersetzung des Titels wollen (resp. 2018 und 2020), sondern um Fische von sehr geringer Größe und Wert, deren Gefährlichkeit so gut wie nicht vorhanden ist. In diesem Sinne beschreibt der Genitiv im Titel des Werkes, *La paranza dei bambini*, zum einen die Urheberschaft der Kinder in der Schaffung einer kriminellen Gruppierung, wie es die deutsche Übersetzung des Romans möchte (*Der Clan der Kinder*, 2018). Zum anderen erlaubt er jedoch, die Kinder als ebenjenen Fang zu identifizieren, der in die Netze der Camorra gerät und daran zugrunde geht.[15]

---

14 Als ein solcher Akt der Herausforderung und der späteren Überwindung lässt sich das Erzengelflügel-Tattoo interpretieren, das sich die *paranza* stechen lässt und das eine klare Bezugnahme auf ihren Waffen- und Drogenlieferanten ist, dem sie die Flügel nehmen wollen, den Boss Don Vittorio, genannt *L'arcangelo*.
15 Vgl. *paranza*. http://www.treccani.it/vocabolario/paranza/ (23. September 2020). Vgl. hierzu auch die kursiven Paratexte zum ersten und dritten Teil des Romans: Saviano 2016, 11–12 und 247–248 sowie 171 („questa paranza di piscitielli").

Der Traum einer eigenen *paranza* geht für Nicolas und seine zehn im *dramatis personae* zu Beginn des Romans mitsamt ihren Spitznamen aufgezählten Freunde[16] zunächst mit dem Besitz eines *covo*, eines eigenen Rückzugsgebiets, in Erfüllung, das sich im Herzen ihres Viertels, aber fernab der Augen ihrer Bosse befindet. Doch mit der Wohnung allein ist es nicht getan: Für Nicolas bedarf es einer symbolischen Handlung, die sie ewig aneinander bindet. Dieser Akt der kollektiven Identitätsstiftung nimmt die Gestalt eines Rituals an, dessen Vorbild aus Giuseppe Tornatores *Il camorrista* (1986) stammt, den der Protagonist auf Youtube einstudiert hat. Der Film mit Ben Gazzara in der Hauptrolle handelt vom Aufstieg und Untergang des sog. Professore di Vesuviano, eines Mannes, der in Folge eines Mordes in der Jugendzeit zu lebenslanger Haft verurteilt ist und dessen Geschichte von realen Ereignissen um den Boss der *Nuova Camorra Organizzata*, Raffaele Cutolo (1941–2021), inspiriert wurde. Aufgrund seiner Intelligenz und seiner Bildung, welchen er das Pseudonym verdankt, schafft es der Professore, im Gefängnis und aus demselben heraus den mächtigsten Clan der Camorra zu bilden. Bezeichnend an letzterem ist, dass er sich als Erneuerung überkommener Strukturen versteht, als *Nuova Camorra Riformata*, die sich auf drei Pfeiler stützt: a) perfekte Organisation, b) Geld, um die Politiker zu bestechen, und c) die Überzeugung, über das Leben und den Tod eines jeden zu verfügen (*Il camorrista* 1986, 0:56:05–0:56:28). Auch in diesem Fall übt ein Emporkömmling, der sich aus dem Nichts und aus eigener Kraft an die Spitze der kriminellen Welt katapultiert, große Anziehung auf Nicolas aus. Auf seine Weise setzt er ebenfalls auf Innovation, auf eine „Camorra 2.0", die allerdings nicht auf perfekte Organisation und politischen Einfluss, sondern vielmehr auf Chaos setzt: „Creare scompiglio e regnare su quello: disordine e caos per un regno senza coordinate" (Saviano 2016, 176 und 155).

Savianos Figur imitiert nun wortwörtlich eine der Schlüsselstellen des Films, nämlich das Ritual, mit dem der Professore seine Männer hinter Gittern einschwört (*Il camorrista* 1986, 0:32:23–0:35:00). In einer Inszenierung und zugleich Profanierung der Sakramente der Taufe wie der Eucharistie ‚tauft' Nicolas zunächst den Raum seiner *paranza* und verkündet die Bildung der Gesellschaft („Con parole di omertà è formata società", Saviano 2016, 176). Anschließend verteilt er Brot und Wein an seine *picciotti*, die ihr Glaubensbekenntnis, ebenfalls wortgetreu zum Film, ablegen und zu einer „sentinella di omertà" werden (Saviano 2016, 176). Mit dem Bekenntnis zur *omertà* wird das (durchaus realweltliche) Prin-

---

[16] Das formale Merkmal des *dramatis personae*, der „Indice dei personaggi", weist übrigens schon der Roman *L'amica geniale* (2011) der ebenfalls neapolitanischen Autorin Elena Ferrante auf.

zip des Schweigens vor dem Gesetz benannt, das an der Grundlage des internen ‚Justizsystems' der kriminellen Ordnung, der mafiösen ‚Paragesellschaft' steht: Nur innerhalb derselben können ‚Vergehen' bestraft werden, wer sich an die systemexternen, staatlich-offiziellen Einrichtungen wendet, wird zum Verräter und damit zu Tode verurteilt (vgl. dazu insbes. das Kapitel *Tribunale*, Saviano 2016, 121–130). Den letzten Schritt des Rituals bildet die Blutsbrüderschaft, die ebenfalls in Analogie zur filmischen Vorlage vollzogen wird, mit einem kurzen Schnitt am Handgelenk und dem Vermischen des Blutes durch das wechselseitige Drücken des Unterarms, „la paranza si sentì paranza solo dopo il rituale: unita, un corpo solo" (Saviano 2016, 179). Zu allem Überdruss beschließen die Jungen, den Segen der lokalen Madonna (Santa Maria Egiziaca in Forcella) einzuholen, eine Geste, die ebenfalls Modi etablierter Krimineller in höchstem Maße entspricht und von Seiten der katholischen Kirche zutiefst verurteilt wird.

Neben der kollektiven Identitätsstiftung, die später zusätzlich durch ein Tattoo verewigt wird, dient die pseudo-kultische Handlung der feierlichen Selbstautorisierung des Protagonisten als Anführer der Gruppe. War Nicolas von Beginn an das Haupt der Bande, wird spätestens ab diesem Punkt durch die Parallelisierung mit dem Professore – und indirekt mit Jesus Christus (in seiner Rolle als Auserwählter) – klar, wer das Sagen hat. Zwar nimmt das Ritual durch die scherzhaften Kommentare, die verlegenen Blicke und das Gekicher seiner Freunde einen in Relation zum Film weniger ernsten Ton an, denn der Stil der Inszenierung entspricht nicht ganz der Ästhetik ihres geänderten medialen Umfelds, zu dem etwa Videospiele wie *Assassin's Creed* und *Call of Duty* gehören oder Serien wie *The Walking Dead* und *Breaking Bad*. Dennoch wird Nicolas seine Vormachtstellung innerhalb der Gruppe gnadenlos zu behaupten wissen. Bezeichnend ist in dieser Hinsicht die Strafe, die er dem Mitglied namens Drone auferlegt und die abermals ihre Inspiration in *Il camorrista* findet. In letzter Minute während eines Raubüberfalls von Drone mit Schüssen vor der Polizei gedeckt, zieht Nicolas, der ihm zwar zu Dank verpflichtet ist, diesen zur Rechenschaft für die Tatsache, dass er die Waffe ohne Erlaubnis aus dem Arsenal der *paranza* entwendet und damit gestohlen hat. Als Wiedergutmachung muss Drone die Würde seiner Schwester Annalisa der kollektiven Lust seiner Kameraden opfern und sich damit bis auf den Grund demütigen oder durch die Hand der *paranza* sterben. Nach langem Ringen erklärt sich Annalisa, die mit den Dynamiken krimineller Strukturen bestens vertraut ist, zum Tauschhandel für das Leben ihres Bruders bereit. Letzteren versucht sie trotz inneren Abscheus wiederum in einem wirkungsvollen Akt der Selbstinszenierung als Pornostar zu kontrollieren, um die daraus hervorgehende Demütigung durch ihre Eigenschaften als *femme fatale* zu überschatten und so womöglich doch als Herrin der Lage hervorzugehen („padrona della sua sorte", Saviano 2016, 237). Das

Opfer wird Nicolas schließlich in letzter Minute und mit einer Geste, die an die Gnade des alttestamentarischen Gottes vor dem Opfer Abrahams erinnert, unterbrechen, und dies womöglich auch, um sich von Annalisa, die sich mit Darstellerinnen auf YouPorn und PornHub messen kann, nicht die Show stehlen zu lassen: „Era tutta una messa in scena. E Nicolas adorava le messe in scena, gli sembrava di scrivere la sceneggiatura del suo potere" (Saviano 2016, 243).[17]

2 Das Versagen des *self-fashioning*: Nicolas als Machiavellis *principe nuovo*

Zur Inspiration von Nicolas' ‚Drehbuch der Macht' tragen nicht nur zeitgenössische Medien bei, die dessen Ästhetik, Imagination und Gruppendynamik beeinflussen, sondern auch ein vergleichsweise unerwartetes, weil nicht zum ‚klassischen' mafiösen Kulturgut gehöriges Werk, nämlich Niccolò Machiavellis *Principe* (1513/1532). Zu diesem berühmten rinascimentalen Fürstenratgeber wird zunächst auf diskursiver Ebene eine gleich doppelte Verbindung suggeriert: So heißt der Protagonist von Savianos Roman nicht nur Nicolas, eine Abwandlung von Machiavellis eigenem Vornamen, sondern sein Spitzname ‚Maraja' (‚Fürst/Herrscher') lässt sich als indische, zugleich spielerische Variante des Titels von Machiavellis Abhandlung deuten.

Auf Letztere wird Nicolas durch den Literaturunterricht am *Liceo artistico* und einen sehr engagierten Lehrer, De Marino, aufmerksam – die einzige männliche, nicht kriminelle Person, für die er Respekt empfindet und der er daher zumindest versucht, zu folgen: „– Cosa ti piace di più delle cose di cui parliamo? Nicolas sapeva veramente di cosa stavano parlando. – Mi piace Machiavelli. – E perché? – Pecché te 'mpara a cummannà" (Saviano 2016, 85). Es ist also der Machtdiskurs, der den aufstrebenden Camorrista fasziniert, die Kunst, zu befehlen, weil sie ihm erlaubt, einen qualitativen Sprung vom ‚Angestellten-

---

[17] Siehe zur Szene als Variante des biblischen Motivs um das Opfer Isaaks durch Abraham und zur Analyse des Kap. *Champagne* als Ganzem Iandoli 2017. Insgesamt bildet die systematische intertextuelle wie intermediale Analyse des Romans noch ein Desiderat, das nicht nur Aufschluss über die Entwicklung der imaginativen Komponente um die Konstruktion mafiöser Identitäten gibt, sondern auch die spezifische Ästhetik der Schreibweise von Saviano näher beleuchten kann, die eine hohe Präsenz literarischer, filmischer und musikalischer Verweise enthält sowie sehr zahlreiche Verweise auf die sozialen Medien (Facebook, Whatsapp, Youtube u.v.m.) und schließlich Videospiele. Hier wäre auch nach der Rolle der Fernseh-Serie *Gomorrha* (2014–2019) zu fragen, an der Saviano als Drehbuchautor mitwirkt, wie nach der Beziehung zum eingangs erwähnten Werk *Gomorra*.

verhältnis' in die Selbständigkeit zu machen (vgl. Saviano 2016, 271). Das Gefallen an Machiavelli wird durch das von De Marino gewählte Medium der Vermittlung des Stoffes erhöht,[18] denn jeder Schüler soll einen Passus aus einem berühmten Werk der italienischen Literatur vorlesen, während er von einer Kamera dabei aufgenommen wird.

Nicolas' Wahl fällt auf das 17. Kapitel von *Il Principe*, in welchem Machiavelli den Einsatz von Grausamkeit oder Mitleid bespricht und ob es für einen Fürsten besser sei, geliebt oder gefürchtet zu werden (*De crudelitate et pietate; et an sit melius amari quam timeri, vel e contra*, Machiavelli 2008, 155). Dieses gehört gemeinsam mit den Kapiteln 15 bis 19 zu jenem Teil des Werkes, in welchem die charakterlichen Eigenschaften, die ein erfolgreicher Herrscher mit Rücksicht auf die negative menschliche Anthropologie aufweisen muss, in Gegensatzpaaren erörtert werden (Lob-Tadel, Großzügigkeit-Sparsamkeit, Grausamkeit-Mitleid, physische Kraft-*ingenium* (Löwe-Fuchs)). Machiavelli argumentiert darin, dass es zwar grundsätzlich vorzuziehen sei, als gnädig und nicht als grausam zu gelten. Von den beiden Eigenschaften berge die Milde indessen größere Risiken für die eigene Macht, denn die Menschen, welche Machiavelli zufolge opportunistisch, habgierig und feige, insgesamt „tristi" seien (Machiavelli 2008, 158), respektierten eher Bündnisse, die auf Angst vor Repressalien basieren als solche, deren Grundlage die Zuneigung bildet. Es sei daher sicherer, gefürchtet zu werden. Unabdingbar sei der Ruf des Grausamen für einen Fürsten einzig in der Gegenwart seines Heeres, um dessen Einheit und Zielstrebigkeit zu garantieren (vgl. Machiavelli 2008, 159–161). Ebendiesen Inhalt paraphrasiert und spitzt der Protagonist des Romans vor der Kamera im eigenen Sozio- und Dialekt folgendermaßen zu:

> Uno che deve essere principe se ne fotte d'essere amato [...]. Se il Principe tiene un esercito, quell'esercito deve ricordare a tutti che lui è uomo terribile, terribile, perché sennò un esercito non lo tieni unito, se non sai farti temere. E le imprese grandi vengono dalla paura che fai, da come la comunichi, che tanto è l'apparenza che fa il Principe, e l'apparenza tutti la vedono e la riconoscono e la tua fama arriva lontano. (Saviano 2016, 115)

Im Einklang mit Machiavelli betont Nicolas zwar nachdrücklich die Notwendigkeit, von den Soldaten als grausam wahrgenommen zu werden (vgl. „inumana crudeltà", Machiavelli 2008, 160), um deren Zusammenhalt zu gewähren. Es sind jedoch die Schlussfolgerungen, die der junge Leser aus dem Fürstenspiegel zieht, die eine deutliche Distanz zum Intertext markieren. Hatte Machiavelli in

---

18 Machiavelli dürfte Nicolas auch durch das Videospiel *Assassin's Creed* bekannt sein. Im zweiten Teil der Videospielsaga, *Assassin's Creed II* (2009), der in Florenz spielt, gehört Machiavelli zum Orden der Assassinen, die für die Freiheit kämpfen. Das Videospiel wird an mehreren Stellen des Romans erwähnt; siehe Saviano 2016, 176, 256.

den finalen Abschnitten des Kapitels die beiden Feldherren Hannibal und Scipio als Exempel angeführt, um den Kontrast zwischen ihrem Ruf zu Lebzeiten und ihrem Ruhm in der Nachwelt zu veranschaulichen und dabei letzterem einen gewissen Vorrang eingeräumt, fokussiert sich Nicolas allein auf das Element der „fama". Entsprechend behauptet er, dass dem Heer die Aufgabe zukomme, den Ruhm des eigenen Fürsten zu verbreiten, welcher wiederum einzig auf der „paura" gründe. In Nicolas' mafiöser Exegese wird die Angst so zu der alles entscheidenden performativen Größe, zu *der* kommunikativen Strategie, die das Erscheinungsbild sowie die Außenwahrnehmung („apparenza") des Herrschers determiniert und seine Singularität ausstellt. Die Identifikation des Protagonisten mit und seine Selbststilisierung zu einem machiavellistischen *principe* sind dabei kaum zu übersehen, und zwar nicht nur in den drakonischen Maßnahmen, die er zur Bestrafung seiner Männer ergreift. Vielmehr ‚predigt' er diesen *seine* Interpretation des Werkes[19] und setzt deren Handlungsmaximen – in diesem Fall das Einflößen von Angst beim Gegner – in die Tat um, wie etwa sein Auftritt gegenüber dem Boss Don Vittorio Grimaldi, dem ‚Arcangelo' (‚Erzengel') zeigt:

> L'Arcangelo non si aspettava questa richiesta, non credeva che il bambino [...] arrivasse a tanto. [...] Gli aveva messo paura. E non provava paura da tanto, troppo tempo. Per comandare, per essere un capo, devi avere paura, ogni giorno della tua vita, in ogni momento. [...] Se non provi paura vuol dire che non vali più un cazzo [...].
>
> (Saviano 2016, 170)

Der ‚Erzengel' spielt dabei für Nicolas eine entscheidende Rolle an der Schnittstelle von Selbststilisierung und Fremdwahrnehmung. Überdies erlaubt es mitunter diese Figur, diskursive Verfahren zu erkennen, durch welche die Stilisierung des Protagonisten zum *principe nuovo* nach dem Vorbild Machiavellis vollzogen wird und zugleich an ihre Grenzen stößt. Beginnen wir bei dem letzten Punkt.

Innerhalb weniger Jahrzehnte zwischen dem Ende des 15. und dem beginnenden 16. Jahrhundert fanden in der Stadt Florenz radikale politische Umbrüche statt, deren Entwicklungen wesentlich an den Fall und Wiederaufstieg der Medici gekoppelt sind.[20] Bei deren Rückkehr aus dem Exil 1512 wird der als politisch kompromittiert geltende Machiavelli seiner Ämter beraubt und 1513 sogar als Verschwörer verfolgt. Während der darauffolgenden Verbannung im Florentiner Umland verfasst der Staatssekretär zahlreiche Werke, darunter eine histo-

---

19 Vgl. Saviano 2016, 271: „– Pe cummannà la gente ti deve riconoscere [...]. La gente ci deve temere [...] – conclude Nicolas parafrasando le pagine di Machiavelli".
20 Diese Umbrüche bedingten die Aufeinanderfolge von sehr unterschiedlichen Herrschaftsformen, von der Signoria der Medici über die Republik unter Savonarola und Soderini bis hin zur Rückkehr der Medici und der Wiedereinführung der Signoria; siehe dazu Najemi 2014.

riographische und militärstrategische Abhandlung, *Il Principe*, deren Ziel es ist, künftigen Generationen von Fürsten Strategien der Machtergreifung und insbesondere der Machtsicherung zu veranschaulichen. Er konzentriert sich dabei auf die Staatsform des Fürstentums (*principato*) und unterscheidet zwischen solchen, die seit Langem von einer Familie regiert werden und sich durch Erbrecht perpetuieren (*ereditari*), von solchen, die neu sind (*nuovi*), in welchen sich also ein fremder Fürst erst etablieren muss. Während die Macht im *principato ereditario* ohne große Schwierigkeiten aufrecht erhalten werden könne, denn der *principe antico*, auch: *naturale*, genießt üblicherweise das Ansehen eines Volkes, das an den ihm gebührenden Gehorsam bereits gewöhnt ist, sei die Eroberung eines *principato nuovo* eine mühevolle und gefährliche Angelegenheit.[21] Sie erfordert nämlich stets den Einsatz von Gewalt, aber auch die Änderung von bestehenden Gesetzen und die Notwendigkeit der Anpassung des fremden Volkes an ungewohnte Vorgehensweisen (vgl. Machiavelli 2008, Kap. I–VI,5). In charakteristischer Hinsicht müsse ein *principe nuovo* über die Fähigkeit zur Erkenntnis des zur Tat geeigneten Anlasses, der *occasione*, verfügen. Zu dieser tragen eine günstige Fügung des Schicksals (*fortuna*) bei, die junge Männer bevorzugt, „perché sono meno rispettivi, più feroci e con più audacia la comandano" (Machiavelli 2008, Kap. XXV, 4, 218), sowie große Tatkraft und Handlungsfähigkeit (*virtù*; Machiavelli 2008, Kap. I und vgl. Capata 2014). Das Gelingen der Unternehmung hängt ferner nicht ausschließlich vom Erkennen und Ergreifen der *occasione* ab, sondern wird zudem von der Abhängigkeit beziehungsweise Unabhängigkeit des *principe nuovo* von fremden Mächten bestimmt. Darunter versteht man zum einen, ob er angemessen ausgestattet ist, d. h. über eigene Waffen und Soldaten verfügt oder diese von anderen gestellt bekommen muss. Zum anderen geht es um das Kräfteverhältnis zu seinen Verbündeten, also ob er diese um Erlaubnis bitten muss oder sie vielmehr zu seinen Entscheidungen beugen kann (vgl. Machiavelli 2008, Kap. VI, 6). Besonders misslich ist nach Machiavelli der Zustand, in welchem ein Fürst auf fremde Waffen setzen muss, weil er dabei immer auf den Willen seines/r Verbündeten angewiesen ist, der so unbeständig ist wie die Menschen selbst, und sein Reich daher nie vollkommen in Sicherheit wähnen kann. Nichtsdestotrotz verkörpert ein Fürst, der wie kein anderer abhängig von fremden Waffen war und trotz eines durchaus gelungenen Einsatzes derselben letzten Endes gescheitert ist, für den Florentiner das Ideal

---

21 Indessen muss bereits im *Principe* von der Annahme einer radikalen Kontingenz der Macht ausgegangen werden, die selbst die Medici und sogar den Papst als *principi ereditari* zu einer stetigen (Neu-)Legitimierung ihrer Herrschaft zwingt – analog zu *principi nuovi* –, so dass das oben aufgezeigte binäre Schema von Machiavelli im Grunde ausgehöhlt wird und sich erübrigt. Diesen Hinweis verdanke ich Judith Frömmer.

des *principe nuovo*: Cesare Borgia (1475–1507) (vgl. Machiavelli 2008, Kap. VII, XII, 2 und XIII, 7).

In Savianos Roman werden die vom florentinischen Sekretär beschriebenen Prozesse der Aushandlung von Macht zwischen Akteuren mit unterschiedlichen Startbedingungen, welche hier nur in Auswahl thematisiert worden sind, auf die Darstellung der gegenwärtigen, an Brutalität in nichts nachstehenden Realität der Camorra angewendet. Die auktoriale Figurenstilisierung sowie das figurale (*self-)fashioning*, die dabei sichtbar werden, verleihen dem Geschehen eine gewisse *gravitas*, die der Selbstwahrnehmung der Delinquenten zuarbeitet.

So ist zunächst festzuhalten, dass die organisierte Kriminalität Neapel in Herrschaftsgebiete aufgeteilt hat, die von den jeweils lokalen Dynastien – der „aristocrazia camorrista" – (Saviano 2016, 39) regiert werden. Die Dominanz der sich als Könige betrachtenden Anführer ist erbrechtlich geregelt und wird mittels eigener bewaffneter Streitkräfte gesichert. Unter Berücksichtigung der Klassifikationen von Machiavellis *Principe* lassen sich die Bosse daher als *principi naturali* begreifen, die über *principati ereditari* herrschen, welche dennoch unentwegt verteidigt werden müssen. Unterschiedliche Faktoren, darunter die Festnahme oder die Hegemonie eines rivalisierenden Clans, können jedoch das prekäre Gleichgewicht der Macht schwächen und so einem Individuum, das kein Mitglied der „famiglie" ist (Saviano 2016, 33), die Möglichkeit bieten, einen eigenen Platz im System zu erobern. Ebendies ist der Fall von Nicolas, der wie Machiavellis *principe nuovo* keine Blutsverwandtschaft zu den ‚legitimen Monarchen' aufweisen kann[22] und daher seinen Machtanspruch anders rechtfertigen muss. Die Möglichkeit dazu wird dem jungen und stürmischen Protagonisten von der „fortuna" (Saviano 2016, 34) geboten, die ihn zunächst in die Kreise des Bosses von Forcella, ‚Copacabana', geraten lässt, wo er seine Gelegenheit zum Durchbruch erkennt: „Nicolas lo sapeva, [...] che *l'occasione* sarebbe arrivata. E ora eccola." (Saviano 2016, 34 [Hvg. d. Verf.in]). Allerdings verfügt er, im Gegensatz zu den natürlichen Herrschern, über keine eigenen Waffen, weswegen die von ihm anvisierte Usurpation der *armi altrui* (Machiavelli 2008, Kap. VII) und eines Verbündeten ‚von außen' bedarf. Diesen findet er im ‚Erzengel', dem *principe antico* der östlichen Stadtviertel San Giovanni a Teduccio und Ponticelli. In Folge eines Clan-Krieges hat Don Vittorio stetig an Einfluss über den Markt und damit an Respekt verloren, so dass weder er noch seine Männer

---

[22] Siehe Saviano 2016, 97 und 125: „– E tu chi cazzo sei? – Nicolas, dei Tribunali. – A chi appartieni? – A me."; „era il Micione che, avendo sposato Viola, la figlia di don Feliciano, teneva il sangue del loro quartiere. Sangue marcio, ma sempre sangue di re. Il sangue del loro quartiere era ereditario, come vuole regola di proprietà. Don Feliciano l'aveva sempre detto ai suoi: – Il quartiere deve stare in mano a chi ci nasce e a chi ci campa –".

die Grenzen des Gebietes von Ponticelli, wo er unter Hausarrest steht, überschreiten können. Im Zustand der Gefangenschaft des ‚Erzengels' wittert Nicolas seine Möglichkeit zur Ausstattung, die er mit großer Tatkraft verfolgt. So begibt er sich in das verbotene Revier und verhandelt mit dem Regenten: Dessen brachliegende Waffen (und später Drogen) sollen dem angehenden Camorrista zur Verfügung gestellt werden, damit dieser nicht nur die Herrschaft des eigenen *rione* (Forcella) übernehmen, sondern zugleich die Geltungsmacht des ‚Erzengels' wiederherstellen kann: „Voi volendo, potreste armare una guerra. [...] Noi vi togliamo gli schiaffi dalla faccia" (Saviano 2016, 170–171). Letzterer reagiert zunächst mit einer gewissen Skepsis auf den Vorschlag eines Tauschgeschäftes durch das Kind, willigt indessen schließlich mehr aus Neugier denn aus Überzeugung ein. Das Bündnis zwischen Nicolas und dem ‚Erzengel' ist somit asymmetrisch, der Junge ist vollkommen abhängig vom alten Boss und muss diesem stets als Bittsteller entgegentreten; er weiß aber auch, wann er – wie Cesare Borgia – den Druck auf mächtige Verbündete erhöhen kann.[23]

Don Vittorio lässt seinerseits keine Gelegenheit aus, um Nicolas an seinen Platz im Organigramm der neapolitanischen Camorra zu erinnern und ihm die Naivität des eigenen Unterfangens vor Augen zu führen. Bereits beim ersten Treffen, an dem Nicolas in Demutshaltung vollkommen nackt teilnehmen muss, lässt er es sich nicht nehmen, auf die Ambiguität im Spitznamen von Nicolas hinzuweisen, auf dessen beinahe paradoxale Semantik von Herrscher und zugleich Pizzabäcker, von größtem Erfolg und existentiellem Versagen: „È ' 'nu nomm' 'e re, ma statt' accuorto che puoi fare la fine della canzone. [...] [T]i ci vedo con il turbante a fà 'e ppizze 'ncoppa a Posillipo." (Saviano 2016, 167–168). Insofern weigert sich der Boss explizit, mit Nicolas und seiner *paranza* in Verbindung gebracht zu werden, weil sie das Handwerk nicht beherrschen (vgl. Saviano 2016, 171 und 276). Mit Sarkasmus, aber auch Bestimmtheit exponiert er dessen vermeintliche Erfolge als ein Kinderspiel und demontiert sie zu einem Produkt märchenhafter Phantasie oder gar eines Wunders:

> – La prima regola che fa un uomo un uomo è che sa che non sempre gli possono andare bene le cose, anzi, sa che le cose possono andare bene una volta e cento gli vanno male. Invece le creature pensano che le cose cento volte gli andranno bene e mai gli andranno male. Maraja, ormai tu devi pensare come 'n'ommo [...]. Aggio sbagliato, non vi dovevo dare niente. [...] – Don Vittorio, se mi date la roba vostra la impongo a ogni

---

[23] Das Bündnis zwischen Nicolas und dem ‚Erzengel' lässt sich womöglich auch als Spiegelung des Verhältnisses zwischen Cesare Borgia und seinem Vater, Papst Alexander VI. (Rodrigo de Borja y Doms oder auch Rodrigo Borgia, 1431–1503), verstehen. Auch diesen Hinweis verdanke ich Judith Frömmer.

piazza! – La imponi? Allora non sei 'o Maraja, mo' sei diventato Harry Potter 'o mago? Oppure sei parente di San Gennaro? (Saviano 2016, 276–278)

Die Distanznahme und die Ridikülisierung arbeiten dabei einem Abgrenzungsdiskurs zu, der die ambivalente Stellung des Verbunds der Kinder innerhalb der ‚Paragesellschaft' der Camorra deutlich zutage treten lässt: Sie dürfen zwar innerhalb des Systems an der Machtverteilung partizipieren, gelten aber nicht als vollwertige Mitglieder, bis sie ihre ‚Männlichkeit' unter Beweis gestellt haben. In diesem Sinne trifft Nicolas unter den zahlreichen Anschuldigungen des ‚Erzengels' jene besonders hart, noch keinen Rivalen eigenhändig beseitigt zu haben und damit kein „comandante", kein Mann zu sein.[24] Ironischerweise bewahrheiten sich sämtliche Vorurteile des alten Bosses gerade im Nachgang zu jener Tat, die Nicolas' Initiation darstellen sollte: Nachdem er den *capopiazza* des Clans in Forcella exekutiert hat, versagt er darin, den Mord für sich und seine *paranza* zu beanspruchen und verliert dadurch die Kontrolle über das Narrativ: „Non era riuscito a rivendicare l'omicidio, perché la paranza che aveva fondato ancora non sapeva firmare gli agguati. E ora quell'omicidio poteva attribuirselo chiunque." (Saviano 2016, 285–286). Ausgerechnet seine Rivalen entreißen ihm „il peso della [...] storia" (Saviano 2016, 286), die Erzählhoheit, und damit den Statuswechsel in die Männlichkeit, so dass Nicolas nichts weiter als ein „ragazzino" bleibt (Saviano 2016, 285).

3 Die Unterminierung des Machtdiskurses durch Collodis *Pinocchio*

Der Statuswechsel, in diesem Fall von einer Holzpuppe zu einem Menschen, steht auch im Zentrum eines weiteren Intertextes von *La paranza*, den man kaum im Mafia-Diskurs annehmen würde, und zwar Carlo Lorenzinis, alias Collodis *Pinocchio* (1883). Auf das weltberühmte Kunstmärchen um den prominentesten ‚Holzkopf' der italienischen Literatur wird bereits im allerersten Kapitel von Savianos Werk verwiesen und zahlreiche Referenzen beeinflussen den Roman

---

[24] Vgl. Saviano 2016, 279 und 282: „Non ho mai visto nessun comandante che non ha fatto mai 'nu piezzo. Ti do un consiglio, Maraja: il primo che ti dà fastidio, prendi e vallo a sparare. Ma da solo. [...] Quell'uomo prigioniero in ottanta metri quadri aveva concesso tutto a lui e alla sua paranza, armi, droga, fiducia [...] ma con le parole non aveva mai smesso di fustigarlo [...]. Il rispetto che aveva preteso e ottenuto dalla sua paranza adesso necessitava di un battesimo di sangue".

auf der Ebene der Figurencharakterisierung wie des Handlungsverlaufes.[25] Die beiden Werke haben dabei mehr gemeinsam, als man auf den ersten Blick vermuten könnte, rekurrieren sie doch auf den Topos des (männlichen) Kindes auf Abwegen, der in anderer Form etwa auch im englischsprachigen Theaterstück von Peter Pan zu finden ist.[26]

Collodis Pinocchio ist keineswegs die unschuldige und liebenswürdige Marionette, die Walt Disney 1940 aus ihr machen sollte. Noch vor der Vollendung durch seinen pygmalionischen Schöpfer und Vater Geppetto begeht die Figur, die an Torheit und Rücksichtslosigkeit mit Chrétien de Troyes Perceval konkurrieren kann, schon erste *monellerie*, Missetaten. Es mangelt ihr zudem an jeglichem Gehorsam und Respekt. So wird Pinocchio die Opfer des in Armut lebenden Schreiners, der seinen einzigen Mantel verkauft, um dem Sohn eine Fibel zu kaufen und ihn in die Schule zu schicken, leichtfertig verwirken und sich (ebenso wie seinen Vater) durchgehend in äußerste Lebensgefahr bringen. Dies geschieht zunächst, als er trotz seines Versprechens künftig brav zu sein – „sarò buono" (Collodi 1883, 34)[27] –, das Vergnügen der Bildung vorzieht und in die Fänge des Puppenspielers Mangiafoco gerät,[28] der aus Pinocchio buchstäblich Kleinholz für sein Feuer machen möchte. Von dessen Flehen zu Mitleid gerührt, schenkt ihm Mangiafoco die Freiheit und fünf Goldmünzen für Geppetto. Allerdings tappt Pinocchio unmittelbar darauf in die Falle der beiden Betrüger Fuchs und Katze, die seinen Traum vom ‚schnellen Geld' beflügeln und ihn zuerst ausnehmen, um ihn anschließend zu überfallen und an einem Baum zu erhängen. Doch auch das erste von vielen Nahtoderlebnissen, von denen der notorische Lügner nur durch Einwirkung der *fata turchina*, die über ihn wacht, gerettet werden kann, wird ihn keines Besseren belehren: Nach seiner Genesung vom Galgen wird er unter Anleitung der beiden Tiere die übrig gebliebenen Goldmünzen im *Campo de' Miracoli* vergraben, damit aus ihnen ein Münzenbaum wachse, und sie somit endgültig verlieren. Die Gutgläubigkeit ist im initialen Bildungsstadion der Holzpuppe mit Faulheit gepaart. Selbst bei größter Not leistet er Widerstand gegen die Arbeit, bis er auf der Insel der fleißigen Bienen deren Wert lernt und von der Fee die Aussicht auf die Erfüllung seines Wunsches erhält: „Oh! sono stufo di far sempre il burattino! – gridò

---

25 Pinocchio ist nicht das einzige Märchen, auf das Saviano verweist: siehe Saviano 2016, 19 (*Jack and the beanstalk*).
26 Ferner ist die Utopie – die der Insel *Neverland* – auch im Stück von Peter Pan ein wesentliches Element.
27 Dieselbe Formel verwendet auch Biscottino, ein Mitglied der *paranza*, gegenüber der Madonna als Präambel für zwei Morde; siehe Saviano 2016, Kap. *Sarò buono*.
28 Denselben Namen ‚Mangiafuoco' trägt in *La paranza* der Boss des Stadtviertels Sanità; siehe Saviano 2016, 262.

Pinocchio [...] – Sarebbe ora che diventassi anch'io un uomo ... – E lo diventerai, se saprai meritartelo ..." (Collodi 1883, 129). Wie in der *Odyssee* sorgen jedoch zahlreiche Peripetien kurz vor dem Ziel für eine Verzögerung der glücklichen Lösung. Die erste davon verwickelt Pinocchio in den (vermeintlichen) Mord an einem Mitschüler. Auf der darauffolgenden Flucht vor den Carabinieri, genauer deren Mastiff, glaubt sich der Protagonist im Meer retten zu können, wo er sich allerdings in den Netzen eines Fischers verfängt, der ihn gemeinsam mit dem Tagesfang frittieren möchte (Collodi 1883, Kap. XXVI–XXVIII). Dieses Unheil überstanden, gibt Pinocchio am Abend vor seiner Verwandlung auch der nächsten Verlockung durch Lucignolo, seinem liebsten Freund, nach und folgt ihm ins *Paese dei balocchi* ('Land des Spielzeugs'). Zu dieser Utopie, in der man niemals lernen, sondern ausschließlich spielen darf, gelangen die Kinder durch einen dedizierten 'Shuttleservice' – einen Wagen, der sie vor der Haustür abholt. Dieser wird von einem Gespann aus 12 Eselspaaren gezogen und einem dicklichen, fröhlichen Männlein mit süßer Stimme gelenkt. Ungeachtet der Warnungen durch die Eselchen und der gewalttätigen Art des Lenkers, der einem von diesen das Ohr regelrecht abbeißt, steigt Pinocchio ein und verbringt fast ein halbes Jahr im Schlaraffenland, bis er eines Morgens selbst zum Esel mutiert. Anstatt vor der Verwandlung zu erschrecken, ist die erste Reaktion der Holzpuppe wie Lucignolos in ein schallendes Gelächter auszubrechen. Dieses wird ihnen schon bald vergehen, denn der Wagenlenker, der in Wahrheit ein Wirtschaftsimperium auf den zu Eseln gewordenen Kindern aufgebaut hat, verkauft sie als Lastentiere an den Meistbietenden (Collodi 1883, Kap. XXXII–XXXIII).

Savianos explizite Referenzen auf das hier nur in Auswahl wiedergegebene Märchen konzentrieren sich insbesondere auf die Ereignisse der letzten zehn Kapitel, welche die Verzögerung der Anthropomorphose Pinocchios zum Gegenstand haben. Nicolas und seine Freunde werden von Beginn an mit dem Verführer der Holzpuppe in Verbindung gebracht, dessen Name denjenigen Lucifers evoziert: „Risate. [...] Simili al raglio di Lucignolo [...] sguaiate, tracotanti" (Saviano 2016, 16). Durch die Beschreibung ihres ungezügelten Lachens erfolgt eine gleich doppelte Charakterisierung der Figuren als iahende Esel sowie bösartige und – mehr noch – todgeweihte Jungen, denn anders als Pinocchio wird Lucignolo die Metamorphose nicht überleben (vgl. Collodi 1883, Kap. XXXVI). Die Ähnlichkeit zu Letzterem wird insbesondere mit Hinblick auf Nicolas ausgearbeitet, der analog zum „cattivo compagno" Lucignolo („non può consigliar[e] altro che a far del male"; Collodi 1883, 178) als „addestratore di cattive intenzioni" bezeichnet wird (Saviano 2016, 206). Der Darstellung der Bande im Zeichen des Esels, der Kindheit und Lucignolos bleibt der *discours* treu, wie sich kurz darauf in der Beschreibung ihrer Behandlung durch ‚Copacabana' beobachten lässt. Dieser bezeichnet sie als seine „pony express", „pupetti" sowie „bambini miei" und kneift ihnen in die Wangen, unmittelbar bevor er sie in die ‚magische' Welt des *Nuovo Maharaja* einführt (Saviano 2016, 31; 35; 49). Auf diese Weise nimmt der Boss im Roman die funktionale Rolle des Wagenlenkers aus dem Märchen ein, der ebenfalls Kinder als Reittiere einspannt und neue Opfer zunächst mit Liebenswürdigkeit empfängt, um sie in die utopische Welt der institutionalisierten Muße einzuführen. Auf die gleiche Weise wie das *Paese dei balocchi* entwickelt sich die Illusion des *Nuovo Maharaja* zunehmend zur Dystopie, in welcher die ‚Drahtzieher' aus den jungen ‚Eseln' Profit schlagen. Genau wie Pinocchio ist Nicolas ferner für die Belehrungen, die Bildungswerte und das Arbeitsethos des eigenen Vaters taub, der ihn als Esel beschimpft („Si 'nu ciuccio esagerato", Saviano 2016, 70) und dessen Prekariat überwunden werden soll. Sowohl die Märchenfigur als auch Nicolas befinden sich auf der Jagd nach dem ‚schnellen' Geld, für das sie bereit sind, in zwielichtigen Kreisen zu verkehren, nicht jedoch, Anweisungen zu befolgen oder gar ehrliche Arbeit zu verrichten. Es überrascht daher wenig, dass Nicolas und sein Schwarm kleiner Fische wie Pinocchio der Camorra ins Netz gehen.

Für beide Protagonisten ist schließlich die Verwandlung in einen *uomo* von fundamentaler Bedeutung, die sich indes nicht gegensätzlicher realisieren könnte. Nicolas versteht darunter den Übergang der Wahrnehmung seiner Selbst vom Status eines Kindes zu dem eines etablierten Kriminellen und Bosses. Mit dieser Vorstellung geht das soziale Vorrecht des Mannes zur Macht einher, das sich in sozialen Praktiken wie einem stark ausgeprägten Dominanz- und Konkurrenzverhalten, in der Gewaltbereitschaft und Aggressivität, in der Unterdrückung von Schwäche, in der Auslöschung von Emotionalität und Mitgefühl niederschlägt, die Züge faschistoider Männlichkeitskonstrukte annimmt.[29] Gewiss hat auch Pinocchio, etwa aufgrund der mehrfachen Anschuldigung des Mordes oder der wiederholten Bekanntschaft mit den Carabinieri und dem Gesetz, Eigenschaften eines Kriminellen. Allerdings muss man für diesen mildernde Umstände gelten lassen, denn die beratungsresistente, lügende und arbeitsscheue Holzpuppe verfügt nachweislich über einen guten Kern und progrediert im eigenen Lernprozess hin zur Wertschätzung von Fleiß, (Nächsten-)Liebe, Opferbereitschaft, Gehorsam, Respekt und Bildung. Seine Verwandlung führt damit nicht nur einen ontologischen Wechsel vom Gegenstand der Natur und der Kunst zu einem Menschen herbei, sondern steht zugleich im Zeichen christlicher *humanitas*, die aus ihm ein erfolgreiches Mitglied der bürgerlichen ‚Mehrheitsgesellschaft' macht.

---

29 Siehe hierzu das Kapitel „Männlichkeitsforschung in Frankreich, Italien, Spanien" Horlacher/Jansen/Schwanebeck 2016, 52–64.

Der Erfolg oder das Scheitern der Menschlichkeit sind jedoch nicht allein von den Protagonisten abhängig, sondern stehen in Korrelation mit der Didaktik der belehrenden Figuren in den jeweiligen Texten. So fällt auf, dass Pinocchio auf die unverwüstliche Geduld des *Grillo parlante* und der *fata turchina* (und zahlloser anderer Wesen) zählen kann, die ihm in jeder noch so düsteren Lage den rechten Weg weisen. Nicolas ist demgegenüber von der luziden Erkenntnis durchdrungen, dass die einzige positive Lehrergestalt in seinem Umfeld niemanden erlösen, geschweige denn retten wird: „Non si rassegnava a rimanere inascoltato e cercava di andare a fondo nei ragazzi che aveva di fronte. Nicolas lo rispettava per questo, anche se sapeva che Valerio De Marino non avrebbe salvato nessuno" (Saviano 2016, 84). Wem er stattdessen hingebungsvoll zuhört und folgt, ist Don Vittorio, der die Rolle eines Lehrers zwar verweigert („Ma è mai possibile? Che cazzo. Vi devo imparare pure le regole elementari?", Saviano 2016, 276), Nicolas jedoch auf der ‚schiefen Bahn' zum Durchbruch verhilft.[30] Während im Zentrum von *Pinocchio* somit die *Ver*menschlichung eines Stücks Holz steht, wird in *La paranza* die *Ent*menschlichung eines Kindes[31] veranschaulicht.

Letzteres erfolgt, ohne dass ein moralisches Urteil über die Figuren – vom Erzähler oder Saviano selbst – geäußert würde. Gerade deswegen, so scheint es, ist das Verfahren der Intertextualität von umso größerer Bedeutung, denn durch *Pinocchio* wird ein ebensolches eingeholt. Das Märchen wird im Roman zum Mittel der Allegorisierung einer äußerst brutalen und grausamen Realität, der die Protagonisten buchstäblich noch nicht ‚gewachsen' sind. Damit stellt es das Erfolgs-, Aufstiegs- und Selbstbehauptungsnarrativ von Nicolas, das in einem Machtdiskurs nicht zuletzt ästhetischer und finanzieller Ordnung begründet ist, zur Disposition und exponiert es, wenn man so will, als ein *fairytale gone bad*, das überdies als Kritik am (Turbo-)Kapitalismus mafiöser Systeme verstanden werden kann. Besonders anschaulich wird dies im Finale der beiden Werke: Wo das Märchen das neue Leben von Pinocchio feiert, der mit Spott auf seine bisherige Existenz zurückblickt, endet der Roman mit dem Tod eines kleinen Jungen – Nicolas' Bruder –, der jedoch von der medialen Anerkennung der *paranza* überschattet und beinahe zur Beiläufigkeit eines gewissen *happy ending* wird.

---

[30] Siehe zur besonderen Rolle der Didaktik den Paratext zum dritten Teil von *Bacio feroce*, „Voi che educate", Saviano 2017, 329–330.
[31] Zur These der Entmenschlichung der *paranza*, wenn auch diese in erster Linie auf den Einfluss Machiavellis zurückgeführt wird, siehe García Pérez 2018.

4 Schlussbemerkung: Die ‚Paragesellschaft' – kein Kinderspiel

Wie die vorliegenden Ausführungen aufzeigen konnten, schildert Savianos *La paranza dei bambini* die Gründung einer ‚Paragesellschaft' innerhalb einer ‚Paragesellschaft', die das mafiöse System und seine Strukturen – wie eingangs geschildert – verkörpert. Der heuristische Begriff hat sich dabei als adäquates Werkzeug der Beschreibung von sozialen Abweichungsphänomenen bei gleichzeitiger Permanenz von deren Akteuren im Raum ‚mehrheitsgesellschaftlicher' Normen erwiesen sowie als differenzierte Beschreibungsmöglichkeit der Aushandlungen und Wechselverhältnisse dieses Prozesses. Eine fundamentale Rolle darin eignet den imaginativen Anteilen, die im narrativen Dispositiv zur Konstitution einer kollektiven Identität beitragen und eine je spezifische ästhetische Dimension freisetzen.

Ausgehend von einem in Neapel herrschenden Determinismus, der den sozialen Aufstieg nur unter erschwerten Bedingungen ermöglicht, präsentiert uns der Roman einen Protagonisten, der die bürgerlichen Werte seines Umfeldes als unzulänglich empfindet, genauer als eine Entbehrung, als eine Sackgasse, aus der nur die organisierte Kriminalität hinausführen kann. Die besonderen Eigenschaften dieser Figur – maßloser Ehrgeiz, Machtgier, Brutalität, das Bedürfnis nach Abgrenzung und Geltungsdrang – machen sie im Reckwitz'schen Sinne zu einem singulären Subjekt. Durch Nachahmung etablierter Camorristi und ästhetische Selbstinszenierung wie -stilisierung, hier insbesondere unter Rekurs auf den Film *Il camorrista* und Machiavellis *Principe*, schafft Nicolas ein wirkungsvolles emanzipatorisches Selbstbehauptungsnarrativ. Letzteres wird zur Grundlage einer eigenen *paranza*, einer sowohl wirtschaftlichen als auch sozialen, aber noch nicht formalisierten Gesellschaft innerhalb der institutionalisierten Sozialstrukturen der Camorra. Das Ideal, das dieses Narrativ leitet, ist das eines radikalen Durchbruchs im kapitalistischen System, das seine Akteure von allen (realen oder imaginären) Sorgen, Demütigungen und Mühen endgültig erlöst.

Zugleich macht der Roman auf inhaltlicher und diskursiver Ebene auf die Ambivalenzen dieses Konstrukts aufmerksam, in dem er an wiederholter Stelle Verweise auf die Gattung des Märchens in unterschiedlichen Medien (das Lied von *Pasqualino Maragià* und Collodis Text *Pinocchio*) aktualisiert und dabei das Gelingen des Narrativs der Kleinkriminellen entscheidend durchkreuzt sowie ihren (wie den dazu übergeordneten camorristischen) Weltentwurf zur Disposition stellt: Wollen sich diese als mächtige *player* (durchaus in Anlehnung an ihre Videospiel-Vorbilder) verstehen, die auf Augenhöhe mit den etablierten Bossen verhandeln und sogar konkurrieren können, entpuppen sie sich in entscheidenden Momenten der kriminellen Realität nicht gewachsen und werden ihres Narrativs beraubt. Dabei verleiht die Geschichte von Pinocchio der Handlung um die neapolitanischen Kinder eine allegorische Dimension: Ihr ‚eselhaftes' und unmoralisches Benehmen richtet sie menschlich zugrunde und macht das Versagen ihrer Utopie der Selbstverwirklichung und des schnellen Geldes deutlich.

Bibliographie

Art. „paranza". http://www.treccani.it/vocabolario/paranza/. Rom: Treccani Istituto della Enciclopedia Italiana, o.J. (23. September 2020).
Bozzi, Francesco. „Narrazione eccentrica e testimonianza in *Gomorra* di Roberto Saviano". *Incontri. Rivista europea di studi italiani* 30.1 (2015): 65–75.
Capata, Alessandro. „Occasione". https://www.treccani.it/enciclopedia/occasione_%28Enciclopedia-machiavelliana%29/. Roma: Treccani Istituto della Enciclopedia Italiana, 2014 (13. Oktober 2020).
Collodi, Carlo. *Le avventure di Pinocchio. Storia di un burattino.* Neapel: Fratelli Rispoli, 1883.
Conrad von Heydendorff, Christiane. „Roberto Saviano: Eine Autor-Figur zwischen Literatur und Neuen Medien". *Das digitalisierte Subjekt. Grenzbereiche zwischen Fiktion und Alltagswirklichkeit.* Hg. Innokentij Kreknin und Chantal Marquardt. *Textpraxis. Digitales Journal für Philologie* 13 (2016): 181–201. http://www.uni-muenster.de/textpraxis/en/christiane-conrad-von-heydendorff-roberto-saviano (13. Oktober 2020).
Ferrante, Elena. *L'amica geniale* (Bd. 1). Rom: Edizioni e/o, 2011.
Forst, Rainer. „Zum Begriff eines Rechtfertigungsnarrativs". *Rechtfertigungsnarrative. Zur Begründung normativer Ordnung durch Erzählen.* Hg. Andreas Fahrmeir. Frankfurt a.M./New York: Campus Verlag, 2013. 11–28.
Foucault, Michel. „Andere Räume". *Aisthesis – Wahrnehmung heute oder Perspektiven einer anderen Ästhetik. Essais.* Hg. Karlheinz Barck et.al. Stuttgart: Reclam, 1993. 34–46.
García Pérez, María Isabel. „Autoridad y Poder: *La paranza dei bambini* de Roberto Saviano". *Revista de la Sociedad Española de Italianistas* 12 (2018): 71–81.
Haaland, Torunn. „Le vie verso la ragione: I segni del nuovo Realismo in *Gomorra*". *Quaderni d'Italianistica* 37.2 (2016): 191–209.
Horlacher, Stefan, Bettina Jansen und Wieland Schwanebeck (Hg.). *Männlichkeit. Ein interdisziplinäres Handbuch.* Stuttgart: Metzler, 2016.
Iandoli, Gerardo. „Nicolas e la 'sceneggiatura del suo potere': riflessioni su alcune conseguenze del colpo di scena". *E/C rivista dell'Associazione Italiana di studi semiotici* (2017): 1–13.
Il camorrista. Reg. Giuseppe Tornatore. Titanus, 1986.
Inglese, Andrea. „Immaginare il male in Roberto Saviano". *L'Italie en jaune et noir: La littérature policière de 1990 à nos jours.* Hg. Maria-Pia De Paulis-Dalambert. Paris: Presses Sorbonne Nouvelle, 2010. 59–73.
Johannes Paul II: Homilie (09.05.1993). Agrigento, Valle die Templi. http://www.vatican.va/content/john-paul-ii/it/homilies/1993/documents/hf_jp-ii_hom_19930509_agrigento.html (08. September 2020).

Machiavelli, Niccolò. *Il Principe*. Hg. Raffaele Ruggiero. Mailand: Rizzoli, 2008.
Malaparte, Curzio. *La pelle*. Mailand: Mondadori, 1978 [1949].
Migliacci, Franco und Domenico Modugno. *Pasqualino Maragià*. https://genius.com/Domenico-modugno-pasqualino-maragia-lyrics (10. September 2020). 1958.
Najemi, John R. „Firenze". https://www.treccani.it/enciclopedia/firenze_%28Enciclopedia-machiavelliana%29/. Rom: Treccani Istituto della Enciclopedia Italiana, 2014 (13. Oktober 2020).
Reckwitz, Andreas. *Die Gesellschaft der Singularitäten. Zum Strukturwandel der Moderne*. Berlin: Suhrkamp, 2017.
Ricciardi, Stefania. „,,Gomorra' e l'estetica documentale nel nuovo millennio". *Interférences littéraires/Literaire interferenties* 7 (2011): 167–186.
Saviano, Roberto. *Gomorra. Viaggio nell'impero economico e nel sogno di dominio della camorra*. Mailand: Mondadori, 2006.
Saviano, Roberto. *La paranza dei bambini*. Mailand: Feltrinelli, 2016.
Saviano, Roberto. *Bacio feroce*. Mailand: Feltrinelli, 2017.
Zonch, Marco. „Il testimone di fede. Verità e spiritualità nella narrativa di Saviano". *Incontri. Rivista europea di studi italiani* 32.1 (2017): 50–64.

Eva Oppermann
Von Außenseitern zu Helden: Die Darstellung phantastischer ‚Paragesellschaften' am Beispiel von Marion Zimmer Bradleys Priesterinnen in Avalon und J.K. Rowlings Zauberern in England

1 Heterotopien und *Fantasy*: Ein grundlegender Überblick

Das Genre der *Fantasy* erfreut sich insbesondere bei jungen Leserinnen und Lesern großer Beliebtheit. Ein Grund dafür ist, dass in solchen Romanen häufig Außenseiter zu Helden, zumindest aber zu Protagonisten und Reflektorfiguren werden, an deren Seite man Abenteuer lesend miterlebt, ohne sich selbst in Gefahr zu begeben. Die Welten in diesen Werken sind häufig dadurch gekennzeichnet, dass sie nicht nur der außerfiktionalen Referenzwelt zum Verwechseln ähnlich sind, sondern darüber hinaus eine weitere Welt beherbergen, in der Gesetze der *Fantasy* gelten. Die Hauptfiguren gehören dann zu einer Gruppe Initiierter, die sich in beiden Welten bewegen können. Marion Zimmer Bradleys *The Mists of Avalon* (1981) gilt als Prototyp dieser Art von *Fantasy* (Oppermann, in Druck; vgl. Voßkamp 1977, 30). Die Priesterinnen können die heilige Insel nur mithilfe ihrer Kräfte betreten, gleichzeitig ist sie unerwünschten Besuchern verschlossen. Das Gleiche gilt für die magische Welt der Harry-Potter-Bücher J.K. Rowlings, in denen nur den Zauberern[1] die Welt rund um Hogwarts zugänglich ist. Mit Farah Mendlesohns Terminologie kann man solche Werke entweder als „portal fantasy", in denen die magische Welt durch ein besonderes Tor betreten wird (2008, 254), oder als „intrusion fantasy", in denen die fantastische Welt in die realistische einbricht (2008, 251), bezeichnen.

---

1 Da Rowling selbst *wizards* in Abgrenzung zu *muggles* für beide Geschlechter verwendet, obwohl ihre weiblichen Zauberer eindeutig „witches" sind, habe ich mich entschieden, ihr in dieser Hinsicht zu folgen. Daraus ergibt sich, dass das Maskulinum auch die weiblichen Mitglieder der Zaubergesellschaft einschließt. Entsprechend schließt auch dieser Aufsatz alle Genderformen ins Maskulinum ein.

Dennoch bildet die Grenze zwischen der realistischen Referenzwelt, die der Welt der Lesenden weitgehend entspricht, und der *Fantasy*-Welt einen in der Regel gut funktionierenden Damm („polder", Clute 1997, 772), der für Nichteingeweihte unüberwindlich ist und die Bewohner vor unerwünschten Übergriffen schützt, da sie häufig mit der realistischen Welt in Konflikt stehen. Dadurch werden die *Fantasy*-Welten zu Heterotopien, die ihren Bewohnern ermöglichen, sowohl nach ihren eigenen Gesetzen als auch ungestört von anderen zu leben. Heterotopien sind nach Foucault „des lieux privilégiés, ou sacrés, ou interdits, réservés aux individus qui se trouvent, par rapport à la société, et au milieu humain à l'intérieur duquel ils vivent, en état de crise" (1994, 756–757). Diese Voraussetzung ist die eine notwendige Bedingung für einen heterotopen Ort, da sie der Grund für seine Entstehung ist. Gleichzeitig ist Foucaults Konzept das entscheidende Bindeglied, das die fantastischen ‚Paragesellschaften' der hier untersuchten Werke mit ‚Paragesellschaften' des sozialen Alltags verbindet. Nach Teresa Hiergeist (2017, 12) „besitzen ‚Parallel- und Alternativgesellschaften' die Charakteristika einer Heterotopie, verstanden mit Michel Foucaults frühen Schriften als ‚contre-emplacements, dans lesquelles tous les autres emplacements réels que l'on peut trouver à l'intérieur de la culture sont à la fois représentés, contestés et inversés' (Foucault 755)."[2] Dies gilt besonders, wenn die beiden Welten regelmäßig Berührung miteinander haben und zwischen den Bewohnern der fantastischen und denen der realistischen Welt ein Konflikt besteht. Als Konflikte werden in dieser Arbeit alle Faktoren betrachtet, die eine Gruppe von Individuen dazu bewegen, sich aus der ‚Mehrheitsgesellschaft' zurückzuziehen und ein Leben in relativer Abgeschiedenheit zu führen.[3] Hiergeist schreibt:

> Kommunen, religiöse Sondergemeinschaften, *gated communities*, Geheimgesellschaften, Gangs, soziale Gemeinschaften in Migrantenquartieren, Ghettos oder Slums [...] konstituieren sich darüber, dass ihre Werte, Normen und Haltungen vom Konsens einer ‚Mehrheitsgesellschaft' signifikant abweichen und dass sie somit zwar innerhalb der territorialen, aber außerhalb der politischen, ökonomischen, sozialen, religiösen und/oder kulturellen Ordnung eines Gemeinwesens verortet sind. [...] Durch diese Sonderstellung werden sie zu prädesti-

---

[2] Bei der zitierten Publikation handelt es sich um Vorarbeiten zur Begriffsprägung der ‚Paragesellschaften'. Dieser bezeichnet „Gesellschaften in der Gesellschaft", die als virtuelle Reflexions- und Experimentierräume zur Verhandlung der Spannungsverhältnisse ‚Identität/Pluralismus', ‚Individualität/Gesellschaftlichkeit', und ‚Ab- und Ausgrenzung' fungieren.
[3] Anders als der im öffentlichen Diskurs negativ konnotierte Begriff der ‚Parallelgesellschaft' lässt das Konzept der ‚Paragesellschaft' bewusst offen, ob der Rückzug aus der Gesellschaft freiwillig oder durch Druck von außen erfolgt.

nierten Orten der Verhandlung, Herausforderung und Infragestellung gesellschaftlicher Kernthemen wie ‚Homogenität und Pluralität', ‚Identität und Alterität', ‚Individualität und Gesellschaftlichkeit', ‚Ab- und Ausgrenzung' oder ‚sozialer Normativität'.

(2017, 9–10)

Auch die Beispiele, die Foucault und Hiergeist nennen, weisen Parallelen auf: Foucaults wichtigste Beispiele sind Internate, Kasernen, Waisen- und Krankenhäuser. Diese Liste lässt sich entsprechend erweitern: „ghettoes such as certain *banlieues* in Paris or quarters in Los Angeles, Jerusalem, or Berlin in which certain groups of humans (Blacks, Muslims, or Orthodox Jews, migrants from one area, students) live closely together" (Oppermann 2019, 406). Mit Simone Broders' Beitrag „Utopia Gone Mad: Feministische Paragesellschaften in Naomi Aldermans *The Power* (2016)" kommt noch der Konvent hinzu. Diagon Alley und Hogsmeade unterscheiden sich von dem, was Nowak (2006, 47–48) als „ethnic communities" in deutschen Städten beschreibt, nur durch ihre Unerreichbarkeit für Muggles, wodurch sie im wahrsten Sinne des Wortes ‚Parallelgesellschaften' werden, also Welten ohne Berührungspunkte. Einige dieser Gesellschaften entsprechen wiederum denen, die Ekman als „the Unseen" in der Untergattung *Urban Fantasy* beschreibt; „social outcasts we consciously look away from; and fantastical beings that hide out of sight" (463).[4]

Allerdings erweist sich die Diskussion des ‚Parallelgesellschafts'-Begriffs, wie ihn etwa Meyer (2002, 195–196) beschreibt, als schwierig, weil sich in den meisten Fällen die Mitglieder dieser Gesellschaften *per definitionem* vollständig aus dem sozialen und territorialen Raum (bis hin zur Schaffung von Paralleluniversen)[5] zurückgezogen haben, oder aber, weil ihre Mitglieder innerhalb des ‚Mainstreams' nicht direkt sichtbar sind. Avalons Priesterinnen fallen in ‚Zivilkleidung' in Artus'

---

4 In diesem Kontext sollte nicht übersehen werden, dass auch die Mitglieder der ‚Mehrheitsgesellschaft' in der Regel ihre Ablehnung des Aussehens oder Verhaltens eines bestimmten Teils der Gesellschaft nicht immer selbst oder freiwillig wählen; vielmehr zeigt sich hier die Wirkung dessen, was Adorno in Bezug auf Heidegger wiederholt anprangert, wenn er darauf hinweist, dass sich die Verbrecher des Nationalsozialismus hinter dem „man" verstecken, demzufolge sie zu handeln hatten. Ich berufe mich hier insbesondere auf Adornos *Jargon der Eigentlichkeit*, der diese Auseinandersetzung an verschiedenen Stellen thematisiert. Ebenso bestimmt heute noch eine kleine, oft unerkannte Gruppe, wie sich der Mainstream verhalten sollte, um anerkannt zu werden. Es ist gut möglich, dass ein weiterer Reiz des *Fantasy*-Konsums darin liegt, wenigstens in der Lektüre den gesellschaftlichen Zwängen zu entfliehen, vgl. z. B. Illger, 2020, 72.
5 In dieser Hinsicht ist Nagels (2012, 11) Verweis auf die geometrische Bedeutung der Parallele anwendbar; insbesondere die Insel Avalon existiert „gedoppelt". Die Portale und Übergänge zwischen den Welten könnte man dann als orthogonale, und damit kürzeste, Strecken zwischen den beiden Parallelen betrachten.

Britannien nicht auf, allerdings versucht Viviane, direkt Einfluss auf Artus zu nehmen, wenn sie ihn zu einem heidnischen Krönungsritual überredet und ihn dazu bringen will, das Banner von Avalon in der Schlacht zu führen. Die Zauberwelt ist wirtschaftlich völlig unabhängig vom Rest der Menschheit, und der *Minister of Magic* setzt sich nur im Notfall mit dem Premierminister in Verbindung. Dadurch fallen die Kriterien weg, anhand derer in der Regel die Unterschiede beschrieben werden.

Die aus diesen Annahmen resultierenden Fragen sind erstens, warum die Figuren ihre angestammte Umgebung und Gemeinschaft verlassen und zweitens, wie groß der Leidensdruck ist, der sie zu diesem Schritt zwingt. Es ist das Anliegen dieses Beitrags, aufzuzeigen inwiefern die phantastischen Gesellschaften der beiden ausgewählten Romanserien – der Avalontrilogie von Zimmer Bradley und der Harry Potter-Bücher Rowlings – ‚Paragesellschaften' oder solchen zumindest vergleichbar sind, und welchen Beitrag die Lektüre und Untersuchung solcher *Fantasy*-Reihen zur Betrachtung von ‚Paragesellschaften' beitragen kann. Dabei fiel die Wahl auf die beiden Reihen, weil sie populär sind und weil darüber hinaus die Avalontrilogie als normbildendes Werk insofern Prototypenstatus besitzt, als Bradley mit der Schaffung ihrer Zauberinsel Normen für Clutes *polder* der heterotopen *Fantasy* festschreibt (vgl. Voßkamp 1977, 30). Der Artikel beschränkt sich bewusst auf die ersten drei Bände der Serie, an denen Zimmer Bradley selbst zumindest mitgearbeitet hat, und die alle notwendigen textlichen Belege enthalten. Im Zusammenhang mit der Harry Potter-Serie dagegen greife ich über die eigentlichen Werke hinaus auch auf das Skript zu *Fantastic Beasts and Where to Find Them I* (2016) und Einträge der Website *Pottermore* zurück, weil sie einige bedeutende Ergänzungen im Zusammenhang mit der Untersuchung des Konflikts zwischen beiden Welten bieten.

Es gibt allerdings eine Besonderheit, auf die auch gerade mit Bezug auf meine Beispieltexte verwiesen werden muss: Bei den Heterotopien, die sich die Priesterinnen auf Avalon und die Zauberer überall auf der Welt aufgebaut haben, handelt es sich um selbstgeschaffene Heterotopien, nicht um solche, die von der ‚Mehrheitsgesellschaft' für diejenigen erschaffen werden, die sie beherbergen sollen, wie etwa die psychiatrischen Krankenhäuser oder Kadettenschulen, die Foucault nennt (vgl. Meyer 2002, 195).[6] Dadurch werden sie den Bedürfnissen ihrer Bewohner gerecht und begünstigen gleichzeitig die Abkapselung vom ‚Mainstream'. Trotzdem gleichen sie den ‚Paragesellschaften' des öffentlichen Diskurses insofern, als, wie Manzella betont, auch der Eintritt in die Kommunalgesellschaften der heu-

---

6 Hogwarts beispielsweise ist als Internat ein heterotoper Ort, nicht aber, wie Cantrell (2011, 198) behauptet, weil es Teil der Zauberwelt ist (vgl. Oppermann 2019, 405).

tigen Zeit über eine Schwelle führt, die zu überschreiten eine bestimmte Entscheidung verlangt (Manzella 2010, 2 bzw. 19).

2 *Fantasy*-Gesellschaften als ‚Paragesellschaften'

2.1 Zimmer Bradleys Priesterinnen

Im Fall von Zimmer Bradleys Priesterinnen besteht die von Foucault beschriebene Krise im Konflikt mit der jeweiligen Eroberungsmacht, die den Kult der Göttin zu verdrängen sucht. Ihre Priesterinnen verlassen nicht nur die Mainstreamgesellschaft Britanniens bis in die Welt hinter den Nebeln, ihr ursprünglicher Aufbruch erfolgt sogar aus der Mitte der Gesellschaft heraus.

In *The Forest House* (1995) beginnt diese Bewegung mit dem Überfall der Römer auf das größte Heiligtum der Göttin in Britannien. Die überlebenden Priesterinnen gründen zwar ein neues Heiligtum in der Stadt Vernemetan, doch dieser Tempel hat nicht mehr die gleiche gesellschaftliche Bedeutung wie das alte Heiligtum. Außerdem müssen sich die Priesterinnen dort an ihnen von der römischen politischen Obrigkeit aufgezwungene Regeln halten, die ihrem Kult nicht entsprechen, etwa das vestalische Keuschheitsgebot, in dem sich die patriarchale Ausrichtung der neuen politischen Herrschaft offenbart. Dieser Kulturkampf beschwört einen neuen Konflikt mit Rom und die Zerstörung Vernemetans herauf. Wieder gelingt jedoch einer Gruppe von Priesterinnen die Flucht auf die noch unbewohnte und von Sümpfen umgebene Insel Avalon, wo sie das dortige Heiligtum in Abgeschiedenheit von der römisch-politischen und später christlich-religiösen regierenden Macht gründen. Damit deckt *The Forest House*, der realistischste der drei Romane, die Bewegung der Priesterinnen aus der Mitte der Gesellschaft an ihren äußersten Rand ab.

Doch auch hier bleiben die Prieterinnen nicht von der Verfolgung, zunächst durch die Römer, später durch die christlichen Mönche verschont und sind gezwungen, mit Hilfe der Fee, die Insel in die Zwischenwelt hinter den Nebeln zu verschieben:

> I will tell you of a way in which the priestesses and Druids of Avalon might be saved. [...] A way to separate this Avalon in which you dwell from the rest of the human world. The Romans will only see the isle of Inis Witrin, where the Nazarenes have their church. But for

> you there will be a second Avalon, shifted just sufficiently so that its time will move along a different track neither wholly in Faerie nor in the human world. To mortal sight a mist will enfold it which can only be passed by those who have been trained to shape the power.
>
> (Bradley 2007, 143–144)

Damit überschreiten die Priesterinnen die Schwelle zur *Fantasy*-Welt, die jetzt nur noch den Eingeweihten offensteht – die prototypische heterotope *Fantasy* ist geschaffen.

Gleichzeitig üben die Priesterinnen von jenseits der Nebel noch einigen Einfluss auf die realistische Welt aus, etwa, indem sie Mädchen ausbilden und damit ihr altes Wissen in der Welt lebendig halten (Bradley 2007, 28). Die Ausbildung der Priesterinnen, die ebenfalls fortgeführt wird, und die zumindest in Teilen alle Mädchen erfahren, umfasst Latein und Griechisch, Astronomie, Kräuter- und Frauenheilkunde (Bradley 1995, 171–178; Bradley 1993, 157–158). Nicht alle Mädchen, die zur Ausbildung auf die Insel kommen, sind für die Priesterinnenlaufbahn bestimmt; es gibt auch Kandidatinnen, die später in hohe Fürstenfamilien einheiraten sollen. Trotzdem verfolgt die Hohepriesterin Caillean den Plan, zumindest einen Teil des Alten Wissens bei ihnen lebendig zu halten, um auf diese Weise subversiv das alte Wissen nicht nur zu bewahren, sondern den Menschen auch weiter zugänglich zu machen. Auch Artus' Schwert Excalibur gehörte ursprünglich zu den heiligen Insignien der Insel, zusammen mit dem Gral. (Bradley 1993, 254).

Allerdings gelingt es den beiden Priesterinnen Viviane und Morgaine in *Mists of Avalon* (1993) nicht, ihre alte Machtstellung an der Seite des britannischen Königs zurückzuerobern; der Einfluss des Christentums ist inzwischen zu stark. Wenn Morgaine durch die Nebel nach Avalon zurückkehrt, nachdem sie erkannt hat, dass die Göttin inzwischen den Aspekt der Heiligen Jungfrau angenommen hat, bricht der Kontakt zur Insel Avalon endgültig ab. Damit endet auch der Einfluss der Priesterinnen in der Welt.

Bradleys Priesterinnen entsprechen damit ‚Paragesellschaften' in wichtigen Punkten: Sie ziehen sich unter Androhung massiver Gewalt aus der Mainstreamgesellschaft zurück, um sowohl ihrem eigenen Glauben treu bleiben als auch von dieser sicheren Warte aus einen gewissen Einfluss auf die ‚Mainstreamgesellschaft' nehmen zu können. Sie sind damit am ehesten mit Kommunen und Konventsgemeinschaften vergleichbar, da sie das Christentum mit seiner Männerdominanz und Intoleranz als defizitär erleben und nicht primär auf Macht setzen – abgesehen von Vivianes Kampf um die Machterhaltung Avalons durch Artus auf dem Thron Britanniens. Im Unterschied zu Kommunen fand ihr Rückzug aus der Gesellschaft jedoch nicht freiwillig statt.

2.2 Rowlings Zauberer

Ebenso wie zwischen Zimmer Bradleys Priesterinnen und der romanisierten respektive christianisierten Mainstreamgesellschaft Britanniens liegt auch zwischen Rowlings Zauberern und ihren Muggles ein Konflikt vor, der jedoch nicht auf politischer oder religiöser Unterdrückung beruht, sondern auf Unverständnis durch die Muggles, die das Geschehen nicht erklären können, und ihrer daraus resultierenden Angst. Selbst, wenn dieser Konflikt nicht den Hauptkonflikt der Serie darstellt (das ist Harrys Kampf gegen Lord Voldemort), so ist er dennoch präsent genug, um die Handlung der Romane entscheidend mitzuprägen.

Aberforth Dumbledores Bericht über das Schicksal seiner Schwester Arianna ist ein repräsentatives Beispiel für die Gefühle, die die Beobachtung von Magie bei Muggles auslöst:

> When my sister was six years old, she was attacked, set upon, by three Muggle boys. They'd seen her doing magic, spying through the back garden hedge: she was a kid, she couldn't control it, no witch or wizard can at that age. *What they saw scared them, I expect.* They forced their way through the hedge, and when she couldn't show them the trick, they got a bit carried away trying to stop the little *freak* doing it.
> (Rowling 2007, 455 [Hvg. d. Verf.in])

In *Fantastic Beasts* prägt Newt eine Aussage, die wie ein Kommentar zu diesem Bericht passt: „When No-Majs[7] are afraid, they attack" (2016, 42).

Abgesehen von dieser Einzelfallerzählung gibt es wenige Verweise auf Gründe für die Ablehnung der Zauberer in der Serie selbst. Angst wird als Grund für die Hexenverfolgung im *Prisoner of Azkaban* (1999, 7–8) genannt; gesellschaftlich sind Zauberer seit 1689 nicht mehr anerkannt (Rowling 2007, 261), woraus Harmon (2013, 36–37) einen Zusammenhang mit den *Salem Witch Trials* ableitet. Seit Beginn der Aufklärung war Magie für den Muggle-Mainstream nicht mehr akzeptabel.

Welche Folgen das für einzelne Mitglieder der Zaubergesellschaft hat, wird an vielen Beispielen deutlich: Seamus Finnegans Vater erleidet ein „[b]it of a nasty shock" (Rowling 1997, 137), als er erfährt, dass er eine Hexe geheiratet hat, und Englands neuer Premierminister begreift nur allzu schnell, warum ihn sein Vorgänger nicht über das Ministerium für Magie informiert hat (Rowling 2005, 12). Auch Minerva McGonagalls Erfahrungen sind drastisch:

> Although Robert McGonagall loved his wife no less upon discovering that she was a witch, he was profoundly shocked by her revelation, and by the fact that she had kept

---

[7] No-Majs ist der Ausdruck für Muggles, der in den Filmen verwendet wird.

such a secret from him for so long. What was more, he, who prided himself on being an upright honest man, was now drawn into a life of secrecy that was quite foreign to his nature. [...] Robert also quailed at the thought of how the locals—in the main, an austere, straight-laced and conventional breed—would feel about having a witch as their Minister's wife.

Love endured, *but trust had been broken between her parents*, and Minerva, a clever and observant child, saw this with sadness.　　　　("Professor McGonagall", Hvg. d. Verf.in)

Wie Hexenjagden im zwanzigsten Jahrhundert aussehen, zeigt Rowling in *Fantastic Beasts*:

> MARY LOU BAREBONE, *a handsome mid-western woman in a 1920s version of Puritan dress, charismatic and earnest, stands on a small stage at the steps to the City Bank. Behind her stands a man parading a banner emblazoned with [the New Salem Philanthropic Society's] symbol: hands proudly grasping a broken wand and bright yellow and red flames.* [...]
>
> MARY LOU: But where there is light there is shadow, friend. Something is stalking our city, wreaking destruction and then disappearing without a trace [...] We have to *fight*— join us, the *Second Salemers*, in our fight!　　　(Rowling 2016, 9–11 [Hvg. d. Verf.in])

Mary Lous Wiederholung des Slogans „Witches live among us!" (13, 14) und die Kinderreime ihrer Tochter Modesty („My momma, your momma, witches gonna die" (Rowling 2016, 53), „Witch number two, gotta noose to give her, Witch number three, gonna watch her burn" (Rowling 2016, 54, 55)) zeigen nur allzu deutlich, wie bedrohlich der Konflikt für die Zauberer ist.

In Harrys Familie kommt noch das gestörte Verhältnis der beiden Schwestern Lily und Petunia hinzu: Zwar reagiert auch Petunia zunächst mit Erschrecken auf Lilys Flugfähigkeit (Rowling 2007, 532–533), aber schon kurz darauf entwickelt sie eine starke Sehnsucht, dies auch zu können. Später entwickelt sie aus ihrer eigenen Ablehnung in Hogwarts und Lilys Bevorzugung durch ihre Eltern heraus Neid und Feindseligkeit:

> [...] my dratted sister being what she was? Oh, she got a letter just like that and disappeared off to that—that *school*—and came home every holiday with her pockets full of frog-spawn, turning teacups into rats. I was the only one who saw her for what she really was—a freak! But my mother and father, oh no, it was Lily this and Lily that, they were proud of having a witch in the family!　　　(Rowling 1997, 62–63)

Für die spießigen Dursleys, die, wie es Waechter so treffend formulierte, „damit protzen, dass sie heute/den Garten noch gepflegter haben/als Nachbars"[8], ist

---

8 Das Zitat stammt aus Waechter 1973. Vgl. Waechters Parodie des *Struwwelpeters* nimmt seinerseits aus Sicht der Achtundsechziger die ‚Mehrheitsgesellschaft' aufs Korn, darunter auch

die Zauberwelt mit ihren Eulenbriefträgern, ihrer bunten Kleidung und ihren chaotischen Mitgliedern genau die Art „versammelter Regellosigkeit, Abweichung und Anomie, die allgemeinen Normen von Anstand und Moral widersprechen" (Yildiz 2009, 154)[9] und die ihr eigenes geordnetes Leben bedroht (Stürzer 2012, 306). Die Andersartigkeit der Zauberer ist noch eine weitere Komplexität (oder deren mehrere, wenn man die einzelnen Effekte betrachtet), die zu der von Hiergeist beschriebenen Komplexität hinzukommt. Daher verwundert es nicht, dass sich die Zauberer mit Hilfe von Glamourzaubern, die dann meist nach dem „St. Mungo's-Effekt" angelegt sind,[10] in abgelegene Gegenden, abgeschlossene oder ihnen zugewandte Gemeinschaften zurückziehen (wenn die Dorfhexe erst einmal als gutes und vor allem hilfreiches Mitglied der Gemeinschaft akzeptiert ist, wird diese sie kaum verstoßen).[11] In *Pottermore* spricht Rowling von „the Muggles' notorious determination not to notice magic when it was exploding in front of their faces" („King's Cross Station"). Die Tendenz wegzusehen deckt sich dabei mit der oben diskutierten Angst.

Ähnlich wie die Priesterinnen von Avalon üben auch die Zauberer immer wieder geringfügig Einfluss auf die Mugglewelt aus, und sei es nur Lord Voldemorts Terror (vgl. Rowling 2005, 7–11). Desgleichen gibt es, wie die Beispiele zeigen, immer wieder Sichtungen von Magie, und deren Einfluss muss nicht notwendigerweise negativ sein. Die Ablehnung der Zauberer durch die Muggles geht dabei nicht nur auf ihre besonderen (und als bedrohlich erlebten) Fähigkeiten zurück, sondern auch auf einen unangepassten Kleidungs- und Lebensstil, der gerade konservativen Muggles extrem missfällt.

---

die Tendenz zum Vergleich mit den (vielleicht nicht so angepassten) Nachbarn. Für Beispiele in der Harry Potter-Serie vgl. z. B. Rowling 2003, 7 und 9.
9 Es ist bezeichnend, dass Yildiz für die Beschreibung der Mainstreamposition ebenfalls das „man" verwendet.
10 Der St. Mungo's-Effekt beschreibt die Tatsache, dass der Glamour einen Ort vorgaukelt, der keine Überraschungen zu verbergen scheint, weil er offensichtlich Einblick gewährt; wer durch die Fensterscheiben des verlotterten Kaufhauses blickt, das das Zauberkrankenhaus verbirgt, sieht nur Bauschutt und kaputte Schaufensterpuppen (vgl. Oppermann 2019, 414).
11 Vgl. Meyer 2002, 208–209. Die Dorfhexe kann sich dadurch als gutes Mitglied der Gesellschaft erweisen, dass sie ihre speziellen Fähigkeiten zu Gunsten der Gemeinschaft einsetzt; durch Heilung von Krankheiten oder durch Schutzzauber (Ebene 3). Tut sie das, wird ihre auffällige Kleidung oder ihr anderweitiger Lebensstil inklusive Eulenpost und Besenritt (Ebenen 2 und 1) zwar noch als „anders", nicht mehr aber als bedrohlich angesehen.

3 Narrative Bedeutung von *Fantasy*-‚Paragesellschaften'

Die verborgenen Gesellschaften in der *Fantasy* können folglich durchaus als ‚Paragesellschaften' identifiziert werden können. Allerdings gelingt es ihnen besser als den ‚Paragesellschaften' des sozialen Alltags, sich vor unliebsamen Angriffen der ‚Mainstreamgesellschaft' zu verbergen. Daraus ergeben sich einige Konsequenzen, die sich auf das Studium der ‚Para'- und ‚Alternativgesellschaft' auswirken können. An dieser Stelle bietet sich noch einmal die Auseinandersetzung mit der Arbeit von Hiergeist an. Sie schreibt:

> Neben diesen gesellschaftskritischen Positionierungen besitzt die Darstellung von ‚Parallel- und Alternativgesellschaften' häufig auch eine unterhaltende Funktion. Der Kontakt mit einem imaginierten gesellschaftlichen Außerhalb dient dann der temporären Evasion aus einem monotonen Alltag. (2017, 17)

Diese Behauptung trifft auf die ‚Paragesellschaften' der *Fantasy* vollumfänglich zu, denn kein anderes Genre trifft der Vorwurf des Eskapismus so häufig.[12]

Gleichzeitig gewinnen die Lesenden, welche die Handlung an der Seite einer Reflektorfigur erleben, vollständigen Zutritt zu den Orten der ‚Paragesellschaft', besitzen also den Status eines eingeweihten Mitglieds. In dieser Hinsicht verfügen die *Fantasy*-Romane aber gerade über didaktisches Potenzial, da ihre Lesenden nicht Gefahr laufen können, in diese ‚Parallelwelt und -gesellschaft' abzudriften, auch wenn viele Fangemeinschaften den gegenteiligen Schluss ziehen: Durch das Eintauchen in die ‚Paragesellschaft' an der Seite des Reflektor-Helden, wozu auch die Erfahrung der Ausgrenzung und Verfolgung gehört, können Leserinnen und Leser aus der ‚Mainstreamgesellschaft' stellvertretend durch die Lektüre die „Realität" der anderen Seite wahrnehmen und, wenn die Lektüre entsprechend und behutsam gesteuert wird, daraus Konsequenzen für den Umgang mit den ‚Paragesellschaften' des sozialen Alltags ziehen. Darüber hinaus gibt es zumeist keinen auktorialen Kommentator und Werter (vgl. Vogt 2006, 60),

---

[12] Gerade die *Harry Potter*-Serie ist stellenweise hochgradig unterhaltsam; man denke nur an die Szene mit den Briefen, mit denen die Dursleys bombardiert werden, oder ihre Begegnung mit den Weasleys oder Dumbledore, die jeweils durch den Einsatz von Magie (inklusive eines gesprengten Kamins, verzauberten Bonbons für Cousin Dudley, ‚lebender' Trinkgläser) und im Fall von Dumbledores Besuch durch dessen Wortwitz große Situationskomik gewinnen. Hohen Unterhaltungswert haben auch die Beschreibungen magischer Effekte wie des sprechenden Portraits, der Geister oder auch verschiedener Rituale wie der Einweihungen in der *Avalon*-Trilogie, die zwar weniger komisch, durch ihre Exotik und die Spannung der Prüfungssituation aber extrem fesselnd sind. Manche sind so nah an der Realität vieler Lesender, dass sie nacherlebbar erscheinen.

so dass der ‚erhobene Zeigefinger' als didaktisches Mittel in der *Fantasy* (vgl. Crouch 1972, 55 und Oppermann 2005, 141) nicht in Erscheinung tritt. Es bleibt den Lesern und Leserinnen selbst überlassen, ob und wie sie ihre Erfahrungen in der *Fantasy*-Gesellschaft werten. Von daher sollte das Thema der ‚Paragesellschaften' bei einer kritischen Lektüre eines Werkes der *Fantasy*, das den genannten Kriterien entspricht, mitgedacht werden.

Bibliographie

Adorno, Theodor W. *Jargon der Eigentlichkeit*. Frankfurt a.M.: Suhrkamp, 1971.
Baudrillard, Jean: „Société dissociée, société parallèle". *L'échange impossible*. Paris: Galilée, 1999. 131–140.
Bradley, Marion Zimmer. *The Mists of Avalon*. London: Penguin, 1993.
Bradley, Marion Zimmer. *The Forest House*. London: Penguin, 1995.
Bradley, Marion Zimmer. *Lady of Avalon*. New York: Roc, 2007.
Cantrell, Sarah K. „‚I Solemnly Swear that I am up to no good': Foucault's Heterotopias and Deleuze's Any–Spaces–Whatever in J. K. Rowling's Harry Potter Series". *Children's Literature* 39 (2011): 195–212.
Clute, John. „Polder". *The Encyclopedia of Fantasy*. Hg. John Clute und John Grant. London: Orbit, 1997. 772–773.
Crouch, Marcus. *The Nesbit Tradition*. London: Ernest Benn, 1972.
Foucault, Michel. „Des espaces autres". *Dits et Ecrits* (Bd. 4). Hg. Daniel Defert und François Ewald. Paris: Gallimard, 1994. 752–762.
Harmon, James M. J. „Forbidden Forests and Forbidden Spaces: Revaluing 'the Other' in Harry Potter". *Legilimens! Perspectives in Harry Potter Studies*. Hg. Christopher E. Bell. Cambridge: CUP, 2013. 33–42.
Hiergeist, Teresa. „Selbst, anders, neu. Reflexionen zu den kulturellen und ästhetischen Bedeutungen von ‚Parallel- und Alternativgesellschaften'". *Parallel- und Alternativgesellschaften in den Gegenwartsliteraturen*. Hg. Teresa Hiergeist. Würzburg, Königshausen & Neumann, 2017. 7–24.
Illger, Daniel. „Die Sehnsucht nach dem ganz Anderen": Grundzüge einer Poetik der Fantasy. https://doi.org/10.1515/9783110695380-001.
„King's Cross Station". *Pottermore*. https://www.pottermore.com/writing-by-jk-rowling/kings-cross-station (6. Dezember2017).
Manzella, Joseph C. *Common Purse, Uncommon Future. The Long, Strange Trip of Communes and Other Intentional Communities*. Santa Barbara: Praeger, 2010.
Mendlesohn, Farah. *Rhetoric of Fantasy*. Middletown: Wesleyan University Press, 2008.
Meyer, Thomas. „Parallelgesellschaft und Demokratie". *Der demokratische Nationalstaat in den Zeiten der Globalisierung. Politische Leitideen für das 21. Jahrhundert*. Hg. Herfried Münkler, Marcus Llanque und Clemens K. Stepina. Berlin: Akademie, 2002. 193–230.
Nagel, Alexander-Kenneth. „Diesseits der Parallelgesellschaft Religion und Migration in relationaler Perspektive". *Diesseits der Parallelgesellschaft: Neuere Studien zu religiösen Migrantengemeinden in Deutschland*. Hg. Alexander-Kenneth Nagel. Bielefeld: transcript, 2013, 11–36.

Nowak, Jürgen. *Leitkultur und Parallelgesellschaft. Argumente wider einen deutschen Mythos*. Frankfurt a.M.: Brandes und Apsel, 2006.

Oppermann, Eva. *Englischsprachige Kinderbücher: „Kinderkram" oder anspruchsvolle Literatur auch für Erwachsene?* Kassel: kup, 2005.

Oppermann, Eva. „The Heterotopian Qualities of the Secondary Worlds in Rowling's *Harry Potter*-Books and Cassandra Clare's *The Mortal Instruments*". *Journal of the Fantastic in the Arts* 29.3 (2019): 402–421.

Oppermann, Eva. „Avalon as a Heterotopian Place/Space in the Arthurian Tradition, and especially in Marion Zimmer Bradley's *Avalon* Series". Im Druck.

„Professor McGonagall". *Pottermore*. https://www.pottermore.com/explore-the-story/minerva-mcgonagall (6. Dezember 2017).

Rowling, Joanne K. *Harry Potter and the Philosophers' Stone*. London: Bloomsbury, 1997.

Rowling, Joanne K. *Harry Potter and the Prisoner of Azkaban*. London: Bloomsbury, 1999.

Rowling, Joanne K. *Harry Potter and Order of the Phoenix*. London: Bloomsbury, 2003.

Rowling, Joanne K. *Harry Potter and the Half Blood Prince*. London: Bloomsbury, 2005.

Rowling, Joanne K. *Harry Potter and the Deathly Hallows*. London: Bloomsbury, 2007.

Rowling, Joanne K. *Fantastic Beasts, and Where to Find Them: The Original Screenplay*. London: Little, Brown, 2016.

Stürzer, Anja. „Die Desakralisierung der Welt". *Fremde Welten*. Hg. Lars Schmeink und Hans–Harald Müller. Berlin: de Gruyter, 2012. 299–318.

Vogt, Jochen. *Aspekte erzählender Prosa*. München: Fink, 2006.

Voßkamp, Wilhelm. „Gattungen als literarisch-soziale Institutionen". *Textsortenlehre – Gattungsgeschichte*. Hg. Walter Hink. Heidelberg: Quelle & Meyer, 1977. 27–42.

Waechter, Friedrich Karl. „Die Geschichte von den Protzekindern". *Der Anti-Struwwelpeter*. Darmstadt: Melzer, 1973. O.P.

Yildiz, Erol. „Was heißt hier Parallelgesellschaft? Von der hegemonialen Normalität zu den Niederungen des Alltags". *No integration?! Kulturwissenschaftliche Beiträge zur Integrationsdebatte in Europa*. Hg. Sabine Hess, Jana Binder und Johannes Moser. Bielefeld: transcript, 2009. 153–167.

Simone Broders

„Utopia Gone Mad": Feministische ‚Paragesellschaften' in Naomi Aldermans *The Power* (2016)

1 Einleitung: Utopie und Dystopie als Schreibmodi innerhalb von Narrativen über ‚Paragesellschaften'

„[Utopia is] the verbal construction of a particular quasi human community where sociopolitical institutions, norms, and individual relationships are organized according to a *more perfect principle* than in the author's community" (Suvin 1979, 49). Mit diesen Worten beschreibt der Literaturwissenschaftler und *Science-Fiction*-Experte Darko Suvin das wichtigste Charakteristikum der Gattung Utopie: Sie wird zur Projektionsfläche der Hoffnungen und geheimen Wünsche der Figuren, denn sie zeigt eine Gesellschaft, in der Armut, Ungerechtigkeit und Leid zwar nicht vollständig überwunden sind, jedoch eine deutlich geringere Rolle spielen, als dies in den Referenzgesellschaften der VerfasserInnen der Fall ist. Suvins Definition lässt erkennen, dass eine vollkommene Gesellschaft einen Anspruch darstellt, der sich durch unvollkommene Menschen nicht realisieren ließe.[1] Die unter anderem von Dunja Mohr popularisierte These, dass die Utopie im 21. Jahrhundert im Gewand der Dystopie neu erscheine, impliziert, dass jeder Version der Utopie durch ihren unweigerlich statischen Charakter bereits eine dystopische Variation ihrer selbst innewohne (Mohr 2007, 5–6). Tom Moylan zufolge lehnen zeitgenössische SchriftstellerInnen daher die Utopie als Blaupause ab und bewahren sie gleichzeitig als Traum (1986, 10).

Abseits von ideologisch aufgeladenen Diskursen zur sich isolierenden ‚Parallelgesellschaft' oder der naiv-verblendeten ‚Alternativgesellschaft' lässt sich

---

[1] Gleichzeitig gehen utopische Entwürfe häufig von der Annahme aus, dass keine ‚menschliche Natur' existiere, die eine ideale Gesellschaft grundsätzlich verhindern könne; vielmehr sei der Mensch eine *tabula rasa*, die erst durch externe Einflüsse geprägt werde und sich lediglich durch eine ungerechte Gesellschaft zum ‚Bösen' entwickle (Beauchamp 2007, 280–281). Eine gerechte Gesellschaftsstruktur müsse daher auch ‚gute' Individuen hervorbringen. Gorman Beaucham verweist darauf, dass utopische Gesellschaftsentwürfe in der Literatur dennoch über Regeln und Institution verfügen, die deren Einhaltung überwachen, wodurch die Theorie einer *tabula rasa* ihre Glaubwürdigkeit einbüße (2007, 288).

Open Access. © 2021 Simone Broders, publiziert von De Gruyter. Dieses Werk ist lizenziert unter einer Creative Commons Namensnennung - Nicht-kommerziell - Keine Bearbeitung 4.0 International Lizenz.
https://doi.org/10.1515/9783110707489-010

als gemeinsames Merkmal einer ‚Paragesellschaft' die Entwicklung von dynamischen Prozessen festhalten, deren Auswirkungen von einer weitgehend konsensuellen Transformation der ‚Mehrheitsgesellschaft' bis zur hegemonialen Auslöschung der ‚Paragesellschaft' reichen können (vgl. Hiergeist 2017, 8–9). Inszenierungen von ‚Paragesellschaften' erfolgen in der Regel über eine Interaktion mit der ‚Mehrheitsgesellschaft', in der Disparitäten aufgedeckt werden, beispielsweise durch den Aufbau einer Utopie, Dystopie oder Uchronie als Kontrastfolie. Sie sind keine statischen Konstrukte, sondern setzen Veränderungen in Gang, ebenso wie sie selbst Veränderungen unterworfen sind. Auch die Utopie als Diskursfigur wurde in ihrer literarischen Tradition von den Anfängen in Thomas Mores *Utopia* (1516) bis hin zu ihren aktuellen Inkarnationen in der Gegenwartsliteratur stets als Medium radikaler Veränderungen eingesetzt (vgl. Moylan, in diesem Band). Aus diesem Grund eignet sich die Utopie besonders als Schreibmodus innerhalb von Narrativen zur Darstellung von ‚Paragesellschaften'. Der utopische Raum ermöglicht es AutorInnen, die ambivalenten Prozesse zu erforschen, mit denen die Machtverhältnisse zwischen einer ‚Paragesellschaft' und der diskursiv konstruierten ‚Mehrheitsgesellschaft' verhandelt werden.

Die Verwendung des Begriffes ‚Mehrheitsgesellschaft' und der damit verbundenen Ab- und Ausgrenzungsprozesse legt zunächst den Schluss nahe, dass es sich bei den Angehörigen der ‚Paragesellschaft' demnach um eine ‚Minderheit' handeln müsse. Obwohl es zunächst paradox erscheinen mag, Frauen als Minderheit zu betrachten, ist eine Disparität, die in Literatur und Kultur der Gegenwart insbesondere im Zuge aktueller Entwicklungen wie der #metoo-Debatte, der Diskussionen um Frauenquote oder *gender pay gap* und nicht zuletzt der Corona-Krise besonders häufig problematisiert wird, die Marginalisierung aufgrund von *gender*.[2] Während diese in Literatur und Kultur der Gegenwart auf vielfältige Weise verhandelt wird, ist Naomi Aldermans Roman *The Power* (2016) insofern eine Ausnahmeerscheinung, als sie nicht nur die Marginalisierung invertiert, sondern auch die Entwicklung einer dystopischen Gesellschaft aus dem Gedanken einer feministischen ‚Paragesellschaft' entwirft. Dieser Beitrag konzentriert sich

---

2 Nach Angaben der Vereinten Nationen liegt der Frauenanteil in den systemrelevanten Berufsgruppen weltweit bei 70 Prozent, wodurch Frauen weitaus stärker als Männer von Infektionsrisiko und psychischen Belastungen betroffen sind (UN Women Deutschland, n. pag.). Hinzu kommt, dass systemrelevante Tätigkeiten „als ‚Frauenberufe' schlecht bezahlt sind – eine Folge der gesellschaftlichen Geringschätzung von Sorgearbeit als typisch weiblicher Tätigkeit" (Deutscher Frauenrat: n. pag.). Hinzu kommen Verdienstausfälle durch Pflege von erkrankten Angehörigen und Kinderbetreuung sowie ein Anstieg sexualisierter und häuslicher Gewalt gegen Frauen, der durch eingeschränkte Bewegungsfreiheit und Existenzängste befördert wird (UN Women Deutschland, n. pag.).

auf die Darstellung unterschiedlicher feministischer ‚Paragesellschaften', die in *The Power* konstruiert werden, sowie die zu ihrer Beschreibung verwendeten Erzählstrategien.

Das Geschlechterverhältnis der Weltbevölkerung liegt bei 101 Männern zu 100 Frauen (2018). Mit anderen Worten: Es gibt 70 Millionen mehr Männer als Frauen, dabei ist die Differenz in China und Indien am größten (Denyer und Gowen 2018, n. pag.). Wenngleich die demographische Entwicklung weltweit dieses Ungleichgewicht in den letzten drei Jahrzehnten verstärkt hat und die Wahrnehmung von Frauen als einer ‚Minderheit' deutlicher akzentuiert, als dies früher der Fall war, blickt die Vorstellung einer von der patriarchalisch geprägten ‚Mehrheitsgesellschaft' isolierten weiblichen ‚Paragesellschaft', in der ein Machtgefälle zugunsten der Frauen herrscht, bereits auf eine lange Tradition zurück. Reiseberichte des 16. und 17. Jahrhunderts beschreiben eine ostafrikanische Kriegerinnenkultur im Monomotapa-Reich im heutigen Sambesi, die in der Forschung als Fiktion gilt, jedoch auf historisch belegte ‚Paragesellschaften' von Frauen zurückgehen dürfte (von Sicard 1950, 279). Hierzu zählen beispielsweise die Agooji, eine weibliche Streitmacht des Königreichs Dahomey (heute: Benin), die bis zum 19. Jahrhundert existierte (von Sicard 1950, 279). Für den asiatischen Kulturraum sind die Kunoichi zu nennen, das weibliche Pendant zu den Ninja (Tatsumi 2009, 214). Im europäischen Kontext sind die Amazonen die prominentesten Vertreterinnen weiblicher ‚Paragesellschaften', ein Stamm von Kriegerinnen in der griechischen Mythologie, die in erster Linie eine Konzeption von Alterität gegenüber den episch-heroischen Idealvorstellungen von Femininität und Maskulinität verkörpern (Blok 1995, ix–x). Im 18. Jahrhundert schrieb Sarah Scott über einen utopischen Ort namens *Millennium Hall* (1762), eine Gemeinschaft alleinstehender Frauen, die auf dem Leitprinzip der Nächstenliebe beruht. Scotts Frauen haben die Macht in ihrer eigenen Grafschaft inne, und der staunende männliche Besucher erlebt sowohl die Harmonie und den Zusammenhalt als auch den Reichtum einer Gemeinschaft, zu der jede ihren Teil beiträgt. In Charlotte Perkins Gilmans Roman *Herland* (1915) entdeckt eine Expeditionsgruppe eine isolierte Gesellschaft, die nur aus Frauen besteht. Die dort beschriebene Gesellschaft ist frei von Gewalt, Krieg und sozialer Ungerechtigkeit. Dem Besucher ist es jedoch möglich, in seine vertraute, von Männern dominierte Gesellschaft zurückzukehren. Es ist ein Grundsatz dieser idealen Gesellschaft, dass niemand gezwungen wird, in ihr zu leben.

Wenn die weibliche Utopie nicht auf ein kleines geographisches Gebiet beschränkt ist, sondern sich territorial immer weiter ausdehnt, wird die ‚Paragesellschaft' schließlich zur neuen Mehrheit, die ihre Normen und Werte verbreitet oder durchsetzt. Der französische Schriftsteller Robert Merle parodierte eine solche Gesellschaft in seiner Satire *Les Hommes Protégés* (1974), in der eine Pandemie ausschließlich sexuell aktive Männer tötet. Eine Gruppe von Wissenschaftlern wird in einem Quarantänelager isoliert und so vor Ansteckung ‚geschützt', um an einem Impfstoff zu arbeiten. Einige der Frauen, die sich inzwischen in Machtpositionen befinden, zeigen jedoch wenig Interesse an der Entwicklung eines solchen Serums. Obwohl die dystopischen Züge der scheinbaren feministischen Utopie des Matriarchats aufgezeigt werden, hält der Roman mit seinem satirischen Grundton der Gesellschaft und ihren patriarchalen Seilschaften einen Spiegel vor. Obwohl Aldermans *The Power* (2016) wie Merles *Les Hommes Protégés* auf der Vorstellung eines gesellschaftlichen Machtwechsels beruht, erfolgt diese Veränderung nicht plötzlich durch eine Pandemie, sondern durch eine Reihe von weiblichen ‚Paragesellschaften', die immer stärker an Einfluss gewinnen. Alderman setzt sich mit den Bedingungen auseinander, unter denen eine weibliche utopische Gesellschaft denkbar wäre, sowie mit den Gefahren, die im schlimmsten Fall zu einem von Gier, Gewalt und Rache beherrschten Szenario führen könnten. Häufig wird die Dystopie als eine fehlgeschlagene Utopie charakterisiert: „Utopia gone bad" (Brooke 2012, 136) – im Fall von *The Power* kann diese Definition, wie im Folgenden aufgezeigt wird, noch erweitert werden, da es sich um eine außer Kontrolle geratene Utopie handelt, die gewissermaßen ‚den Verstand verloren' hat: „Utopia gone mad".

2 „Utopia Gone Mad": Feministische ‚Paragesellschaften' in *The Power*

Die 1974 geborene britische Schriftstellerin Naomi Alderman gewann im Jahr 2017 den *Bailey's Women's Prize for Fiction* für *The Power* (2016). Seit ihrer Jugend ist sie eine engagierte Aktivistin für Frauenrechte, eine Tatsache, die den Roman inspiriert hat. Die *Washington Post* spricht dem Text einen epochalen Einfluss auf die englische Literatur der Gegenwart zu, indem sie behauptet: „*The Power* is our era's *Handmaid's Tale*" (Charles 2017, n. pag.). *The Power* wird mit Margaret Atwoods Roman *The Handmaid's Tale* (1985, deutscher Titel: *Der Report der Magd*) verglichen, der eine dystopische Version Neuenglands zeigt, in der Frauen in einer patriarchalischen, von religiösen Prinzipien dominierten Gesellschaft unterjocht werden. Mehr als 30 Jahre nach seiner Erstveröffentlichung wurde der Roman erfolgreich als TV-Serie weiterentwickelt.[3] Atwood erhielt für ihre Fortset-

---

[3] Der Erfolg von Atwoods Roman mit einem so deutlichen zeitlichen Abstand zu seiner Erstveröffentlichung wird häufig als eine Form der kulturellen Gegenbewegung zum Trumpismus

zung *The Testaments* (2019) den *Booker Prize*. Die Aktualität des Stoffes wird in Presse und Wissenschaft immer wieder betont (Keishin Armstrong 2018, Neuman 2006, Oates 2006) – umso bemerkenswerter, dass für *The Power* bereits kurz nach seinem Erscheinen eine ähnlich starke Wirkungsgeschichte prognostiziert wird. Obgleich *The Power* in einer weiter entfernten Zukunft als *The Handmaid's Tale* angesiedelt ist, werden die Unterschiede zur Referenzgesellschaft von Autorin und LeserInnen zunächst nur durch subtile Details in einer Korrespondenz angedeutet: Der aufstrebende Schriftsteller Neil schickt einen auf den 27. Oktober datierten Brief an die Bestseller-Autorin Naomi und bittet sie um Rat bezüglich seines Manuskripts für einen historischen Roman. Zwar erfolgt keine genaue Jahresangabe, doch aus dem Inhalt geht hervor, dass die Rahmenerzählung von *The Power* in ferner Zukunft stattfindet. Neil ist Teil von *The Men Writers Association* (Alderman 2016, 9), sein Roman ist eine fiktionalisierte Darstellung der Anfänge der Gesellschaft, in der er lebt. Interessanterweise sendet er den Brief von einem geheimen Ort mit dem fingierten Namen ‚Nonesuch House'. Dies suggeriert, dass er Teil einer ‚Paragesellschaft' sein könnte und aus Angst vor Repressalien durch die Behörden seinen Aufenthaltsort nicht angeben möchte.

Aus den Briefen geht hervor, dass es sich nicht um eine „von Männern regierte Welt" (Alderman 2016, 10) handelt. Nach diesem kurzen Blick in die Zukunft beginnt das Manuskript mit einer rätselhaften Passage über das Wesen der Gabe. Die Erzählstimme wirkt zunächst unpersönlich. In Anlehnung an die berühmte Passage „Time Passes" aus Virginia Woolfs *To the Lighthouse* (1927), in der Geschehnisse über einen längeren Zeitraum aus der Sicht von Licht und Wind erzählt werden, wird der Beginn von *The Power* aus der Perspektive der Elektrizität betrachtet. Im weiteren Verlauf des Kapitels wird deutlich, dass es sich um einen Schöpfungsmythos handelt. Dieser stützt sich auf heidnische Konzepte, wie den Weltenbaum Yggdrasil aus der nordischen Mythologie und den Grundsatz „As above, so below", der aus dem modernen Wicca bekannt ist und „den Zusammenhang zwischen Mikro- und Makrokosmos ausdrückt. [... Er] führt im Wicca dazu, das Göttliche analog zum Menschen und seiner natürlichen Umgebung als weiblich und männlich zu sehen" (Rensing 2006, 153–154).[4]

---

und Populismus der vergangenen Jahre gedeutet. So verwendeten etwa Demonstrantinnen auf Kundgebungen für Frauenrechte von Argentinien bis Irland das charakteristische rot-weiße Kostüm der Mägde aus der TV-Serie, um ihren Protest visuell zu unterstreichen (vgl. Beaumont und Holpuch 2018, n. pag.).

[4] Obwohl die von Gerald Gardner in den 1950er Jahren popularisierte Naturreligion Wicca in ihren Ansichten und Praktiken relativ klar umrissen ist, gibt es heute eine Vielzahl unterschiedlicher Richtungen, die häufig unter den Begriffen ‚Neuheidentum' oder ‚Neopaganis-

Schließlich wird die Passage als ein Zitat aus einer religiösen Quelle mit dem Titel *The Book of Eve* identifiziert. Nach diesem Text beginnt ein Countdown von zehn Jahren, der den Haupttext des Romans umfasst und in der Gegenwart angesiedelt ist.

Allie Montgomery-Taylor wächst in einer Pflegefamilie auf. Als sie eines Tages zufällig entdeckt, dass ihr Körper eine elektrische Ladung erzeugen kann, setzt sie sich gegen die sexuellen Übergriffe ihres Pflegevaters zur Wehr und tötet ihn. Aus Angst vor Strafverfolgung flüchtet sie in ein Kloster. Es stellt sich heraus, dass Allie keineswegs außergewöhnlich ist, denn überall auf der Welt haben Mädchen die Fähigkeit erlangt, bioelektrische Energie zu erzeugen und diese ‚Gabe' auch bei erwachsenen Frauen zu wecken. Die Elektrizität wird in einem physischen Organ aufgebaut, das mit dem Schlüsselbein verbunden ist und als *skein*, ‚Strang', bezeichnet wird. Allie, die sich jetzt ‚Mother Eve' nennt, behauptet, dass diese Fähigkeit eine göttliche Gabe sei, und beginnt, die Bibel umzuschreiben, in deren Mittelpunkt nun Maria statt Jesus steht. Sie verbündet sich mit Roxanne ‚Roxie' Monke, der Tochter eines Londoner Mafiabosses, die sich von Mother Eve Hilfe bei der Kontrolle ihrer Gabe erhofft. Roxie plant, den Tod ihrer Mutter zu rächen, die von einem unbekannten Angreifer ermordet wurde.

Die Gabe bietet einigen Menschen unerwartete Karriereperspektiven. Der nigerianische *YouTuber* Tunde wird zum gefeierten Reporter, weil er das Leben von Frauen mit der Gabe dokumentiert. Die unbedeutende US-amerikanische Lokalpolitikerin Margot Cleary gründet die *NorthStar*-Camps, um jungen Frauen bei der Kontrolle ihrer Gabe zu helfen. Roxie findet heraus, dass ihr Vater ihre Mutter ermorden ließ und zwingt ihn, seine kriminelle Organisation an sie zu übergeben. Tatiana Moscalev, die Witwe des einem Attentat zum Opfer gefallenen moldawischen Präsidenten, setzt sich selbst an die Spitze des Staates und gründet die Frauennation Bessapara.

Die feministischen Utopien, die alle Protagonistinnen auf individuelle Weise aufzubauen versuchen, sind jedoch zum Scheitern verurteilt. Frauenfeindliche Aktivisten begehen überall auf der Welt Terroranschläge. Tunde wird Zeuge der von Frauen begangenen Gräueltaten und entkommt nur knapp einer Katastrophe. Margots Tochter Jocelyn wird in einem *NorthStar*-Einsatz schwer verletzt. Die von Roxies Syndikat vertriebene Wunderdroge *Glitter* hilft zwar den Frauen, ihre Gabe zu kontrollieren, doch sie senkt zugleich ihre Hemmungen und beeinflusst ihr Urteilsvermögen. Roxies Vater will sich für die Erniedrigung durch den

---

mus' subsumiert werden. Für eine Untersuchung des Weltbilds von Wicca aus religionswissenschaftlicher Sicht vgl. Rensing et al. 2008.

Verlust seines Geschäfts rächen und lässt seine Tochter entführen. Ihr Strang wird chirurgisch entfernt und in den Körper ihres Bruders implantiert.

Noch immer von Männern regierte Länder schicken ihre Truppen nach Bessapara, um das Land der Frauen zu zerstören. Als Mother Eve bemerkt, dass Tatiana den Verstand verloren hat, tötet sie diese, um die Macht an sich zu reißen, und löst damit den Dritten Weltkrieg aus. Sie hofft, dass dies den Frauen die Möglichkeit geben wird, nach dem Krieg eine auf der Gabe basierende, bessere Gesellschaft aufzubauen.

In *The Power* lassen sich unterschiedliche Typen von feministischen ‚Paragesellschaften' identifizieren. Der Begriff des Feminismus ist in der Gegenwartskultur so vielschichtig, dass er sich einer homogenen Definition entzieht. *The Power* zeichnet sich durch ein Spiel mit dieser Debatte aus, obgleich der Begriff des ‚Feminismus' im Roman selbst nicht vorkommt. Im Kontext dieser Analyse soll der Begriff der ‚feministischen Paragesellschaft' solche Gesellschaften in der Gesellschaft bezeichnen, die von Frauen im Zuge ihres „kulturellen Protests gegen ihren unterprivilegierten Status" begründet werden (Richetti 2009, 386). Diese Definition schließt drei unterschiedliche ‚Paragesellschaften' in *The Power* ein: Das Kloster, das Allie zunächst als Zuflucht, später als Zentrum ihrer eigenen Religion dient, den pseudo-utopischen Frauenstaat Bessapara und die von der ehrgeizigen Senatorin Margot Cleary gegründeten *NorthStar* Camps.

Das Kloster stellt seit Jahrhunderten eine Form der religiösen ‚Paragesellschaft' dar, deren Interpretation in der englischen Literatur ambivalent ist. Die *Gothic novels* der 1790er Jahre konzentrieren sich häufig auf die despotischen Strukturen monastischen Lebens. Das politische Klima im England des ausgehenden achtzehnten Jahrhunderts ist antikatholisch geprägt und betrachtet dessen Restriktionen als einen unnatürlichen Lebensentwurf, der unweigerlich zu Leid und Unglück führt oder schlimmstenfalls einen vollständigen Kontrollverlust zur Folge haben kann, wie ihn M.G. Lewis' *The Monk* (1796) eindrucksvoll-schaurig inszeniert (Watkinson 2012, 219). Zugleich ist das Kloster ein Rückzugsort für die verfolgte Unschuld, an dem sie von weiblicher Stärke und Weisheit profitieren kann, etwa in Ann Radcliffes *The Italian* (1797).

Auch in *The Power* ist die Ambivalenz des Klosters als Ort der weiblichen ‚Paragesellschaft' deutlich wahrzunehmen: Allie befindet sich zu Beginn in der Rolle der verfolgten Unschuld, der *damsel in distress*, die sich im Kloster sicher und geborgen fühlt, doch sie spürt zugleich, dass es sich um eine geschlossene Gemeinschaft handelt:

> Allie leans her head against Sister Maria Ignacia's knee and says, „Can I live here all my life?"

> Sister Maria Ignacia strokes her hair and says, „Oh, you would have to become a nun to stay here. And you might decide you want other things from your life. A husband and children, a job."
>
> Allie thinks, This is always the answer. They never want you to stay forever, They always say they love you, but they never want you to stay. (Alderman 2016, 56)

Positiv interpretiert begreift Schwester Maria Ignacia, dass Allies Wunsch, im Kloster zu leben, nicht auf eine religiöse Berufung, sondern auf ihre Sehnsucht nach einem Zuhause zurückzuführen ist, deshalb kann sie ihrer Bitte nicht entsprechen. Für Allie stellt sich die Situation jedoch als die letzte in einer langen Reihe von Zurückweisungen dar, die sie als Waisenkind in verschiedenen Pflegefamilien erfahren hat: Erneut fühlt sie sich marginalisiert und aus einer Gemeinschaft ausgestoßen.

An diesem Punkt entschließt sie sich zur Gründung ihrer eigenen ‚Paragesellschaft', ändert ihren Namen in Mother Eve und wendet sich gezielt an Frauen, die ihre Gabe gerade entdeckt haben. Zwei Jahre später leitet sie selbst das Kloster und zieht über das Internet eine wachsende Anzahl Anhängerinnen an. Trotz ihrer Berufung auf Werte wie Gleichheit, Gerechtigkeit und Freiheit werden Zweifel und Widerspruch in Allies Gemeinschaft als Mangel an Gottvertrauen stigmatisiert (Alderman 2016, 108). Bestätigung erfährt sie in ihrer Zwiesprache mit einer geheimnisvollen Stimme, die sie als ‚Holy Mother' wahrnimmt, die jedoch ebenso Teil einer beginnenden Psychose sein könnte, eine Möglichkeit, die von Allie jedoch nicht in Betracht gezogen wird. Religiöse ‚Paragesellschaften' sind von strikten Hierarchien geprägt, deren Autoritäten sich gegen jede Form der Kritik als resistent erweisen. Es sei jedoch darauf hingewiesen, dass sich die neue Kirche von Mother Eve zu diesem Zeitpunkt bereits in eine politische ‚Paragesellschaft' transformiert: Allie erklärt, dass die Gesellschaft ungerecht sei und dass die Aufgabe der Frauen darin bestehe, diesen Fehler zu korrigieren: „Much injustice has been done, and it is the will of the Almighty that we gather together to put it right" (Alderman 2016, 107). Zudem stellt sie das Konzept des Nationalstaates in Frage, da Männer von ihren Vorstellungen von Freiheit und Gerechtigkeit ausgeschlossen sind. Die Frauen sollen sie wie Mütter führen (Alderman 2016, 107), so dass Männer auf den rechtlichen Status von Kindern reduziert werden.

Der pseudo-utopische Frauenstaat Bessapara verkörpert das Ideal einer weiblichen ‚Paragesellschaft', die darauf abzielt, zur ‚Mehrheitsgesellschaft' zu werden. Die politische ‚Paragesellschaft' wird im Roman schließlich Realität, als Tatiana das politische System in ein Matriarchat umwandelt. Bessapara war ursprünglich eine antike Siedlung in Bulgarien (Iliev 2014, 290). Der erste Teil des Namens, ‚Bessa', bezieht sich auf die Bessi, Propheten einer Priesterin des Dionysos, die in etwa mit dem Orakel von Delphi vergleichbar gewesen sein soll

(Herodot 1920, CXI). Der zweite Teil, ‚para', kann als ‚Übergang' interpretiert werden (Iliev 2014, 293). Die Namensgebung des Frauenstaates unterstreicht somit dessen utopischen Anspruch: Bessapara wird als ‚Übergang' zu einer besseren Gesellschaft verstanden, die sich auf Botschaften einer Priesterin, Mother Eve, gründet. Wie die Verfassung der Frauennation zeigt, ist die Realität jedoch alles andere als utopisch, da Männer durch die Gesetzgebung systematisch marginalisiert werden.

Als der Journalist Tunde versucht, die Geschichten über die Gräueltaten, deren Zeuge er in Bessapara wurde, zu verbreiten, wird er beinahe getötet und muss fliehen. Es gelingt ihm, Roxie als Verbündete zu gewinnen, deren Versuch, das Drogensyndikat ihres Vaters zu übernehmen, gescheitert ist. Innerhalb der ‚Paragesellschaft' des Drogensyndikats sind die alten patriarchalischen Machtstrukturen wiederhergestellt worden. Roxie, deren ‚Strang' gewaltsam entfernt wurde, entspricht dem Stereotyp des *wounded warrior*, „der die Menschheit in ihren Extremen gesehen hat und mit einer Gesellschaft interagiert, die seinen Erfahrungen gegenüber gleichgültig ist" (Martin 2017, n. pag.). Erneut wird sie als ‚anders' oder ‚fremd' markiert, nicht, weil sie eine Frau ist, sondern weil sie ohne ihre Gabe nicht mehr dazu in der Lage ist, eine vollständige *gender*-Identität aufzubauen. Sie bleibt ein isoliertes Individuum, da sie von Männern ihrer eigenen Familie betrogen wurde, doch aufgrund der Kriegsverbrechen, die sie miterlebt hat, gleichzeitig auch keine Solidarität mit anderen Frauen empfindet.

Die *NorthStar*-Camps sind sowohl eine paramilitärische Organisation als auch eine ‚Paragesellschaft'. Die Handlung um Jocelyn, Margots Tochter, veranschaulicht ein für die politische ‚Paragesellschaft' typisches Erzählmuster: die Geschichte der Außenseiterin, die in einer Gruppe Gleichgesinnter, die das System verändern wollen, eine neue Heimat findet. Da Jocelyns Gabe nicht richtig funktioniert, wird sie in der Schule schikaniert. Ihre Mutter, die sich in erster Linie mit ihrer eigenen politischen Karriere befasst, kümmert sich nur wenig um die Bedürfnisse ihrer Tochter. In den *NorthStar*-Camps lernt Jocelyn, die Intensität ihrer elektrischen Stöße mit Hilfe der Droge *Glitter* zu erhöhen. Obwohl sie sich zunächst in der Gemeinschaft geborgen fühlt und glaubt, einer gerechten Sache zu dienen, erschüttert ein traumatisches Erlebnis ihre politischen Überzeugungen. Sie tötet einen Mann, weil der Konsum von *Glitter* sie paranoid werden lässt. Ihre Vorgesetzte behauptet, es sei Selbstverteidigung gewesen. Statt erleichtert zu sein, dass sie sich nicht für ihre Tat verantworten muss, führt dieses Erlebnis ihr die Doppelmoral der *NorthStar*-Organisation vor Augen – eine Desillusionierung, deren Nachwirkungen so gravierend sind, dass sich Jocelyn nie wieder davon erholt und sich von *NorthStar* abwendet.

In *The Power* scheitern sämtliche Entwürfe weiblicher ‚Paragesellschaften': Roxies Drogensyndikat wird wieder patriarchalisch, die *NorthStar*-Camps haben

Kriegsverbrecherinnen hervorgebracht, die nicht moralischer handeln als ihre männlichen Vorgänger, der Unabhängigkeitskrieg in Bessapara löst den Dritten Weltkrieg aus, und 5.000 Jahre später ist die weltweite religiöse Bewegung von Mother Eve kaum mehr als eine unbedeutende Sekte inmitten einer säkularen Gesellschaft. Doch entgegen des gemäß den Genrekonventionen der Dystopie zu erwartenden Resultats ist das Ergebnis des Untergangs der ‚Paragesellschaften' weder der Untergang der Zivilisation, noch die Wiederherstellung des *Status quo*: In der Realität der Rahmenerzählung bilden Frauen die ‚Mehrheitsgesellschaft', sie haben die politische, wirtschaftliche und gesellschaftliche Macht inne. Um zu einer Interpretation dieses Paradoxons zu gelangen, sollen die Strategien der Darstellung von ‚Paragesellschaften' in *The Power* analysiert werden.

3 Ästhetische und narrative Strategien der Darstellung von ‚Paragesellschaften' in *The Power*

Die Tatsache, dass ‚Paragesellschaften' Phänomene der Diversität verhandeln, wird in *The Power* durch die Diversität literarischer Genres reflektiert, die im Text in Form unterschiedlicher Erzählmodi figurieren und dessen Hybridität akzentuieren. Rein formal betrachtet wird *The Power* als ‚historischer Roman' bezeichnet. Diese Einordnung nimmt jedoch eine fiktive Figur fünftausend Jahre in der Zukunft vor, deren Objekt der von einer ebenfalls fiktiven Figur verfasste ‚Roman im Roman' ist. Die Rahmenerzählung bildet ein Austausch von Briefen zwischen dem angehenden Schriftsteller Neil und der Bestseller-Autorin Naomi. Der narrative Fluss des Manuskripts wird durch unterschiedliche Textsorten unterbrochen: Blogs, Beschreibungen von Videos im Internet, Auszüge aus religiösen Texten und einen Geheimdienstbericht.

Paratextuelle Elemente

Zeichnungen von archäologischen Funden begleiten das textuelle Material als Zeugnisse einer Kulturgeschichte weiblicher ‚Paragesellschaften', die sich im Laufe von mehreren Jahrtausenden in die dominante ‚Mehrheitsgesellschaft' transformieren. Diese Elemente werden jedoch von Interpretationen durch ArchäologInnen begleitet, deren Korrektheit zweifelhaft bleibt. Die Verwendung dieser Zeichnungen unterstreicht Michel Foucaults Verständnis von Geschichte als einer Archäologie des Wissens, die von Brüchen und Diskontinuitäten gekennzeichnet ist, da es unbestreitbare Fakten in der Welt des Romans nicht gibt.[5] Fünftausend Jahre in der Zukunft sind die historischen Dokumente einer Ära der männlichen Dominanz verloren. Die wenigen vorhandenen archäologischen Artefakte deuten zwar darauf hin, dass es sich bei der Fähigkeit von Frauen, Elektrizität zu erzeugen, um eine genetische Veränderung handelt, die sich erst im Laufe der Zeit entwickelte, doch die Version einer patriarchalischen Epoche in der Menschheitsgeschichte steht gleichberechtigt neben anderen Theorien.[6]

Narrative Inversion

Mother Eve invertiert die *grands récits* der jüdisch-christlichen Theologie als Alternative zu den patriarchalisch geprägten abrahamitischen Religionen, um eine Glaubensrichtung zu erschaffen, mit der sich Frauen stärker identifizieren können. Der folgende Ausschnitt hebt den Status des Klosters als weibliche ‚Paragesellschaft' hervor, in dem die Novizinnen-Figur aus dem ersten Teil des Romans zur spirituellen Anführerin aufgestiegen ist:

> They have said to you that man rules over woman as Jesus rules over the Church. But I say unto you that woman rules over man as Mary guided her infant son, with kindness and with love. They have said to you that his death wiped away sin. But I say unto you that no one's sin is wiped away but that they join in the great work of making justice in the world. Much injustice has been done, and it is the will of the Almighty that we gather together and

---

5 Die Historiographie des frühen 19. Jahrhunderts ordnet Ereignisse in einen linearen Prozess ein, verknüpft sie kausal und erklärt sie rational, was schließlich unstrittige historische ‚Fakten' hervorbringt. Foucaults Archäologie hingegen ist sich der Kluft zwischen Vergangenheit und Gegenwart sowie der daraus resultierenden Brüche und Diskontinuitäten bewusst und lässt diese im Sinne einer postmodernistischen *différance* unerklärt (Sarup 1993, 58). Er wendet sich damit gegen die Ansprüche eines dominanten Diskurses, der Formen von Wissen im Namen einer angeblichen ‚Wahrheit' einer willkürlichen Hierarchie unterwirft (Foucault 1969, 183; Sarup 1993, 58–59).

6 Aldermans Roman ist somit parallel zu den Grundannahmen spekulativer Geschichtsphilosophien wie des *New Historicism* zu sehen, die davon ausgehen, dass historische ‚Fakten' lediglich in Form von überlieferten Texten zugänglich seien; daher „wird der Hintergrund notwendigerweise selbst zum Interpretandum; er kann darum keine privilegierte Autorität haben, die außerhalb des Textes zu lokalisieren wäre" (Kaes 2001, 255); mehrere Interpretationen von Ereignissen können daher als gleichwertig nebeneinander stehen und müssen unter Berücksichtigung dominanter und marginalisierter diskursiver Praktiken neu betrachtet werden.

> put it right. [...] They have said to you that you must be contented with your lot, but I say unto you that there will be a land for us, a new country. There will be a place that God will show us where we will build a new nation, mighty and free. (Alderman 2016, 107–108)

Diese Ansprache von Mother Eve zeigt die Charakteristika einer religiösen ‚Paragesellschaft': sie enthält ein Überlegenheitsnarrativ, „woman rules over man". Die Ideologie von Mother Eve ist nicht pragmatisch an den unmittelbaren Bedürfnissen und Nöten ihrer Anhängerinnen ausgerichtet, sondern sagt ihnen stattdessen eine sorgenfreie Zukunft in einem Land voraus, das den Frauen selbst gehören soll. Darüber hinaus ist Mother Eves Sprache aus archaischen Worten zusammengesetzt und verwendet biblische Motive, wie das Verheißene Land oder die Wendung „They have said unto you ... but I say unto you", die im Neuen Testament eingesetzt wird, um die Lehren Jesu von jenen der Pharisäer zu unterscheiden. Auf diese Weise erzeugt Mother Eve eine Parallele zwischen dem Patriarchat und den Pharisäern und suggeriert, dass es sich bei beiden um ungerechte Systeme handelt. Es fällt auf, dass Mother Eve nicht von einer ‚Göttin' spricht, wie dies in neuheidnischen religiösen Bewegungen wie Wicca der Fall wäre. Sie verwendet stattdessen ‚Gott' mit dem femininen Possessivpronomen ‚ihre', um die Verbindung zu christlichen Traditionen aufrechtzuerhalten und somit ihren Anhängerinnen den Übergang zu neuen Lehren zu erleichtern, indem sie die vertrauten Traditionen auf subtile Weise umschreibt. Allies selbstgewählter Name Mother Eve ist ein Beispiel für Inversion. Während die Figur Evas in der Bibel ein Ausdruck der Schwäche des weiblichen Geschlechts ist, kombiniert Allie Eva mit dem Begriff der ‚Mutter' als Referenz auf Maria, die Mutter Jesu, die seit den Anfängen des frühen Christentums verehrt und zu der im katholischen Brauchtum sogar gebetet wird.[7] Durch diese Konnotationen wertet Allie Eva – und somit alle Frauen – auf den Status Marias auf.[8]

Counter-History

Mother Eve erschafft durch ihre Umdeutung der Figur Evas im christlichen Schöpfungsmythos eine Gegengeschichte, eine *counter-history*. Dabei handelt es sich

---

[7] Zum Verhältnis von Religion und Geschlecht vgl. Blaschke 2017.
[8] Die Aufwertung des Menschen durch Entdeckung des höheren, *divine self*, ist Bestandteil moderner Naturreligionen wie dem zu Beginn von *The Power* anklingenden Wicca (vgl. Rensing 2006, 131). Da Menschen nur schwer mittels eines radikalen Umbruchs an vollkommen neue Glaubenssysteme mit der ihnen eigenen Logik zu gewöhnen sind, nutzt Allie die bereits im Katholizismus vorhandene Struktur des Marienglaubens als Analogie, um ihre Vorstellung des Göttlich-Weiblichen für ihre *follower* in vertrauter Weise zu artikulieren.

um ein literarisches Genre, das bereits seit der Antike existiert: „its method is to exploit the adversary's most important sources systematically, reading them against the grain [...]. Its end is the distortion of his self-image, his identity, by deconstructing his memory" (Funkenstein 1993, 36). Als Neil Adam Armon seinen Roman *The Power* verfasst, sind Jahrhunderte des Patriarchats bereits aus der kollektiven *memoria* getilgt, die Gegengeschichte ist zur Geschichte geworden. Somit ist das Ziel der *counter-history* erreicht, die hier als narrative Strategie zur Etablierung der fiktionalen ‚Paragesellschaft' eingesetzt wird: Durch die Umdeutung patriarchaler Mythen im Sinne einer matriarchalen Ideologie wurde im Laufe von fünf Jahrtausenden die Auslöschung des patriarchalen Abschnitts in der Menschheitsgeschichte und der damit verbundenen Stereoytpen männlicher Überlegenheit betrieben.

Satire/Parodie als Schreibmodus

Satire und Parodie werden jeweils als Schreibmodus eingesetzt, um die Laster und Irrtümer sowohl der ‚Paragesellschaft' als auch der ‚Mehrheitsgesellschaft' zu kritisieren. Die Verfassung der ‚Paragesellschaft' Bessapara parodiert die diskriminierende Gesetzgebung von autokratischen Staaten wie Saudi-Arabien. 2017 gab der saudische König Salman ein Dekret heraus, wodurch Frauen ab Mitte 2018 erlaubt wurde, Auto zu fahren. Da diese Gesetzesänderung in Saudi-Arabien ein hohes Maß an medialer Aufmerksamkeit generierte, diente es als Blaupause für die fiktionale Verfassung Bessaparas:

> Thus, we institute today this law, that each man in the country must have his passport and other official documents stamped with the name of his female guardian. Her written permission will be needed for any journey he undertakes. [...] Men are no longer permitted to drive cars.
>
> Men are no longer permitted to own businesses. Foreign journalists and photographers must be employed by a woman.
>
> Men are no longer permitted to gather together, even in the home, in groups larger than three, without a woman present.
>
> Men are no longer permitted to vote – because their years of violence and degradation have shown that they are not fit to rule or govern. (Alderman 2016, 315–316)

Die Beschränkungen für Männer sind, anders als im Falle realer diskriminierender Verfassungen, ideologisch begründet formuliert. In Saudi-Arabien gab es vor 2018 kein offizielles Fahrverbot, jedoch wurden Führerscheine grundsätzlich nur an Männer ausgegeben; daher riskierten Frauen, die in der Öffentlichkeit Auto fuhren, Verhaftungen und Geldstrafen (Gardner 2017, n. pag.). Analog besaßen Frauen zwar formell das aktive Wahlrecht, wurden jedoch in der Praxis daran gehindert, dieses auszuüben, da keine Wahllokale für Frauen eingerichtet wurden (IPU 2020, n. pag.). Indem ein offizielles Verfassungsdokument präsentiert wird, das rund der Hälfte der Bevölkerung ohne jegliche Euphemismen ihre Grundrechte entzieht, tritt in der Überzeichnung die satirische Szene offen zutage.

Ein Beispiel für die Verwendung der Parodie ist die Fernseh-Debatte zwischen Margot Cleary und ihrem männlichen Konkurrenten, die auf das zweite TV-Duell der US-Präsidentschaftswahlen 2016 zwischen Hillary Clinton und Donald Trump abzielt. Die Presse kritisierte Trumps Verhalten in stark bildhafter Sprache, die Gewalt und Rücksichtslosigkeit suggeriert: „leonine menace", „bulldozing attack" und „brutal onslaught" (Roberts et al. 2016, n. pag.). Trotz der öffentlichen Kritik an Trumps Verhalten innerhalb der Veranstaltung und seiner politischen Invektive erwies sich seine Strategie als effektiv; der Vorwurf Trumps an Clinton, sie habe widerrechtlich ihren privaten E-Mail-Server in ihrer Funktion als Staatssekretärin genutzt, wurde in der Retrospektive als wahlkampfentscheidend betrachtet (Roberts et al. 2016, n. pag.). Im Roman befindet sich Margot in einer ähnlichen Situation wie Clinton, als sie für das Gouverneursamt kandidiert. Ihr männlicher Rivale wirft ihr zunächst vor, staatliche Subventionen zu verschwenden, um schließlich einen persönlichen Angriff zu starten, indem er behauptet, Margot sei eine schlechte Mutter: „Of course, we can't expect *you* to understand what this means for hard-working families. You've left your daughters to be raised by *NorthStar* day camps. Do you even care about those girls?" (Alderman 2016, 213). Statt sich verbal zu verteidigen, versetzt ihm Margot einen elektrischen Schlag, der ihn kurzzeitig betäubt. Überzeugt, dass diese Entgleisung ihre Erfolgschancen ruiniert hat, entschuldigt sie sich öffentlich. Die Wahlen enden überraschend mit einem Erdrutschsieg für Margot. Die Szene ist als Parodie auf die Präsidentschaftsdebatte angelegt, mit scheinbar veränderten Regeln, dennoch wird in beiden Fällen jene Person ins Amt gewählt, die am meisten Stärke und Entschlossenheit demonstriert, selbst wenn die angewandten Mittel unangemessen sind. Der Erzähler kommentiert: „She also hasn't understood what's happened here. She thinks she needs to ask forgiveness, still, for the thing that brought her into office. She's wrong" (219).

Da weiterhin das ‚Gesetz des Stärkeren' gilt, wird die Torheit der ‚Mehrheitsgesellschaft' entlarvt: Die Wahl wird nicht über Fakten und Zahlen gewonnen, sondern über die stereotype Demonstration von mehr Macht durch den größeren Tyrannen, unabhängig von dessen Geschlecht. Indem sie Satire als Schreibmodus einsetzt, um der Gesellschaft einen Spiegel vorzuhalten, schlägt Alderman keine klare Norm in Form einer idealen feministischen ‚Paragesellschaft' vor, sondern führt ihren Angriff aus der Motivation der Satirikerin heraus: „refusing to resign to resignation and indifference [...]. They attack because they care" (Real 1992, 8).

Schockeffekte und grafische Gewaltdarstellungen

Während Satire und Parodie als Erzählstrategien die ‚Paragesellschaften' im Roman auf spielerische Weise inszenieren, näher beleuchten und in Frage stellen, verheißen der Countdown und die gelegentlichen Anspielungen auf einen ‚cataclysm', die sich durch den gesamten Roman ziehen, keine positive Zukunft. Zum Ende des Buches werden die *NorthStar*-Camps als denkbar schlechtester Gesellschaftsentwurf disqualifiziert und durch den Einsatz von Schockeffekten entlarvt.

Während der nigerianische Reporter Tunde Material für seine Berichterstattung über Bessapara sammelt, verbringt er die Nacht in einem Flüchtlingslager von Männern und Frauen, die sich gegen das Frauenregime ausgesprochen haben und deshalb Verfolgungen ausgesetzt sind. Das Lager wird von den Frauen der *NorthStar*-Organisation überfallen. In seinem Versteck beobachtet Tunde, wie mehrere Frauen einen Mann vergewaltigen, indem sie sein Nervensystem mithilfe der Gabe stimulieren:

> She tickles him there with the tip of a finger, making a little crooning sound, as if she wants him to enjoy it. He can't speak. His throat is bulging. They might have broken his windpipe already. She puts her head to one side, makes a sad face at him. She might as well have said in any language of the world, „What's the matter? Can't get it up?" He tries to kick with his heels to get away from her, but it's too late for that. [...] She shakes herself like a dog, and like a dog looks hungry yet. They start up a chant, the same four or five words in rhythm as they ruffle her hair and give each other fist-bumps. The pale, curly-haired man has been stopped finally and for ever [sic!] by that last blast. His eyes are open, staring. The rivulets and streams of red scarring run across his chest and up around his throat. [...] They offer one man a choice between keeping his arms or his legs, but they break their bargain. They know that no one cares what happens here.
>
> (Alderman 2016, 341)

Die Anwendung sinnloser Gewalt stellt den endgültigen Bruch mit dem Konzept einer feministisch-utopischen ‚Paragesellschaft' dar. Obwohl die *NorthStar*-Camps jungen Frauen mehr Kontrolle über die Gabe verleihen, haben die Abgeschiedenheit der Camps und der organisierte Drogenmissbrauch unter ihren Mitgliedern alle ethischen Schranken beseitigt. Die Camps haben ihre eigenen Institutionen und Gesetze (vgl. Biersack et al. 2019, 14), von der Gesellschaft, die vor der ‚Paragesellschaft' resigniert hat, ist keine Intervention zu erwarten. Die grafische Gewaltdarstellung weist auf die Gefahr hin, die entsteht, wenn ‚Paragesellschaften' sich selbst überlassen werden und sich ohne Verbindung zur Außenwelt verselbständigen – eine fortwährende Zerstörung des moralischen Kompasses ihrer Mitglieder.

4 Fazit: *Gender* als willkürliche Differenzkategorie

Am Ende des Romans werden sämtliche feministischen ‚Paragesellschaften' als Gesellschaftsmodelle disqualifiziert. Die Charaktere träumen zwar von einer auf der Macht der Frauen basierenden friedlichen Utopie, dennoch ist Mother Eve sogar dazu bereit, einen Weltkrieg auszulösen, um ihr Ziel zu erreichen. Unfähig sich einzugestehen, dass die in Bewegung gesetzte Entwicklung zu einem erheblichen Teil auf ihre Entscheidungen zurückzuführen ist, hält Mother Eve Rücksprache mit der Stimme, die ihre religiöse Bewegung geleitet hat:

> Allie says: I keep meaning to ask. Who are you? I've wondered for a while. Are you the serpent? The voice says, Oh, you think because I swear and tell you to do stuff I must be the devil? It's crossed my mind. And. Here we are. How am I supposed to tell which side is good and which is bad? Your whole question is the mistake. Who's the serpent and who's the Holy Mother? Who's bad and who's good? Who's persuaded the other one to eat the apple? Who has the power and who's powerless? ... However complicated you think it is, everything is always more complicated than that. There are no shortcuts. Not to understanding and not to knowledge. (Alderman 2016, 341)

Einfache, auf den binären Oppositionen von gut/böse oder männlich/weiblich basierende Erklärungen eignen sich als willkürliche Einteilungen nicht als Grundlagen gesellschaftlichen Zusammenlebens. Die narrativen Strategien der Inversion, der Parodie und Satire sowie der Einsatz von Schockeffekten und grafischen Gewaltdarstellungen zur Beschreibung der ‚Paragesellschaften' stellen ein *Worst-Case*-Szenario dar, das den Text als dystopisch charakterisiert. Sobald die Frauen ihre marginalisierte Position in der Gesellschaft überwunden haben, wird deutlich, dass sie mit der Macht auch Korruption, Gewalt und Diskriminierung annehmen. Die Vorstellung, dass zum Aufbau einer gerechteren, friedvolleren Gesellschaft lediglich ein Systemwechsel von Patriarchat zum Matriarchat genügen werde, wird als Illusion entlarvt. Die Stimme legt in ihrem Gespräch mit Mother Eve den Schluss nahe, dass „shortcuts to knowledge" (Alderman 2016, 341) nicht existieren und gesellschaftliche Prozesse so komplex sind, dass sie nicht durch die Veränderung eines von vielen Machtgefällen perfektioniert werden können.

In der Gesellschaft der Zukunft äußert sich Naomi dennoch auf naive Weise: „Looking forward to this! I think I'd rather enjoy this ‚world run by men' you've been talking about. Surely a kinder, more caring and – dare I say it? – more sexy world than the one we live in" (Alderman 2016, 10). Naomi verfällt somit denselben Illusionen wie die ‚Paragesellschaften' der Haupthandlung, eine Gesellschaft, die von einer marginalisierten Gruppe beherrscht werde, sei besser als ihre eigene, während sie tatsächlich nur auf andere Weise ungerecht ist. Dies wird deutlich, als Naomi ihre Besorgnis äußert, Neils Buch könne nicht ernstgenommen werden, da es sich um „Männer-Literatur" handle. Sie schlägt eine ‚Alternative' vor, die von Frauen wie Mary Anne Evans oder den Brontë-Schwestern über Jahrhunderte praktiziert wurde, um als literarische Produzentinnen erfolgreich zu sein: „Neil, I know this might be very distasteful to you, but have you considered publishing this book under a woman's name?" (Alderman 2016, 341).

Zwar endet die Korrespondenz an dieser Stelle, doch die Tatsache, dass es sich bei dem Namen von Naomis Korrespondenzpartner, ‚Neil Adam Armon', um ein Anagramm von ‚Naomi Alderman' handelt, schafft eine zirkuläre Struktur, die das Geschlecht der Verfasserin (oder des Verfassers?) von *The Power* infrage stellt und die Grenze zwischen Fakt und Fiktion, zwischen Neils Manuskript und dem physisch vorhandenen Roman *The Power* von Naomi Alderman verwischt. *Gender* wird als eine willkürliche Kategorisierung erkannt, eine Fixierung auf binäre Oppositionen wie männlich/weiblich, gut/böse, mächtig/machtlos – oder utopisch/dystopisch – ist ähnlich sinnlos wie die Hoffnung, bei einem Hütchenspiel ein Vermögen zu gewinnen: „Gender is a shell game. What is a man? Whatever a woman isn't. What is a woman? Whatever a man is not. Tap on it and it's hollow. Look under the shells: it's not there" (Alderman 2016, 341). Denksysteme, die auf binären Oppositionen basieren und einfache Erklärungen der Welt präsentieren, sind ebenso betrügerisch wie ein Hütchenspieler in der Fußgängerzone eines Urlaubsortes. Obwohl mittlerweile allen Reisenden bewusst sein müsste, dass ein solches Spiel nur zu Verlust und Frustration führen kann, gibt es weiterhin einige, die der Überzeugung sind, damit mühelos schnell hohe Gewinne zu erzielen und tatsächlich nur einem Phantom nachjagen. Der Erwerb von Wissen und Verständnis einerseits der eigenen Persönlichkeit, andererseits der Mitglieder einer wie auch immer gearteten ‚Paragesellschaft' hingegen ist für die Figuren des Romans ein langwieriger und schmerzvoller Prozess, der nicht ohne einen gewissen Grad an Desillusionierung auskommt. Entsprechend formuliert Alderman weder eine Kritik an den Anliegen des Feminismus – das dystopische Schreckensszenario eines Dritten Weltkriegs als Krieg der Geschlechter liegt zum Zeitpunkt der Rahmenhandlung bereits tausende von Jahren zurück, und über den Status der matriarchalen Gesellschaft ist nur wenig bekannt –, noch idealisiert sie diese als mögliche Grundlage einer Utopie. Die feministische ‚Paragesellschaft', die sowohl das Potenzial der utopischen geschlechtergerechten Gesellschaft als auch der dystopischen matriarchalen Autokratie in sich trägt, stellt für die Aushandlung dieses Prozesses einen idealen Verhandlungsraum dar.

Bibliographie

Beauchamp, Gorman. „Imperfect Men in Perfect Societies: Human Nature in Utopia". *Philosophy and Literature* 31.2 (2007): 280–293.

Biersack, Martin, Teresa Hiergeist und Benjamin Loy. „Das Leben der Anderen. Historische, soziologische und narrative Dimensionen paralleler Sozialität". *Parallelgesellschaften. Instrumentalisierungen und Inszenierungen in Politik, Kultur und Literatur* (Romanische Studien, Beihefte 8). Hg. Martin Biersack, Teresa Hiergeist und Benjamin Loy. München: AVM, 2019. 5–17.

Blaschke, Olaf. „Religion ist weiblich. Religion ist männlich. Geschlechtsumwandlungen des Religiösen in historischer Perspektive". *Religion und Geschlechterordnungen*. Hg. Kornelia Sammet, Friederike Benthaus-Apel und Christel Gärtner. Wiesbaden: Springer, 2017. 79–97.

Blok, Josine H. *The Early Amazons. Modern and Ancient Perspectives on a Persistent Myth*. Leiden: Brill, 1994.

Brooke, Keith. „‚No Place Like Home': Topian Science Fiction". *Strange Divisions and Alien Territories: The Sub-Genres of Science Fiction*. Hg. Keith Brooke. Houndmills, Basingstoke, Hampshire: Palgrave Macmillan, 2012. 126–143.

Charles, Ron. „*The Power* Is Our Era's *Handmaid's Tale*. Review of Naomi Alderman, *The Power*". *Washington Post* (10. Oktober 2017). https://www.washingtonpost.com/entertainment/books/the-power-is-our-eras-handmaids-tale/2017/10/10/032a5866-ad05-11e7-9e58-e6288544af98_story.html (25. September 2020).

„Corona: Eine Krise der Frauen". *UN Women Deutschland*. https://www.unwomen.de/helfen/helfen-sie-frauen-in-der-corona-krise/corona-eine-krise-der-frauen.html (25.September 2020).

Denyer, Simon und Annie Gowen. „Too Many Men". *Washington Post* (18. April 2018). https://www.washingtonpost.com/graphics/2018/world/too-many-men/ (28. September 2020).

Foucault, Michel. *L'Archéologie du Savoir*. Paris: Gallimard, 1969.

„Frauen in der Corona-Krise". *Deutscher Frauenrat* (April 2020). https://www.frauenrat.de/wp-content/uploads/2020/04/Frauen-in-der-Corona-Krise.pdf (25. September 2020).

Funkenstein, Amos. *Perceptions of Jewish History*. Berkeley: University of California Press, 1993.

Gardner, Frank. „Saudi Arabia driving ban on women to be lifted". *BBC News* (27. September 2017). https://www.bbc.com/news/world-middle-east-41408195 (04. Oktober 2020).

Herodotus. „The Histories". *Herodotus*. Hg./Übers. A.D. Godley. Cambridge, MS: Harvard University Press, 1920. http://data.perseus.org/citations/urn:cts:greekLit:tlg0016.tlg001.perseus-eng1:7.1 (25. September 2020).

Hiergeist, Teresa (Hg.). *Parallel- und Alternativgesellschaften in den Gegenwartsliteraturen* (Focus: Gegenwart Bd. 4). Würzburg: Königshausen und Neumann, 2017.

Iliev, Jordan. „The Ancient Settlement of Bessapara". Conference Geography and Regional Science in Honour of Prof. Dr. Ivan Batakliev, Pazardzhik, BG, 2014. *Proceedings*, 290–294. https://www.academia.edu/9991685/The_Ancient_Settlement_of_Bessapara (25. September 2020).
„IPU Parline: Global Data on National Parliaments". *Inter-Parliamentary Union*. https://data.ipu.org/node/149/elections/historical-data-on-women?chamber_id=13567 (01. Oktober 2020).
Kaes, Anton. „*New Historicism*: Literaturgeschichte im Zeichen der Postmoderne?". *New Historicism. Literaturgeschichte als Poetik der Kultur*. Hg. Moritz Baßler. Tübingen und Basel: Francke, 2001. 251–268.
Keishin Armstrong, Jennifer. „Why *The Handmaid's Tale* Is So Relevant Today". *BBC* (25. April 2018). https://www.bbc.com/culture/article/20180425-why-the-handmaids-tale-is-so-relevant-today (28. September 2020).
Martin, Travis L. „A Theory of Veteran Identity". *Theses and Dissertations–English*. 53. Diss. University of Kentucky, 2017. https://uknowledge.uky.edu/english_etds/53 (30. September 2020).
Mohr, Dunja. „The Postmodern Reappearance of Utopia in the Disguise of Dystopia". *ZAA* 55.1 (2007): 5–24.
Moylan, Tom. *Demand the Impossible: Science Fiction and the Utopian Imagination*. New York: Methuen, 1986.
Neuman, S.C. „,Just a Backlash': Margaret Atwood, Feminism, and *The Handmaid's Tale*". *University of Toronto Quarterly* 75.3 (Summer 2006): 867–868.
Oates, Joyce Carol. „Margaret Atwood's Tale". *The New York Review of Books* (02. November 2006). https://www.nybooks.com/articles/2006/11/02/margaret-atwoods-tale/ (04. Oktober 2020).
Real, Hermann Josef. *Teaching Satire: Dryden to Pope*. Heidelberg: Winter, 1992.
Rensing, Britta. „Der Glaube an die Göttin und den Gott: Theologische, rituelle und ethische Merkmale der Wicca-Religion, unter besonderer Berücksichtigung der Lyrik englischsprachiger Wicca-Anhänger". Jena: Dissertation, 2006. http://www.db-thueringen.de/servlets/DerivateServlet/Derivate-10804.xml (04. Oktober 2020).
Richetti, John. „An Emerging New Canon of the British Eighteenth-Century Novel: Feminist Criticism, the Means of Cultural Production, and the Question of Value". *A Companion to the 18th-Century English Novel and Culture*. Hg. Paula Backscheider und Catherine Ingrassia. Oxford: Blackwell, 2009.
Roberts, Dan, Ben Jacobs und Sabrina Siddiqui. „Donald Trump Threatens to Jail Hillary Clinton in Second Presidential Debate". *Guardian* (10. Oktober 2016). https://www.theguardian.com/us-news/2016/oct/10/debate-donald-trump-threatens-to-jail-hillary-clinton.
Sarup, Madan. *Introductory Guide to Poststructuralism and Postmodernism*. New York: Harvester, 1993.
Suvin, Darko. *Metamorphoses of Science Fiction: On the Poetics and History of a Literary Genre*. New Haven: Yale UP, 1979.
Tatsumi, Takayuki. „Ninja, Hidden Christians, and the Two Ferreiras: On Endō Shūsaku and Yamada Fūtarō". *Mechademia* 4 (2009): 213–221.
Von Sicard, Harald. „Ostafrikanische Amazonen". *Paideuma: Mitteilungen zur Kulturkunde* 4 (1950): 279–285. https://www.jstor.org/stable/41583199.
Watkinson, Caroline. „English Convents in Eighteenth-Century Travel Literature". *The Church and Literature* 48 (2012): 219–231. https://doi.org/10.1017/S0424208400001339.

Claudia Hachenberger
Parallel, divers, nachhaltig, anders: Wie *Tales from the Town of Widows* (2007) dazu beiträgt, Gesellschaft neu zu denken

> The day will come when men will recognize woman as his peer, not only at the fireside, but in councils of the nation. Then, and not until then, will there be the perfect comradeship, the ideal union between the sexes that shall result in the highest development of the race. (Anthony, zit. in Cañón 2007, n. pag.)

Mit diesem bekannten Zitat der US-amerikanischen Frauenrechtlerin und Schriftstellerin Susan Brownell Anthony, welches ihrer Publikation *The Status of Women, Past, Present, and Future* von 1897 entnommen ist, leitet der kolumbianische, aber in den Vereinigten Staaten von Amerika ansässige Autor James Cañón seinen 2007 erschienenen Debütroman *Tales from the Town of Widows* ein. Indem er es über hundert Jahre später als Prolog zu seiner literarischen Utopie verwendet, bekräftigt Cañón nicht nur die Ideen und Argumente (feministischer) Aktivistinnen der sogenannten *Progressive Era*, sondern zeigt auch kritisch auf, dass sich Anthonys im späten neunzehnten Jahrhundert artikulierte Vorhersage zur gesellschaftlichen Gleichstellung und Diversität noch nicht realisiert hat. Indem er nach wie vor virulente soziale Spannungen *in puncto* Patriarchat und Genderdebatte widerspiegelt, diese kritisch hinterfragt und sogar ein alternatives Gesellschaftsmodell aufzeigt, liefert der Roman einen Anstoß, um Gesellschaft neu zu denken. Dabei soll die vorliegende Analyse des Romans die Richtung einschlagen, die Teresa Hiergeist in ihrer Einleitung zum Sammelband *Parallel- und Alternativgesellschaften in den Gegenwartsliteraturen* formuliert. Das Bestreben dieser Publikation ist es, sich eines Desiderats in der Literaturwissenschaft anzunehmen und auch in diesem akademischen Feld Forschungsgegenstände für die Debatte um ‚paragesellschaftliche' Phänomene fruchtbar machen. Eine solche Herangehensweise rückt in den Fokus, inwiefern Literatur „Fundamente des Zusammenlebens" neu diskutiert und „in der Konstruktion [einer] utopische[n] Gesellschaft[...] eigene alternative Sozialitätsvorschläge" (2017, 9) entwirft. Dieser Beitrag zu *Tales from the Town of Widows* soll also aufzeigen, inwiefern der Roman in seiner fiktionalen Darstellung einer neu entstehenden diversen Gemeinschaft dazu beiträgt, Gesellschaft neu zu konzipieren.

Der thematische Fokus des utopischen Szenarios liegt auf der von zahlreichen Bürgerkriegen gepeinigten und machistischen[1] Gesellschaft Kolumbiens. In seinem Beitrag für *The Novelist's Lexicon* erzählt Cañón von seinem Anliegen, auf fiktionaler Ebene ein alternatives Gesellschaftsmodell zu entwerfen, welches Diversität sowie eine Gleichstellung der Geschlechter lebt (2011, 65). Die imaginäre ‚Paragesellschaft' in *Tales from the Town of Widows* durchbricht binäre Genderoppositionen und hebt sich somit deutlich vom patriarchalisch geprägten Kolumbien ab. Wie Françoise Aubès eindrücklich darlegt, ermöglichen in erster Linie eine räumliche und sprachliche Distanz (2010, 28),[2] dass Cañón seine Vorstellung eines nachhaltigen und diversen alternativen Gesellschaftsmodells, welches gleichzeitig implizit einige politische, soziale und gesellschaftliche Ansätze seines Heimatlandes auf fiktionaler Ebene kritisiert, formulieren konnte. Eine Analyse des zeitgenössischen Romans im Hinblick auf seine Repräsentation einer ‚Paragesellschaft' als Alternative für die negativ bewerteten realpolitischen und sozialen Umstände Kolumbiens ist außerordentlich fruchtbar, da er gesellschaftliches Zusammenleben aus einer nicht-eurozentrischen, diversen Perspektive heraus interpretiert und im Gegensatz zu traditionellen Geschlechterutopien[3] zeigt, dass eine bloße Geschlechtertrennung keine endgültige Lösung für das Problem des Patriarchats bieten kann (Relf 1991, 131).

---

[1] Nicht zuletzt aufgrund der immer noch einflussreichen Rolle der Institution Kirche, welche patriarchalische Wertevorstellungen und Verhaltensweisen autorisiert und aufrecht erhält, sind lateinamerikanische Gesellschaftsmodelle nach wie vor durch einen tiefgreifenden kulturellen Machismo gekennzeichnet, der den heterosexuellen Mann im Vergleich zur Frau als hierarchisch höher gestellt versteht und legitimiert, dass diese (verbal) unterdrückt und häufig Opfer gewalttätiger Übergriffe wird (Quiñones Mayo und Resnick 1996, 263).
[2] Bezugnehmend auf Cañóns Wohnsitz in den Vereinigten Staaten (räumliche Trennung) und die Veröffentlichung des Romans auf Englisch statt auf Spanisch (sprachliche Trennung). Die Wahl der Publikationssprache trägt dazu bei, dass sich die Zahl der möglichen Leser*innen weltweit und insbesondere in den Vereinigten Staaten erhöht. Dieser strategische, auch vom hemisphärischen Gedanken geprägte Schritt Cañóns unterstreicht, was Isaac Goldemberg als „americanidad no unidimensional sino multifacética" [nicht eindimensionaler, sondern facettenreicher Amerikanismus] (zit. in Aubès 2010, 28) bezeichnet. Trotzdem bleibt die fiktionale Erzählung einigen wichtigen Merkmalen des lateinamerikanischen Romans treu, einschließlich der Verwendung magisch-realistischer Elemente und eines Márquez'schen Humors (Aubès 2010, 27).
[3] Traditionelle Geschlechterutopien sind durchaus gesellschaftskritisch angelegt, vertiefen jedoch in ihrer fiktionalen Darstellung von rein weiblichen bzw. rein männlichen Gesellschaften – mit mitunter interessanten Methoden zur Fortpflanzung, die das Fortbestehen der Gemeinschaften garantieren sollen – die strukturell angelegten und auch institutionell tradierten binären Genderoppositionen. Auf literarischer Ebene verschweigen und übergehen sie dabei die Existenz der ohnehin sozial stigmatisierten und gesellschaftlich marginalisierten LGBTQ.

Tales from the Town of Widows kann in erster Linie aufgrund seines Inhalts als literarische Utopie kategorisiert werden, vor allem aber auch deswegen, da es den utopischen Diskurs nutzt, um die bestehende politische und patriarchalische Ordnung zu kritisieren und ein alternatives Gesellschaftsmodell zu präsentieren. Im folgenden Beitrag soll beleuchtet werden, inwiefern die fiktiven Charaktere der utopischen Erzählung aus einem Aspekt der Unfreiwilligkeit heraus eine räumlich isolierte Gemeinschaft gründen, die sich – in ihrer Struktur und in ihrer Auffassung vom Konvivialismus – gesellschaftskritisch zu tradierten und von der katholischen Kirche untermauerten patriarchalen Grundsätzen positioniert. Die fiktionale Darstellung der friedlichen, divers zusammenlebenden Gruppe, die sowohl lokal als auch institutionell von der ‚Mehrheitsgesellschaft' abgegrenzt besteht (Biersack et al. 2019, 14), wird dabei als ‚Paragesellschaft' verstanden, welche auch auf sozialer Ebene Raum zur Verhandlung bietet (Hiergeist 2017, 8) und Leser*innen dazu anregt, eigene Verhaltensweisen und Wertevorstellungen zu reflektieren. In den folgenden Abschnitten soll zunächst diskutiert werden, warum der Roman als zeitgenössische und diverse Utopie gelten kann. Weiterhin soll die Darstellung der entstehenden (sozialistisch-autarken) ‚Paragesellschaft' in *Tales from the Town of Widows* nachvollzogen werden. In einem weiteren Unterkapitel erfolgt dann eine Lektüre mittels ‚paragesellschaftlicher' Kategorien. Diese soll aufzeigen, inwiefern der Roman es in seiner Schilderung eines Zusammenlebens, welches einen nachhaltigen Umgang mit der Natur, Diversität sowie individuelle Selbstbestimmung priorisiert, vermag, Gesellschaft neu zu denken.

1 *Tales from the Town of Widows* als zeitgenössische, diverse Utopie

Spätestens mit dem Erscheinen von Charlotte Perkins Gilmans Roman *Herland* im Jahre 1915, in dem die weiblichen Einwohnerinnen von Herland die patriarchale Unterdrückung durch die Auslöschung des männlichen Geschlechts überwunden haben, versuchen feministische Utopien auf fiktionaler Ebene alternative Wege des friedlichen gesellschaftlichen und gleichgeschlechtlichen Zusammenlebens zu entwerfen (Pfaelzer 1984, 151). Im Gegensatz zu traditionellen männlichen Utopien, die weibliche Charaktere in der Regel marginalisieren und einen individualistischen männlichen Helden präsentieren,[4] stellen feministische Utopien traditionelle Geschlechterbilder in Frage (Layh 2014, 67–71), da die patriarchalische Herrschaft hier zunehmend als unerträglich und unhaltbar empfunden wird (Werder 2009, 157). Obwohl es auf den ersten Blick kontrovers erscheinen mag, im Falle von Cañóns Roman von einer feministischen Utopie zu sprechen, da solche Texte in erster Linie deshalb als feministisch bezeichnet werden, da sie von Autorinnen verfasst wurden (Klarer 1993, 1–7), möchte ich mit einer solchen binären und rein autororientieren Kategorisierung brechen. In einem ersten Schritt ordne ich Cañóns Roman daher in die Kategorie der feministischen Utopie ein, weil er sich – wie *Herland* – klar von patriarchalischen Stereotypen distanziert (Klarer 1993, 48). In einem zweiten Schritt möchte ich zeigen, dass der Roman in seiner Thematisierung von Ungerechtigkeit noch weiter geht, LGBTQ nicht unerwähnt lässt und binäre Genderoppositionen ausdehnt, indem er eine diverse und nachhaltige ‚Paragesellschaft' als alternatives Gesellschaftsmodell anbietet und somit aktiv dazu beiträgt, Gesellschaft neu zu denken.

In Anlehnung an das narrative Schema gleichgeschlechtlicher Utopien, in der das ‚andere' Geschlecht durch eine Naturkatastrophe oder einen Krieg ausgelöscht wird, wählt Cañón für seinen Roman einen ähnlichen Ausgangspunkt. Wie der heterodiegetische Erzähler schildert, wird das friedliche patriarchalische Dorf Mariquita eines Tages von kommunistischen Guerilla-Kämpfern überfallen.[5] Dabei ermorden oder entführen die *guerrilleros* fast alle männlichen Einwohner. Zurück bleiben neben den traumatisierten Dorfbewohnerinnen nur der moralisch und ethisch korrumpierte katholische Priester, eine Transfrau und

---

4 Im Allgemeinen sind die Gesellschaften, die in traditionellen männlichen Utopien dargestellt werden, nicht gleichgeschlechtlich. Weibliche Charaktere sind Teil männlicher Utopien, allerdings halten die Gesellschaften an patriarchalen und damit stereotypisierenden Geschlechterrollen fest; die Frage nach der Gleichberechtigung wird totgeschwiegen oder bestenfalls marginalisiert (Schölderle 2011, 306). Gleichgeschlechtliche männliche Utopien sind weniger häufig als feministische Utopien. Da sich Patriarchen in der Regel nicht gesellschaftlich unterdrückt oder benachteiligt fühlen, würde die Vorstellung einer Welt ohne Frauen nicht automatisch einen Zuwachs an Freiheit oder Selbstbestimmung bedeuten, weshalb sie nicht als besonders reizvoll angesehen wird. Im 20. Jahrhundert unterstreichen fiktionale Texte, die rein männliche Gesellschaften konzipieren, entweder religiöse Werte (schlechter Einfluss von Frauen) oder stellen Werte des Militarismus in den Vordergrund (Romaine 1999, 329).

5 Im Roman wird das Ereignis, welches das Leben der Dorfbewohner so gewaltsam unterbricht, wie folgt beschrieben: „Immediately after the ninth stroke of the church bell, while its echo was still resounding in the sexton's ears, three dozen men in worn-out greenish uniforms appeared from every corner of Mariquita shooting their rifles and shouting, Viva la Revolución!" (Cañón 2007, 3).

ein Homosexueller, der ein zurückgezogenes und eher einsames Leben führt.[6] Unfreiwillig vor die folgenschwere Situation gestellt, ihrer Ehemänner, Liebhaber oder Söhne beraubt worden zu sein, sehen die selbsternannten ‚Witwen'[7] nach der erfolgreichen Bewältigung zahlreicher Hindernisse eine Chance, sich endlich von patriarchalischen Zwängen und ihrer inferioren Stellung im traditionellen Rollengefüge zu lösen, um selbstbestimmte Identitäten innerhalb einer ökologisch-orientierten und diversen ‚Paragesellschaft' zu entwickeln. Dabei ist es für die Gründung der alternativen Gesellschaft von New Mariquita außerordentlich hilfreich, dass eine räumliche Abgrenzung zum Rest Kolumbiens und somit zur dort immer noch vorherrschenden patriarchalisch geprägten ‚Mehrheitsgesellschaft' vorgenommen wird. Der Roman ist nicht als Zeitutopie, sondern als Raumutopie angelegt. Dabei wird die diverse Gemeinschaft von New Mariquita eben nicht als Zukunftsvision angesehen, es ist vielmehr die Isolation, die ein Umdenken der Charaktere und eine Abspaltung begünstigt: Eines Tages verwüstet ein Sturm alle Zufahrtsstraßen zum Dorf (Cañón 2007, 147) und der schnell zuwachsende Dschungel als undurchdringliche natürliche Barriere (Cañón 2007, 227) tut sein Übriges, so dass das Dorf nicht mehr „on a recently updated map" (Cañón 2007, 107) lokalisiert werden kann.

Feministische Utopien werden in der Regel als friedlich dargestellt, sind aber in einigen Fällen durch männliche Aggression und Gewalt bedroht. Im Gegensatz zur präsentierten Realität in rein weiblichen Gemeinschaften verurteilen männliche Charaktere diese als kriegerisch und kannibalisch. Nach ihrer Vorstellung werden die weiblichen Gemeinschaften von Frauen bewohnt, die ihnen körperlich überlegen sind, völlig unabhängig von ihnen leben und sogar erfolgreich blutige Kriege gegen patriarchale und männerdominierte Gemeinschaften führen (Klarer 1993, 11–12). Die Figur des Reisenden, der sich aus der ‚Mehrheitsgesellschaft' heraus auf den Weg macht, um die alternative Gesellschaft zu finden und über sie zu berichten, wird in *Tales from the Town of Widows* vom US-amerikanischen Reporter Gordon Smith verkörpert. Im Vorfeld seiner Reise erfährt er von einem „tribe of ferocious female warriors living in a small village deep in the cordillera" und

---

6 Offensichtlich werden die drei Charaktere (zunächst) nicht als patriarchalische Bedrohung oder Gefahr für die sich im Aufbau befindende alternative Gemeinschaft empfunden. Der nicht-binäre Ansatz des Romans schließt vom Patriarchat benachteiligte Randfiguren ein und teilt die Forderung der Autoren des *Convivialist Manifesto*, sich bei der Konzeption einer neuen Gesellschaftsform über sozial definierte dichotomische Unterschiede wie Geschlecht oder sexuelle Orientierung hinwegzusetzen (2014, 30).
7 Der Begriff ‚Witwen' umfasst die weiblichen Einwohnerinnen von New Mariquita (auch diejenigen, die vor dem Überfall alleinstehend waren) sowie die von den *guerrilleros* zurückgelassenen LGBTQ des Dorfes.

von „grotesque, man-hating, heretic, cannibalistic women of gigantic proportions" (Cañón 2007, 276). Dennoch kämpft sich der neugierige Reporter durch unwegsames Gelände, bis er es schafft, die abgelegene Gemeinde New Mariquita zu erreichen.

In seiner Darstellung einer isolierten Gemeinschaft, die lokal und später auch institutionell abgegrenzt zur ‚Mehrheitsgesellschaft' besteht, welche wiederum die Bewohner*innen dieser alternativen Gesellschaft als gefährliche Bedrohung sieht und die Figur des Reisenden stellt, der über sie berichten soll, teilt *Tales from the Town of Widows* also ausgewählte Merkmale feministischer Utopien. Allerdings unterscheidet sich Cañóns Roman auch von traditionellen feministischen Utopien, da er eine dynamische und kritische Vorstellung von Utopie nahbar macht. In seiner fiktionalen Darstellung einer diversen ‚Paragesellschaft', die über den rein feministischen Aspekt hinausgeht, nimmt er keine unvoreingenommene Position ein, sondern übt ausdrücklich Kritik an der Geschlechterungerechtigkeit im patriarchalischen System. Die Entwicklung der diversen ‚Paragesellschaft' wird hierbei als fortlaufender Prozess der Identitätsbildung dargestellt, ein Merkmal, welches für zeitgenössische Utopien als typisch gelten kann (McDowell 2008, 23). Im Folgenden soll nun detaillierter ausgeführt werden, wie dieser dynamische Prozess der schrittweisen Ablösung von der ‚Mehrheitsgesellschaft' im Roman vollzogen wird und wie das entstehende alternative Gesellschaftsmodell, das gleichzeitig das patriarchalisch geprägte Gesellschaftsgefüge Kolumbiens kritisiert, auf fiktionaler Ebene dargestellt wird.

2 Die Darstellung des entstehenden alternativen Gesellschaftsmodells im Roman

In den ersten Jahren nach dem Verschwinden der machistischen Dorfbewohner beginnen die Witwen, sich Sorgen um die Zukunft der Ansiedlung zu machen. Sie verspüren ein dringendes Bedürfnis danach, sich fortzupflanzen: „Mariquita's women had to bear boys soon, or else their village would disappear with the present generation" (Cañón 2007, 147). Die Mehrheit der Frauen wünscht sich, dass der homosexuelle Santiago Marín die Aufgabe übernimmt (Cañón 2007, 147), doch der Priester als Vertreter patriarchalischer Werte ist in der Lage, sie davon zu überzeugen, dass es Gottes Wille ist, dass er sein Keuschheitsgelübde bricht, um Mariquita dabei zu helfen, am Leben zu bleiben (Cañón 2007, 149). Während der durch ihn angestoßenen, jedoch von den Witwen kontrovers diskutierten Fortpflanzungskampagne unter dem biblischen Motto „be fruitful and multiply" (Cañón 2007, 158) besucht der katholische Priester nach und nach die Witwen in ihren Häusern. Nach einer Weile wird jedoch klar, dass er „as sterile as a mule" (Cañón 2007, 169) ist und mithin lediglich seine Machtposition ausgenutzt hat. Der nächste Versuch der Fortpflanzung wird als „Next Generation Decree" deklariert, welches besagt, dass die vier Jungen des Dorfes eine der Witwen heiraten müssen, sobald sie ihren fünfzehnten Geburtstag feiern (Cañón 2007, 168–169). Der Priester unterstützt diese Idee der Witwen allerdings nicht, vergiftet die Jungen kurz vor der Trauung im Namen des Herrn (Cañón 2007, 195–196) und vernichtet somit die letzte Hoffnung der Bewohner*innen Mariquitas, auf natürlichem Wege Kinder zu gebären. Nach diesem zweiten Vorfall verspüren diese einen „profound distaste for Catholicism in the[ir] mouths" (Cañón 2007, 201) und beschließen, den Priester als Vertreter des Patriarchats zu verstoßen. Da ihre Männer sie in Vereinbarkeit mit patriarchalischen Wertevorstellungen misshandelt, ignoriert und diskriminiert haben (Cañón 2007, 170), sind sich die Witwen einig, nicht weiter versuchen zu wollen, sich fortzupflanzen und dem harmonischen Gefühl der Zusammengehörigkeit in ihrer neuen Gemeinschaft Vorrang einzuräumen: „[I]f not having men around meant that Mariquita had to end with the present generation, perhaps an entire generation of harmony, tolerance and love would be preferable to an eternity of misery and despair" (Cañón 2007, 170).

Nach der Vertreibung des Priesters bleibt die Kirchturmuhr stehen, da er den Schlüssel entwendet hat, um diese aufzuziehen (Cañón 2007, 202). Dieser Vorfall verändert das alltägliche Leben der Witwen, da sie fortan von der Tyrannei der Zeit befreit sind (Cañón 2007, 203). Um dem entstehenden Zeitdilemma zu entgehen, entwickeln zwei von ihnen ein neues Zeitkonzept für ihre Gemeinschaft. Dieses basiert auf dem weiblichen Zyklus (Cañón 2007, 219). Mit diesem relationalen Zeitkonzept distanzieren sich die Witwen somit deutlich vom Patriarchat und ersetzen das damit verbundene absolute Zeitkonzept. Neben der Tatsache, dass die Zeit rückwärts abläuft, sind folgende Charakteristika des neuen Konzepts auffallend: Die Begriffe ‚Monat' oder ‚Jahr' gelten als bedeutungslos und werden durch ‚Stufen' und ‚Treppen' der Selbstverwirklichung (Cañón 2007, 224) ersetzt, doch „unlike the intimidating ladders of success or fame established by men, these ladders would go down and down only" (Cañón 2007, 224). Darüber hinaus wählen die Witwen für jede Stufe eine Tugend, die sie als erstrebenswert erachten oder in deren Ausübung sie sich verbessern möchten (Cañón 2007, 224). Das relationale Zeitkonzept ebnet den Weg für das neue Selbstverständnis der Gruppe als diverse Gesellschaft ohne wirtschaftliche oder kulturell konstruierte Unterschiede zwischen ihren Bewohner*innen. Von dem Tag an, an dem der neue Zeitbegriff eingeführt wird, werden die Frauen im Roman nicht mehr als ‚Ehefrau von', ‚Tochter von' oder ‚Witwe von' bezeichnet. Sie selbst identifizieren sich also nicht mehr über die Namen ihrer Ehemänner oder Väter. In einer patriarchalischen Gesellschaft können Namen und vor allem die Identitätszuschreibung als jemandem zugehörig als ein Zeichen von machistischem Besitzanspruch gewertet werden. Nur noch mit ihrem Vornamen angesprochen, werden die Dorfbewohner*innen nun nicht mehr ausgehend von der Nicht-Existenz der Patriarchen charakterisiert und passen sich damit auch sprachlich nicht mehr in das patriarchale Rollengefüge ein. Gemeinsam erinnern sich die Dorfbewohner*innen daran, „that the first verb their mothers had taught them wasn't *to be* but *to belong*; therefore belonging would always come before being" (Cañón 2007, 170 [Hvg. i.O.]). In der entstehenden ‚Paragesellschaft' von New Mariquita erfahren sie zum ersten Mal die Bedeutung von individueller Selbstbestimmung und lernen den Wert ihres eigenen Daseins zu schätzen.

Die Dorfbewohner*innen kommen ohne ihre Männer gut zurecht, und so erweist sich die Konfrontation der neu gegründeten Gemeinschaft mit der Rückkehr einiger Männer des Dorfes, die erfolgreich aus einem Guerillalager geflohen sind, als umso herausfordernder. Unter dem euphemistischen Titel „The Men Who Asked for a Second Chance" (Cañón 2007, 309) wird das Aufeinandertreffen von Rückkehrern und der diversen Gemeinschaft im letzten Romankapitel beschrieben. Die Männer fragen zunächst die Dorfbewohner*innen nach dem Weg nach Mariquita (Cañón 2007, 312) und trauen dann kaum ihren Augen, als ihnen bewusst wird, dass sie ihr Ziel bereits erreicht haben. Die Männer versuchen sofort, den patriarchalischen Status *quo ante* wieder herzustellen, wobei sie die Dorfbewohner*innen immer noch nicht als vollwertig und ihnen ebenbürtig begreifen. Als Vertreter der ‚Mehrheitsgesellschaft' fassen sie die parallele Gemeinschaft von New Mariquita als Bedrohung auf und sehen in ihr, was Hiergeist als „ein Signum [...] der Auflösung bewährter Traditionen oder des Verlusts der eigenen Privilegien und Herrschaftsansprüche" bezeichnet (2017, 11). Als die Dorfbewohner*innen über das Schicksal der Heimkehrer beraten, lassen die Patriarchen mit emotionalen Ausrufen wie „They're living like savages. We've a lot of work to do if we want to make this town livable" (Cañón 2007, 318), „We're the only male survivors of this damned village. That's who we are! Mariquita belongs to us, and we've got to take charge again" (Cañón 2007, 319) oder „No Woman's going to tell me what to do [...]. [I want to] live in a place where women respect and obey men" (Cañón 2007, 319) ihrer Wut und ihrem Unverständnis freien Lauf. Ihre stereotypen Wertungen deuten darauf hin, dass sie in ihrem voreingenommenen und diskriminierenden ideologischen Denken nicht dazu bereit sind, die neu gewonnene Identität und Unabhängigkeit der diversen Bewohner*innen der ‚Paragesellschaft' zu akzeptieren. Sie sind nach wie vor von der längst überholten patriarchalischen Norm lateinamerikanischer Kulturen überzeugt, die Barbara Seitz wie folgt definiert: „Whatever her social class, the ideal woman, according to tradition, occupies a supportive role in her relationships with men; her primary or focal area of activity is the home; she is sensuous, loving, and submissive" (1991, 23). Nach einer gemeinschaftlichen Beratung konfrontieren die Dorfbewohner*innen die Rückkehrer mit der neuen Wirklichkeit, die sie geschaffen haben: „You see, the village which you used to live in no longer exists. You're now in New Mariquita, an independent [...] community with [...] special social, cultural and economic characteristics, and close bonds with nature" (Cañón 2007, 322). Sie kommen zu dem Schluss, dass sie nie wieder in Erwägung ziehen werden, neue Mitglieder in die Gemeinschaft aufzunehmen, wenn sie nicht sicher sind, ob diese sich ihren neu geschaffenen Gepflogenheiten, Idealen und Regeln anpassen (Cañón 2007, 323).

3 Die diverse, nachhaltige Gesellschaft von New Mariquita als ‚Paragesellschaft'

So ungewöhnlich der Beginn der Romanhandlung auf den ersten Blick erscheinen mag, er reflektiert doch die Alltagsrealität eines lateinamerikanischen Landes, das sich inmitten eines Krieges zwischen seinen Streitkräften, zersplitterten linksorientierten Guerillagruppen und rechtsorientierten paramilitärischen Verbänden befindet. Da der Staatsaufbau Kolumbiens nach den Unabhängigkeitskriegen Anfang des 19. Jahrhunderts lange Zeit scheiterte, wird es seit jeher als ‚schwacher Staat' kategorisiert und nimmt daher in Lateinamerika eine Sonderrolle ein (Hofmann und Nerb 2007, 209–210). Mit Beginn der grausamen ‚la violencia'-Periode durch die Ermordung des Liberalen Jorge Eliécer Gaitán 1948 in Bogotá wird Gewalt eine wirksame Methode zur Durchsetzung politischer Interessen (Osterling 1989, 261). Der politisch motivierte Mord setzt eine tödliche Spirale der Gewalt in Gang, die sich bis ins einundzwanzigste Jahrhundert hinein steigert und erst seit wenigen Jahren von der kolumbianischen Regierung eingedämmt wird (Hofmann und Nerb 2007, 111).

Der zeitliche Ausgangspunkt der fiktionalen Erzählung ist ein Tag im November 1992. Er fällt damit in eine Zeit, in der die Kolumbianer*innen sowohl in städtischen als auch in ländlichen Gebieten noch häufig mit gewaltsamen Übergriffen, Entführungen und dem plötzlichen Verschwinden von Familienmitgliedern, Nachbarn und Bekannten konfrontiert waren.[8] In diesem Teufelskreis der Gewalt entwickeln diametral entgegengesetzte sozioökonomische Interessen

---

[8] Laut offizieller Berichterstattung hat Kolumbien 1985 eine Bevölkerung von etwa 26,5 Millionen Bürgern. Für das Jahr 1986 werden – Tod aufgrund von Straßenkriminalität mit eingeschlossen – 11.000 Gewalttodesfälle gezählt (Osterling 1989, 265–266), es wird jedoch davon ausgegangen, dass die Dunkelziffer hier weit höher liegt.

von Landbesitzern und Bauern eine unkontrollierbare Dynamik, die zur Bildung von lokalen und regionalen Selbstverteidigungseinheiten führt, was wiederum die Gründung mehrerer linksgerichteter Guerillagruppen zur Folge hat (Hofmann und Nerb 2007, 111).[9] Diese Gruppierungen, die unterschiedliche Ziele und Strategien verfolgen, fungieren als heterogene, stark fragmentierte Macht,[10] welche ihre Interessen durchzusetzen versucht. Sie schrecken weder vor illegalem Drogenhandel, Entführungen und Erpressungen zurück, noch davor, gewaltsam mehr Personal für ihren rücksichtslosen Krieg zu rekrutieren. So lassen sie ganze Dörfer ohne männliche Bewohner zurück, was zum Entstehen sogenannter ‚Witwenstädte' führt. Im Zuge ihres *War on Drugs* beginnen auch die Vereinigten Staaten seit den 1980er Jahren in Konfliktgebieten Lateinamerikas zu intervenieren. Als Reaktion auf linksgerichtete Guerillagruppen entstehen in den 1990er Jahren rechtsgerichtete paramilitärische Vereinigungen, die von Drogenkartellen finanziell unterstützt werden. Aufgrund der schwachen Stellung der kolumbianischen Streitkräfte (Korruption, kein staatliches Gewaltmonopol) können sich die zersplitterten Parteien in einem „undeclared *internal* war" (Osterling 1989, 265 [Hvg. i.O.]) auf Mikroebene bekämpfen (Hofmann und Nerb 2007, 114–115 und 119–122).[11]

Die Entstehung von ‚Paragesellschaften' wird in als Krise wahrgenommenen Zeiten begünstigt, da sich „bisweilen beim Einzelnen oder bei kleineren oder größeren Teilen der Gesellschaft Zweifel daran [regen], ob die Staatsgewalt zur Einhaltung ihres Sicherheitsversprechens in der Lage und ob auf die Mitbürger *de*

---

9 Marxistische und prosozialistische Ideen beflügeln die bewaffnete Bauernbewegung. Diese Leitbilder werden in vielen Fällen von der Landbevölkerung übernommen (Hofmann und Nerb 2007, 112), was sich im Roman niederschlägt. Zum Beispiel scheinen die männlichen Bewohner kommunistische Versammlungen abzuhalten, von denen Mariquitas Bewohner*innen ausgeschlossen sind.
10 Die beiden größten Kräfte sind die FARC, die sich für soziale Gerechtigkeit und die Umverteilung von Eigentum einsetzt, und die ELN, die vor allem gegen multinationale Konzerne operiert (Hofmann und Nerb 2007, 113). Für weitere Informationen zu den beiden Gruppen siehe Osterling 1989, 292–300 (FARC) und 307–313 (ELN).
11 Diese gewaltreichen und scheinbar sinnlosen Kämpfe werden auch im Roman dargestellt. Jedes Kapitel endet mit einem kurzen Exkurs, in dem erzählt wird, was mit Mariquitas Männern, die im November 1992 entführt wurden, und mit anderen geschieht, die den verfeindeten Parteien angehören. Die Passagen reflektieren unter anderem das Leben von Kindersoldaten, die – nachdem ihre Eltern entführt oder ermordet wurden – keinen anderen Ausweg sehen, als sich dem Krieg anzuschließen (Cañón 2007, 17–22). Sie zeigen Grausamkeiten wie das Herausschneiden der Zungen bei überfallenen indigenen Völkern durch Guerillakräfte (Cañón 2007, 212–213) oder sie vermitteln die Gedanken eines abgehärteten kolumbianischen Soldaten, der erzählt, dass er „learned in the army [...] that the less contact you have with your victim, the easier it is to kill him" (Cañón 2007, 65).

facto Verlass ist" (Biersack et al. 2019, 6 [Hvg. i.O.]). Die im Roman durch eine politische Krise (Überfall auf und Entführung von friedlichen Zivilisten im kolumbianischen Bürgerkrieg) verursachte, davon entkoppelte zweite Krise kann durch individuelle und kollektive Identitätsfindung überwunden werden. Nachdem die Dorfbewohner*innen mehrere Monate der Hungersnot und Dürre (Cañón 2007, 25) auf sich allein gestellt durchgestanden haben, verlassen sie sich weiterhin zunächst auf vertraute Orientierungsstiftungen wie den ihnen bekannten katholischen Glauben und bitten „the Lord to send us a truck full of men" (Cañón 2007, 43). Bald jedoch ändern sie ihre Sichtweise und verfolgen das Ziel, das ehemalige Mariquita in ein Dorf „much better [...] than the men could have ever created" (Cañón 2007, 30) zu verwandeln. Da sie sich im Laufe der Zeit nicht mehr an die Gesichter ihrer Ehemänner, Brüder oder Freunde erinnern können (Cañón 2007, 93) und sie zugeben müssen, dass „their men died in their hearts" (Cañón 2007, 101), stellen die Dorfbewohner*innen schließlich fest, dass „Mariquita's problem is not the lack of men but the lack of resources" (Cañón 2007, 101). Diese Erkenntnis ermöglicht ihnen, die krisengebeutelte und zerrüttete Dorfgemeinschaft zu einer nach ihren Wertevorstellungen funktionierenden ‚Paragesellschaft' umzustrukturieren. Mit der Wahl eines nicht genauer spezifizierten Dorfes im Kolumbien der 1990er Jahre als Schauplatz der Erzählung wertet der Text die negativ konnotierte Situation um, indem er den Marginalisierten eine Stimme verleiht und die bestehenden Hierarchien auf fiktionaler Ebene invertiert. Darüber hinaus hebt die natürliche Barriere, welche das Dorf von der Außenwelt abschirmt, symbolisch den Kontrast zwischen den beiden ‚Welten' hervor: der patriarchalisch geprägten ‚Mehrheitsgesellschaft', die als negativ und sogar bedrohlich empfunden wird, sowie der diversen ‚Paragesellschaft', die als positive, funktionierende und nachhaltige Alternative präsentiert wird.

Eine weiterer Aspekt, der aufzeigt, dass *Tales from the Town of Widows* Gesellschaft neu denkt und es vermag, sich auf fiktionaler Ebene fruchtbar mit gesellschaftlich virulenten Problemen auseinanderzusetzen, ist die im Roman dargestellte Überwindung etablierter, aber nicht mehr vertrauenswürdiger Institutionen. Wie Martin Biersack et al. in der Einleitung zum Band *Parallelgesellschaften. Instrumentalisierungen und Inszenierungen in Politik, Kultur und Literatur* formulieren, wird das Entstehen einer ‚Paragesellschaft' dadurch begünstigt, dass sich gesellschaftlich etablierte Institutionen in einer Vertrauenskrise befinden (2019, 9). Im Roman werden die Struktur des Patriarchats und die damit verbundene Institution der katholischen Kirche als nicht länger vertrauenswürdig dargestellt. Das Vertrauen der Dorfbewohner*innen in die Patriarchen, in den katholischen Priester und in das absolute Zeitkonzept, welches – ebenso wie die Ausübung des katholischen Glaubens – als eine ideologisch und gesellschaftlich konstruierte Fessel erscheint, die nun endlich gelöst werden kann, schwindet. Lösungsstrategien für das Überwinden der Krise, die den sozialen und gesellschaftlichen Ansatz der ‚Mehrheitsgesellschaft' unterstützen, werden nach unerfreulichen Zwischenfällen wie den Fortpflanzungskampagnen nicht mehr angenommen. Da die Ablösung vom Patriarchat schrittweise und nicht plötzlich erfolgt, beleuchtet die Romanhandlung besonders deutlich, welche Strukturen als überholt gelten und somit einen klaren Unterschied zur sich im Aufbau befindenden ‚Paragesellschaft' darstellen. Neben dem ethisch korrumpierten Priester als Vertreter des katholischen Glaubens ist auch das absolute Zeitkonzept in den Wertevorstellungen der diversen ‚Paragesellschaft' nicht mehr akzeptabel. Ein wichtiges Merkmal des neuen Konzepts ist, dass die Zeit in New Mariquita rückwärts fließt. Die naheliegende Idee dahinter vermag Leser*innen zu überraschen: „[W]hen time moves backward, people have a chance to change the course of their lives!" Mit diesem Konzept, so die Dorfbewohner*innen, „[w]e'll go back in time, fix the many problems there are in our history, and create a prosperous future for all of us" (Cañón 2007, 221). Was anfänglich etwas naiv anmuten mag, reift zur Überzeugung heran, dass sich eine diverse Gesellschaft, in der sozial geschaffene, auf Genderdifferenz beruhende Ungerechtigkeiten abgeschwächt werden, durchaus entfalten kann. Weiterhin kann das Einsetzen des neuen Zeitkonzepts auch als Kritik am linearen Fortschrittsgedanken gelesen werden. Die Dorfbewohner*innen kehren der von der ‚Mehrheitsgesellschaft' angenommenen Progressivität, die nur eindimensional verstanden wird und die Geschichte(n) von benachteiligten Minderheiten wie Frauen oder LGBTQ marginalisiert oder überschreibt, aktiv den Rücken. Indem sie das absolute Zeitkonzept umkehren und für ihr Zusammenleben ein neues konzipieren, in dem die Zeit rückwärts läuft, spalten sie sich auch in diesem Punkt auf fast reaktionäre Weise von der ‚Mehrheitsgesellschaft' ab. Die nachvollziehbare Haltung der fiktiven Charaktere unterstreicht das Potential der literarischen Utopie und der in ihr dargestellten imaginären ‚Paragesellschaft'. Indem die Erzählung aufzeigt, dass ein kleiner Zwischenfall – nämlich die Tatsache, dass die Kirchturmuhr nicht mehr funktioniert – die politische Stoßrichtung und den gesellschaftlichen Fokus einer Gesellschaft verändern kann, veranlasst sie Leser*innen, eigene soziale Missstände zu reflektieren und darüber nachzudenken, wie diese möglicherweise überwunden werden könnten.

Nachdem sie verschiedene Modelle des Zusammenlebens erprobt und nach und nach gesellschaftliche Positionen wie die der Bürgermeisterin, der Polizeibeamtin oder der Richterin als Überbleibsel eines patriarchalischen und von Männern dominierten Mariquita abgeschafft haben, finden die Dorfbewohner*innen die für sie am besten funktionierende, sozialistisch-autarke Form eines friedlichen und diversen Konvivialismus. *Tales from the Town of Widows* verhandelt somit literarisch, was Biersack *et al.* als dynamische Gesellschaft bezeichnen, die keine ontologische Entität darstellt, sondern vielmehr stets erarbeitet wird (2019, 12). Dabei unterstreicht der utopische Roman den Gedanken – und macht somit auch Leser*innen deutlich –, dass gesellschaftliche Veränderung ein möglicher, aber langanhaltender Prozess ist, der beständig ausgehandelt werden muss. Als präsentischer Einschub in die eigentliche Erzählung im epischen Präteritum erklärt der heterodiegetische Erzähler, wie die Alternative zur ‚Mehrheitsgesellschaft' organisiert ist:[12]

> The community of New Mariquita has no chief or council. Major decisions are reached by consensus, in a participatory, inclusive decision-making process that allows all ninety-three residents to have a voice. The smaller, sun-to-sun decisions are made by the caretaker of each particular area. For instance, every house has a meal caretaker and a helper. They cook all three meals and make sure their housemates get all the food they need. Supplies of food for each kitchen are equally distributed by the store caretaker, who also threshes or husks grain, dries any surplus of meat and fish, and stores all sorts of food in large jars made of clay. In a like manner farm products are collected and brought to the store by the farm caretaker. She oversees the communal farm, the planting and harvesting of crops, and, with input from the community, decides what produce and animals need to be raised. Every caretaker position, every task and small chore, is rotated among the villagers on a rungly[13] basis. Wool and cotton are allotted to old women, who are charged with the task of spinning and weaving. Everyone acts on her own, but if a woman (or Santiago Marín) has a problem, she is encouraged to bring the issue to the community consensus process. (Cañón 2007, 321)

Vor allem die starken sozialen Bindungen, die auch homosexuelle Beziehungen einschließen, sowie der dynamische und flexible Prozess der Gründung der nachhaltigen, diversen und autarken Gemeinschaft geben den Dorfbewohner*innen bei Rückschlägen Halt. Befähigt durch ein starkes Gemeinschaftsgefühl und durch die Erkenntnis, dass sie das Recht haben, ihre eigenen Entscheidungen zu treffen (Cañón 2007, 159), finden die einzelnen Dorfbewohner*innen ihre Stimme und sind so in der Lage, ihre individuelle und kollektive Meinung zu artikulieren. Selbst als die Rückkehrer unter Androhung von Gewalt nicht akzeptieren wollen, dass in der alternativen Gesellschaft andere Regeln herrschen, stehen die Dorfbewohner*innen zusammen und vertreiben diejenigen, die ihre neu gewonnene Freiheit und Identität untergraben möchten. Im Allgemeinen kann die Ankunft

---

12 Die Verwendung verschiedener Zeitformen stellt den fiktionalen Status des Romans auf die Probe, da sie nicht nur auf den Leseprozess anspielen, sondern darüber hinaus suggerieren, dass eine ‚Paragesellschaft' wie New Mariquita tatsächlich existieren könnte.
13 Wie beschrieben, werden einige Begriffe des Zeitkonzepts der ‚Mehrheitsgesellschaft' im neuen Zeitkonzept des Dorfes durch andere ersetzt. Es gibt nun statt Monaten und Jahren „‚rungs' and ‚ladders' to self-improvement" (Cañón 2007, 224). Der Neologismus ‚rungly' leitet sich somit von *rungs* ab.

der rückkehrenden Patriarchen als ein zweischneidiges Schwert betrachtet werden. Einerseits stellen die Männer mit ihrer überholten patriarchalischen Haltung und Denkweise eine Bedrohung für die diverse ‚Paragesellschaft' dar. Auf der anderen Seite kann ihre Rückkehr auch als Chance gewertet werden, da sich die Dorfbewohner*innen in den Jahren ihrer Abwesenheit nicht fortpflanzen konnten. Das Ultimatum und die Bedingungen, die die Dorfbewohner*innen stellen, können als Antwortmöglichkeit auf die kulturelle und soziale Situation in Kolumbien gewertet werden, die Frauen und LGBTQ zum Schweigen bringt, sie unsichtbar macht, sie diskriminiert, sie verletzt und ihnen passive Rollen und somit keine eigenen Identitäten zuschreibt. New Mariquitas Bewohner*innen zufolge ist „[e]quality between individuals and between the sexes [...] number one" (Cañón 2007, 332), weshalb sie einsichtigen Rückkehrern eine zweite Chance geben und ihnen ermöglichen, mit ihnen nach den Regeln der diversen und nachhaltigen ‚Paragesellschaft' zu leben.

4 Abschließende Worte

Elaine Showalter zufolge ist der Wunsch nach einer klaren Definition von Gender in Zeiten von kultureller und politischer Unsicherheit und Krise besonders groß (1990, 4). *Tales from the Town of Widows* befasst sich mit einer solchen Periode hoher kultureller Unsicherheit, die auf gesellschaftlich tradierten Genderoppositionen beruht und zusätzlich auch aus den Grausamkeiten des Bürgerkriegs in Kolumbien resultiert. Eines der Schreckensszenarien dieses Krieges ist sicherlich das plötzliche Auftauchen von Witwenstädten, in denen nach einem Überfall durch kommunistische Guerilla-Gruppen oder paramilitärische Kräfte und der Entführung oder Ermordung der männlichen Bewohner meist nur Bewohner*innen zurückgelassen werden. James Cañóns fiktionaler Vorschlag für ein produktives, diverses Miteinander eröffnet einen Dialog, in dem binäre patriarchalische Oppositionsstrukturen durchbrochen werden. Mit seiner „ability to encapsulate epic political history into poignant poetic prose" (Uchmanowicz 2006) macht er auf die problematische gesellschaftliche Wirklichkeit von kolumbianischen Frauen und LGBTQ aufmerksam, die unabhängig von ihrem sozialen Status marginalisiert und diskriminiert werden. In ihrer die patriarchalischen Grenzen überschreitenden Sehnsucht nach einer klaren Definition von Gender schließen die Dorfbewohner*innen das im Patriarchat stigmatisierte ‚Andere' niemals aus. Im Gegenteil: In New Mariquita werden weder Gender- noch etwaige kulturelle Differenzen als Hindernis gesehen, da in der neu geschaffenen ‚Paragesellschaft' nicht Divergenz, sondern Diversität und Heterogenität großgeschrieben werden und das nicht-anthropozentrische Verhältnis zwischen Mensch und Natur in den Vordergrund gestellt wird. Indem er sich gesellschaftskritisch gegenüber der gegenwärtigen kulturellen und patriarchalischen Starrheit positioniert (Tangney 2001, 44) und von der ‚Mehrheitsgesellschaft' ungenutzte Potenziale ausschöpft, stößt der Roman ein Umdenken sowie eine (Neu-)Imagination anderer, funktionierender Gesellschaftsformen an und trägt somit aktiv dazu bei, Gesellschaft neu zu denken. Dabei führt er Leser*innen vor Augen, dass Gesellschaft keineswegs ein ontologisches, nicht veränderbares Konstrukt ist, sondern dass ein dynamischer, von Rückschlägen geprägter Entwurf neuer Wertvorstellungen und Verhaltensweisen für soziale Transformation entscheidend ist.

Bibliographie

Aubès, Françoise. „Si loin, si près: Diaspora et globalisation chez les écrivains transnationaux". *América: Cahiers du CRICCAL* 39 (2010): 23–29.
Biersack, Martin, Teresa Hiergeist und Benjamin Loy. „Das Leben der Anderen. Historische, soziologische und narrative Dimensionen paralleler Sozialität". *Parallelgesellschaften. Instrumentalisierungen und Inszenierungen in Politik, Kultur und Literatur* (Romanische Studien, Beihefte 8). Hg. Martin Biersack, Teresa Hiergeist und Benjamin Loy. München: AVM, 2019. 5–17.
Cañón, James. *Tales from the Town of Widows*. London: Harper Perennial, 2007.
Cañón, James. „Mariquita". *The Novelist's Lexicon. Writers on the Words That Define Their Work*. Hg. Villa Gillet. New York: Columbia University Press, 2011. 65–66.
Hiergeist, Teresa. „Selbst, anders, neu. Reflexionen zu den kulturellen und ästhetischen Bedeutungen von ‚Parallel- und Alternativgesellschaften'". *Parallel- und Alternativgesellschaften in den Gegenwartsliteraturen*. Hg. Teresa Hiergeist. Würzburg: Königshausen & Neumann, 2017. 7–24.
Hofmann, Aletta und Tobias Nerb. „Kolumbien: Zwischen Guerillakrieg, Drogenkartellen und Reststaatlichkeit". *Wenn Staaten scheitern. Theorie und Empirie des Staatenzerfalls*. Hg. Alexander Straßner und Margarete Klein. Wiesbaden: VS, 2007. 109–130.
Klarer, Mario. *Frau und Utopie: feministische Literaturtheorie und utopischer Diskurs im anglo-amerikanischen Roman*. Darmstadt: Wissenschaftliche Buchgesellschaft, 1993.
Layh, Susanna. *Finstere neue Welten. Gattungsparadigmatische Transformationen der literarischen Utopie und Dystopie*. Würzburg: Königshausen & Neumann, 2014.
m.A. *Convivialist Manifesto. A Declaration of Interdependence* (Global Dialogues 3). Duisburg: Käte Hamburger Kolleg/Centre for Global Cooperation Research (KHK/GCR21), 2014.
McDowell, Lila Cole. *The Utopian Impulse in Chilean and Mexican Novels 1990–2005*. University of California: Dissertation, 2008.
Osterling, Jorge P. *Democracy in Colombia. Clientelist Politics and Guerrilla Warfare*. New Brunswick: Transaction Publishers, 1989.
Pfaelzer, Jean. *The Utopian Novel in America 1886–1896: The Politics of Form*. Pittsburgh: University of Pittsburgh Press, 1984.

Quiñones Mayo, Yolanda und Rosa Perla Resnick. „The Impact of Machismo on Hispanic Women". *AFFILIA* 11.3 (1996): 257–277.
Relf, Jan. „Women in Retreat: The Politics of Separatism in Women's Literary Utopias". *Utopian Studies* 2.1/2 (1991): 131–146.
Romaine, Suzanne. *Communicating Gender*. London: Routledge, 1999.
Schölderle, Thomas. *Utopia und Utopie. Thomas Morus, die Geschichte der Utopie und die Kontroverse um ihren Begriff*. Baden-Baden: Nomos, 2011.
Seitz, Barbara. „Songs, Identity, and Women's Liberation in Nicaragua". *Latin American Music Review/Revista de Música Latinoamericana* 12.1 (1991): 21–41.
Showalter, Elaine. *Sexual Anarchy: Gender and Culture at the Fin de Siècle*. New York: Viking, 1990.
Tangney, ShaunAnne. „Brave New Girls: Female Archetypes, Border Crashing, and Utopia in Kate Braverman's *Palm Latitudes*". *Rocky Mountain Review of Language and Literature* 55.1 (2001): 43–61.
Uchmanowicz, Pauline. „Book Review: Tales from the Town of Widows". *Chronogram*. 27. Dezember 2006. https://www.chronogram.com/hudsonvalley/book-review-tales-from-the-town-of-widows-and-chronicles-from-the-land-of-men/Content?oid=2171924 (20. August 2020).
Werder, Peter R. *Utopien der Gegenwart. Zwischen Tradition, Fokussierung und Virtualität*. Zürich: Seismo, 2009.

Lars Koch und Julia Prager
Neben, entlang, ent-gegen: Fluchtbewegungen, Stillsetzungen und Fortgänge pandemischer Versammlungsdynamiken von Theater und Protest

Mehr noch als eine bestimmte Positionierung zeigt *para* – aus dem Griechischen kommend und so viel wie ‚neben, entlang, ent-gegen' meinend – relationale Bewegungen an. Die spezifische Relationalität dieser Verlaufsformen ergibt sich aus ihrem dependären wie auch widerständigen Verhalten, mit anderen Bewegungen mitzuziehen oder ihnen auch entgegenzulaufen. Das Nachdenken über gesellschaftliche Konstellationen mit der „Denkfigur"[1] von ‚Paragesellschaften' einzuleiten, bringt damit einen Widerstand gegen eine Vorstellung von scheinbar kontinuierlich verlaufenden Prozessen der Kollektivierung oder statisch gedachter Kollektive zum Ausdruck, wie sie etwa eine begriffliche Setzung der ‚Parallelgesellschaft' suggeriert (vgl. van Eikels 2013, 12; Hill 2016). Gerade mit Blick auf gegenwärtige Modulationen zweier divergierender Versammlungsformen, dem Theater einerseits und Protestbewegungen andererseits, bietet der mediale Diskurs eine Fülle von Bezeichnungspraktiken auf, um in mehr oder weniger diffamierender Weise die jeweils Versammelten zu kollektivieren und dergestalt ‚parallelgesellschaftlich' zu rahmen: So werden Theaterhäuser und ihre jeweiligen Publika etwa unter dem Begriff der „demokratisch-linken Filterblase" einer Suggestion von ‚Realität', ‚Common Ground' und ‚Mehrheitsgesellschaft' entrückt (vgl. u. a. Fiedler 2017; Wolf 2018).[2] Seit Beginn der Covid-19-Pandemie sehen manche das Theater aufgrund unterschiedlich streng umgesetzter Abstandsregeln in gesellschaftlichen Räumen, die die Häuser merklich von anderen Orten gesellschaftlichen Lebens distanzieren, sogar vollends zur „Eliteanstalt" verkommen (vgl. Hierholzer 2020). Eine strukturell ähnliche Distanzierung von Teilhabenden ‚der' Gesellschaft vollzieht sich aber auch in der medialen Bezeichnungspraxis der merkwürdig heterogenen Versammlung jener, die geschlossen gegen die ‚Corona-Maßnahmen' auf die Bühne der Straßen und Plätze treten, wenn sie im noch ver-

---

[1] Zum performativen Wissens-Potential von Denkfiguren vgl. insbesondere Haitzinger und Fenböck 2010.
[2] Für das Verhältnis von politischem Theater und *safe space* vgl. unter anderem Malzacher 2020.

harmlosenden Jargon der BILD-Zeitung als „Chaoten", im breiteren Medien-Echo als „Corona-Leugner" oder mitunter als „Covidioten" kollektiviert werden (vgl. beispielhaft *Bild online* 2020; Kiyak 2020; *Spiegel online* 2020).

Indessen ermöglichen die Bewegungen der freigestellten Vorsilbe *para* es, entgegen einer einfachen Kollektivierung und diskursiven Abspaltung von Gruppierungen jenen mitunter paradoxalen medialen, politischen, körperlichen wie affektiven Dynamiken nachzuspüren, die wir nicht als Ausnahme, sondern als Konstituens von Aushandlungen des Gesellschaftlichen verstehen wollen. Unter der Perspektive ‚paragesellschaftlicher' Dynamiken – so lautet unsere grundlegende Annahme – lassen sich Praktiken des Versammelns im Umfeld des Theaters und Protests zu pandemischen Zeiten innerhalb konkreter medial-räumlicher Konstellationen von Gesellschaft verorten und auf ihre (ab)spaltenden wie einenden Wirkweisen hin befragen. Ausgehend von Hannah Arendts Verständnis von Gesellschaft als Form interdependären Zusammenlebens, das sich nicht nur in Relation zu einer als Öffentlichkeit gefassten Sphäre verhält, sondern diese immer auch neu hervorbringt, wollen wir in diesem Beitrag zwei gleichsam ‚coronabedingte' und dennoch uneinholbar divergente Phänomene gemeinsam verhandeln: zum einen den Rückzug des Theaters und seiner Körper in den virtuellen Raum; zum anderen die auf körperliche Präsenz beharrenden und gegen die zum Schutz ‚der' Gesellschaft eingeführten Maßnahmen gerichteten Protestbewegungen. Mit und gegen Arendt fragen wir anhand konkreter Situationen nach den Transformationen von Öffentlichkeit und Privatheit bzw. von Intimsphäre, die ‚paragesellschaftliche' Dynamiken im bisherigen Zeit-Raum der Pandemie evozieren.

Von einer Momentaufnahme der Theatersituation aus stellen wir unsere Überlegungen im Verlauf jener drei Bewegungsformen an, die das Bedeutungsspektrum von *para* aufspannen und sich gewissermaßen auch als Chronologie der ‚pandemischen'[3] Versammlung einsetzen lassen.

---

3 Wir verwenden den Ausdruck hier und im Folgenden in Anlehnung an die Online-Konferenz zum ‚Postpandemischen Theater', die vom 11.–13. November 2020 als Kooperation des Literaturforums im Brecht-Haus Berlin und der Heinrich Böll Stiftung ausgetragen wurde und sich mit dem Theater *nach* der Pandemie auseinandersetzte. Wir fokussieren in diesem Beitrag jedoch auf theatrale, aber auch politische bzw. populistische Versammlungsformen *während* der Pandemie, wobei die adjektivische Bezeichnung auf das für diese Formen konstitutive Moment der ‚Corona-Krise' und die Maßnahmen ihrer Eindämmung abhebt.

1 neben

Mit Beginn der Pandemie und der Maßnahmen ihrer Eindämmung schien das Theater nicht allein am Rand des Geschehens, sondern vielmehr noch neben sich zu stehen. Als Körperkunst, als Kunst einer (wenn auch immer schon in Frage stehenden) Anwesenheit (vgl. u. a. Lehmann 1999, 13–14; Menke 2015; Siegmund 2015) gehörte es zu jenen Sparten gesellschaftlichen Lebens, die radikal stillgesetzt wurden. Damit wurde es auch seiner spezifischen künstlerisch-politischen Handlungsfähigkeit beraubt, besonders schnell auf das politische Geschehen zu reagieren. Dass gerade die zwangsverordnete Entschleunigung des Theaters zu einer breiteren Diskussion um ökonomische Bedingungen des niemals stillstehenden Betriebs vor dem Hintergrund einer letztlich auf Ausbeutung basierenden Kunstpolitik führten, war zu diesem Zeitpunkt noch nicht absehbar (vgl. u. a. Meier 2020).

Was zunächst beobachtbar wurde, war eine andere (ökonomische) Bewegung des Theaters, eine Art Rückzug in ein selbst-repräsentatives mediales Format – nicht das eines virtuellen Theaters, sondern eines des Speicherns und Abrufens, des Konsums. Viele Häuser boten eine Vielzahl an aufgezeichneten, mitgeschnittenen oder filmisch begleiteten Aufführungen zum Streaming an, was auch zur Folge hatte, dass dem Theater insofern neue Relevanz zuzukommen schien, als vermehrt Personen die Aufzeichnungen ansahen, die sonst eher selten oder sogar nie Aufführungen besuchten (vgl. Freund 2020).[4]

Nun lässt sich allerdings fragen, ob das denn überhaupt noch Theater sein konnte, was hier zu sehen war. Aufgezeichnet und seiner medialen Situation einer Versammlung von Körpern entrückt, schien das Theater seine es hervorbringende Flüchtigkeit zu einem gewissen Grad auf Dauer zu stellen – zumindest bis zum angekündigten Ablauf der Verfügbarkeit des Online-Streams. In paradoxer Weise schien es sich in seiner Flucht vor seiner Flüchtigkeit selbst auszusetzen, um in Erinnerung zu bleiben, um Aufmerksamkeit auf sich zu ziehen; vielleicht auch, um (sich) in die privaten Räume auszustrahlen, häusliche Isolation zu entgrenzen oder sogar Sorge zu tragen und damit in anderer Weise wirksam zu werden. Möglich scheint aber auch, das hier Gezeigte nicht nur als Ausdruck einer Erinnerung und zwangsverordneten Pause, sondern auch als Exposition von Flucht zu perspektivieren. Folgt man den Ausführungen Bettine Menkes und Juliane Vogels, dann bleibt die für die Eröffnung des theatralen

---

4 Diese Auffassung teilen die Ko-Autor*innen mit Bezug auf Befragungen der Studierenden, die an Online-Seminaren teilnahmen, in deren Rahmen auf das Online-Angebot der Theaterhäuser zurückgegriffen wurde. Andere Stimmen widersprechen hingegen der Ansicht, dass Streaming-Dienste neue Zuschauer*innen zu gewinnen vermögen (vgl. hierzu Glaap 2020).

Raums konstitutive Bewegung des antiken Theaters, das in seinen Tragödien Flucht bzw. Ankommen verhandelt und gerade erst verhandelbar macht, an ein strukturelles Moment der Flucht gekoppelt (vgl. Vogel und Menke 2018, 10–11). Die Auftritts- und Realisierungsform wird exponiert als jene des Kommens und Gehens. Gerade mit Blick auf die antiken Tragödien zeigt sich das Theater als „transitorischer Raum", in dem die Personen – in einer Wendung Walter Benjamins – „fliehend auftreten" (Vogel und Menke 2018, 10; Benjamin 2009, 72). Auch wenn die ‚Flucht' des pandemischen Theaters ins Virtuelle von anderen Fluchtbewegungen differenziert werden muss, so lässt sich die ebenso medienstrukturelle wie auch kunstpolitische Einsicht, dass Flucht, Jagd und Vertreibung die „Rückseite der Szene" (Vogel und Menke 2018, 10) bilden, dennoch auf die Situation der virtuellen Ausstrahlung übertragen, insofern, als das, was auf dem Screen zu sehen war, von einer Flucht herkommt und zeugt. Dieses Gedankenspiel erlaubt einen weiteren Blick nicht nur auf die Prekarität einer Kunstform, die auf dem Körper und auf den damit verbundenen ökonomischen Existenzen gründet, sondern auch auf dem Ort des Theaters als konkretem Schutz- und Aufenthaltsraum für Fliehende. Während sich das Theater in den Jahren 2014 und 2015 zunehmend als eben ein solcher Raum etablierte, findet seine aktuelle Beschränkung und Virtualisierung auch vor dem Hintergrund des – um nur ein derzeit medial bedientes Beispiel zu nennen – niedergebrannten Lagers Moria auf Lesbos statt. Ein Ort, der das Fliehen im Übrigen nicht beendete, sondern nur für einen Moment lang auf katastrophale Weise stillstellte.

Anfangs war noch nicht absehbar, in welcher Weise der virtuelle Raum zu einem temporären Aufenthaltsort des Theaters werden könnte oder wie die Möglichkeit der technischen Entgrenzung der Szene zu seiner eigenen Theatralisierung beitragen würde. Was vom geflüchteten Theater hinter dem fortlaufenden Stream zunächst vernehmbar war, bezeichnet der japanische Künstler Taro Izumi als „weißes Rauschen", also als jenes physikalische Phänomen der Überlagerung von Frequenzen, an dem sich ablesen lässt, dass die totale Stille nicht existiert, auch wenn die menschliche Wahrnehmung dies so empfinden mag. Für eine Multimedia-Installation im Baseler Museum Tinguely sammelte Izumi Tonaufnahmen aus Hunderten wegen des Corona-Lockdowns stillgelegten Theatersälen, die er zum „White Noise-Tutti" zusammenstellte. Auf diese Weise verlieh er der Corona-Pandemie Töne, die nicht allein unangenehm „klingen", sondern in besonderer Weise den Blick für den Verlust des Körperlichen öffnen: Eingepackt in eine raumfüllende Installation hinter einer durchbrochenen Postfach-Wand evozieren die Töne erst das Schauen in einen diffus ausgeleuchteten Theatersaal, der in seiner Verlassenheit auf seine Wiederbelebung warten muss. Gleichzeitig sind auf Videobildschirmen Esswaren zu sehen, die im Kühlschrank auf die Zubereitung warten. Im ausgestellten Warten, das sich hinter dem zu Schauenden verbirgt, sich hier jedoch klanglich aufdrängt und die Szene dominiert, wird die Unabgeschlossenheit der Flucht des Theaters, seine Prekarität erfahrbar;[5] das Theater wird im kulturpolitischen wie ökonomischen Sinn zur ‚verderblichen Ware'.[6]

Während also die theatrale Versammlung schlicht ausgesetzt und in einen Wartezustand versetzt wurde, ließ sich die Versammlungsfreiheit der Straße schnell zurückfordern: Schon Mitte April, noch im Verlauf der sogenannten „ersten Welle" der Pandemie, hatte das Verfassungsgericht Karlsruhe mit Bezug auf eine zunächst behördlich untersagte Demonstration in Hessen klargestellt, dass die Versammlungsfreiheit trotz Pandemie nicht „verletzt" werden dürfe (vgl. *Zeit online* 2020). Diejenigen, die hier den öffentlichen Raum qua körperlicher Anwesenheit reklamieren wollten, waren Personen, die unter dem Motto „Gesundheit stärken statt Grundrechte schwächen – Schutz vor Viren, nicht vor Menschen" gegen die Schutzmaßnahmen zur Eindämmung der Pandemie antraten. Damit beanspruchten sie eine Freiheit für sich, die zunächst zu den Grundrechten demokratischer Beteiligung gezählt werden kann, wie sich jenem kleinen Absatz aus dem Brokdorf-Beschluss von 1985, der Leitentscheidung zur Demonstrationsfreiheit, entnehmen lässt: „Das Recht, sich ungehindert [...] zu versammeln, galt seit jeher als Zeichen der Freiheit, Unabhängigkeit und Mündigkeit des selbstbewußten Bürgers" (Brokdorf Beschluss 1985, C I/2). Dieses Recht, so heißt es an dieser Stelle auch, sei eines der „vornehmsten Menschenrechte überhaupt", ein unentbehrliches Funktionselement des demokratischen Gemeinwesens (Brokdorf Beschluss 1985, C I/2/a). In Anbetracht dieser Zeilen fallen paradoxale Dynamiken ins Auge, die in der pandemischen Situation nicht neuerdings, sondern lediglich verstärkt das Dilemma einer von Souveränität, Rationalität und Universalität geprägten Sprache zur Erfassung gesellschaftlichen Zusammenlebens ausstellen: Zunächst fällt die Vereinzelung „des Bürgers" auf, der gleichzeitig aber auch als Teil eines Kollektivs und darüber hinaus eines Gemeinwesens angesehen wird. Die überaus pathetische Wendung des „Vornehmen" untergräbt nicht allein den nüchternen Grundton des Beschlusses, sie scheint zudem eine Wertung respektive eine Bedingtheit des individuellen wie kollektiven Handelns einzuziehen. In den weiteren Ausführungen des Beschlusses wird dezidiert auf die Körperlichkeit der Versammlungsfreiheit abgehoben, hinter die das in der Regel die Meinungsfreiheit kennzeichnende „argumentative Moment" zurücktritt (Brokdorf Beschluss 1985, C I/2/a). Daraus folgt die Begründung: „[D]ie Gefahr, dass solche Meinungskundgaben demagogisch mißbraucht und in fragwürdiger Weise emotionalisiert werden können", dürfen nicht maßgeblich für die Einschätzung und damit auch nicht für die

---
5 Vgl. hierzu auch die Ausstellungsankündigung sowie Spirgi 2020.
6 Für diese feinsinnige Beobachtung danken wir Agnes Bidmon.

Beschränkung der Versammlung sein (Brokdorf Beschluss 1985, C I/2/a). Das undefiniert bleibende Vornehme scheint hier weiterhin mitzuschwingen und damit als Grundhaltung „des Bürgers" und seiner im Demonstrieren ausgedrückten Emotionalität vorausgesetzt. Es trägt, neben seiner Bedeutungsdimension des Gewichtigen und Erstrangigen, auch das Rücksichtsvolle, Dezente oder Feinfühlige in den sprachlichen Diskurs des körperlichen Versammelns ein. In der pandemischen Situation tritt nun diese Schwierigkeit, eine spezifisch rational gerahmte Haltung dem körperlichen Ausdruck von Freiheit, Meinung, Emotionalität etc. vorauszusetzen, deutlich hervor und damit auch die Komplexität von Gesellschaft als Form körperlich konfrontativen Zusammenlebens.

Eindrücklich zeigte sich diese Problematik in der „Versammlung für die Freiheit" am 29.08.2020 in Berlin, die von der Stuttgarter Initiative „Querdenken 711" mit 22.500 Teilnehmer*innen angemeldet wurde, um gegen die verordneten Schutzmaßnahmen (insb. Maskenpflicht und Abstandsregeln) in emphatisch körperlicher Weise zu demonstrieren. Die Berliner Versammlungsbehörde hatte die „Kundgebung" zunächst verboten, da davon ausgegangen wurde, „dass es bei dem zu erwartenden Kreis der Teilnehmenden zu Verstößen gegen die geltende Infektionsschutzverordnung kommen wird" (Pressemitteilung des Berliner Senats vom 26.08.2020). Auch dieser Entscheid wurde – hier durch das Berliner Verwaltungsgericht – gekippt. Im Verlauf der Demonstration kam es schließlich zu jenem – bereits in den sozialen Medien über den „#Sturm auf Berlin" vorbereiteten – symbolträchtigen Vordringen von zum Teil dezidiert rechtsradikal markierten Demonstrierenden zum Reichstag. Die Situation entgrenzte sich ein weiteres Mal medial, indem im hohen Maße provozierende Bilder von Reichsbürgerflaggen, die dort triumphal in Szene gesetzt wurden, virale Verbreitung erfuhren und eine Welle der Empörung auslösten. Bundestagspräsident Wolfgang Schäuble mahnte die Demonstrierenden: „Nach diesen Szenen sollte der Letzte verstanden haben, dass es auch Grenzen des Anstands gibt, wie weit man mitträgt, wer mit einem mitläuft" (Schäuble zit. nach *Süddeutsche Zeitung* online 2020). Seine Aussage rief nicht nur erneut den Anstand (eine Variation des Vornehmen) als Voraussetzung des Demonstrierens auf, sondern transformierte die Bewegung des kollektiven Protests nachhaltig in ein totalitär aufgeladenes „Mitlaufen".

Der medial inszenierte Sturm auf den Reichstag war sicher skandalös. Das eigentliche Skandalon bestand hier aber nicht vordringlich darin, dass „Hippies" neben Kapitalismusgegner*innen, neben Reichsbürger*innen, neben QAnon Anhänger*innen wie auch neben einer diffusen Gruppe ‚besorgter Bürger*innen' demonstrierten, also mehr oder weniger reflektiert „mitliefen". Vielmehr offenbarte es sich in der ostentativ zur Schau gestellten Ignoranz gegenüber der virologischen Einsicht, dass die spezifische Art und Weise der performativen Aufführung einer „Meinung" ohne Abstand und Maske potenziell eine Gefährdung der Andersdenkenden und -handelnden nach sich ziehen, andere womöglich in Lebensgefahr bringen könnte. Die konkrete körperliche Bewegung ließ den artikulierten Anspruch auf „Meinungsäußerung" noch vor der Äußerung ideologischer Forderungen totalitär werden.

Im weiteren Verlauf der Pandemie formierten sich Protest und Theater somit als zwei konträre Bewegungen, die sich entlang der beiden Paradigmen Insistenz der Körper im Öffentlichen auf der einen Seite und ihrem Entzug ins Virtuelle und Private auf der anderen entwickelten.

Im Folgenden wollen wir mit Blick auf den Protest gegen die sogenannten „Corona-Maßnahmen" fragen, inwieweit die beanspruchte Versammlungspraxis einer körperlichen Inanspruchnahme von Freiheit vordergründig Bezüge zu Protestaktionen anderer – wenn auch in sehr differenter Weise – marginalisierter Gruppierungen herstellen. Insofern eine solche Praxis zu den grundlegenden Modi kritischer Versammlungstheorie zählt (vgl. etwa Butler 2015), steht besonders in Frage, inwiefern eine solche Parallelführung tragfähig ist.

2 entlang

Vor nunmehr dreizehn Jahren – also lange bevor die coronabedingte Distanzierung von Körpern im öffentlichen Raum den Alltag in den USA berührte – diskutierten Judith Butler und Gayatri Spivak am Beispiel der Versammlungen illegaler Einwander*innen über die Wirkmacht gemeinsamer Aktionen versammelter Körper, die zwar aufgrund ihrer Arbeitsleistung als Pfleger*innen, Gärtner*innen, Reinigungskräfte etc. genuiner Bestandteil des gesellschaftlichen Lebens waren, gleichzeitig aber nicht als Teil der US-amerikanischen Gesellschaft anerkannt wurden. Konkret interessierten sich Butler und Spivak für die in den Augen der Regierung skandalöse Aktion, die US-amerikanische Hymne auf Spanisch zu singen (vgl. insb. Butler und Spivak 2007, 41–47). Die titelgebende Frage „Who Sings the Nation-State" des schmalen Gesprächsbandes spricht eben diese performative Aktion an, wobei die Schreibweise darauf aufmerksam machen soll, wie die Nation dem Staat im Zeichen des trennenden wie auch verbindenden Bindestrichs entrückt wird, um in diesem Raum einen Verhandlungsort körperlicher Aushandlung oder auch der Beanstandung einer marginalisierten ‚Parallelexistenz' auszumachen (vgl. Butler und Spivak 2007, 2). Mit zum Teil kritischem Bezug auf Hannah Arendts Konzeption eines „concerted exercise" (Butler und Spivak 2007, 21) formulieren sie „Freiheit" als gemeinsame Aktion des Ausübens eines Rechts, das bestimmten Personen zwar verwehrt bleibt, aber dennoch von diesen aufgeführt wird, und loten damit performative Formen des Aufbegehrens oder – in der Diktion Foucaults – der Entunterwerfung aus. Wo aber liegt der Unterschied dieses Protests damals zu den heutigen Protesten derjenigen, die im Demonstrieren gegen die Pandemie-Maßnahmen für sich etwas einfordern, was sie „Freiheit" nennen?

In ihrer die körperliche Dimension akzentuierenden Lesart von Arendts performativer Theorie des Handelns sehen Spivak wie Butler den politischen Raum als einen „transponiblen Ort" (vgl. Butler und Spivak 2007, 63; Butler 2015, 91), der erst durch die plurale Aktion hervorgebracht wird. Nun stellt es sich aber gerade nicht so dar, dass sich die Konstitution des politischen Raums im bloßen Ausüben (einer Form von Freiheit) erübrigt. Vielmehr verbindet sich die performative Beanstandung mit einer ebenso performativ orientierten Auffassung des Subjekts, wonach dieses nicht souverän erscheint, sondern als ein relationales und soziales Wesen. Als solches ist es immer schon in ein „Bezugsgewebe" eingebunden, welches im jeweiligen körperlichen Handeln jedoch immer auch re-interpretiert und damit auf spontane, nicht vorhersagbare Weise verändert werden kann (vgl. insb. Arendt 2002, 226).

Arendts Vorstellung einer performativ ausgeübten Freiheit beruht auf einer spezifischen Form von „Intersubjektivität", die sie in einem Zwischenraum der versammelten Einzelnen verortet, „und zwar in dem gleichen Sinne, in dem etwa ein Tisch zwischen denen steht, die um ihn herum sitzen" (Arendt 2002, 66). Freiheit entspricht hier einer Vielfalt von Perspektiven, einer Pluralität, die niemals zur Einheit werden darf: „Nur wo Dinge, ohne ihre Identität zu verlieren, von Vielen in einer Vielfalt von Perspektiven erblickt werden, so daß die um sie Versammelten wissen, daß ein Selbes sich ihnen in äußerster Verschiedenheit darbietet, kann weltliche Wirklichkeit eigentlich und zuverlässig in Erscheinung treten" (Arendt 2002, 72). Diese weltliche Wirklichkeit denkt Arendt dabei durchaus global: „[D]ie uns gemeinsame Welt versammelt Menschen und verhindert gleichzeitig, daß sie gleichsam über- und ineinanderfallen" (Arendt 2002, 66).

Die hierin angelegte Überantwortung des Einen an den Anderen nimmt Butler an anderer Stelle wieder auf, um die Prekarität von Körpern in die Mitte des politischen Feldes zu rücken (vgl. insb. Butler 2015, 110–116). Denn wenn sich Körper auf den Straßen und Plätzen versammeln, um ein performatives und plurales ‚Recht zu erscheinen' geltend machen, dann stellt das Körperliche selbst in seiner expressiven und bezeichnenden Funktion eine Forderung nach lebenswerteren wirtschaftlichen, gesellschaftlichen und politischen Bedingungen dar bzw. ein Insistieren darauf, in seinen Vollzügen nicht mehr in einer von außen auferlegten Prekarität behindert zu werden (vgl. Butler 2015, 11). Entscheidend ist hier, dass eine so perspektivierte körperliche Forderung nicht allein gegen eine konkrete Gefährdung antritt, sondern aus einer prinzipiellen, geteilten Gefährdetheit hervorgeht, die das gesellschaftliche Zusammenleben unhintergehbar bedingt.

Sowohl Arendt als auch Butler gehen damit von der spezifischen Haltung einer „Intersubjektivität" (Arendt) bzw. einer „geteilten Gefährdetheit" (Butler) aus, die das Versammeln als Politisches rahmt. Während letztere diese durchweg ethische Dimension vordringlich in der situativen politischen Praxis verortet, entwickelt erstere in ihrem Theoriegebäude konkrete, voneinander separierte, sich aber auch bedingende Räume, in denen sich Haltungen ausprägen und damit das politisch Öffentliche prädominieren oder aber auch begrenzen.

In ihrer regelrechten Kartographie der räumlich wie sachlich strikt unterschiedenen Bereiche des Öffentlichen und Privaten definiert Arendt – angelehnt an die aristotelisch fundierte ontologische Begründung von *polis* und *oikos* – den privaten Raum von seinem Mangel an Öffentlichkeit aus. Er bildet sozusagen den Vorraum, in dem die Tätigkeiten des Arbeitens und Herstellens den Erhalt des Öffentlichen sichern, oder eben das Dunkle, aus dem heraus der Einzelne[7] in die Helle des Öffentlichen treten kann, um dort handelnd politisch tätig zu werden (vgl. insb. Arendt 2002, 73–79). Gleichzeitig kommt seiner Verborgenheit aber auch eine andere Funktion zu, die den im Öffentlichen Tätigen entlasten soll, und zwar gerade – so scheint es – von den Anstrengungen, die Intersubjektivität im Sinne einer anhaltenden Aushandlung von Standpunkten mit sich bringt. In der Verborgenheit des Privaten, das Arendt räumlich durchaus mit den „eigenen vier Wänden" (Arendt 2002, 74) begrenzt, kann der Einzelne tun und lassen, was er will. Hier sind Gefühle beherbergbar, die das Licht der Öffentlichkeit nicht erreichen (sollen), denn „was ihn [den Einzelnen] angeht, geht niemanden sonst an" (Arendt 2002, 73). Mit Blick auf diese dual-räumliche Anordnung des Lebens jener, die im Öffentlichen erscheinen (dürfen), lässt sich fragen, wo denn nun die Ausbildung der grundlegenden Haltung, die Intersubjektivität privilegiert, ausgebildet wird. Eine Antwort lässt sich mit der von Astrid Hähnlein als „Denk-Raum" der *humanitas* bezeichneten Sphäre skizzieren, die sich in gewisser Weise als verinnerlichte im Nach-Denken des Einzelnen, des Grenzgängers zwischen Privatem und Öffentlichem, eröffnet (vgl. Hähnlein 2018).

In der Laudatio an ihren Freund und Lehrer Karl Jaspers entfaltet Arendt ihre Vorstellung eines räumlichen Denkens oder auch eines „Geisterreichs" als Reich der *humanitas*, das nicht zu fixieren oder zu organisieren ist, in alle Länder der Erde und in all ihre Vergangenheiten reicht und, obwohl es weltlich ist,

---

[7] Hier wie im Folgenden wird die von Arendt eingesetzte männliche Form beibehalten, um die implizite und vielfach kritisierte Problematik der Geschlechterverhältnisse zu markieren (vgl. hierzu u. a. Butler 2015).

unsichtbar bleibt (vgl. Arendt 2013, 98–100). *Humanitas* meint dabei eine Form von Menschlichkeit, die Arendt entlang Lessings Begriff von Freundschaft und Jaspers' Verständnis von Kommunikation entwickelt. Sie zeichnet sich durch eine Geisteshaltung der radikalen Offenheit aus, als Bereitschaft, sich selbst, eigene Überzeugungen, Geschichten und Traditionen, die scheinbar festen, haltgebenden Konstanten des eigenen Denkens, in die Waagschale zu werfen und der Kritik auszusetzen (vgl. Arendt 2013a, 101–116; Hähnlein 2018, 3). In diesem Denkraum findet für Arendt auch das Urteilen statt, das sie einmal mehr als intersubjektiven Prozess begreift, obwohl oder gerade weil es zunächst von jedem Einzelnen allein mit sich vollzogen wird. Denn auch im Modus des Rückzugs wendet sich der Urteilende nicht gänzlich von der Welt ab. Er wird vielmehr zu ihrem unparteilichen „Zuschauer", der aus günstiger Distanz auf das Geschehen blickt (vgl. hierzu Arendt 1985, 85). Vor allem aber befindet sich der Einzelne immer auch unter anderen Zuschauenden. Er verbindet sich mit ihnen in der Übereinkunft, sich auf eine angemessene Position zurückzuziehen, um sich hier Meinungen über Geschehnisse bilden zu können, über die sie dann in einer freundschaftlichen Haltung miteinander ins Gespräch kommen. Meinungen bilden sich dementsprechend relational aus, indem sich der Einzelne qua Vorstellungskraft und Phantasie andere Positionen vergegenwärtigt (vgl. Arendt 1985, 61–62, 97). Dieses grundlegende Charakteristikum des geistigen Raumes bedeutet, „dass seine Bewohner eine kategorische Offenheit mitbringen, Rede und Antwort zu stehen, zuzuhören und nicht ihre subjektiven, religiösen oder ideologischen Wertmaßstäbe bei der Urteilsbildung anzulegen, sondern allein dem Gültigkeit zuzusprechen, was in diesem Raum vor allen Bestand hat" (Hähnlein 2018, 7). Allein das, was kommuniziert, verstanden und anerkannt werden kann, was also der „Helle standhält, sich in ihrem Licht nicht in Dunst auflöst, gehört hier zur ‚humanitas'" (Arendt 2013, 94). *Ex negativo*, so streicht Hähnlein heraus, wird hierdurch jedoch auch der exklusive Charakter dieses Raumes deutlich. Denn jegliche Gesprächsinhalte, Einstellungen und Grundhaltungen, die Formen von ideologischem Denken, unhinterfragbaren Normen oder rein privaten Interessen annehmen, werden aus der gemeinsamen Meinungs- und Urteilsbildung unter den freundschaftlichen Bedingungen der Menschlichkeit regelrecht ausgeräumt (vgl. Hähnlein 2018, 7). Damit scheint sich die Spaltung von privat und öffentlich bei Arendt bis in den Denkraum fortzusetzen.

Mit Blick auf aktuelle Protestgeschehen, die sich insbesondere durch Artikulationen des aus dem Arendt'schen Denkraum Ausgeschlossenen hervortun, lässt sich weiter fragen, inwieweit die ausgegrenzten Emotionen, Perspektiven und Einstellungen einen – wenn auch illegitimen – Platz in Arendts räumlichem Denken haben. An dieser Stelle ist es angebracht, sich vor Augen zu führen, dass Arendt ihre Aufteilung von Öffentlichkeit und Privatheit als Ideal formuliert, das sich auch mit ihrer zeitgenössischen Umwelt nicht (mehr) deckte. Die Auflösung der Differenz zwischen Öffentlichkeit und Privatheit durch die (Markt-)Gesellschaft, in der sich der öffentliche Raum zunehmend in einen Kampfplatz privater Interessen verwandelt, bezeichnet Arendt als Ursache einer „Krise der Moderne", die die sachliche und räumliche Trennung der beiden Bereiche zerstört. Ist politischer Streit endgültig ökonomischem Wettbewerb gewichen, bleibt dem Individuum allein der Rückzug in das Intime, „in die Subjektivität eines Innern, in der allein man nun bergen und verbergen kann, was früher wie selbstverständlich in der Sicherheit der eigenen vier Wände aufgehoben und vor den Augen der Mitwelt geschützt war" (Arendt 2002, 84). Das Intime wird bei Arendt in gewisser Weise – in Anlehnung an Rousseau – zum Herzensraum, zu einem nicht mehr konkret verortbaren, innersubjektiven Raum des Rückzugs, der als pathologisches Krisensymptom zwar einen recht schwachen Ersatz zur vorangegangenen Raum-Ordnung darstellt, gleichwohl aber das Individuelle vor der zunehmenden Vermassung und dem dadurch drohenden Weltverlust zu schützen sucht (vgl. Arendt 2002, 58–59 sowie Herb et al. 2011). Das Ideologische hat in diesem Sinne keinen Ort in Arendts Denken, als dass es sich als solches zu verwirklichen scheint, wenn es aus dem Privaten und Privatesten, dem Arendt Intimi wie Religiosität, Liebe, Schmerz und alle anderen Gefühle zuordnet, ungeteilt, unreflektiert, weltlos heraustritt und Individuen totalisierend gleichzuschalten beansprucht (vgl. Arendt 2002, 63 sowie Arendt 2007, 30). Ideologie, so ließe sich formulieren, zerstört geradezu Raum, indem sie das Private als konkreten, aber auch als Raum des Denkens einreißt.

Nun lässt sich vielleicht behaupten, die räumlichen Trennungen, die Arendt zur Explikation des öffentlichen Handelns und Versammelns einzieht, seien hinfällig. Gerade die heutige Gesellschaft der Vernetzung wie auch der Artikulation von ungefilterten Emotionen und Affektionen auf den Schauplätzen von online- und offline-Räumen zeigt sich als regelrechter Kampfplatz von Intimität in ihrem Bedeutungsspektrum von nah, schamvoll und warm bis hin zu dreist oder schamlos (vgl. Streisand 2001, 98). Doch die Paradoxie aktueller gesellschaftlicher Dynamiken ruft gerade die Problematik einer Beanstandung und gleichzeitigen Negation des Raummodells von privat und öffentlich auf. Dies zeigt sich besonders deutlich im Protest gegen die „Corona-Maßnahmen" vom 29.8.2020. Denn in der dort aufgeführten spezifischen Weise zu erscheinen, sich zueinander zu verhalten – hier im Sinne einer körperlichen Bewegung –, aber auch Forderungen zu artikulieren, kommen Inanspruchnahmen einer Trennung von privat und öffentlich und Strategien zur Implosion genau dieser Sphären zusammen: Zum einen wird Anspruch erhoben auf eine Freiheit und Mündigkeit, die das Grundgesetz vordergründig artikuliert und die sich hier in einer geforderten Privatisierung des eigenen Körpers und seiner gesundheitlichen Belange ausdrückt. Zum anderen wird aber auch ein Recht geltend gemacht, im Gestus kritischer Versammlungspraktiken durch das körperliche Erscheinen und die affektive Aufführung von Intimi (etwa Emotionen, subjektive Urteile oder Ideologie) die normativen Bedingungen der pandemiespezifischen Biopolitik zu beanstanden, von denen sich die Teilnehmenden in ihrer Integrität verletzt sehen. Die Unvereinbarkeit der gleichzeitigen Beanspruchung besteht in ihrer totalisierenden Aneignungsstrategie, die ethisch-politische Rahmung beider Bezugsräume gegeneinander auszuspielen und dadurch zu negieren. Auf diese Weise werden sowohl die an Arendts Position angelehnte Haltung einer vorauszusetzenden Intersubjektivität, als auch die mit Butler aufgerufene, in der konkreten Aufführungssituation ausagierte und über die selbstbezügliche Verletzbarkeit hinausgehende Haltung geteilter Gefährdetheit prekär.

Mit Blick auf das Theater und seiner „Flucht" in das Virtuelle stellen sich die ver- und ineinandergeschobenen Sphären von Öffentlichkeit und Privatheit bzw. von Gesellschaft und Intimität ausgesprochen anders dar – und das nicht allein, weil sich die pandemische Situation des Protests von jener des Theaters hinsichtlich der angeordneten Bedingungen und Maßnahmen von vorneherein unterscheidet. Anhand von Beispielen aus dem Performance-Bereich wollen wir im abschließenden Abschnitt zeigen, dass Spielformen der Exposition und Indienstnahme von Intimität gerade durch die erzwungene Mediatisierung und die daran gekoppelte Aussendung in das jeweilige Private neue Formen des politischen Theaters hervorbringen.

3 ent-gegen

Eine Beanspruchung des Intimen für theatrale Formen steht zunächst im Widerspruch zu Arendts Ausweis des Theaters als politische Kunst *par excellence*, da es sich von jenen Künsten abhebt, die sie – wie etwa Literatur oder bildende Kunst – vermehrt mit Intimität verbunden sieht (vgl. Arendt 2002, 233). Es wurde bereits deutlich, dass Arendt eine Konzeption des Politischen entwirft, die auf das Theater verwiesen bleibt: Formen des Auftretens, der Rhetorik, des Erscheinens auf der öffentlichen Bühne, aber auch des (denkenden) Zuschauens dominieren den Schauplatz ihrer Texte. Auch die dem Öffentlichen zugeordnete Tätigkeit des Handelns bindet Arendt an den „Akt des Aufführens" zurück, wenn sie mit dem englischen Verb *to act*, aber auch seiner substantivierten Form *action* eine Bedeutungsdimension ins Spiel bringt, die an die Darstellung auf der Bühne gebunden ist (vgl. Matzke 2012, 66). Handeln vollzieht sich bei Arendt vor den Augen anderer. Es benötigt ihre Anwesenheit und entfaltet, wie sie eben mit Bezug auf das Theaterspiel und den Tanz zeigt, seine Wirkung „im Vollzug selbst"; „das ‚Endresultat' fällt mit dem Vollzug seiner Hervorbringung zusammen" (Arendt 2002, 262–263). In seiner dezidiert performativen Dimension entfaltet das Handeln somit ein spezifisches Zeitkonzept, da es zwar einen bestimmten Anfang, aber nie ein voraussagbares Ende haben und prinzipiell auch immer von Neuem beginnen kann (Arendt 1998, 1004–1007).

Trotz der sich hier ausdrückenden Emphase von Performativität verhandelt Arendt das Theater jedoch weniger als Raum der ungewissen Potentialität denn als Modell einer in gewisser Weise verdoppelt verfertigenden Nachahmung:

> Die Bühne des Theaters ahmt in der Tat die Bühne der Welt nach, und die Schauspielkunst ist die Kunst ‚handelnder Personen'. Aber das Element des wiederholenden Nachahmens kommt nicht erst im Schauspieler zur Geltung, es ist bereits, wie Aristoteles zu Recht behauptet, im Verfertigen und Niederschreiben des Stückes am Werk, sofern ein Schauspiel ja nur sekundär als Lesestück rezipiert werden kann und, ähnlich dem Musikstück, der Aufführung bedarf, um sich in seiner vollen Bedeutung zur Geltung zu bringen.
> (Arendt 2002, 233)

Gleichzeitig, so macht auch Annemarie Matzke mit Blick auf die von Arendt vorgenommene Limitierung des Theaters als eine auf Virtuosität und Vortrefflichkeit abhebende „Kunstform Drama" deutlich, erscheint damit auch die Probe als „widersprüchliche Position zwischen Können und Wunder" ausgeklammert (vgl. Matzke 2011, 67–68 sowie Brandstetter 2002). Für die pandemische Theatersituation lässt sich dagegen sagen, dass vielleicht mehr noch als zuvor das Probieren, aber auch das Ausloten des Verhältnisses von Privatem und Öffentlichem zum Spieleinsatz des postdramatischen Theaters wird, wenn es darum geht, das Theater in seiner ethisch-politischen Dimension zu perspektivieren. Ein weiteres Mal, so wollen wir anhand von drei Beispielen skizzieren, scheint sich die pandemische Versammlung geradezu an Arendts räumlicher Aufteilung und Begrenzung des Politischen abzuarbeiten.

Als eine der ersten pandemischen Produktionen, noch mitten im ersten Lockdown, hatte die Online-Performance *End Meeting For All* von Forced Entertainment, eine Koproduktion des HAU Berlin, des Mousonturm Frankfurt und des PACT Zollverein Essen, am 28.04.2020 mit der ersten von drei Folgen auf *YouTube* Premiere. Die hohen Erwartungen an das sich wieder – wenn auch virtuell – versammelnde Theater wurden hier systematisch enttäuscht, indem die als *Zoom*-Konferenz verwirklichte Aufführung regelrecht darum bemüht schien, weniger die Beteiligten denn sämtliche Klischees dieser noch zu erprobenden Form des Gemeinsamen zusammenzubringen: Dementsprechend kalauerhaft fragt Tim Etchells, ob es denn schon angefangen habe; Richard Lowdon kommt zu spät, der Lieferservice klingelt, ein Hund bellt; es wird parallel telefoniert und dabei vergessen, das Mikrophon auf stumm zu stellen (vgl. Diesselhorst 2020).

Gleichzeitig widersetzt sich Claire Marshall einer bloßen Nachahmung des Alltäglichen, wenn sie mit grauer Perücke spielend darauf insistiert, den „Text vorzutragen". Die Performance verweigert sich so einer einfachen Umsiedelung des Theaters in den virtuellen Raum. Statt einer Strategie im Sinne eines „the show must go on" erscheint der Auftritt hier als aufgeschobenes, nicht enden wollendes Probieren im Zwischenraum der Aushandlung von Privatem und Öffentlichem, wobei gerade das Medium der vermeintlich entgrenzenden Vernetzung permanent in seiner prekären translokalen Funktion ausgestellt wird.

Während die Zuschauer*innen in der Zurückgezogenheit vor den Screens hier für sich bleiben konnten, zog die Performance *Show Me A Good Time* des Performance-Kollektivs Gob Squad, deren Premiere am 20.06.2020 als zwölfstündiger Live-Stream online stattfand, merklich in die Intimsphäre der Zuschauenden ein. Die Performer*innen erzeugen Situationen sowohl in den (vorgeblich) eigenen vier Wänden als auch im Bühnenraum des Berliner HAU, die über die audiovisuelle Vernetzung untereinander, aber eben auch über den Live-Stream entgrenzt und relationiert werden: Laura Tonke inszeniert sich im Beisein ihrer Mutter als unkreative Tochter mit Mutterkomplex, Bastian Trost artikuliert seine Abgeschiedenheit in Relation zu einer von der Umwelt entfremdeten Balkonblume, Sarah Thom sendet in abwesender Anwesenheit ihrer kranken Mutter aus Sheffield, Simon Will giert als Künstler in der Corona-Einsamkeit des leeren Theatersaals nach Berührung und Publikum.

Im Verlauf der Performance schwärmen die Spieler*innen mehr oder weniger zögerlich in den öffentlichen Raum aus, wobei sich diese Bewegung des Grenzübertritts in verschiedenen distanzierten Interaktionen mit zufälligen Personen zum öffentlichen Belang entwickelt. Während hier auf gewisse Weise vor- und aufgeführt wird, wie die pandemische Form des Zusammenlebens selbst zu erproben ist, wird das Private und Intime der Zuschauenden in anderer Weise zum Spieleinsatz des Mit-Seins. Je nach Teilhabe im Sinne eines Vernetzt-Bleibens, aber auch einer vereinzelt möglichen Beteiligung via SMS-Funktion, beschränkt, entgrenzt und transformiert die Performance in ihrer Dauer die alltägliche Tagestruktur als häusliche und intim-körperliche Routine. Die vielleicht letzte Grenze des Intimen, die im unbeobachteten Privatraum der Zuschauer*innen noch behauptet werden kann, übertreten die Performer*innen dann ostentativ durch einen kollektiven Toilettengang.

Mehr noch als durch das verschieden in Szene gesetzte Thema einer geteilten Sehnsucht nach Kontakt zu anderen vermittelt sich die Dringlichkeit des gemeinsamen In-der-Welt-Seins in der geteilten Dauer, im jederzeit wählbaren oder auch drohenden Ab- bzw. Ausbruch aus der Situation. Das Theater klagt sich damit in seiner medialen Form als Kunst der anwesenden Körper im abwesenden Zuschauerraum ein. Als Kunst des Rituals, der immer neuen Wiederholung, widersetzt es sich zugleich dem es beherbergenden, entgrenzenden, aber auch beschränkenden Medium der digital verbreiteten Videoaufzeichnung. Ausgestellt wird dies nicht zuletzt durch die jede Stunde strukturierenden ritualisierten Aktionen: Kleine Loops oder „Stagnations-Choreographien" zur viertel Stunde, kollektives, zunehmend „sardonisches Lachen" zur halben Stunde, *tableaux vivants* mit Bücherlektüre um Dreiviertel und kurz vor der vollen Stunde müssen ein Motiv, ein Stücktitel und ein*e Zuschauer*in gefunden werden, die den verzweifelten Performer*innen auf der HAU-Bühne Inhalt und Rückenstärkung für eine improvisierte zwei-minütige Tanz- oder Musikeinlage geben (vgl. Rakow 2020).

She She Pop verlagerten ihr 2019 uraufgeführtes Stück *Telefon-Kanon* dagegen nicht ins Virtuelle, sondern in die zwischen Intimität und Distanz oszillierende telefonische Verbindung. Im vom 14.-16.5.2020 am HAU Berlin aufgeführten *Telefon-Kanon* gibt sich das Theater als „Service", so die Ankündigung (vgl. She She Pop Homepage). Wer eine der online angegebenen Handy-Nummern anrief, bekam eine*n der verschiedenen Gesprächspartner*innen aus dem Cast ans Telefon und konnte dann mit diesen zusammen im Gespräch erinnernd ein Spektrum unverzichtbarer und erinnerungswürdiger Bühnenmomente evozieren, das nunmehr in einen offenen Kanon ‚von unten' eingehen sollte, der die pandemiebedingte Stillstellung des Theaters zu transzendieren in der Lage wäre.

Insofern die medientechnische Entkörperung der Stimme vielfach mit Gespensterhaftigkeit oder einer ausgestellten Kontingenz des Kontakts, gar des Todes (vgl. Lehmann 1999, 282) assoziiert wurde, eröffnet Sybille Krämer mit Blick auf die Handykommunikation eine weitere Perspektive technisch-stimmlicher Sozialität: „Gummibandgleich dehnt sich der gesellschaftlich geteilte Raum von Familie, Freunden, Kollegen bis in den Nahraum unseres Leibes. Und die Stimme, die aus dem Handy kommt oder in das Handy spricht, zeugt von dieser unserer Einbettung in die gedehnte Gegenwart des Sozialen" (Krämer 2006, 272–273). Nun kann mit Blick auf den spezifischen Ermöglichungszusammenhang der Aufführung von *Telefon-Kanon* allerdings nicht nur nicht davon ausgegangen werden, dass ausschließlich Mobiltelefone genutzt wurden, um am „Kanon" teilzuhaben. Zudem scheint auch die beanspruchte Mobilität der Handys und der an sie gekoppelten Körper selbst in der pandemischen Situation auf dem Spiel zu stehen. Gerade diese Prekarität des Mobilen und die daran geknüpfte Rückbindung des Intimen an einen privaten Raum macht die Performance aber zum Spieleinsatz, um dessen Exposition und das daran gekoppelte Moment der Scham sowohl als eine konstitutive Eröffnung des Theatralen (vgl. Heeg 2007) wie auch als Band des Sozialen im Sinne einer geteilten Prekarität zu markieren. Denn das Setting bezog noch stärker als bei den anderen Performances das Private als räumliche Verlängerung oder sogar als Realisierungsort der Situation mit ein, da es in seiner lautlichen Dimension direkt vernehmbar werden konnte. Mehr noch, das Private ließ sich für die Performance einrichten. Die Art und Weise, wie die Gesprächssituation gestaltet wurde, ob etwa am Küchentisch sitzend oder auf der Couch liegend, ermöglichte eine Teilhabe an der Gestaltung der Situation als affektiv wirksam werdende Atmosphäre.

In Falle der von der Ko-Autorin erlebten Situation war der Abend regnerisch, das Zimmer dunkel und die Situation eröffnete sich geteilt mit einer weiteren Person auf dem Bett sitzend. Inszeniert wurde also ein gesteigertes Maß an Intimität auf Seiten der Anrufer*innen. Im ersten Gespräch wurde diese affektive Rahmung durch den erzählten „kanonischen" Theatermoment noch gesteigert: Die tief-samtene Stimme von Antonia Baehr erzählte von dem als schamvolle Erfahrung gerahmten Moment der Anfangssequenz von Jérôme Bels *The Show Must Go On*, in der sich das Publikum durch die Simulation des Sonnenaufgangs in eine gesteigerte intime Stimmung versetzt fand, bis es schließlich mit George Michaels „I Want Your Sex" wurde. Die Überlagerungen von intimen Momenten in der Fremdheit der Gesprächspartner*innen exponierten – gerade mit Bezug auf Arendts Modulation einer dem Öffentlichen vorgelagerten Haltung – eine weitere Dimension von Scham. Denn wie antworten? Wie reagieren oder überhaupt sprechen? In der Konstellation der Beteiligten drückte sich die einander entgegengebrachte Haltung tatsächlich in einer Art und Weise aus, die sich mit Arendt als Freundschaftlichkeit bezeichnen lässt. Über Arendt hinausweisend trug sich in das durch Vorstellungskraft geübte Urteil über den Grad der erlebten Scham aber auch ein an Beschämung grenzendes Gefühl ein, den Anderen durch die eigene Reaktion bloß nicht zu verletzen. Das Spiel des Verbergens und Exponierens von Gefühlen, Körpern, aber auch von (medialen) Räumen drängte sich hier in einer Weise auf, die Anerkennbarkeit des Anderen als durch und durch affektiv gerahmt wahrzunehmen, wobei Affektion selbst in ihrer potentiell trügerischen, verletzenden, aber auch sorgetragenden Dimension erfahrbar wurde.

Anhand dieser Schlaglichter auf theatrale Situationen während der Pandemie lässt sich der Rückzug des Theaters und sein Einzug in andere mediale Formate gerade nicht mit einer Reartikulation des „intimen Theaters" beschreiben, das an der Schwelle des ausgehenden 20. Jahrhunderts *qua* seiner Raumanordnung die Schauenden im Dunkeln sich selbst überließ, und letztlich an der von Georg Lukács konstatierten unaufhebbaren Paradoxie von intimer Öffentlichkeit scheiterte, aber auch daran, dass es sich als Theater für Kenner*innen verstand und sich vom Rest der Gesellschaft abzuspalten suchte (Streisand 2001, 281–282). Es scheint möglich, dass diese der Pandemie geschuldeten Theaterformen vielleicht mehr noch als zuvor von Kenner*innen herbeigesehnt und erlebt wurden, wobei die vielfältig inszenierte Intimität ihr politisches Potential gerade in der erfahrbar werdenden Exposition von Einzelnen als immer schon relationale Wesen entwickelt, die jede Abschottung übersteigt.

Die mitunter schamvolle Exposition, die das nicht nachahmende, sondern eben erprobende Theater in der pandemischen Situation wieder neu für sich entdeckt, kann dabei auch Modell stehen für andere Situationen des Gesellschaftlichen. Aus einer solchen Perspektive – und damit spannen wir den Bogen zurück – lässt sich möglicherweise auch die vielfach als beschämend titulierte Aktion des „Sturms auf den Reichstag" neu perspektivieren: Es bleibt zu fragen, ob die Forderung nach seinem Schutz, seiner Abriegelung, nicht jener nach seinem konsequenten Offenhalten als Zeichen seiner symbolischen Verwundbarkeit überantwortet werden kann.

Bibliographie

Arendt, Hannah. *Das Urteilen. Texte zu Kants politischer Philosophie*. Hg. Ronald Beiner. München/Zürich: Piper, 1985.
Arendt, Hannah. „Arbeit, Herstellen, Handeln". *Deutsche Zeitschrift für Philosophie* 6 (1998): 997–1009.
Arendt, Hannah. *Vita activa oder Vom tätigen Leben*. München/Zürich: Piper, 2002.
Arendt, Hannah. *Über das Böse. Eine Vorlesung zu Fragen der Ethik*. Hg. Jerome Kohn. München/Zürich: Piper, 2007.
Arendt, Hannah. *Menschen in finsteren Zeiten*. Hg. Ursula Ludz. München/Zürich: Piper, 2013.
Bangel, Christian. „Wasser marsch!". *Zeit online*. 19. November 2020. https://www.zeit.de/politik/deutschland/2020-11/corona-leugner-staat-demokratie-berlin-demonstration-bundestag-stoerer (23. November 2020).
Benhabib, Seyla. „Urteilskraft und die moralischen Grundlagen der Politik im Werk Hannah Arendts". *Zeitschrift für philosophische Forschung* 41.4 (1987): 521–547.
Benjamin, Walter. „Einbahnstraße". *Gesammelte Werke und Nachlaß. Kritische Gesamtausgabe* (Bd. 8). Hg. Detlev Schöttker et al. Frankfurt a.M.: Suhrkamp, 2009.
Berlin.de. https://www.berlin.de/sen/inneres/presse/pressemitteilungen/2020/pressemitteilung.980587.php (23. November 2020).
Berliner Senat. „Berlin verbietet Corona-Demonstrationen". *Pressemitteilung vom 26.08.2020*.
Bild online. „Bei Sturm auf unseren Reichstag. Helden-Polizisten wehrten bis zu 400 Chaoten ab!". https://www.bild.de/regional/berlin/berlin-aktuell/corona-leugner-immer-noch-in-berlin-polizei-muss-naechste-demo-raeumen-72648100.bild.html (23. November 2020).
Butler, Judith und Gayatri Chakravorty Spivak. *Who Sings The Nation-State? Language, Politics, Belonging*. London, New York, Calcutta: Seagull Books, 2007.
Butler, Judith. *Notes Toward a Performative Theory of Assembly*. Cambridge und London: Harvard University Press, 2015.
Brandstetter, Gabriele. „Die Szene des Virtuosen. Zu einem Topos von Theatralität". *Hofmannsthal-Jahrbuch. Zur europäischen Moderne* 10. Freiburg i. Br.: Rombach, 2002. 213–243.

Diesselhorst, Sophie. „Schalt dich mal stumm!". *Nachtkritik*. 28. April 2020. https://nachtkritik.de/index.php?option=com_content&view=article&id=18050:end-meeting-for-all-hau-berlin-mousonturm-frankfurt-pact-zollverein-forced-entertainment-laden-zum-zoom-meeting-ein&catid=38&Itemid=40 (23. November 2020).

Doering-Manteuffel, Anselm et al. *Der Brokdorf-Beschluss des Bundesverfassungsgerichts 1985*. Tübingen: Mohr Siebeck, 2015.

Eikels, Kai van. *Die Kunst des Kollektiven. Performance zwischen Theater*, Politik und Sozioökonomie München: Fink, 2013.

Fiedler, Cornelia. „Komm mit mir ins Naziland". *Nachtkritik*. 30 November 2017. https://nachtkritik.de/index.php?option=com_content&view=article&id=14699:ins-finstere-herz-des-rechtspopulismus-entfuehren-drei-urauffuehrungen&catid=101&Itemid=84 (23. November 2020).

Freund, Nicolas. „Die Krise hat Theater und Museen ins Netz gezwungen. Sie sollten es nicht wieder verlassen". *Süddeutsche Zeitung online*. https://www.sueddeutsche.de/digital/streaming-theater-kultur-corona-1.4901552. (23. November 2020).

Glaap, Rainer. „Theater-Streams: Wer nutzt das Angebot? – Eine Umfrage. Entgelt als Abschaltfaktor". *Nachtkritik*. 26. April 2020. https://nachtkritik.de/index.php?option=com_content&view=article&id=18024:theater-streams-nutzen-sie-das-angebot-eine-umfrage&catid=101&Itemid=84 (23. November 2020).

Hähnlein, Astrid. „Der Ort politischen Urteilsvermögens – Arendt, Jaspers und der ‚Raum der humanitas'". *HannahArendt.net. Zeitschrift für politisches Denken* 9.1 (2018): 1–15. http://www.hannaharendt.net/index.php/han/article/view/399/527 (23. November 2020).

Haitzinger, Nicole und Karin Fenböck (Hg.). *Denkfiguren – Performatives zwischen Bewegen, Schreiben und Erfinden: Für Claudia Jeschke*. München: epodium, 2010.

Heeg, Günther. „Die Geste der Scham als Grundgeste des Theaters". *Die gezeigte und die verborgene Kultur*. Hg. Bernhard Streck. Wiesbaden: Harrassowitz, 2007. 69–80.

Herb, Karlfriedrich, Kathrin Morgenstern und Magdalena Scherl. „Im Schatten der Öffentlichkeit: Privatheit und Intimität bei Jean-Jacques Rousseau und Hannah Arendt". *Jahrbuch für Recht und Ethik* (Bd. 19). *Themenschwerpunkt: Politische Ethik* (2011): 275–298. https://www.jstor.org/stable/43593872 (23. November 2020).

Hierholzer, Michael. „Theater nicht nur für Auserwählte". *FAZ online*. https://www.faz.net/aktuell/rhein-main/corona-massnahmen-theater-nicht-nur-fuer-auserwaehlte-16833015.html (23. November 2020).

Hill, Marc. *Nach der Parallelgesellschaft. Neue Perspektiven auf Stadt und Migration*. Bielefeld: transcript, 2016.

Kiyak, Mely. „Vulgarisierung des Widerstands". *Zeit online*. https://www.zeit.de/kultur/2020-11/holocaust-vergleiche-corona-demos-sophie-scholl-pegida-medien (23. November 2020).

Krämer, Sybille. „Die ‚Rehabilitierung der Stimme'. Über die Oralität hinaus". *Stimme*. Hg. Sybille Krämer und Doris Kolesch. Frankfurt a.M.: Suhrkamp, 2006.

Lehmann, Hans-Thies. *Postdramatisches Theater*. Berlin: Verlag der Autoren, 1999.

Malzacher, Florian. *Gesellschaftsspiele. Politisches Theater heute*. Berlin: Alexander, 2020.

Matzke, Annemarie. *Arbeit am Theater Eine Diskursgeschichte der Probe*. Bielefeld: transcript, 2012.

Meier, Luise. „Wessen Moral? Über Produktion, Parteilichkeit und Proletariat". *Theater der Zeit* 6 (2020): 24–27.

Menke, Bettine. „On/Off". *Auftreten. Wege auf die Bühne*. Hg. Juliane Vogel und Christopher Wild, Berlin: *theater der zeit*, 2014. 180–188.

Menke, Bettine und Juliane Vogel. „Das Theater als transitorischer Raum. Einleitende Bemerkungen zum Verhältnis von Flucht und Szene". *Flucht und Szene. Perspektiven und Formen eines Theaters der Fliehenden*. Hg. Dies. Berlin: Theater der Zeit, 2018. 7–23.

Rakow, Christian. „Die magische Hand der Zeit". *Nachtkritik*. 20. Juni 2020. https://www.nachtkritik.de/index.php?option=com_content&view=article&id=18298:show-me-a-good-time-hau-hebbel-am-ufer-berlin-gob-squad-livestream-staedtetrip&catid=38&Itemid=40 (23. November 2020).

She She Pop Homepage. *Telefon-Kanon*. https://sheshepop.de/telefon-kanon/ (23. November 2020).

Siegmund, Gerald. *Abwesenheit. Eine performative Ästhetik des Tanzes. William Forsythe, Jérôme Bel, Xavier Le Roy, Meg Stuart*. Bielefeld: transcript, 2015.

Spiegel online. „Esken darf Demonstranten ‚Covidioten' nennen". https://www.spiegel.de/politik/deutschland/saskia-esken-darf-demonstranten-covidioten-nennen-a-c697ef3d-d04b-41f4-a8b4-d2f350fa7138 (23. November 2020).

Spirgi, Dominique. „Laute Stille". *Die Oberbadische online*. https://www.verlagshaus-jaumann.de/inhalt.basel-laute-stille.a4a871ef-11fc-4ac3-8d38-f94d42c4b768.html (23. November 2020).

Streisand, Marianne. *Intimität. Begriffsgeschichte und Entdeckung der „Intimität" auf dem Theater um 1900*. München: Fink, 2001.

Süddeutsche Zeitung online. „Schäuble: Demonstrationsrecht hat Grenzen". https://www.sueddeutsche.de/politik/bundestag-berlin-schaeuble-demonstrationsrecht-hat-grenzen-dpa.urn-newsml-dpa-com-20090101-200830-99-362756 (23. November 2020).

Wolf, Michael. „Kuscheln mit der Community". *Nachtkritik*. 21. März 2018. https://www.nachtkritik.de/index.php?option=com_content&view=article&id=15167&catid=1624&Itemid=100389 (23. November 2020).

Zeit online. „Eilantrag gegen Versammlungsverbot teilweise erfolgreich". https://www.zeit.de/politik/deutschland/2020-04/bundesverfassungsgericht-eilantrag-versammlungsverbot-giessen-coronavirus (23. November 2020).

Alexander Fischer
Was kennzeichnet Aussteiger*innen? Ein (erneuter) Definitionsversuch

1 Wie wir mit Prinz Harry und Herzogin Meghan über Aussteiger*innen nachdenken können

Zu Beginn des Jahres 2020 gaben Henry Charles Albert David von Wales, besser bekannt als Prinz Harry und Meghan Markle, Herzogspaar von Sussex, bekannt, dass sie sich aus dem öffentlichen Leben als Angehörige der britischen Königsfamilie zurückziehen werden. Damit verbunden war nicht nur, dass sie fortan nicht mehr mit dem Titel ‚Königliche Hoheit' angesprochen werden, sondern auch, dass Zuwendungen in Millionenhöhe zurückgezahlt werden mussten. Die Begründung der beiden war der Wille „finanziell unabhängig" zu werden. Bekannt geworden ist dieser ungewöhnliche Rückzug aus einer Königsfamilie unter dem Neologismus „Megxit", der an das Amalgam „Brexit" angelehnt ist, mit dem im medialen Diskurs seit 2016 der Ausstieg Großbritanniens aus der EU bezeichnet wird. Begleitet von einem bemerkenswerten Getöse in den Medien wurde dabei in der deutschen Berichterstattung des Öfteren auch vom „Ausstieg aus dem britischen Königshaus", dem „Royal-Ausstieg", „Royalen Ausstieg" oder von „royalen Aussteigern" gesprochen. Vor dem Hintergrund, dass zwar eine Abtrennung von Geldquellen stattfand, die offiziell für die Finanzierung der britischen Königsfamilie vorgesehen sind (dem so genannten „Sovereign Grant"), allerdings nicht von Geld, das aus dem direkten Anteil am Vermögen von Harrys Vater, dem Thronfolger Prinz Charles, stammt (vom Erbkapital aus dem Nachlass von Harrys Mutter, Prinzessin Diana, ganz zu schweigen), wirkt die Begründung der „finanziellen Unabhängigkeit" kurios. Rechnet man hinzu, dass den beiden die Titel als britische Herzog*innen erhalten bleiben, wirkt die Bezeichnung ‚Aussteiger*in' geradezu grotesk. Sie bleiben ‚Establishment' *qua* Finanzen und Titelwürden – überaus gehobenes ‚Establishment'. Auch wenn Harry und Meghan daher nicht als „Aussteiger*innen" im klassischen Sinn bezeichnet werden können, lässt sich an diesem Vergleich doch das ganz grundlegend angenommene Konzept des „Aussteigens" ablesen, das (in einem weiten Sinne verstanden) Unabhängigkeit von etwas und die Freiheit anders zu leben umfasst.

Die betreffenden Begrifflichkeiten selbst regen, das zeigt uns dieses Beispiel, einen munteren Fluss der Assoziationen an, wer denn nun als Aussteiger*in gelten könne (Libuda 2020). Die Vorstellungen von Aussteiger*innen variieren je nach Perspektive. Aufgrund dieser Diffusität möchte ich mich in vorliegendem Text (erneut) mit diesem Phänomen auseinandersetzen (siehe für vorherige Auseinandersetzungen: Fischer 2012, 2016, 2017b, 2018) und fragen, was Aussteiger*innen im Kern ausmacht, was als *differentia specifica*[1] – also als eigentümlicher Unterschied – des Begriffs zu anderen Formen gesellschaftlicher Devianz gelten kann und ‚Aussteiger*in' zu akzentuieren und zu individuieren vermag. Letztlich wird das auch die These genauer begründen, warum Prinz Harry und Meghan Markle nicht für Aussteiger*innen gehalten werden sollten.

Es kommt also darauf an, wie wir den Begriff genau verstehen. Das klingt bereits an, wenn auf die Zugehörigkeit der beiden Ex-Royals zum ‚Establishment' hingewiesen wird. Verstehen wir ‚Ausstieg' wortwörtlich und simpel, so wie ein Aussteigen aus einem Bus oder einer Tram, leuchtet noch ein, inwiefern ein Ausstieg passierte: In der Loslösung aus suggerierter finanzieller Abhängigkeit und, so mag man hinzufügen, den oktroyierten Pflichtstrukturen der britischen Königsfamilie, die mit finanziellen Zuwendungen und Öffentlichkeitsarbeit verbunden zu sein scheinen. Bildlich gesprochen wäre das also vielleicht ein Ausstieg aus dem (aufgrund von Familienzugehörigkeit und Geburtsreihenfolge unfreiwillig bestiegenen) Vehikel repräsentativer königlicher Arbeit. Prinz Harry und Meghan Markle deswegen ‚Aussteiger*in' zu nennen, scheint jedoch auf mindestens zwei – oben bereits angesprochene – Weisen falsch: Das weiche finanzielle Polster des Adels-Paars scheint die Vorstellung eines herausfordernden, ernsthaften Ausstiegs ebenso zu konterkarieren wie die zurückbehaltenen Privilegien des Herzogtums. Es scheint wichtig zu sein, welches Substantiv wir zur Bezeichnung verwenden: Werden die Begriffe ‚Ausstieg' oder ‚Aussteiger*in' genutzt, ist die konkrete Variante „aus einem Vehikel aussteigen" zwar im Fall des ‚Ausstiegs' noch gebräuchlich, allerdings ist es die Bezeichnung ‚Aussteiger*in' für eine Person, die die Tram verlässt, nicht. Hier kommt eine Konnotation hinzu, die den Begriff des alltäglichen Handelns auf eine andere Ebene hebt und zum Marker für etwas Außergewöhnlicheres, politisch-moralisch Aufgeladenes macht – und das mindestens seit den 1970er Jahren, als der Begriff ‚Aussteiger*in' in unseren Sprachgebrauch Eingang fand (Fischer 2016, 260–262). So haben wir es vielleicht

---

[1] Ein einfaches Beispiel hierfür ist Folgendes: „Der Mensch ist ein vernunftbegabtes Lebewesen." Während ‚Lebewesen' das *Genus proximum*, also die nächstgelegene Gattung angibt, gilt ‚vernunftbegabt' als eigentümlicher Unterschied, also *differentia specifica*, im Vergleich mit anderen Entitäten aus der Gattung Lebewesen. Die Vernunftbegabung hilft uns also bei der Definition und Unterschiedsbildung von allem, was wir ‚Lebewesen' nennen, und individuiert den Begriff ‚Mensch' – besser als der Hinweis auf zwei Augen, Beine, Ohren oder die Nase. Die haben andere Lebewesen natürlich auch. Darüber, ob die jeweilige *differentia specifica* eine gelungene Unterschiedsbildung bedingt, kann man natürlich trefflich streiten.

mit einem konkret verstandenen ‚Royalen Ausstieg' zu tun, aber bei Prinz Harry und Meghan Markle nicht im eigentlichen Sinne mit ‚Aussteiger*innen'.

In der Verhandlung darüber, wie ‚Aussteiger*in' genauer zu verstehen ist, möchte ich den viel verwendeten, aber wenig besprochenen Begriff von seiner immer noch vorherrschenden Vagheit befreien und dadurch den Blick auf das Phänomen schärfen: Aussteiger*innen vollziehen als entfremdete Charaktere einen harten gesellschaftlichen Bruch, der aufgrund eines Aushandlungsprozesses mit der Gesellschaft, ihren Werten und Zwängen vollzogen wird, der politisch und moralisch aufgeladen scheint und sich entlang eines alternativen Selbstverwirklichungskonzepts entfaltet; das Denken, Fühlen und Handeln wird so modifiziert, dass Aussteiger*innen im breiten Mainstream als unangepasst, im eigentlichen Sinne des Wortes „alternativ" – also als „Oder" statt einem „Entweder" – wahrgenommen werden können. Der „Royale Ausstieg" hingegen lässt sich vielleicht analog zu dem üblichen intergenerationellen Szenario verstehen, dass eine erwachsene Person von zu Hause auszieht (Harry und Meghan leben fortan auch nicht mehr in den Besitztümern der britischen Königsfamilie), um „(finanziell) unabhängig" zu werden (also im Normalfall – der nicht auf Harry und Meghan zutrifft – beispielsweise zu arbeiten und eigenes Geld zu verdienen) und nicht mehr machen zu müssen, was im jeweiligen Familiensystem als Pflicht besteht (zum Beispiel den Rasen jeden Monat zu mähen oder eben öffentliche Auftritte zu absolvieren). Oder es lässt sich mit dem Szenario vergleichen, einen Job zu kündigen, der mehr ausbrennt als erfüllt (man denke in Analogie hierzu an die Querelen der beiden mit der berühmt berüchtigten britischen ‚Regenbogenpresse'). „Familiärer Ausstieg", „Beruflicher Ausstieg" könnte man das nennen; es ließe sich folgern, dass sie dadurch zu ‚Aussteiger*innen' würden. Doch was hier fehlt, so möchte ich vorschlagen, sind der harte gesellschaftliche Bruch, der gesellschaftliche Aushandlungsprozess, die politisch-moralische Untermauerung und das modifizierte Denken, Fühlen und Handeln, das im Verhältnis zu einem breiten Mainstream als unangepasst-alternativ identifiziert werden kann und Aussteiger*innen – mit dem Soziologen Niklas Luhmann (1996, 211) gesprochen – als „stärker individualisierte Individuen" erscheinen lässt.

Grundsätzlich ist es natürlich kontrovers, bestimmen zu wollen, *wie* ein Begriff genutzt zu werden hat, schleicht sich hier doch zwangsläufig eine normative Dimension ein. Nach moderner sprachwissenschaftlicher Auffassung im Anschluss an Ferdinand de Saussure (2016, 26–33) gibt es die Vorstellung einer funktionalen Begriffsbestimmung. Die Bedeutung eines Begriffs entsteht so arbiträr und auf Grundlage von Konvention. Das Wort selbst hat eigentlich weder Bedeutung noch Wirkung, außer derjenigen, die sich in der jeweiligen Gegenwart der Verwendung etabliert. Jede von der Mehrzahl der Sprechergemeinschaft verwendete Bedeutung besitzt demnach Gültigkeit. Harte Kriterien für eine ‚richtige' Verwendung finden wir also nicht unbedingt; in unserem Fall lässt sich so wiederum die Gesellschaft als hermeneutische Kategorie hinzudenken, die die Konturen von Aussteiger*innen bedingt. Generell ist es also interessant, dem Entstehen einer Konvention nachzugehen, auch wenn das hier kaum im Detail möglich ist (vgl. hierfür Fischer 2016), denn der vorliegende Beitrag fokussiert auf einen Vorschlag zur Begriffsschärfung.

Mir ist bewusst, dass ein Definitionsversuch eines solch schillernden Phänomens Vorschlagscharakter hat, denn wir haben es hier mit einem sozialen Phänomen zu tun, bei dem der Begriff typologisch verwendet wird, um also einen bestimmten Typus zu markieren. So soll im Rahmen offener und möglichst objektiv-distanzierter Betrachtung verschiedener Beispiele ein Vorschlag für ein vertieftes Verständnis gemacht werden, der in der Folge Grundlage zur Diskussion sein mag. In der Vermittlung zwischen der alltagssprachlichen Gebrauchsweise als Ausgangslage und einem näheren Besehen von dessen Implikationen in verschiedenen Beispielen, soll die Bedeutung des Terminus' geschärft werden, um so einen korrekten referentiellen, syntaktischen und diskursiven Wortgebrauch vorzuschlagen. Ein „wenig exaktes, vor-wissenschaftliches Konzept" wird so präzisiert, dass die Verbindung zum Alltagsgebrauch nicht abreißt, aber ein so weit wie möglich geklärter und vor allem anschlussfähiger Begriff entsteht (Carnap 1950, 3). Das bedeutet auch, dass es um mehr als empirische Linguistik und den *de facto* Alltagsgebrauch geht, um einen exakteren Sprachgebrauch anzustreben. So soll der Begriff ‚Aussteiger*in' letztlich nicht nur die wesentlichen Merkmale umgrenzen, sondern auch aus seinem vortheoretischen Gebrauch heraus erklärbar sein, während gleichzeitig die Vagheit vermindert und eine diskursive Anschlussfähigkeit hergestellt wird (zur Methodik vgl. Fischer 2016, 265–269, 2017a, 34–36 und 2017b, 208–212). Gerade der Begriff ‚Aussteiger*in' ist dabei gemäß seines verhältnismäßig jungen Alters, der normativen Aufgeladenheit[2] sowie der allgemein eher unbedachten Verwendung im Alltag von Vagheit und Mehrdeutigkeit gezeichnet. Es geht also um einen sich reziprok beeinflussenden Aushandlungsprozess zwischen alltagssprachlicher Benutzung des Begriffs ‚Aussteiger*in' und der gezielten Interpretation dieser Begrifflichkeit in Kunst, Literatur, Film sowie nicht zuletzt auch der Politik. Dabei lässt sich in der wissenschaftlichen Schärfung eines Begriffs letztlich nicht vermeiden, dass nicht jedwede Assoziation zugehörig bleibt/wird. Das ist aber auch Sinn der Sache des Definierens.

---

[2] Schließlich stellen sich Aussteiger*innen dezidiert gegen einen bestimmten Referenzrahmen, womit auch diskursive Kämpfe um Deutungshoheit einhergehen. Das zeigt sich schon in den frühen Erwähnungen des Begriffs, indem Aussteiger*innen einen devianten, schmarotzerischen und versifften Anstrich bekommen (vgl. Fischer 2016).

Fassen wir zusammen: Deutlich geworden ist bereits zweierlei: Erstens, dass es offenbar unterschiedliche Gebrauchsweisen der Begriffe ‚Ausstieg' (weniger aufgeladen, konkreter und unbedarfter in der Nutzung) und ‚Aussteiger*in' gibt (stärker aufgeladen mit inhaltlicher Bedeutung, aber auch mit Normativität, und abstrakter – was den Assoziationsreichtum erklären kann). Zweitens wird deutlich, dass Aussteiger*innen offenbar einen kontrapunktischen Referenzrahmen haben, wie das, was wir ‚Mainstream' nennen (oder was ich oben salopp ‚Establishment' nannte), und ein Werteverständnis, das die politisch-moralische Dimension des Ausstiegs deutlich macht. Die Gesellschaft wird zur Kategorie hermeneutischer Deutung des Ausstiegs. Der Skrupel ihr gegenüber wird zu einem Kernpunkt dessen, was Aussteiger*innen entfremdet, motiviert und unangepasst macht.

Wie unterscheiden sich also der Herzog und die Herzogin von Sussex, die nach Nordamerika übersiedelten, um sich mit einem Startkapital von einigen Millionen Pfund unabhängig vom Familiensystem Monarchie zu machen, von dem im Assoziationskontext ‚Aussteiger*in' viel bemühten Ex-Manager, der eine Surfschule auf Bali eröffnet? Oder von Henry David Thoreau, der mit seinem Experiment am Walden Pond mit und aus der Natur heraus zu leben (bekanntermaßen verewigt in *Walden; Or Life in The Woods*, 1854) zur bekanntesten Ikone eines Aussteigertums wurde? Oder von dessen in der Breite noch bekannteren Wiedergänger, dem Protagonisten des „Aussteiger-Epos"[3] *Into the Wild*?

2 Henry David Thoreau – Archetyp und Ikone der Aussteiger*innen

Betrachten wir *die* Referenzperson für das Aussteigertum, die in den 1950/60er Jahren im Zuge von Alternativbewegungen, welche unmittelbar mit den ersten Erwähnungen des Begriffs ‚Aussteiger*in' verbunden sind (Fischer 2016, 261–263), im deutschsprachigen Raum Bekanntheit erlangte und verschiedene mit der gegenwärtigen Lebens- und Gesellschaftsform unzufriedene Gruppen verband: Henry David Thoreau (Allié 2004, 141–144). Zuvor beeinflusste er bereits Persönlichkeiten wie Leo Tolstoi oder Mahatma Gandhi, die sich ihren zeitgenössischen Lebens- und Gesellschaftsformen auf ihre je eigene Art widersetzten (Manning 1943, 234). Thoreau (1817–1862) ist mit seiner erzählerisch-philosophischen Collage *Walden; Or Life in The Woods* zu einer ikonographischen Konstante im Assoziationsraum des Begriffs ‚Aussteiger*in' geworden und kann viele Hinweise für ein sinnvolles

---

3 So laut *Apples* Medienportal *tv*.

Verständnis liefern. Genauso zur Ikone wurde Christopher McCandless, vielleicht besser bekannt unter seinem Aussteigernamen ‚Alexander Supertramp', dessen Ausstieg um 1990 von Jon Krakauer in einer buchlangen Reportage aufgearbeitet und durch den von Sean Penn gedrehten Film mit demselben Titel, *Into the Wild* (2007), weltberühmt wurde. McCandless selbst war ausgesprochener Thoreau-Anhänger und zog wesentliche Inspiration aus dessen *Walden*, das infolge des Films noch bekannter wurde. Die Verbindung von Thoreau mit der Praxis des gesellschaftlichen Aussteigens ergab sich seit dem Erscheinen von *Walden* und verbindet sich (zunächst arbiträr mag man sagen) in den 1970er Jahren mit dem deutschen Begriff ‚Aussteiger*in' (im Englischen gibt es kein gleichwertiges Äquivalent[4]). Thoreaus Einfluss heutzutage zu isolieren ist unterdessen ungleich schwieriger geworden, denn seine Gedanken wurden zu Allgemeingut, das heutzutage hoch anschlussfähig ist; schließlich geht es ihm um Themen wie die kapitalistische Gesellschaftsorganisation, eine daran ausgerichtete Lebensweise mit Luxusstreben, Bedürfnisverirrung und Entfremdung, gleichermaßen aber auch um eine (nahezu utopisch anmutende) Alternative hierzu: die grundlegende Besinnung und Befreiung des Einzelnen, Verlangsamung, Simplifizierung, Achtsamkeit und die Reise nach innen zu sich selbst statt nach außen. All dies wird als Grundlage für eine mögliche friedliche Revolution in der Welt verstanden.

Zu Thoreaus Lebzeiten war die Breitenwirkung seiner Gedanken allerdings noch nicht gegeben. Sein „Experiment", wie er es mit wissenschaftlichem Impetus nennt, wurde höchst kontrovers diskutiert (Thoreau 1995, 26). *In nuce* mag uns dieser Umstand bereits vermitteln, inwiefern Aussteiger*innen Reibung im Kontext des Aushandlungsprozesses mit der normierenden Kategorie Gesellschaft erzeugen, die im Normalfall immer mehr Verteidiger*innen als Aussteiger*innen hat – sonst wäre sie ja in Auflösung begriffen. Thoreau selbst antizipiert das bereits und kommentiert in *Walden* vorausschauend:

---

4 Am ehesten käme hierfür noch „dropout" infrage, im Sinne eines „dropping out of society". Der Begriff ist jedoch stark mit Schul- oder Universitätsabbrechern verbunden und hat sich nicht für das hier besprochene Phänomen etablieren können. Eher ist da von „Outsidern" die Rede, die jedoch ausmacht, dass sie aus der Gesellschaft gedrängt werden, statt eine aktive Entscheidung zu fassen, Aussteiger*in zu werden. Aussteiger*innen mögen also, von innen besehen, Außenseiter sein, jedoch unterscheiden sie sich in ihrem Handeln dezidiert von diesen. Christopher McCandless wird auch als „wanderer" bezeichnet, der ruhelos durch die Gegend zieht. Warum genau kein englisches Äquivalent zum deutschen Aussteiger*in entstand, bleibt jedoch eine noch offene Frage, die Vertreter*innen des Faches Anglistik oder Soziolog*innen vielleicht besser beantworten können.

> But all this is very selfish, I have heard some of my townsmen say. I confess that I have hitherto indulged very little in philantropic enterprises. I have made some sacrifices to a sense of duty, and among others have sacrificed pleasure also. (Thoreau 1995, 47)

Sein individualistisches Eingeständnis soll aber nicht verhindern, dass seine Leser*innen ihn als Inspiration betrachten und es ihm gleichtun; vielmehr folgt sogleich ein Appell an diejenigen, die ihm nachfolgen wollen: „Persevere, even if the world call it doing evil, as it is most likely they will" (Thoreau 1995, 48). Ganz im Sinne der antizipierten Ablehnung fällt Robert Louis Stevenson, Autor von *Treasure Island* (1883), etwa 20 Jahre nach Thoreaus Tod ein wenig schmeichelhaftes Urteil über den Andersartigen; dessen

> [...] Leben, das ohne Schwung und Freiheit verläuft und vor der kraftspendenden Berührung mit der Welt zurückscheut, etwas [...] Memmisches [hat]. Mit einem Wort: Thoreau kniff. Er wollte nicht, daß ihm unter seinen Mitmenschen die Tugend abhanden kam, und verdrückte sich in eine Ecke, um sie für sich zu horten. (Stevenson 2014, 480–481)

Stevenson unterstellt Thoreau, dass er vor der Auseinandersetzung mit der Welt flüchtete, sich gar vor seinen Mitmenschen ekelte, die seine Tugend bedrohen würden, die er für sich horten wolle. Thoreau soll so als selbstsüchtiger Egoist entlarvt werden, wie auch James Russell Lowell ihn Jahre früher als Nichtsnutz brandmarkte (Allié 2004, 142). Die normative Bewertung, die Aussteiger*innen oft erfahren, klingt hier überdeutlich an und repräsentiert *einen* durchaus nachvollziehbaren normativen Blick auf das Phänomen. Thoreaus Lehrer, der Naturphilosoph und Transzendentalist Ralph Waldo Emerson, ist hingegen davon überzeugt, dass sein Schüler integer war und gemäß seiner Innerlichkeit und seines Charakters kongruent und richtig lebte:

> He was bred to no profession, he never married, he lived alone; he never went to church; he never voted; he refused to pay a tax to the state; he ate no flesh, he drank no wine, he never knew the use of tobacco; and, though a naturalist, he used neither trap nor gun. He chose, wisely, no doubt, for himself, to be the bachelor of thought and Nature.
> (Emerson 1862, 241)

Emerson streicht heraus, inwiefern sich Thoreau alternativ zum ‚Mainstream' verhält, ein dezidierter Individualist ist und in vielerlei Hinsicht unangepasst war. Mit seinem Handeln, das im Luhmann'schen Sinne einem stärker individualisierten Individuum entspricht, musste er irritieren und Widerspruch provozieren – und doch war es der richtige Weg für ihn. Viele Anhänger hatte er damit zunächst also nicht. Erst im Zuge der modernen Einstellungslockerung in vielen Lebensbereichen und der individuellen Emanzipation wurde er mit seinem kritischen Denken sowie seiner Naturnähe insbesondere als Gegner kapitalistischer Profit- und Besitzgier zum Referenzpunkt für Liberalist*innen und letztlich auch für jene, die die Freiheit noch weiter trieben und sich auf ihrer Grundlage aus der Gesellschaft entfernten: Aussteiger*innen. Dass Thoreau hier eine wichtige Rolle spielte, wirkt entlang der bisher angedeuteten Wesenheiten, Handlungs- und Denkweisen unmittelbar nachvollziehbar. Auffällig ist dabei, dass Thoreau – auch heute noch – anschlussfähig ist für politisches Denken verschiedener Couleur, wenn er sich gemäß der Charakterisierung von Emerson fleischlos ernährt, bescheiden, ohne viel Besitz und naturnah lebt, sich Institutionen wie der Ehe und dem alltäglichem Arbeiten verweigerte, aber auch jeglichen staatlichen Eingriff in sein Leben zu verhindern suchte und die maximale Freiheit zur Bedingung eines guten Lebens machte. Aussteiger*innen können wahrscheinlich beides sein: progressiv und konservativ, weshalb der Anschluss an Thoreau weiter sinnhaft erscheint. Zumal konservativ hier vor allem einen starken Liberalismus des amerikanischen Kulturhintergrundes meint. In weiten Teilen bleibt Thoreau brandaktuell, wenn er insbesondere die Ablehnung der aufgrund der kapitalistischen Gesellschaftsorganisation zwangsläufig arbeitsorientierten Lebensform in *Walden* wiederholt thematisiert:

> I see young men, my townsmen, whose misfortune it is to have inherited farms, houses, barns, cattle, and farming tools; for these are more easily acquired than got rid of. Better if they had been born in the open pasture and suckled by a wolf, that they might have seen with clearer eyes what field they were called to labor in. (Thoreau 1995, 2)

Was Thoreau hier beschreibt, ist das grundlegende Szenario der blinden Nachfolge von Tradition, etablierter Lebensform und gesellschaftlichem Zwang. Als Konsequenz sieht er die Menschen „so occupied with the factitious cares and superfluously coarse labors of life that its finer fruits cannot be plucked by them" (Thoreau 1995, 3). Das Leben in seiner Feinheit wird verfehlt, was durchaus an Jean-Jacques Rousseau erinnern mag; die Menschen suchen an falschen Stellen nach Zufriedenheit wie durch Arbeit, Ruhm, Besitz und Geld, wodurch ihnen die verschiedenen Facetten und letztlich grundlegend das *eigentliche* Leben entgeht:

> The millions are awake enough for physical labor; but only one in a million is awake enough for effective intellectual exertion, only one in a hundred million to a poetic or divine life. To be awake is to be alive. I have never yet met a man who was quite awake. (Thoreau 1995, 59)

Leid und entfremdetes Leben sind die oft brutalen Folgen: „How many a poor immortal soul have I met well-nigh crushed and smothered under its load, creeping down the road of life" (Thoreau 1995, 2) und: „For the most part, we are not where we are, but in a false position." (Thoreau 1995, 212). Als einzige Alternative zu dieser „false position" sieht er das Simple, das befreit und sich auf die wirklichen Notwendigkeiten des Lebens zurückbesinnt. Thoreau selbst lebt dieses alternative Konzept vor und macht es durch seinen Text überzeugend und überzeitlich zugänglich: „Most of the luxuries, and many of the so called comforts of life, are not only not indispensable, but positive hinderances to the elevation of mankind." (1995, 8) – „Love your life, poor as it is" (1995, 212). Und so zieht er experimentell in die Wälder mit nur geliehenem Werkzeug, um sich Behausung und Ernährung selbst zu beschaffen, sich von konkreten und abstrakten Zwängen zu befreien, zu erkennen, was man wirklich braucht, und so das eigentliche aus dem ‚falschen' Leben herauszudestillieren:

> I went to the woods because I wished to live deliberately, to front only the essential facts of life, and see if I could not learn what it had to teach, and not, when I came to die, discover that I had not lived. I did not wish to live what was not life, living is so dear; nor did I wish to practise resignation, unless it was quite necessary. I wanted to live deep and suck out all the marrow of life, to live so sturdily and Spartan-like as to put to rout all that was not life, to cut a broad swath and shave close, to drive life into a corner, and reduce it to its lowest terms, and, if it proved to be mean, why then get the whole and genuine meanness of it, and publish its meanness to the world; or if it were sublime, to know it by experience, and be able to give a true account of it in my next excursion.   (Thoreau 1995, 59)

Thoreaus Kontrastbild gesellschaftlicher Lebensrealität und individueller Selbstverwirklichung in der Natur vergegenwärtigt die binäre Grundkonstellation des Phänomens eines gesellschaftlichen Ausstiegs: das Innen versus Außen der Gesellschaft, der *status quo* versus die Alternative sowie gesellschaftliche Gemeinschaft versus unangepasstes Individuum. Darüber hinaus zeichnet der Text ein detailliertes Bild des Alternativen, bekommt so Vorbildcharakter und versucht zu motivieren. Viele Sätze in Thoreaus *Walden* ermuntern mit fast therapeutischem Anklang zu einer alternativen Lebensweise, zur Selbstverwirklichung und zum Ausstieg aus der herrschenden Lebens- und Gesellschaftsform. Er ermutigt immer wieder zur Bewusstmachung und anschließender Beendigung des Gehens ausgetretener Lebenspfade: „It is remarkable how easily and insensibly we fall into a particular route, and make a beaten track for ourselves" (Thoreau 1995, 209); außerdem rät er der Erfüllung des Traums eines Ausstiegs zu:

> I learned this, at least, by my experiment; that if one advances confidently in the direction of his dreams, and endeavors to live the life which he has imagined, he will meet with a success unexpected in common hours.   (Thoreau 1995, 209)

Metaphorisch und humoristisch wirksam setzt er eine unkritische „Commonsense"-Haltung mit Schläfrigkeit gleich und ruft zum abweichenden Verhalten und alternativer Interpretation der herrschenden Umstände auf: „Why level downward to our dullest perception always, and praise that as common sense? The commonest sense is the sense of men asleep, which they express by snoring" (Thoreau 1995, 210). Nicht zuletzt betont er den angedeuteten starken Individualismus, dem stattgegeben werden darf: „If a man does not keep pace with his companions, perhaps it is because he hears a different drummer. Let him step to the music which he hears, however measured or far away" (Thoreau 1995, 210).

Auch vor Thoreau gab es Menschen, die auf ähnliche Art den Bruch mit der Gesellschaft vollzogen (man denke vielleicht – wenngleich die Überlieferung hier eher uneindeutig ist – an den griechischen Philosophen Diogenes oder aber christliche Eremiten), doch Thoreau konnte zur *modernen* Ikone werden. Dies mag mehrere Gründe haben. Nicht nur, dass Thoreaus Text eine reizvolle Machart als tagebuchartige Collage mit unzähligen Referenzen, poetischen und auch krude gemachten Passagen zugrunde liegt – und so eine interessante Mischung aus Grob- und Feinschnitt entsteht – und er als säkularer, aber transzendenzaffiner Denker einer Naturverehrung Raum gibt, die dem Denken der zeitgenössischen Romantiker*innen nah steht. Sondern vermutlich auch, weil er in die Schnittstelle der aufkommenden Industrialisierung und der Verschärfung der kapitalistischen Lebens- und Gesellschaftsorganisation hineinschreibt, die eine Entfremdung des Menschen von seinem eigenen Tun und der ihm umgebenden Natur noch forciert haben mag – ein Zustand, der letztlich bis heute anhält, sich insbesondere vor dem Hintergrund der Klimakrise gar zuspitzt, und *Walden* damit umso zeitloser erscheinen lässt. Nicht zuletzt dokumentiert Thoreau ein Handeln, das noch heute außergewöhnlich und drastisch, aber nicht unreflektiert und auch nicht vollkommen unrealistisch ist. Dies mag seinen Status als nach wie vor orientierenden Aussteiger*in-Prototypen zusätzlich manifestieren.

Von Thoreaus Denkweise ausgehend ergibt sich so bereits ein Netz an Eigenschaften, das helfen kann, den Begriff ‚Aussteiger*in' sinnvoll zu schärfen. Sinnvoll deshalb, weil er treffend die Kernkonstellation des Aussteigens thematisiert, die Gesellschaft mit ihrer Lebensform als normierende Kategorie verdeutlicht und die Notwendigkeit einer Alternative vergegenwärtigt. Er lehrt nicht nur, was ein konkret verstandener „Ausstieg" bedeutet, der jene, die ihn vollziehen, nach Außen befördert, sondern macht auch einen (populären) Vorschlag, wie das Alternative im Kontext des Aussteigertums zu verstehen ist. Nicht nur betont Thoreau den selbstverwirklichenden Individualismus der Einzelnen, sondern auch die Abweichung im Denken, Fühlen und Handeln, das Alternative und so die forcierte Unangepasstheit in Bezug auf den Referenzrahmen der herrschenden Lebens- und Gesellschaftsform. Hinzu kommt der kognitive und affektive Zustand der Entfremdung als Triebfeder.

3 Aussteiger*innen als entfremdete, sich alternativ selbstverwirklichende, stärker individualisierte Individuen im Bruch mit der Gesellschaft

Folgen wir den Spuren der Sprache (siehe hierzu detaillierter erneut: Fischer 2016), die ‚Aussteiger*in' erst seit den 1970ern als Begriff kennt, wird mit Thoreau als Ikone deutlich: Aussteiger*innen befinden sich in einem sozialen Aushandlungsprozess zwischen Ich und Gesellschaft und ihrer jeweiligen Lebensform und vollziehen einen Bruch vor dem Hintergrund einer alternativen Lebensweise (Fischer 2017b, 197–200). Die Notwendigkeit, diesen Sachverhalt angemessen auszudrücken, bildet die Vorbedingung des Begriffs. Sicher hat es diese individuellen Aushandlungsprozesse und Bewegungen auch vor den 1970ern gegeben, doch kommt seit dem das Aussteigen dem säkularen ‚Mainstream' näher, ist vielleicht auch leichter umsetzbar (weil sich ein Leben als Außenseiter heutzutage als weniger bedrohlich erweist) und kann sich als spezifisch bestimmbares Phänomen, also nochmal einen besonderen Typus insbesondere durch seine Vereinzelung, im Umfeld von Hippies und anderen kollektiven Alternativenbewegungen etablieren. Diejenigen, denen diese Bezeichnung zugeschrieben wird, machen dadurch nicht nur sichtbar, was Verteidiger ‚der Gesellschaft' auf sie projizieren mögen (siehe das Stevenson-Zitat), sondern ihr Beispiel macht auch zeitdiagnostische Arbeit möglich, die gesellschaftliche Problematiken/Problemfelder/Herausforderungen offenlegen und eine Alternative zur etablierten Lebensform anbieten kann.

Mit Niklas Luhmann wird so „eine Selbstbeschreibung moderner Gesellschaft [möglich], wie sie sonst nicht zur Verfügung steht" (1996, 23) und die „Themen auf[greift], die keines der Funktionssysteme, weder die Politik noch die Wirtschaft, weder die Religion noch das Erziehungswesen, weder die Wissenschaft noch das Recht, als eigene erkennen würde" (1991, 153). In der Folge lässt sich dann „[i]n der Art des Ausstiegs und der Weise der Reaktion darauf [...] das Wertesystem eines Gemeinwesens lesen" (Schüle 2007, 48), das von Aussteiger*innen durch Entfremdung und moralischen Skrupel infrage gestellt und von sich der Gesellschaft zugehörig Fühlenden verteidigt wird. Diese Entfremdung und dieser Skrupel, also ein erschütterter Zustand, Fremdheitsgefühle gegenüber der Außenwelt und dem eigenen Selbst sowie das Bewusstsein, dass bestimmte Werte, Traditionen, Maßstäbe und scheinbare Notwendigkeiten fragwürdig sind, mögen wiederum einen Protest auslösen und so die Grundlage für den Antrieb sein, der sich in Unangepasstheit, abweichendem Verhalten, individueller Selbstverwirklichung im Rahmen eines Konzepts des Alternativen äußert. Hierbei werden die vom jeweiligen Referenzrahmen bereitgestellten Anpassungsmittel abgelehnt, woraus sich ein Spannungsverhältnis zwischen den Ansprüchen der Gesellschaft, Familie, Arbeitswelt – also eines Zentrums – und denen des alternativ denkenden, fühlenden und handelnden Individuums – einer Peripherie – ergibt.

All diese Charakteristika treffen auf Henry David Thoreau als Aussteiger am Walden Pond in Massachusetts zu – ebenso wie auf Christopher McCandless alias Alexander Supertramp. Allerdings ließe sich das wohl auch in Bezug auf den Herzog und die Herzogin von Sussex als „Royale Aussteiger" oder den Ex-Manager mit Surfschule auf Bali behaupten. Alle hier gelisteten Untersuchungssubjekte begeben sich aus etwas heraus und machen sich – gegen Widerstände – frei; sei es für Thoreau die Gegenwart Concords in den Vereinigten Staaten im 19. Jahrhundert, für Supertramp die des kapitalistisch organisierten nordamerikanischen 20. Jahrhunderts, für den Ex-Manager die zum Ausbrennen führende kapitalistische Wachstums- und Leistungsgetriebenheit oder für Prinz Harry und Meghan Markle das royale Familiensystem mit seinen öffentlichen Verpflichtungen. Alle begeben sich von einem durch sie so wahrgenommenen Zentrum heraus in eine Peripherie, um sich bestimmter Zwänge zu entledigen, die sie entfremden und so zur Umsetzung einer alternativen Vorstellung vom eigenen Leben motivieren; sei dies in Form des einsamen Lebens am Walden Pond oder in der Wildnis Alaskas sowie in der beruflichen Veränderung und Umsiedlung auf eine sonnige Insel oder im (teilweisen) Rückzug aus der Öffentlichkeit und die Übersiedlung auf einen anderen Kontinent. So machen uns all diese Versuche des alternativen Lebens diskutable Sachverhalte in bestimmten Funktionssystemen deutlich, die die größere Gesellschaftsorganisation bzw. Arbeits- und Familienumstände betreffen. Nehmen wir also Entfremdung, abweichendes Verhalten und individuelle Selbstverwirklichung als *differentia specifica* des Begriffs ‚Aussteiger*in' (Fischer 2012, 2016, 2017b), bleibt noch ein Stück Mehrdeutigkeit erhalten.[5]

Bei genauerem Hinsehen wird deutlich, dass es doch mehr Unterschiede als Gemeinsamkeiten zwischen den Beispielen geben mag, die wiederum einen Hinweis für das angemessene Verständnis des Begriffs liefern können. Dies gilt nicht nur in Bezug darauf, dass Prinz Harry und Meghan Markle im Gegensatz zu unseren anderen Beispielen gemeinsam, sich gegenseitig stützend, aussteigen. Auch finden wir ganz unterschiedliche räumliche Bewegungen: in die Natur, in andere Kulturen oder einen anderen Staat. An diese räumlichen Bewegungen angelehnt erscheint auch

---

[5] So mein bisheriger Definitionsversuch: „Aussteiger/-innen sind *von ihrer gesellschaftlichen Umgebung und ihrer eigenen gesellschaftlichen Rolle entfremdete, sich abweichend verhaltende, einen aktiven Selbstverwirklichungsakt vollziehende Individuen, die sich aus gesellschaftlichen Bindungen lösen, um ein unangepasstes Leben nach ihren individuellen alternativen Vorstellungen zu führen*" (Fischer 2017b, 212).

das abweichende Verhalten unterschiedlich skalierbar, wenn wir die Brüche, denen sich Aussteiger*innen aussetzen, betrachten: den Bruch mit einer Gesellschaft als Ganzer, einem Wirtschaftssystem, einer Branche, einer Firma, einer Familie usw. Hierin bestehen auch die hermeneutischen Kategorien, die bei genauerem Besehen eine sehr unterschiedliche Freiheitssemantik des Aussteigens bedingen. Es bestehen so unterschiedlichste Vorstellungen von (1) negativer und (2) positiver Freiheit in den verschiedenen diskutierten Ausstiegsszenarien. Während die einen (1) eine Freiheit *von* ihren Pflichten in einem gesellschaftlichen Bereich, also als Royals oder von den absorbierenden Arbeitsbedingungen als Manager anstreben, versuchen sich die anderen von einer ihres Erachtens nach weitgehend korrumpierten Gesellschaft zu befreien, die in sich moralisch problematisch organisiert ist und toxische Lebensformen bedingt. Daraus ergibt sich (2) in Bezug auf positive Freiheit, also der Freiheit *zu* etwas, dass sie die Gesellschaft vollständig hinter sich lassen, um einen neuen, besseren Anfang machen können, im Gegensatz zur Entledigung von einem lästigen Bestandteil des Lebens, während Zugehörigkeit und die weniger lästigen Mechanismen erhalten bleiben. Anhand dieser Auffassung der positiven Freiheit wird insbesondere deutlich, dass es einen unterschiedlich weitreichenden politisch-moralischen Impetus und auch unterschiedlich weitreichende Konzeptionen des Alternativen gibt. Thoreau ist hier der Vorreiter einer umfassenden Gesellschaftskritik und einer daran ausgerichteten umfassenden und konsequent alternativen Lebensweise in seiner Hütte am Walden Pond in Form von Selbstbewirtschaftung für den Eigenbedarf, dem alleinigen Leben im Einklang mit der Umgebung und der Simplifizierung der Lebenspraxis. Er ist gewissermaßen ein intellektueller Prototyp der Aussteiger*innen mit weitreichenden, anschlussfähigen Begründungszusammenhängen. Prinz Harry und Meghan Markle hingegen bleiben sehr wohl in der Gesellschaft verhaftet, haben im Prinzip wenig gegen die Lebensform, die ihnen zuteil wurde, mögen sich aber einiger ungeliebter Pflichten entledigen. Dies gilt auch für den Ex-Manager mit der Surfschule auf Bali, der letztlich eine Surfschule bewirtschaftet, die nach etablierten Prinzipien funktioniert, und nur Veränderungen in Räumlichkeit und Inhalt der Tätigkeit vornimmt. Vielleicht lassen sich Komfort und Autarkie hier als Pole gegenüberstellen, um die oben angesprochene Skalierung noch zu verdeutlichen: Während ‚Autarkie' die Befreiung von Einflüssen bedeutet, die Begierden in uns wachrufen, welche uns in eine bestimmte Richtung drängen, und uns von uns selbst und dem Leben allgemein entfremden, ist ‚Komfort' darauf ausgerichtet, sich das Leben leichter zu machen und störenden Ballast von Bord zu werfen, um es entspannter zu haben. Es liegen also sehr unterschiedliche Intentionen zugrunde: Komfort ist zu wenig, um den Bruch mit der Gesellschaft eines Thoreaus oder Supertramps zu erklären, die Notwendigkeit umfassender Befreiung ist da plausibler. Gleichzeitig kann es einleuchten, dass

Prinz Harry und Meghan Markle sich mehr Komfort in ihrem Leben verschaffen wollten, genauso wie es der Ex-Manager auf Bali tut.

Die ursprünglichen Spannungsverhältnisse, die allererst zu einer Aushandlung mit einem individuell vorhandenen Referenzrahmen und seinen Verpflichtungen führt, sind auf beiden Seiten ablesbar und die Spannung selbst graduell stärker oder weniger stark. Entweder kann sie aufrechterhalten werden und sich z. B. im Anschluss an eine Subkultur oder dem Umzug in ein anderes Land äußern, aber auch in einem stärker individualisierten Individuum eine umfassende Erreichung selbstgesetzter, weniger vorgegebener Zwecke, Werte und Normen entzünden. Es scheint also eine graduell stärkere Intentionsdimension von Aussteiger*innen zu geben. Analog könnten wir ‚Aussteiger*in' so als skalierbaren Begriff mit einem weiteren und einem engeren Verständnis sehen. Als weit gefasster Begriff fehlt so dann die Klarheit und wir befinden uns weiter im munteren Assoziationsflippern, das am Ausgang dieser Betrachtung steht. Für einen engeren Begriff fehlt jedoch noch eine klarere Individuierung. Dieser sollen die letzten Absätze des Textes gewidmet sein.

Was die Beispiele uns verdeutlichen mögen, ist, dass um angemessen von Aussteiger*innen zu sprechen, es mehr braucht als Entfremdung, abweichendes Verhalten (gemessen an den Normen eines bestimmten Kontextes) und individuelle Selbstverwirklichung (vgl. den früheren Definitionsversuch aus Fußnote 5). Das ist insofern der Fall, als wir fast jede mündige Person damit beschreiben können, die sich bei einem Gefühl der Entfremdung von diesem motivieren lässt, eine Haltung des Protests einzunehmen und sich selbst zu verwirklichen. Auch diese individuelle Selbstverwirklichung reicht noch nicht hin; sie kann eben sehr verschieden – individuell – ausfallen und reicht vom bloßen Jobwechsel hin bis zum Beitritt zu einer Aussteigerkommune in einem anderen Land. Es braucht den gezielten, aktiven Akt, zu gehen, sich aus politisch-moralischem Impetus heraus aus der gesellschaftlichen Bindung zu lösen, friedlich eine alternative Lebensform aufzusuchen und sich tatsächlich von einem der Gesellschaft übergeordneten, konsensuell geteilten Wertegerüst und der konventionellen gesellschaftlichen Lebensform zu befreien (dem also, was Thoreau Common sense nennt). Ein Unterschied zu kollektiven Alternativbewegungen besteht dabei nicht nur im meist Nicht-Kollektiven von Aussteiger*innen, sondern auch im Verzicht auf die Kreation von außerparlamentarischen Politikstrukturen und das politisch organisierte Einwirken auf lokale, regionale, nationale und auch internationale Bereiche der Politik, Kultur oder Wirtschaft.[6] Sie mögen aber zu Prototypen für kollek-

---

6 Thoreau setzte auf eine gesamtgesellschaftliche Veränderung durch die alternative Lebensweise von Individuen. Am Anfang steht der Ausstieg, das Verändern der eigenen Lebensweise

tive Alternativbewegungen werden, ganz so wie Thoreau es wurde. Die nun skizzierten Zusatzkriterien können wir bei den obigen Beispielen teilweise infrage stellen oder gar nicht erst finden: Manche lösen sich nicht aus dem gesellschaftlichen Kontext, haben keine Skrupel moralischer Art oder streben kein tatsächlich alternatives Leben an; Thoreau und Supertramp hingegen schon. Die ihren Bewegungen innewohnende Freiheitssemantik ist anders und umfänglicher zu verstehen: Sowohl im negativ-freiheitlichen Sinne, also der notwendigen Befreiung von einer umfassenderen Entfremdungsquelle, als auch im positiven Sinne, also der Freiheit zur Verwirklichung einer umfassenden, aber individuell ausgerichteten Alternative.

Es scheidet sich am Konzept des Alternativen, das eine bestimmte Freiheitssemantik mit sich bringt, eine anti-gesellschaftliche Aushandlung sowie ein dezidiert politisch-moralischer Impetus. In Aussteiger*innen, das wäre somit ein Abgrenzungskriterium, ist das Politische und das Moralische, genauer: ein geistiges und praktisches politisches und moralisches Protestieren, angelegt und führt zu einer bestimmten Verhaltensweise, die mehr ist, als bloß den Job zu wechseln, sich ein Luxusleben auf einem anderen Kontinent aufzubauen, sich in Drogenräusche zu begeben oder eine Partei zu verlassen. Es führt zur Alternative als spezifische Form der individuellen Selbstverwirklichung in einem universelleren Sinne – nicht nur auf einen spezifischen Aspekt bezogen, sondern in einem existenziell umfassenden Sinn, zunächst ohne den Anspruch einer gesellschaftlich-politischen Breitenwirkung. In diesem Aspekt werden Aussteiger*innen als Faszinosum, als Figuren, als Typus, als zu untersuchendes Phänomen interessant und möglicherweise zu gesellschaftskritischen Prototypen für kollektive Alternativbewegungen.

Was das ‚Alternative' sein soll, ist wiederum sicher schwer zu greifen. Zunächst bedeutet es einige hundert Jahre nichts anderes, als die Wahl zwischen mindestens zwei Möglichkeiten. Erst in der zweiten Hälfte des 20. Jahrhunderts entsteht aus dem amerikanisch-englischen Sprachgebrauch heraus die Bedeutung als ausbuchstabierte Kontrastfolie zum Gegebenen; es entsteht also die Bedeutung des Alternativen als das dezidiert mit bestehenden Normen Konkurrierende und als das für andere Lebensweisen, die menschen- und umweltfreundlicher sind, Eintretende (vgl. Kluge 2002). Es ist als ein fluides Konzept zu sehen, das sich anhand der normativen Kategorie Gesellschaft in jeweiligen Zeit- und Raumkontexten definiert. Hierbei gibt es Deutungshoheitskämpfe.

---

im Abschied aus dem gesellschaftlichen Leben; wie die Vereinzelten wieder zusammenkommen mögen, ist eine Frage, die dann bezüglich der utopischen Vorstellung Thoreaus gestellt werden müsste.

Ein *Zeit*-Artikel aus den späten 1970er Jahren macht das Dilemma der Aushandlung deutlich: „WWA – wir wollen's anders!' heißt eine Zeitung von ‚Selbsthelfern'. Der Name ist Motto für alle Alternativler, doch längst nicht alle teilen die trotzige Auffassung der Zeitungsmacher" (Gerste 1978). Es geht also um inhaltliche Auskleidungen des Alternativen – die positive Freiheit, die sich aus ihm ergibt. Diese Aushandlungsprozesse wurden von verschiedenen Subkulturen und so genannten Alternativbewegungen im Nachgang an die Protestbewegungen in der westlichen Welt der 1960er Jahre engagiert geführt. So ist die Symbolik des Alternativen eine der „überzeugendsten und wirkungsvollsten Formformeln [des] [20.] Jahrhunderts" geworden, gerade auch weil sich anhand dieses Konzeptes die Möglichkeit bietet, die eigene biographische Identität stärker zu individualisieren (Luhmann 1996, 211). ‚Das Alternative' versteht sich so meist als Nicht-Mainstream (das „Oder" zum „Entweder" des gesellschaftlichen *status quo*), das Nicht-Kapitalistische, Nicht-Konsumorientierte, Nicht-Leistungsorientierte und ermöglicht andererseits die Zugehörigkeit zu einer oft optisch und mit einem Set an Ideen sich abgrenzenden subkulturellen Bewegung, für die Thoreau ein ikonographisches Beispiel ist. So findet auch der politisch-moralische Impetus seinen Niederschlag im Alternativen, dem ein praktisch werdender gesellschaftskritischer Reflexions- und Aushandlungsprozess vorausgeht und das mit seiner spezifischen Freiheitssemantik Potential für eine Utopie haben mag. Das Alternative kann so als Abgrenzungskriterium für das Konzept des Aussteigens gelten, das z. B. Drogensüchtige für den Begriff ‚Aussteiger*innen' disqualifiziert und mit seiner politisch-moralischen Grundierung auch den Ex-Manager auf Bali, Rucksacktouristen oder die Royals aussortiert.

Auf der Grundlage des vorausgegangenen Nachdenkens kann folglich ein Definitionsversuch von „Aussteiger*in" im engeren Sinne formuliert werden: Aussteiger*innen *sind von ihrer gesellschaftlichen Umgebung und ihrer eigenen gesellschaftlichen Rolle entfremdete, sich aus politisch-moralischen Gründen abweichend verhaltende Individuen, die sich umfassend aus gesellschaftlichen Bindungen befreien, um einen alternativen Lebensentwurf zu verwirklichen.*

Was ist hier nun anders als bei früheren Definitionsversuchen (vgl. Fischer 2012, 2016, 2017b)? Das Alternative ist als überindividuelle Idee mit politisch-moralischer Grundierung als Grund für das abweichende Verhalten und mit der gewissen Ausgestaltung eines unangepassten Lebensentwurfes als Form der Befreiung von gesellschaftlichem Zwang hinzugekommen. Der Einfluss des Individuellen ist, wenngleich es wichtig bleibt, etwas verringert, da es ansonsten gegebenenfalls zu viel Raum in der Begriffsbestimmung einnimmt. Zudem ist dem Konzept des Alternativen meist auch ein Set an Ideen anhängig: Supertramp lernt von Thoreau, viele orientieren sich heute an Supertramp usw. Eine Schwierigkeit, die bestehen bleibt, ist die Frage, was ‚das Alternative' sein soll; es ist – wie gezeigt – zumindest aber nicht unmöglich, es punktuell zu konturieren, wenn wir uns bestimmte Zeit- und Raumkontexte der jeweiligen Aussteiger*innen-Figuren anschauen und zeitdiagnostisch arbeiten.

Die hier angebotene Beschreibung ist zuletzt nicht normativ, sondern eine deskriptive. Ob also die Vorstellungen von Freiheit richtig sind oder nicht, ob die moralischen Gründe gute sind oder nicht, ob das alternative Set an Ideen ein gutes ist, ist eine andere Frage, die im Rahmen dieses Textes nicht vertieft werden kann. Schon die Kontroverse zwischen Stevenson und Emerson als Repräsentanten verschiedener gesellschaftsnäherer und weniger nahen Perspektiven auf Thoreau als stärker individualisiertes Individuum weist auf die moralischen Rahmungen des Aussteigens hin, denn Aussteiger*innen suchen das gute Leben, auch wenn oder sogar indem sie dem Ideal von Gemeinschaft entsagen mögen.

Bibliographie

Allié, Manfred. „Dokumente zur Wirkungsgeschichte". *Über die Pflicht zum Ungehorsam gegen den Staat/Civil Disobedience*. Zürich: Diogenes 2004, 141–146.
de Saussure, Ferdinand. *Grundfragen der allgemeinen Sprachwissenschaft. Eine Auswahl.* Reclam: Stuttgart 2016.
Emerson, Ralph Waldo. „Thoreau". *The Atlantic* 10.58 (1862): 239–249.
Fischer, Alexander. *Wider das System. Der gesellschaftliche Aussteiger in Genazinos* Ein Regenschirm für diesen Tag *und literarische Verwandte bei Kleist und Kafka*. Bamberg: University of Bamberg Press 2012.
Fischer, Alexander. „Existenzielle Spannungsverhältnisse: Überlegungen zum Begriff ‚Aussteiger'". *Archiv für Begriffsgeschichte* 57 (2016): 259–275.
Fischer, Alexander. *Manipulation. Zur Theorie und Ethik einer Form der Beeinflussung*. Berlin: Suhrkamp 2017a.
Fischer, Alexander. „‚Stärker individualisierte Individuen' Eine sozialphilosophische Typenbetrachtung des Aussteigers.". *Parallel- und Alternativgesellschaften in den Gegenwartsliteraturen*. Hg. Teresa Hiergeist. Würzburg: Königshausen & Neumann 2017b, 197–218.
Fischer, Alexander. „Zellen im Immunsystem der Gesellschaft: Der Aussteiger in sozialphilosophischer Perspektive. *philosophie.ch – Swiss Portal for Philosophy*. 7. Mai 2018. https://www.philosophie.ch/blogartikel/highlights/philosophie-aktuell/zellen-im-immunsystem-der-gesellschaft (10. Oktober 2020).
Gerte, Margrit. „Was ist alternativ?". *Die Zeit*. 6. Oktober 1978.
Into the Wild. Reg. Sean Penn. Tobis, 2007.
Kluge, Friedrich. *Etymologisches Wörterbuch der deutschen Sprache*. Berlin: de Gruyter 2002.
Libuda, Klas. „Raus und Davon". *Rheinische Post*. 18./19. Januar 2020.
Luhmann, Niklas. *Soziologie des Risikos*. Berlin/New York: de Gruyter 1991.

Luhmann, Niklas. *Protest. Systemtheorie und soziale Bewegungen*. Frankfurt a.M.: Suhrkamp 1996.
Manning, Clarence A. „Thoreau and Tolstoy". *The New England Quarterly* 16.2 (1943): 234–243.
Schüle, Christian. „21 Fragmente der Identität des Aussteigers". *mare* 65 (2007): 48–62.
Stevenson, Robert Louis. „Henry David Thoreau. Sein Charakter und seine Überzeugungen". *Sinn und Form* 4 (2014): 308–370.
Thoreau, Henry David. *Walden or Life in the Woods*. New York: Dover Publications, 1995

Tom Moylan
Plädoyer für den Utopismus in dystopischen Zeiten

Was ist der Ursprung unseres Leids? Es begann, als wir zögerten zu sprechen ... Es wurde geboren in dem Augenblick, als wir stille Dinge in uns aufhäuften.
Gaston Bachelard, *Das Wasser und die Träume*[1]

Noch sind wir nicht – um es mit Dickens zu sagen – in der „schlechtesten aller Zeiten" angelangt, aber es herrscht vielerorts ein Empfinden vor, dass sich die Dinge täglich verschlimmern, und ganz sicher leben wir nicht in der „besten aller Zeiten". Die miteinander verbundenen Krisen, die uns schon eine ganze Weile begleiten, greifen immer stärker um sich. Ökologisch befindet sich unser Planet in einer beispiellosen Notlage. Ökonomisch konzentrieren sich Macht und Reichtum zunehmend auf einige wenige privilegierte Staaten, Klassen und Individuen, während Ausbeutung und Verelendung global auf dem Vormarsch sind. Je mehr Krieg, Krankheit und Hunger sich ausbreiten, je mehr entfremdete, prekäre und moderne Sklavenarbeit zum Regelfall wird, umso weniger erscheint uns das Leben lebenswert. In den letzten Jahren sind zudem Rassismus und Fremdenfeindlichkeit so sehr erstarkt, dass neue autoritäre Regime und Politiker aus den Sümpfen des Hasses emporsteigen und stetig an Boden gewinnen.[2]

---

1 Es handelt sich bei diesem Text um eine deutsche Version von Tom Moylans Aufsatz „Further Reflections on Being a Utopian in These Times", der in *Open Library of Humanities* 4.2 (2018) erschien. Die Übersetzung erfolgte durch Dr. Björn Bosserhoff. Dies gilt auch für das Zitat aus Bachelards *L'eau et les rêves* (1942) sowie für die Zitate aus Ruth Levitas' *Utopia as Method* weiter unten.
2 Ich danke Simone Broders und den anderen Mitgliedern des Netzwerks ‚Paragesellschaften' für die Einladung, die Keynote zu ihrer Abschlusstagung in Erlangen im Februar 2020 beizutragen. Dieser Artikel stellte die Grundlage meines Vortrags dar. Eine frühere Version erschien in der *Open Library of Humanities* (http://doi.org/10.16995/olh.264). Beide Versionen entstanden aus meinen Vorträgen auf dem *Leverhulme Research Network*-Symposium „Imaginaries of the Future", das im September 2017 an der *Chelsea School of Art* stattfand, und der *Utopian Studies Society*-Konferenz in Gdansk im Juli 2016. Diese Reihe von Arbeiten, die sich über mehrere Jahre entwickelte, fand schließlich Eingang in meine Buchpublikation *Becoming Utopian: The Culture and Politics of Radical Transformation* (Bloomsbury 2020). Dieses Projekt wurde durch die tiefgreifende Unzufriedenheit, ja, sogar Entfremdung, angestoßen, die sowohl andere Wissenschaftler*innen als auch ich selbst über die Veränderungen der gegenwärtigen Forschungskultur und -praxis empfinden, da diese, angetrieben von einer globalen neoliberalen Hegemonie, durch rationalisierte Management-Praktiken beschränkt und neu ausgerichtet wurden. Es ist nicht etwa so, dass innerhalb der Universitäten keine gute Forschungsarbeit stattfinden würde, sondern es stellt vielmehr eine Tatsache dar, dass (besonders im Verlauf des letzten Jahrzehnts) engagierte

Über alle Medien hinweg hat angesichts dieser düsteren Lage derzeit das Wort „dystopisch" Hochkonjunktur, häufen sich die Verweise auf George Orwell und Margaret Atwood. Allerdings befürchte ich, dass die proliferierende Verwendung des Dystopiebegriffs eine Atmosphäre der ‚moralischen Panik' schafft, die eher einen resignierten, anti-utopischen Pessimismus befördert als einen prophetischen Aufbruch – wozu dystopische Narrative ja durchaus auch in der Lage sind. Falls wir tatsächlich schon in einer „konkreten Dystopie" leben (um es mit Marie Varsam zu sagen), ist es sicher an der Zeit, wie Rebecca Solnit formuliert, einen Weg der „Hoffnung in der Dunkelheit" zu beschreiben.[3] Es ist an der Zeit, dass wir uns bewusst für eine Perspektive des militanten, utopischen Pessimismus entscheiden, der in kritischen dystopischen Narrativen zum Ausdruck kommt. Es ist an der Zeit, die aufkeimende Hoffnung des utopischen Impulses in die Praxis umzusetzen.

Was können wir als ‚Utopisten' (verschiedenster Couleur) nun aber eigentlich tun? Als eine erste Annäherung an diese hochpolitische Frage möchte ich mich zunächst mit unserem professionellen Selbstverständnis als Vertreter*innen der *Utopian Studies* befassen – auch um die vorbildliche Arbeit hervorzuheben, die so manche Kolleg*innen hinsichtlich der Bestimmung und Erforschung des Utopischen bereits geleistet haben. Aus archivarischer, bibliografischer, ethnografischer, genealogischer oder historischer Perspektive wurden die unterschiedlichsten Texte, Gemeinschaften, Bewegungen und philosophischen Denkansätze un-

---

‚intellektuelle' Arbeit trotz beziehungsweise gegen die Tendenz eines ‚akademischen' neoliberalen Systems geleistet wurde, disziplinarische Mechanismen voranzutreiben, die erzwungene Entscheidungen induzieren, welche durch den Druck prekärer Arbeitsverhältnisse und karrieristischen Respektabilität kanalisiert werden. Ich danke Kathleen Eull und Katie Moylan für ihre Kommentare zu früheren Fassungen dieses Artikels sowie Kathleen Eull für ihren Vorschlag des Bachelard-Zitats.

3 Der Begriff ‚concrete dystopia' wurde von Marie Varsam geprägt, vgl. „Concrete Dystopia. Slavery and its Others" in *Dark Horizons* [als Referenzpunkt mag das von Ernst Bloch entwickelte Konzept der konkreten Utopie dienen, das die Utopie in Relation zum real Möglichen setzt; vgl. Ernst Bloch: *Geist der Utopie*, 1918, Anm. der Herausgeberinnen]. Im Gegensatz zu dieser pessimistischen Tendenz erkennt Rebecca Solnit an, dass es sich bei Hoffnung um eine äußerst robuste emotionale und politische Kategorie handelt. In ihrem Buch *Hope in the Dark* (2016 [2004]) spürt sie der Geschichte des Aktivismus und sozialen Wandels seit Ende des Zweiten Weltkriegs nach und erinnert an diverse soziale Bewegungen, die Institutionen der Macht auf durchaus wirksame Weise herausforderten, auch wenn sie ihre Ziele letztlich meist nicht erreichten. Die Historien jener Bewegungen dienen Solnit als Parabeln, die uns zu politischem Engagement inspirieren und als Wegweiser fungieren sollen. Die Hoffnung, so ihr Verständnis, stellt sich der dunklen Wirklichkeit und arbeitet sich an ihr ab – nämlich mit den Instrumenten des Aktivismus, mit dem die Hoffnung untrennbar verbunden sei: „Hope calls for action; action is impossible without hope" (Solnit 2016, 4).

tersucht – und so ein beeindruckendes Korpus freigelegt, das sowohl die Existenz als auch den Wert des Utopischen bezeugt (entgegen anderslautender Behauptungen aus dem anti-utopischen Lager) und zur weiteren Erforschung auffordert. Lyman Tower Sargent hat diese ‚empirische' Tradition in seinem einflussreichen Aufsatz „The Three Faces of Utopianism Revisited" (1994) in ihren literarischen, lebensweltlichen und theoretischen Aspekten nachgezeichnet.

Natürlich findet unsere Forschung, wie die meisten intellektuellen Projekte, nicht isoliert statt, sondern innerhalb des organisatorischen Rahmens unserer Fachgesellschaften: hier in Europa (*Utopian Studies Society*), in den Vereinigten Staaten (*Society for Utopian Studies*) und hoffentlich bald auch in Lateinamerika. Hinzu kommen die Zeitschrift *Utopian Studies* (begründet 1975 durch Sargent), diverse Buchreihen sowie Konferenzen und Symposien, wie sie unter anderem vom *Leverhulme International Research Network* „Imaginaries of the Future" (2014–17) veranstaltet wurden. In all diesen *kollektiven* Kontexten lernen viele von uns zu schätzen, dass sich die Qualität der Forschung in den *Utopian Studies* von der in anderen akademischen Kreisen üblichen Dogmatik und Kasuistik abhebt; sie ist sozusagen selbst utopisch – ein besserer Weg, in der Welt zu leben.

Dies bringt mich zum ersten von zwei Texten, auf die ich im Folgenden näher eingehen möchte, nämlich Naomi Jacobs' „Utopia and the Beloved Community", erschienen in einem Band, für den die Beiträger*innen persönliche Reflexionen dazu anstellen sollten, wie Utopismus ihre Arbeit und ihr Leben beeinflusst hat. Jacobs beschreibt hier eindringlich das Gefühl der sozialen Wirkmächtigkeit, das sich in ihr einstellte, als sie in der *Society for Utopian Studies* ihr „akademisches Zuhause" fand (2007, 227). Der Terminus „Beloved Community" aus dem Titel ihres Aufsatzes wurde durch Martin Luther King geprägt und bezeichnet die Gemeinschaft derer, die sich „justice and peace" verschrieben haben (Jacobs 2007, 227) – wie Jacobs einräumt, ein sehr hoher moralischer Maßstab, der für ein wissenschaftliches Projekt zu hoch angesetzt sein mag; dennoch argumentiert sie:

> [T]he enterprise of utopian studies seems shaped by the conviction that, as [Josiah] Royce put it, one's work, indeed one's life ‚means nothing, either theoretically or practically unless I am a member of a community'.
>
> [The political qualities of Utopian studies are embedded in] the ethos sustained by the founders of the field, many of whom came out of Left politics of the 1960s and 1970s. Unlike many professional organizations, utopian studies has been from its inception an enterprise of friends. It has been informed by a desire to connect the world of scholarship with the world of politics, and to do so in a way that embodies egalitarian ideals. [...] This has been true not only in the content of that work, but in the manner in which it is conducted as a social – and sociable – enterprise. (Jacobs 2007, 227–28)

Manch eine*r mag anderer Meinung sein, aber viele Kolleg*innen würden Jacobs sicher beipflichten. Es geht mir hier übrigens keineswegs darum, zu einer unverhohlenen *Politisierung* unserer Fachgesellschaften aufrufen – denn das wäre unserer Sache kaum dienlich. Wozu ich aber aufrufe, ist, dass wir uns die ontologischen und politischen Aspekte unserer Arbeit bewusst machen, der wir schließlich nicht nur in den „safe spaces" unserer Tagungen, sondern auch in der Öffentlichkeit nachgehen. Mit dieser Aussage verändere ich die Perspektive, um nicht nur zu reflektieren, wer „wir" als Wissenschaftler sind, sondern als *Intellektuelle*. Wenn das utopistische Projekt über die Universitäten hinaus für echten Wandel sorgen soll, dürfen wir uns nicht auf unsere Forschungsarbeit beschränken, sondern müssen in die Welt hineinwirken. Und zwar, indem wir unsere Expertise und Kreativität – im Sinne von Marx' elfter These – in intersektionaler Solidarität für konkrete Veränderungen zum Guten einsetzen.[4]

Unsere Arbeit besteht nicht nur in der Untersuchung der Utopie als Thema. Ihre Relevanz ergibt sich vielmehr vor allem durch unsere Beschäftigung mit dem Utopismus als Methode – indem wir Fredric Jamesons „utopian problematic" nicht nur dazu einsetzen, utopische Texte, Gemeinschaften und Theorien zu beleuchten, sondern auch, um echte utopische Alternativen zu entwickeln.[5] Als engagierte Intellektuelle im Sartre'schen Sinne vermögen wir die Scheinrealitäten, in denen sich die Massen fügsam tummeln, zu erschüttern, ihre Widersprüche und Grausamkeiten aufzudecken und progressiv-transformative Latenzen aufzuspüren. Vielfältige außerakademische Bereiche – die Kulturkritik, die Künste, die Politik, das *Community Organizing* oder die Reformpädagogik – erlauben es uns, unsere geistigen Kräfte zur Wirkung zu bringen und so einen produktiveren Beitrag zur utopischen Umgestaltung unserer Welt zu leisten.

Jameson hat verschiedentlich darauf hingewiesen (etwa in seinem Aufsatz „Science versus Ideology" von 1983), dass die utopische Imagination unter den Bedingungen des Kapitalismus langsam, aber sicher verkümmert. Und dies gilt erst recht für die letzten Jahrzehnte, in denen wir zwei mächtigen Disziplinarregimen zugleich ausgesetzt waren: dem Neoliberalismus, der alles auf die pro-

---

4 Anmerkung der Herausgeberinnen: Die Unschärfe des Begriffs des ‚Guten' und seine Abhängigkeit von sozialen Kontexten werden sowohl in der Philosophie als auch in Religions- und Sozialwissenschaft ausführlich reflektiert. Für eine Überblicksdarstellung siehe Hähnel/Schwarz 2018.

5 Jameson beschreibt „utopian problematic" folgendermaßen: „not a set of propositions about reality, but a set of categories in terms of which reality is analyzed and interrogated, and a set of ‚essentially contested' categories at that" (1983, 283). Zur Argumentation des Textes: „In ‚Science vs. Ideology' – a text sprinkled with eschatological passages from the prophet Isaiah – Jameson reworks a traditional Marxist opposition in terms of a dialectical understanding of ideology. In this case, ‚science' becomes ‚ideological interpretation' (or the negative hermeneutic) while ‚ideology' is reinterpreted as positive or ‚utopian interpretation'" (Boer 2008, 307).

blematische Utopie des unternehmerischen Erfolgs reduziert, und einem antiutopischen Pragmatismus, der jegliche radikalen Bestrebungen unterdrückt, indem er das Utopische mit dem Totalitären gleichsetzt. Tatsächlich aber ist es angesichts der allgegenwärtigen Krisen wichtiger denn je, dass wir unsere utopische Muskulatur wieder trainieren. Bestrebungen, den Utopismus als Vehikel für radikale Transformationen zu mobilisieren, gab es natürlich immer schon. Als wichtigster Referenzpunkt der langen utopischen Tradition wird üblicherweise Thomas Mores *Utopia* (1516) genannt, wo der Begriff auch erstmals auftaucht. Seither wurden unzählige utopische Konzeptionen entwickelt; von besonderer Wichtigkeit für unsere heutige Zeit aber sind die Beiträge von Ernst Bloch und Karl Mannheim sowie anarchistische, feministische, marxistische, postkoloniale und ökologische Ansätze.

Ein neueres Werk, das unser kollektives Verständnis der *Utopia as Method* geschärft hat, ist Ruth Levitas' Buch gleichen Namens von 2013, mit dessen erstem Kapitel „From Terror to Grace" ich mich nun näher befassen werde. Levitas beschreibt hier den utopischen Impuls als anthropologische Konstante, die der menschlichen Eigenart entspreche, sich angesichts von existentiellem „hunger, loss, and lack" nach einem anderen, besseren Leben zu sehnen und dieses zu imaginieren. Wirksam werde dieses Verlangen nach einer ursprünglichen Ganzheit jedoch ausdrücklich erst, wenn es die Form einer ‚begriffenen Hoffnung' annehme (Blochs *docta spes*), sprich: konkretisiert und realisiert werde (Levitas 2013, 5).

Ausgehend von dieser definitorischen Grundlage benennt Levitas sodann gesellschaftliche Tendenzen, die einer Realisierung utopischer Handlungsmacht/-optionen im Wege stünden – allen voran der strikt anti-utopische Charakter des derzeit dominanten Diskurses, welcher sich unter anderem auf das Werk Friedrich Hayeks und Hannah Arendts gründe. Diese erste Blockade überwindet Levitas, indem sie für die Utopie in Anspruch nimmt, Ausdruck des ur-menschlichen Bedürfnisses zu sein, „zu verstehen, wer wir sind, warum wir hier sind und wie wir miteinander verbunden sind" (2013, 12). Dem utopischen Impuls komme eine potenziell erlösende Fähigkeit zu, formuliert Levitas aus materialistisch-spiritueller Warte: Er lasse uns der existentiellen Entfremdung entkommen und einer ersehnten „Heimat" zustreben (vgl. Bloch 1628).[6] Die utopische Hoffnung gilt ihr als Form säkularer Gnade, die mit „Bindung, Akzeptanz, Versöhnung und Ganzheit" einhergehe (Levitas 2013, 13). Erst, wenn wir diese Gnade leben, so die Implikation, können wir auch die bloße Empirie hinter uns lassen und mittels

---

[6] Zur Bestimmung der Heimat bei Ernst Bloch vgl. Müller-Schöll und Vidal 2017, 378–383 (Anmerkung der Herausgeberinnen). Für eine detaillierte Betrachtung der Natur und des Einflusses „materieller Spiritualität" vgl. Kovel 1986.

einer utopistisch-hermeneutischen Methode Möglichkeiten menschlicher Erfüllung aufzeigen.

Levitas wendet sich nun einer weiteren Blockade zu, welche der Wirksamkeit utopistischer Bestrebungen bislang im Wege stehe. Es geht ihr hier um die Künste, die zwar genuin utopische Fragestellungen wie „Sehnsucht und Hoffnung auf Erfüllung" thematisierten, gleichzeitig aber dazu neigten, diese utopischen Energien im Keim zu ersticken, weil sie allzu schnell mit einem Totalitarismus in Verbindung gebracht würden, der individuelle politische Handlungsmacht nicht zulässt (2013, 15). Ein auf das Ästhetische beschränkter Utopismus berge die Gefahr, für das reale Elend, das uns umgibt, blind zu machen, anstatt uns unsere eigene Komplizenschaft an seiner Reproduktion vor Augen zu führen und uns zum Handeln zu bewegen (Levitas 2013, 16). Hinzufügen möchte ich, dass dieser Prozess der Absonderung des Utopischen ins rein Ästhetische begünstigt wird durch die einseitige Verfasstheit des heutigen Universitätssystems, in dem angewandte Forschung, die der Perpetuierung des Status quo dient, belohnt wird, während Fächer, in denen unangenehme Fragen gestellt und Alternativen formuliert werden, allenthalben gestrichen werden (vgl. Webb 2016). Im Neoliberalismus wird der Utopismus so sehr domestiziert, dass von seiner transformativen Kraft wenig übrigbleibt.

An diesem Punkt stellt Levitas die zweite Blockade für die utopische Wirksamkeit in Frage. Indem sie die Fähigkeit der Künste anerkennt, „eine unausweichlich utopische Frage" zu stellen, die „Sehnsucht und vorweggenommene Erfüllung" hervorruft, erkennt sie diese ästhetische Begegnung an, während sie illustriert, auf welche Weise die Künste utopische Energien innerhalb ihres eigenen Einflussbereichs in Beschlag nehmen können (Levitas 2013, 15). Sie argumentiert, dass die Angst vor dem Totalitarismus mit ihrer Ablehnung von Ganzheitsvorstellungen und dem Verlust des Glaubens an die politische Handlungsfähigkeit den utopischen Impuls in diese kulturelle ‚Sackgasse' manövriert habe und damit seine politische Kraft reduziere, wenn nicht sogar vollständig zum Schweigen bringe.

Ein auf das Ästhetische beschränkter Utopismus kann „uns von dem uns in der realen Welt umgebenden Leiden ablenken, anstatt uns dazu zu bewegen, es zu ändern oder unsere eigene Rolle bei seiner ständigen Wiederholung zu erkennen" (Levitas 2013, 16). An dieser Stelle möchte ich hinzufügen, dass dieser Prozess heute in der instrumentellen Wissenschaft zu erkennen ist, die dem zeitgenössischen akademischen Leben auferlegt wird, da sie intellektuelle und wissenschaftliche Arbeit auf die disziplinierenden Beschränkungen eines universitären Managementsystems reduziert, das solche Projekte, die auf die Aufrechterhaltung des gegenwärtigen Systems gerichtet sind, eher belohnt als solche, die kritisches und erneuerndes Potenzial besitzen. Denn wenn die Utopie auf opportunistische Weise ein domestiziertes Objekt oder Werkzeug bleibt, das auf diese neoliberale Gegenwart beschränkt ist, werden ihrer Fähigkeit zur Transformation ebenso enge Grenzen gesetzt wie jene des ästhetischen Bereiches.[7]

Levitas überwindet jedoch auch diese Blockade und lokalisiert in ihrem Buch im Folgenden das utopische Streben nach Transformation eben nicht in Kultur und Wissenschaft, sondern in politischer Aktion (2013, 16). Nicht mehr an das Ästhetische gebunden, kann sich die utopistische Hermeneutik nunmehr mit den strukturellen „gesellschaftlichen, wirtschaftlichen und institutionellen Grundlagen menschlichen Glücks, menschlichen Wohlbefindens, ja, des menschlichen Überlebens" befassen (Levitas 2013, 16.). Indem sie die alten Bahnen der modernen Kunst und der postmodernen Theorie hinter sich lässt, setzt Levitas die Kraft der Utopie frei, die reale, die soziale Welt zu transformieren. Dadurch verfällt sie jedoch nicht der Gewohnheit, die von anti-utopistischen Skeptikern oftmals kritisiert wird, willkürlich utopische Strukturen plötzlich überall zu sehen. Vielmehr wertet sie die interpretative Fähigkeit auf, soziale und kulturelle Wirklichkeit zu reflektieren, um utopischen Möglichkeiten nachzuspüren, die radikale Transformationsprozesse in Gang setzen können.

Die dritte und letzten anti-utopische Blockade, die Levitas in ihrem Text angeht, besteht in der Desillusionierung *innerhalb* des utopistischen Lagers. Der weit verbreitete Glaube an die Impotenz der Utopie, so betont sie, sei direkte Folge eines Unvermögens, die zwangsläufig provisorische und ambige Natur utopischer Projizierungen anzuerkennen; stattdessen würden sie gern als rigide und absolut missverstanden, und ein mitunter fanatischer Anti-Utopismus breche sich Bahn (Levitas 2013, 18). Diese Abwehrhaltung hat ihre Wurzeln natürlich in den bereits beschriebenen anti-utopischen Mechanismen, und nicht zuletzt in der langen Tradition der Unterdrückung kommunistischer Ansätze. Eine besonders schädliche Wirkung entfaltet sie jedoch, wenn eigentlich utopistisch gesinnte Personen aus den genannten Gründen kapitulieren und utopische Konzeptionen fortan nur noch zynisch zu kommentieren wissen. Der schlimmste Feind ist der Feind in den eigenen Reihen -und es gibt kein schlimmeres Hindernis für den utopischen Impuls, als jenes, das von seinen angeblichen Anhängern produziert wird.

Entgegen solcher Desillusionierung bekräftigt Levitas den Utopismus als radikale Methode. Ihr entscheidender Beitrag besteht darin, ihn zugleich als diagnostische Hermeneutik wiederzubeleben *und* auf seiner Funktion zu insistieren, historische Brüche und konstruktive Veränderungen hervorzurufen, die eine gelebte, eine konkrete Utopie zum Ziel haben. Und auch ihre Bloßlegung und gedankliche Überwindung anti-utopischer Blockaden ist von großer Bedeutung für uns. Als ich ihr Kapitel erneut las, musste ich unweigerlich an Noam Chom-

---

[7] Für eine detaillierte Beschreibung dieser „Domestizierung" von Utopie vgl. Webb 2016.

skys legendären Essay „The Responsibility of Intellectuals" (1967) denken, in dem er dazu aufforderte, sich kritisch mit dem völkerrechtswidrigen und unmoralischen Krieg in Vietnam auseinanderzusetzen. Levitas' Ausführungen zum Utopismus gemahnen an Chomskys Überzeugung, dass es „die Verantwortung der Intellektuellen" sei, „die Wahrheit zu sagen und Lügen aufzudecken". Und auch die Schlussworte aus Chomskys 50 Jahre altem Text passen bestens zu den hier angestellten Reflexionen über unser Selbstverständnis als Utopisten: „The question ‚What have I done?' is one that we may well ask ourselves, as we read each day of fresh atrocities in Vietnam – as we create, or mouth, or tolerate the deceptions that will be used to justify the next defense of freedom" (1967, 291).

Dieser Aufruf zu mehr Engagement kann zweifellos global gelten – schließlich steht die utopistische Methode allen offen, die dazu beitragen wollen, die Entwicklung einer „current apocalyptic translation of reality" (Chomsky 1967) aufzuhalten und eine völlig andere Welt zu erschaffen.

Und doch richte ich mich hier ausdrücklich an jene, die sich selbst dezidiert als Utopisten begreifen. Unsere Aufgabe als Intellektuelle, Lehrer*innen und *Organizer* ist es, einer breiteren Öffentlichkeit die utopistische Methode näherzubringen, uns gesellschaftlich und politisch zu engagieren – und dabei nicht nur den Status quo zu kritisieren, sondern auch den Weg in eine bessere Welt zu weisen. Voraussetzung dafür ist natürlich, um mit Lyman Tower Sargent zu sprechen (1994, 306), dass wir daran glauben, dass eine solche bessere Welt möglich ist, dass wir uns bewusst für die Utopie entscheiden, dass wir „sozial träumen" und diesen Traum auch leben.

Bibliographie

Baccolini, Raffaella und Tom Moylan (Hg.). *Dark Horizons: Science Fiction and the Dystopian Imagination*. New York/London: Routledge, 2003.
Bachelard, Gaston. *L'Eau et les rêves. Essai sur l'imagination de la matière*. Paris: Corti, 1942.
Bloch, Ernst. *Geist der Utopie*. München: Duncker & Humblot, 1918.
Bloch, Ernst. *Das Prinzip Hoffnung*. Gesamtausgabe (Bd. 5). Frankfurt a.M.: Suhrkamp, 1985 [1959].
Chomsky, Noam. „The Responsibility of Intellectuals." *New York Review of Books*. 23 Februar 1967. https://chomsky.info/19670223/.
Cohen, Leonard. „Anthem". *The Future*. 1992.
Dickens, Charles. *A Tale of Two Cities*. London: Chapman & Hall, 1859.
Haraway, Donna. *Staying with the Trouble: Making Kin in the Chthulucene*. Durham and London: Duke University Press, 2016.
Hayes, Alfred und Earl Robinson. „I Dreamed I Saw Joe Hill". 1936.

Jacobs, Naomi. „Utopia and the Beloved Community". *Utopia Method Vision: The Use Value of Social Dreaming*. Hg. Tom Moylan und Raffaella Baccolini. Oxford: Lang, 2007. 223–45.

Jameson, Fredric. „Science versus Ideology". *Humanities in Society* 6.2–3 (1983): 283–302.

Kovel, Joel. „Cryptic Notes and Revolution and the Spirit". *Old Westbury Review* 2 (Fall 1986): 23–35.

Levitas, Ruth. *Utopia as Method: The Imaginary Reconstruction of Society*. London: Palgrave Macmillan, 2013.

Mannheim, Karl. *Ideologie und Utopie*. Bonn: Cohen, 1929.

Marx, Karl. „Thesen über Feuerbach". *Marx-Engels-Gesamtausgabe* (Bd. 3). Berlin: Akademie-Verlag, 1998. 19–21.

Moylan, Tom. *Das Unmögliche verlangen: Science Fiction als kritische Utopie*. Hamburg: Argument, 1990.

Müller-Schöll, Ulrich und Francesca Vidal. „Thesen über Feuerbach: Ernst Blochs Kritik des dialektischen Materialismus. 2. Teil, Nr. 19". Ernst Bloch: *Das Prinzip Hoffnung*. Hg. Rainer E. Zimmermann. Berlin: de Gruyter, 2017. 115–130.

Sargent, Lyman Tower. „Choosing Utopia: Utopianism as an Essential Element in Political Thought and Action". *Utopia Method Vision: The Use Value of Social Dreaming*. Hg. Tom Moylan and Raffaella Baccolini. Oxford: Lang, 2007. 301–319.

Sargent, Lyman Tower. „The Three Faces of Utopianism Revisited". *Utopian Studies* 5.1 (1994): 1–37.

Solnit, Rebecca. *Hope in the Dark: Untold Histories, Wild Possibilities*. Edinburgh: Canongate, 2016 [2004].

Varsam, Maria. „Concrete Dystopia: Slavery and Its Others". *Dark Horizons: Science Fiction and the Dystopian Imagination*. Hg. Raffaella Baccolini und Tom Moylan. New York: Routledge, 2003. 203–225.

Webb, Darren. „Educational Studies and the Domestication of Utopia". *British Journal of Educational Studies* 64.4 (2016): 431–448.

www.ingramcontent.com/pod-product-compliance
Lightning Source LLC
Chambersburg PA
CBHW071737150426
43191CB00010B/1604